La Cybersécurité

Joseph Steinberg

La Cybersécurité pour les nuls

FIRST
ÉDITIONS

La Cybersécurité pour les Nuls

Titre de l'édition originale : *Cybersecurity For Dummies*

Pour les Nuls est une marque déposée de Wiley Publishing, Inc.
For Dummies est une marque déposée de Wiley Publishing, Inc.

Collection dirigée par Jean-Pierre Cano
Traduction : Daniel Rougé
Mise en page : maged

Edition française publiée en accord avec Wiley Publishing, Inc.

Éditions First, un département d'Édi8
92 avenue de France
75013 Paris
Tél. : 01 44 16 09 00
Fax : 01 44 16 09 01
E-mail : firstinfo@efirst.com
Web : www.editionsfirst.fr
ISBN : 978-2-412-05074-3
Dépôt légal : 1er trimestre 2020 – N° d'imp. : J21/61581N

Imprimé en France en octobre 2021 par l'Imprimerie Maury S.A.S, Millau (12)

Sommaire

Introduction

Partie 1 Premiers pas avec la cybersécurité

Partie 3 Protégez-vous de vous-même

Introduction

En l'espace d'une seule génération, le monde a connu certains des plus grands changements depuis l'aube de l'humanité. La disponibilité d'Internet comme outil pour les consommateurs comme pour les entreprises, conjuguée à l'invention des appareils mobiles et des réseaux sans fil, a donné naissance à une révolution de l'information qui a eu des répercussions sur à peu près tous les aspects de l'existence humaine.

Toutefois, cette dépendance à l'égard de la technologie a également engendré d'énormes risques. Il semble qu'il ne se passe pas un jour sans qu'une nouvelle histoire d'atteinte à la protection des données, d'attaque cybernétique ou autre, n'émerge. Simultanément, du fait que l'humanité dépend de plus en plus de la technologie, les conséquences négatives potentielles des cyberattaques ont augmenté de façon exponentielle, au point que les personnes peuvent maintenant perdre leurs biens, leur réputation, leur santé ou même leur vie à la suite d'attaques informatiques.

Il n'est donc pas étonnant que les gens qui vivent dans le monde moderne comprennent la nécessité de se protéger des *cyberdangers*. Ce livre vous montre comment procéder pour y arriver.

À propos de ce livre

Bien que de nombreux ouvrages aient été écrits au cours des deux dernières décennies concernant un large éventail de sujets liés à la cybersécurité, la plupart d'entre eux ne fournissent pas au grand public l'information nécessaire pour se protéger de manière adéquate.

Le plus souvent, ces livres s'adressent à des publics très techniques et ont tendance à submerger les scientifiques non informaticiens d'informations qui leur sont étrangères, ce qui pose de graves problèmes aux lecteurs qui cherchent à traduire les connaissances qu'ils acquièrent depuis ces livres en actions pratiques. D'un autre côté, divers livres d'introduction à la cybersécurité autoédités par les auteurs souffrent de toutes sortes de sérieuses lacunes, y compris, dans certains cas, d'avoir été rédigés par des non-experts et de présenter une quantité importante d'informations erronées. Quiconque s'intéresse à la cybersécurité ne devrait la plupart du temps pas faire confiance à ces documents. De même, de nombreuses fiches-conseils en matière de sécurité ne font que relayer des clichés souvent répétés et des conseils obsolètes, amenant parfois les personnes qui suivent de telles recommandations à aggraver leur situation en matière de cybersécurité plutôt qu'à l'améliorer. De plus, la répétition presque constante de divers conseils de cybersécurité lancés par des personnalités des médias après des reportages sur des cyberattaques (« N'oubliez pas de réinitialiser tous vos mots de passe ! »), conjuguée à l'absence de conséquences pour la plupart des gens qui ne respectent pas ce genre de directives, a entraîné une forme de fatigue quant aux questions liées à la cybersécurité – si bien que les gens n'agissent pas quand ils le devraient, car ils ont trop souvent entendu crier au loup sans le voir apparaître au coin du bois...

J'ai écrit *La cybersécurité pour les Nuls* pour fournir aux personnes qui ne travaillent pas en tant que professionnels dans ce secteur un livre de base qui peut leur apprendre ce qu'ils doivent savoir sur la cybersécurité et leur expliquer pourquoi ils doivent le savoir. Ce livre vous offre des conseils pratiques, clairs et simples que vous pouvez facilement traduire en actions susceptibles de vous aider, vous et vos enfants, vos parents, ou encore des petites entreprises à rester « cybersécurisés ».

Ce livre est divisé en plusieurs parties.

Les Parties 1, 2 et 3 donnent un aperçu de la cybersécurité et fournissent des conseils pour vous protéger, vous et vos proches, contre les menaces externes et les erreurs dangereuses (et potentiellement désastreuses). Des sujets tels que la façon de sécuriser vos comptes en ligne ou encore de choisir et de protéger les mots de passe sont traités dans ces parties du livre.

La Partie 4 offre des conseils sur la protection des petites entreprises, conseils qui peuvent être particulièrement pertinents pour leurs dirigeants et leurs employés. Cette quatrième partie traite ensuite de certains des besoins particuliers en matière de sécurité auxquels sont confrontées les entreprises à mesure qu'elles grandissent, et aborde aussi des questions liées à la cybersécurité dans l'administration publique.

La Partie 5 vous montre comment identifier les atteintes à la sécurité. La Partie 6 couvre les procédures de sauvegarde, essentielles à appliquer de manière proactive avant que le besoin de récupération des données ne se fasse sentir, ainsi que la façon de s'en sortir après une faille de sécurité.

La Partie 7 se tourne vers l'avenir – à la fois pour ceux qui sont intéressés par une carrière liée à la cybersécurité (ou qui ont des enfants, ou d'autres parents ou des amis qui envisagent de le faire) et pour ceux qui s'intéressent à la façon dont les nouvelles technologies sont susceptibles d'influer sur leur propre cybersécurité personnelle.

La Partie 8 donne plusieurs listes de dix éléments que vous voudrez peut-être conserver sous forme de fiches-conseils.

Gardez à l'esprit que, même si vous assimilez toutes les informations contenues dans ce livre et que vous les mettez en pratique, vous améliorerez certes probablement considérablement votre comportement face aux problèmes de cybersécurité, mais que la lecture de ce livre ne fera pas plus de vous un expert en cybersécurité que la lecture d'un livre sur le fonctionnement du cœur humain ne vous transformera rapidement en cardiologue compétent.

La cybersécurité est un domaine complexe qui évolue rapidement et dans lequel les professionnels passent des années, voire des décennies, à étudier et à travailler à temps plein pour développer, perfectionner et maintenir les compétences et l'expertise qui leur servent constamment. Par conséquent, ne considérez pas les conseils contenus dans ce livre comme un substitut à l'embauche d'un professionnel pour toute situation qui justifierait raisonnablement celle-ci.

De plus, n'oubliez pas que les produits techniques changent assez souvent, de sorte que les captures d'écran incluses dans le livre peuvent ne pas être identiques aux écrans que vous observez lorsque vous effectuez des actions similaires à celles décrites dans le texte. Souvenez-vous : les menaces sur la cybersécurité évoluent constamment, tout comme les technologies et les approches utilisées pour les combattre.

Quelques suppositions stupides

Dans ce livre, je fais quelques suppositions sur votre niveau de compétence technologique :

- » Vous avez de l'expérience dans l'utilisation d'un clavier et d'un pointeur, comme une souris, sur un Mac ou un PC Windows et vous avez accès à l'une de ces machines.
- » Vous savez comment utiliser un navigateur Internet, comme Firefox, Chrome, Edge, Opera ou Safari.
- » Vous savez comment installer des applications sur votre ordinateur.
- » Vous savez comment effectuer une recherche Google (ou DuckDuckGo ou bien encore Qwant, plus respectueux de la vie privée).

Conventions utilisées dans ce livre

En explorant chaque partie de ce livre, gardez à l'esprit les points suivants :

- » Les mots qui sont définis apparaissent en italique.
- » Le code et les URL (adresses Web) sont affichés dans une police à espacement fixe.

Icônes utilisées dans ce livre

Tout au long de ce livre, vous trouverez en marge de petites images, connues sous le nom d'icônes. Ces icônes marquent des informations importantes :

L'icône Astuce identifie les endroits où j'offre des conseils supplémentaires pour rendre ce voyage plus intéressant ou plus clair. Ces conseils couvrent aussi certains raccourcis sympathiques que vous ne connaissiez peut-être pas.

L'icône Se rappeler signale des points importants que vous devriez garder présents à l'esprit.

L'icône Attention vous aide à vous protéger contre les erreurs courantes et peut même vous donner des conseils pour corriger vos propres erreurs.

Où aller à partir d'ici

La cybersécurité pour les Nuls est conçu de telle manière que vous n'avez pas besoin de lire ce livre dans l'ordre, ou même de le lire en entier.

Si vous avez acheté ce livre parce que vous avez, par exemple, été victime d'une attaque concernant la cybersécurité, vous pouvez passer directement à la Partie 5 sans lire les chapitres précédents (bien qu'il soit sage d'y revenir par la suite, car cela peut vous aider à éviter de devenir victime d'une autre cyberattaque).

Partie 1

Premiers pas avec la cybersécurité

Dans cette partie

Découvrez ce qu'est la cybersécurité et pourquoi il est plus difficile de la définir que vous ne le pensez.

Découvrez pourquoi des failles dans la sécurité semblent se produire si souvent et pourquoi la technologie à elle seule ne semble pas les arrêter.

Explorez divers types de cybermenaces courantes et d'outils de cybersécurité également courants.

Comprendre le qui, le comment et le pourquoi concernant divers types d'attaquants et de parties menaçantes mais qui ne sont pas officiellement malveillantes.

Chapitre 1

C'est quoi exactement la cybersécurité ?

DANS CE CHAPITRE

Comprendre que la cybersécurité n'a pas le même sens pour toutes les entités.

Clarifier la différence entre cybersécurité et sécurité de l'information.

Comprendre pourquoi la cybersécurité est une cible en constante évolution.

Comprendre les objectifs de la cybersécurité.

Examiner les risques atténués par la cybersécurité.

Pour améliorer votre capacité à assurer votre sécurité et celle de vos proches, vous devez comprendre ce que signifie la cybersécurité, quels devraient être vos objectifs en la matière et contre quoi vous vous prémunissez exactement.

Bien que les réponses à ces questions puissent sembler simples et directes à première vue, elles ne le sont pas. Comme vous allez le constater dans ce chapitre, ces réponses peuvent varier considérablement d'une personne à une autre, d'un type d'entreprise à un autre, d'une organisation à une autre, et y compris au sein d'une même entité à différents moments.

La cybersécurité signifie différentes choses pour différentes personnes

La *cybersécurité* peut sembler un terme assez simple à définir, mais dans la réalité, d'un point de vue pratique, elle signifie des choses très différentes pour différentes personnes dans différentes situations, ce qui conduit à des politiques, procédures et pratiques pertinentes extrêmement variées. Une personne qui veut protéger ses comptes de réseaux sociaux contre de possibles prises de contrôle par des pirates informatiques, par exemple, est extrêmement peu susceptible d'adopter bon nombre des approches et des technologies utilisées par les personnels du Pentagone pour protéger des réseaux classifiés.

Typiquement, par exemple :

- Pour les **particuliers**, la cybersécurité signifie que leurs données personnelles ne sont accessibles qu'à eux-mêmes et aux personnes qu'ils ont autorisées, et que leurs appareils informatiques fonctionnent correctement et sont exempts de malware.
- Pour les **propriétaires de petites entreprises**, la cybersécurité peut consister à s'assurer que les données des cartes de crédit sont bien protégées, et que les normes de sécurité des données sont correctement appliquées aux caisses des points de vente.
- Pour les **entreprises qui font des affaires en ligne**, la cybersécurité peut inclure la protection de serveurs avec lesquels des personnes extérieures non fiables interagissent régulièrement.
- Pour les **fournisseurs de services partagés**, la cybersécurité peut impliquer la protection de nombreux centres de données qui hébergent de multiples serveurs qui, à leur tour, hébergent des quantités de serveurs virtuels appartenant à de nombreuses organisations différentes.
- Pour un **gouvernement**, la cybersécurité peut inclure l'établissement de différentes classifications de données, chacune avec son propre ensemble de lois, politiques, procédures et technologies connexes.

En fin de compte, bien qu'il soit facile de définir le mot cybersécurité, les attentes pratiques qu'il évoque dans l'esprit des gens lorsqu'ils entendent ce mot varient beaucoup.

Techniquement parlant, la cybersécurité est le sous-ensemble du champ de la sécurité de l'information qui concerne l'information et les systèmes d'information qui stockent et traitent les données sous forme électronique, tandis que la sécurité de l'information en général englobe la sécurité de toutes les formes de données (par exemple, celles que contient un dossier papier ou encore un classeur).

Cela dit, aujourd'hui, beaucoup de gens échangent facilement ces termes, faisant souvent référence à des aspects de la sécurité de l'information qui, techniquement, ne relèvent pas spécifiquement de la cybersécurité. Un tel usage résulte également du mélange des deux notions dans de nombreuses situations. Techniquement parlant, par exemple, si quelqu'un écrit un mot de passe sur une feuille de papier qu'il laisse sur son bureau, où d'autres personnes peuvent le voir, au lieu de ranger cette feuille dans un coffre-fort, il a violé un principe de sécurité de l'information et non de cybersécurité, même si ses actions peuvent entraîner de graves répercussions sur cette dernière.

La cybersécurité est une cible en constante évolution

Bien que le but ultime de la cybersécurité puisse ne pas varier beaucoup avec le temps, les politiques, les procédures et les technologies utilisées pour y parvenir changent radicalement au fil des ans. De nombreuses approches et technologies qui étaient plus qu'adéquates pour protéger les données numériques des consommateurs en 1980, par exemple, ne valent plus rien aujourd'hui, soit parce qu'elles ne sont plus commodes à utiliser, soit parce que les progrès technologiques les ont rendues obsolètes ou inopérantes.

Tout en dressant une liste complète de tous les progrès réalisés dans le monde au cours des dernières décennies et de la manière dont ces changements ont eu un impact sur la cybersécurité, nous pouvons examiner plusieurs domaines clés de ce développement et leurs impacts sur la nature en constante évolution de la cybersécurité : changements technologiques, changements de modèles économiques et externalisation.

Changements technologiques

Les changements technologiques ont un impact considérable sur la cybersécurité. Les nouveaux risques s'accompagnent en même des nouvelles capacités et commodités qu'apportent les nouvelles offres. Par conséquent, à mesure que le progrès technologique continue de croître, le rythme des nouveaux risques liés à la cybersécurité s'accélère également. Si le nombre des risques créés au cours des dernières décennies par ces nouvelles offres est stupéfiant, les domaines décrits dans les sections suivantes ont eu un impact disproportionné sur la cybersécurité.

Données numériques

Au cours des dernières décennies, on a assisté à des changements spectaculaires dans les technologies existantes, ainsi qu'en ce qui concerne les personnes qui utilisent ces technologies, la façon dont elles le font et à quelles fins elles le font. Tous ces facteurs ont un impact sur la cybersécurité.

Considérez, par exemple, que, lorsqu'une bonne partie des personnes aujourd'hui en vie étaient des enfants, le contrôle de l'accès aux données dans un environnement commercial signifiait simplement que le propriétaire de ces données rangeait un fichier physique contenant l'information dans un classeur verrouillé, et qu'il donnait la clé uniquement aux personnes reconnues comme étant des employés autorisés, et seulement quand elles la demandaient pendant les heures de travail. Pour plus de sécurité, le classeur se trouvait peut-être dans un bureau qui était fermé à clé après les heures de travail, bureau qui se trouvait lui-même dans un immeuble également fermé à clé et pourvu d'une alarme.

Aujourd'hui, avec le stockage numérique de l'information, cependant, les systèmes simples de classement et de protection ont été remplacés par des technologies complexes qui doivent authentifier automatiquement les utilisateurs qui recherchent les données à partir de n'importe quel endroit et à tout moment, déterminer si les utilisateurs sont autorisés à accéder à un élément particulier ou bien à un ensemble de données, et livrer ces données en toute sécurité, tout en prévenant toute attaque du système qui traite les requêtes, ainsi que toute attaque des données pendant leur transit et en opérant les contrôles de sécurité qui protègent les deux.

De plus, le passage de la communication écrite au courrier électronique et à la messagerie instantanée a fait que d'énormes quantités d'informations sensibles transitent sur des serveurs connectés à Internet. De même, le passage d'une société de la pellicule à la photographie et à la vidéographie numériques a accru les enjeux de la cybersécurité. Pratiquement toutes les photographies et les vidéos prises aujourd'hui sont stockées électroniquement plutôt que sur film ou négatifs – une situation qui a permis à des criminels situés n'importe où de voler les images des gens et de les divulguer, ou de s'en servir pour réclamer une rançon. Le fait que les films et les émissions de télévision soient désormais stockés et transmis électroniquement a également permis aux pirates de les copier et de les offrir au grand public – parfois *via* des sites Web infestés de logiciels malveillants.

L'Internet

Le progrès technologique le plus important en matière de cybersécurité a été l'arrivée de l'ère d'Internet. Il y a quelques décennies à peine, il était inconcevable que des pirates informatiques se trouvant n'importe où dans le monde puissent perturber une entreprise, manipuler une élection ou voler un milliard de dollars. Aujourd'hui, aucune personne bien informée n'écarterait de telles possibilités.

Avant l'ère d'Internet, il était extrêmement difficile pour le pirate moyen de tirer un profit financier de ses activités. L'arrivée des services bancaires et commerciaux en ligne dans les années 1990 a signifié toutefois que les hackers pouvaient voler directement de l'argent ou des biens et des services – impliquant non seulement que les pirates soient à même de monétiser rapidement et facilement leurs efforts, mais aussi que des personnes dépourvues d'éthique soient fortement incitées à entrer dans le monde de la cybercriminalité.

Cryptomonnaies

L'arrivée et la prolifération des cryptomonnaies au cours de la dernière décennie, ainsi que les innovations qui ont considérablement accru le potentiel de retour sur investissement des cybercriminels, tout en augmentant leur capacité à gagner de l'argent en se cachant dans le même temps, sont venues aggraver ces facteurs. Par le passé, les criminels devaient faire face à un défi lorsqu'ils recevaient des paiements, car le compte sur lequel ils retiraient au final de l'argent pouvait souvent leur être lié. Les cryptomonnaies ont effectivement éliminé ces risques.

Main-d'œuvre mobile et accès omniprésent

Il n'y a pas si longtemps, à l'ère pré-Internet, il était impossible pour les pirates informatiques d'accéder à distance aux systèmes des entreprises, parce que les réseaux de celles-ci n'étaient connectés à aucun réseau public et n'avaient souvent aucune capacité de connexion. Les cadres en déplacement appelaient simplement leurs assistants pour vérifier leurs messages et obtenir les données nécessaires pendant qu'ils étaient au loin.

La connectivité à Internet présentait certains risques, mais au départ, les pare-feu ne permettaient pas aux personnes extérieures à l'organisation de lancer des communications – ainsi, à l'exception d'erreurs de configuration des pare-feu ou de bogues, la plupart des systèmes internes demeuraient relativement isolés. À l'aube du commerce électronique et des banques en ligne, certains systèmes de production devaient bien sûr être accessibles et adressables depuis l'extérieur, mais les réseaux de collaborateurs, par exemple, restaient généralement isolés.

L'arrivée des technologies d'accès à distance – d'abord par des services comme Outlook Web Access et pcAnywhere, puis par des accès VPN complets et de ce type – a totalement changé la donne.

Appareils intelligents

De même, l'arrivée des dispositifs intelligents et de l'Internet des objets (l'univers des dispositifs qui ne sont pas des ordinateurs traditionnels, mais qui sont connectés à Internet) – dont la prolifération et l'expansion se déroulent actuellement à un rythme effarant – signifie que les machines classiques, réputées inviolables, sont rapidement remplacées par des dispositifs qui peuvent potentiellement être contrôlés par des pirates qui se trouvent n'importe où dans le monde. Les risques énormes créés par ces dispositifs sont examinés plus en détail au Chapitre 17.

Big Data

Bien que l'ère dite du big data (ces énormes masses de données) contribue à faciliter la création de nombreuses technologies de cybersécurité, elle produit également des opportunités pour les attaquants. En corrélant de grandes quantités d'informations sur les personnes qui travaillent pour une organisation, par exemple, un criminel peut plus facilement qu'auparavant identifier les méthodes idéales d'ingénierie sociale permettant de se frayer un chemin dans l'organisation, ou de localiser et d'exploiter les vulnérabilités possibles de l'infrastructure de la société. Par conséquent, de nombreuses organisations ont été forcées de mettre en place toutes sortes de contrôles pour prévenir les fuites d'information.

Des livres entiers ont été écrits sur l'impact du progrès technologique. Le principal point à comprendre est que les progrès technologiques ont eu un impact significatif sur la cybersécurité, rendant de ce fait la sécurité plus difficile à assurer et augmentant les enjeux lorsque les parties ne parviennent pas à protéger correctement leurs actifs.

Changements sociaux

Divers changements dans la façon dont les humains se comportent et interagissent entre eux ont également eu un impact majeur sur la cybersécurité. Internet, par exemple, permet aux gens du monde entier d'interagir en temps réel. Bien entendu, cette même interaction en temps réel fournit également aux criminels du monde entier l'opportunité de commettre des crimes à distance. Mais elle permet aussi aux citoyens de pratiquement tous les pays et tous les régimes de communiquer, ce qui crée des opportunités de contrecarrer la propagande de systèmes répressifs. En même temps, cela offre également aux « cyberguerriers » des gouvernements en conflit la possibilité de lancer des attaques *via* le même réseau.

La conversion de divers systèmes de gestion de l'information du papier à l'ordinateur, de l'ordinateur isolé à l'ordinateur connecté à Internet, et de l'ordinateur de bureau accessible uniquement au bureau à l'ordinateur ou au téléphone intelligent, a radicalement changé l'équation en ce qui concerne les informations que les pirates peuvent voler. En outre, dans de nombreux cas où, pour des raisons de sécurité, de telles évolutions n'ont pas été opérées dès le début, la pression exercée aujourd'hui par les gens – qui s'attendaient à ce que toutes les données leur soient accessibles en tout temps et de partout – a forcé de telles évolutions à se produire, créant de nouvelles opportunités pour les criminels. Pour le plus grand plaisir des hackers, de nombreuses organisations qui, par le passé, protégeaient judicieusement les informations sensibles en les gardant hors ligne ont tout simplement perdu la possibilité de bénéficier de telles protections si elles voulaient rester en activité.

Les réseaux sociaux ont également transformé le monde de l'information – les gens sont de plus en plus habitués à partager beaucoup plus d'informations sur eux-mêmes qu'autrefois – souvent avec un public beaucoup plus large qu'auparavant. Aujourd'hui, en raison du changement de comportement à cet égard, il est enfantin pour les malfaiteurs, où qu'ils se trouvent, de dresser la liste des amis, collègues professionnels et parents d'une cible, et d'établir des mécanismes de communication avec toutes ces personnes. De même, il est plus facile que jamais de savoir quelles technologies une entreprise utilise et à quelles fins, de connaître les horaires de voyage des gens, leurs opinions sur divers sujets, ou encore leurs goûts en matière de musique et de cinéma. La tendance vers un partage accru se poursuit. La plupart des personnes ignorent aveuglément combien d'informations les concernant sont stockées sur des machines connectées à Internet, et combien d'autres informations les concernant également peuvent être extrapolées à partir de ces données.

Tous ces changements sociétaux se sont traduits par une réalité effrayante : un malfaiteur peut facilement lancer une attaque d'ingénierie sociale beaucoup plus importante et plus sophistiquée aujourd'hui qu'il y a moins d'une décennie.

Modifications du modèle économique

La connexion de la quasi-totalité du monde a permis à l'Internet de faciliter d'autres tendances ayant d'énormes ramifications en matière de cybersécurité. Des modèles opérationnels autrefois impensables, comme celui d'une société américaine utilisant un centre d'appels en Inde et un atelier de développement de logiciels aux Philippines, sont devenus le pilier de nombreuses entreprises. Ces changements, cependant, créent des risques de cybersécurité de toutes sortes.

Au cours des 20 dernières années, on a assisté à une croissance considérable de l'externalisation de diverses tâches, depuis les endroits où elles sont plus coûteuses à exécuter jusqu'aux régions où elles peuvent l'être à des coûts beaucoup moins élevés. L'idée qu'une entreprise aux États-Unis puisse compter principalement sur des programmeurs en Inde ou aux Philippines, ou qu'une personne à New York cherchant à faire fabriquer un logo pour son entreprise puisse, peu de temps avant d'aller se coucher, payer 5,50 $ à quelqu'un qui se trouve à l'autre bout du monde pour le créer, et récupérer le logo dans sa boîte aux lettres électronique dès son réveil le lendemain matin, aurait pu sembler une science-fiction économique il y a tout au plus une génération. Aujourd'hui, non seulement c'est courant, mais dans de nombreux cas, c'est la méthode la plus répandue pour obtenir de tels résultats.

Bien sûr, il en résulte de nombreuses ramifications en matière de cybersécurité. Les données transmises doivent être protégées contre la destruction, la modification et le vol, et il faut s'assurer que des portes dérobées ne sont pas insérées intentionnellement ou par inadvertance dans le code. De plus grandes protections sont nécessaires pour prévenir le vol de la propriété intellectuelle et d'autres formes d'espionnage d'entreprise. Les pirates n'ont plus nécessairement besoin d'attaquer directement une organisation qu'ils cherchent à pirater : ils n'ont qu'à compromettre un ou plusieurs de ses fournisseurs, qui peuvent être beaucoup moins prudents quant à leurs pratiques de sécurité concernant l'information et les personnels que la cible ultime.

Changements politiques

Comme dans le cas des progrès technologiques, les changements politiques ont eu d'énormes répercussions sur la cybersécurité, dont certaines semblent faire en permanence la une des journaux. La combinaison d'un pouvoir gouvernemental et d'une technologie puissante s'est souvent révélée coûteuse pour les citoyens. Si les tendances actuelles se maintiennent, l'impact sur la cybersécurité des divers changements politiques ne fera que croître dans un avenir prévisible.

Collecte des données

La prolifération de l'information en ligne et la capacité d'attaquer des machines dans le monde entier ont permis aux gouvernements d'espionner les citoyens de leur propre pays et les résidents d'autres pays dans une proportion jamais atteinte auparavant.

De surcroît, comme de plus en plus d'activités commerciales, personnelles et sociétales laissent derrière elles des empreintes numériques, les gouvernements ont facilement accès à une quantité beaucoup plus grande d'informations sur leurs cibles potentielles que ce n'était le cas il y a quelques années seulement, et à des coûts beaucoup plus élevés à l'époque. Si l'on y ajoute le prix relativement faible du stockage numérique, l'évolution des technologies du big data et la possible impuissance attendue de nombreuses technologies de cryptage actuelles, les gouvernements sont fortement incités à collecter et stocker autant de données que possible sur autant de personnes qu'ils le peuvent, au cas où elles seraient utiles un jour. Il ne fait guère de doute que certains gouvernements font déjà exactement cela.

Les conséquences à long terme de ce phénomène sont évidemment encore inconnues, mais une chose est claire : si les entreprises ne protègent pas correctement les données, il est probable que des pays pas vraiment amis les obtiendront et les conserveront pour les utiliser à court ou à long terme, ou les deux.

Ingérence électorale

Il y a une génération, l'ingérence d'un pays dans les élections d'un autre pays n'était pas anodine. Bien sûr, cette pratique existait – c'est le cas depuis qu'il y a des élections – mais mener d'importantes campagnes d'ingérence la rendait coûteuse, gourmande en ressources et risquée.

Pour diffuser de la désinformation et d'autres formes de propagande, il fallait imprimer et distribuer physiquement le matériel, ou l'enregistrer et le transmettre par radio, ce qui signifiait que des campagnes individuelles n'atteindraient probablement qu'un public restreint. De ce fait, de tels efforts produisaient souvent des résultats très faibles en termes d'efficacité, et le risque que le parti qui menait la campagne se trouve publiquement exposé était relativement élevé.

Manipuler les bases de données des inscriptions électorales pour empêcher les électeurs légitimes de voter et/ou pour permettre à de faux électeurs de voter était extrêmement difficile et comportait des risques énormes. Quelqu'un « travaillant de l'intérieur » aurait probablement dû être un traître. Dans un pays comme les États-Unis, où les bases de données électorales sont décentralisées et gérées au niveau des comtés, il aurait probablement été impossible de recruter suffisamment de saboteurs pour vraiment influer sur une élection majeure, et les chances de se faire prendre en tentant de le faire étaient tout aussi probablement extrêmement élevées. De même, toujours dans le cas des États-Unis, à l'époque des bulletins de vote papier et du dépouillement manuel, il était pratiquement impossible pour une puissance étrangère de manipuler à grande échelle le décompte réel des voix.

Aujourd'hui, cependant, le jeu a changé. Un gouvernement peut facilement diffuser de la désinformation par le biais des réseaux sociaux pour un coût extrêmement bas. S'il élabore une campagne bien pensée, il peut compter sur d'autres personnes pour diffuser la désinformation – ce que les gens ne pouvaient pas faire en masse à l'époque des enregistrements radiophoniques et des tracts imprimés. La capacité d'atteindre beaucoup plus de gens, à un coût beaucoup plus bas que jamais auparavant, a permis à un plus grand nombre de partis d'intervenir dans les campagnes politiques et de le faire avec plus d'efficacité que par le passé. De même, les gouvernements peuvent diffuser des informations erronées pour attiser le mécontentement des citoyens au sein de nations adverses, et répandre l'hostilité entre groupes ethniques et religieux vivant dans des pays étrangers.

Les bases de données d'inscription des électeurs étant stockées électroniquement et parfois sur des serveurs qui sont, au moins indirectement, connectés à Internet, il est possible d'ajouter, de modifier ou de supprimer des enregistrements à l'autre bout du monde sans être détecté. Même si un tel piratage est, en réalité, impossible, le fait que de nombreux citoyens y croient aujourd'hui a conduit à miner la confiance dans les élections, un phénomène dont nous avons été témoins ces dernières années et qui a gagné toutes les couches de la société. Par exemple, Jimmy Carter, ancien président des États-Unis, a déclaré qu'il croyait qu'une enquête complète sur l'élection présidentielle de 2016 montrerait que Donald Trump avait perdu les élections – bien qu'il n'y ait absolument aucune preuve pour appuyer une telle conclusion, même après une enquête approfondie du FBI en la matière.

Il n'est pas difficile non plus d'imaginer que, si jamais le vote en ligne devait voir le jour, le potentiel de manipulation de ce vote par des gouvernements étrangers, des criminels et même des partis politiques au sein de la nation – mais aussi de disparition du contrôle des bulletins de vote tel qui existe actuellement – augmenterait de façon astronomique.

Il y a moins d'une décennie, les États-Unis ne considéraient pas les systèmes informatiques liés aux élections comme des infrastructures essentielles, et ne subventionnaient pas directement la sécurisation de ces systèmes par des fonds fédéraux. Aujourd'hui, la plupart des gens comprennent que le besoin de cybersécurité dans ces domaines est d'une importance capitale, et le comportement qui prévalait il y a quelques années à peine semble aujourd'hui tout simplement fou.

Hacktivisme

L'expansion de la démocratie à l'occidentale depuis l'effondrement de l'Union soviétique il y a une génération, associée à l'interaction *via* Internet entre les peuples du monde entier, a inauguré l'ère du *hacktivisme* (un mot-valise formé à partir de *hacker* et d'*activisme*). Les gens sont au courant de ce qui se passe dans un plus grand nombre d'endroits que par le passé. Des pirates informatiques en colère au sujet d'une certaine politique ou d'une certaine activité gouvernementale à un endroit donné peuvent cibler ce gouvernement, ou même les citoyens du pays qu'il gouverne, depuis des contrées éloignées.

Une plus grande liberté

Dans le même temps, les personnes opprimées peuvent maintenant être plus conscientes du mode de vie des habitants des pays plus libres et plus prospères, un phénomène qui a à la fois forcé certains gouvernements à libéraliser leurs politiques, et motivé d'autres à mettre en place ou renforcer des contrôles de type cybersécurité pour empêcher l'utilisation de divers services sur Internet.

Sanctions

Une autre ramification politique de la cybersécurité concerne les sanctions internationales : les états visés par des mesures d'embargo ont pu utiliser la cybercriminalité sous diverses formes pour contourner ces sanctions.

Par exemple, on pense que la Corée du Nord a répandu des logiciels malveillants s'installant sur des ordinateurs dans le monde entier afin de miner de la cryptomonnaie, permettant ainsi au pays de contourner les sanctions en obtenant de l'argent frais qui peut facilement être dépensé n'importe où.

À notre époque, l'incapacité des individus à sécuriser de manière adéquate leurs ordinateurs personnels peut donc avoir un impact direct sur des négociations politiques.

Créer un nouvel équilibre des pouvoirs

Si les armées de certaines nations sont depuis longtemps devenues plus puissantes que celles de leurs adversaires – la qualité et la quantité des armes varient considérablement d'une nation à l'autre – l'équilibre des pouvoirs en matière de cybersécurité est totalement différent.

Si la qualité des *cyberarmes* (*cyberweapons* en anglais) peut varier d'un pays à l'autre, le fait que le lancement d'une cyberattaque coûte peu cher ne signifie pas que toutes les armées disposent d'un approvisionnement effectivement illimité des armes qu'elles utilisent. En fait, dans la plupart des cas, lancer des millions de cyberattaques ne coûte guère plus cher que d'en lancer une seule.

De plus, contrairement à ce qui se passe dans le monde physique où tout pays qui aurait bombardé des maisons civiles sur le territoire de son ennemi peut faire face à de sévères représailles, les gouvernements voyous piratent régulièrement et en toute impunité des personnes dans d'autres pays. Souvent, les victimes ignorent totalement qu'elles ont été compromises, signalent rarement de tels incidents aux forces de l'ordre et ne savent certainement pas à qui imputer la faute.

Même lorsqu'une victime se rend compte qu'une violation s'est produite, et même lorsque les experts techniques désignent les véritables coupables, les états à l'origine de ces attaques affichent souvent un déni plausible, empêchant ainsi tout gouvernement de riposter publiquement. En fait, la difficulté de déterminer la source des cyberattaques ainsi que la facilité avec laquelle il est possible de les nier incitent fortement les gouvernements à utiliser ces méthodes pour attaquer un adversaire de manière proactive, en répandant diverses formes de désordres sans craindre d'importantes représailles.

De plus, le monde de la cybersécurité a créé un énorme déséquilibre entre agresseurs et défenseurs qui profite aux nations moins puissantes.

Les gouvernements qui n'ont jamais pu se permettre de lancer d'énormes tirs de barrage contre un adversaire dans le monde physique peuvent facilement le faire dans le monde cybernétique, où lancer chaque attaque ne coûte presque rien. Par conséquent, les agresseurs peuvent se permettre de continuer à attaquer jusqu'à ce qu'ils réussissent – et ils n'ont besoin de violer les systèmes qu'une seule fois pour « réussir » – créant un énorme problème pour les défenseurs qui doivent protéger leurs biens contre chaque attaque. Ce déséquilibre s'est traduit par un avantage majeur pour les attaquants par rapport aux défenseurs et a fait que même des puissances mineures peuvent briser avec succès des systèmes appartenant à des superpuissances.

En fait, ce déséquilibre contribue à la raison pour laquelle les atteintes à la cybersécurité semblent se produire si souvent, car de nombreux hackers continuent simplement à attaquer jusqu'à ce qu'ils réussissent. Si une organisation se défend avec succès contre 10 millions d'attaques mais ne parvient pas à en arrêter 10 000 001, alors elle peut subir une violation grave et faire la une de l'actualité. Les rapports qui sont rendus publics ne mentionneront probablement même pas le fait qu'elle a un taux de réussite de 99,99999999 % dans la protection de ses données et qu'elle a réussi à arrêter les attaquants un million de fois d'affilée. De même, si une entreprise a installé 99,999 % des correctifs possibles, mais a négligé de se protéger contre une seule vulnérabilité connue, elle risque de subir une brèche en raison du nombre de portes d'entrée disponibles pour les criminels. Les médias souligneront l'échec de l'organisation à corriger correctement ses failles, en négligeant son dossier presque parfait dans le domaine de la cybersécurité.

De même, l'ère de la cybernétique a également modifié l'équilibre du pouvoir entre les criminels et les forces de l'ordre.

Les criminels savent que les chances d'être arrêtés et poursuivis avec succès pour un méfait cybernétique sont nettement plus faibles que pour la plupart des autres crimes. De ce fait, des tentatives répétées et infructueuses pour commettre un crime cybernétique ne constituent pas un risque avéré de se faire arrêter, comme pour la plupart des autres délits. Les pirates sont également conscients que les organismes chargés d'appliquer la loi n'ont généralement pas les ressources nécessaires pour poursuivre la grande majorité des cybercriminels. Traquer, arrêter et poursuivre avec succès quelqu'un qui vole des données à l'autre bout du monde *via* de multiples sauts dans de nombreux pays et un réseau d'ordinateurs appartenant à des personnes parfaitement respectueuses des lois mais piratées sans qu'elles ne s'en aperçoivent, par exemple, exige de rassembler et de consacrer beaucoup plus de ressources que le simple fait d'attraper un petit voleur qui a été enregistré par une caméra de surveillance dans un magasin.

Vu le faible coût des attaques répétées et les chances de succès en leur faveur, les risques de se faire prendre et punir sont très faibles. De surcroît, les profits potentiels augmentent avec l'accroissement de la numérisation, et les criminels savent que la cybercriminalité paie, ce qui souligne d'autant plus les raisons pour lesquelles vous devez vous protéger.

Examiner les risques que la cybersécurité atténue

Les gens expliquent parfois que la cybersécurité est importante parce qu'elle « empêche les pirates de pénétrer dans les systèmes et de voler des données et de l'argent ». Mais une telle description sous-estime dramatiquement le rôle que joue la cybersécurité dans la protection de la maison, de l'entreprise ou même du monde moderne.

En fait, le rôle de la cybersécurité peut être examiné sous différents angles, chacun présentant un ensemble d'objectifs différents. Bien sûr, les listes suivantes ne sont pas complètes, mais elles devraient vous donner matière à réflexion et souligner l'importance de comprendre comment vous protéger et protéger vos proches sur Internet.

L'objectif de la cybersécurité : la triade de la CIA

Les professionnels de la cybersécurité expliquent souvent que l'objectif est dans ce domaine d'assurer la confidentialité, l'intégrité et la disponibilité (CID) des données, parfois appelées la Triade de la CIA, avec un jeu de mots évident pour les anglicistes :

NdT : En anglais, l'expression classique est Confidentiality, Integrity, Availability, soit en résumé CIA.

» **La confidentialité** consiste à s'assurer que l'information n'est pas divulguée ou mise à la disposition d'entités non autorisées (y compris des personnes, des organisations ou des processus informatiques) de quelque manière que ce soit.

  Ne confondez pas confidentialité et vie privée : la confidentialité est un sous-ensemble du domaine de la vie privée. Elle traite spécifiquement de la protection des données contre les visiteurs non autorisés, alors que la protection de la vie privée en général est beaucoup plus large.

  Les hackers qui volent des données compromettent la confidentialité.

» **L'intégrité** consiste à s'assurer que les données sont à la fois exactes et complètes.

  L'exactitude signifie, par exemple, que les données ne sont jamais modifiées de quelque façon que ce soit par une partie non autorisée ou suite à un problème technique. *La complétude* fait référence, par exemple, aux données qui n'ont pas été partiellement supprimées par une partie non autorisée ou par un problème technique.

  L'intégrité inclut également la *non-répudiation*, ce qui signifie que les données sont créées et traitées d'une manière telle que personne ne peut raisonnablement soutenir qu'elles ne sont pas authentiques ou sont inexactes.

  Les cyberattaques qui interceptent des données et les modifient avant de les relayer vers leur destination – parfois appelées attaques de l'*homme du milieu* – minent l'intégrité.

» **La disponibilité** consiste à s'assurer que l'information, les systèmes utilisés pour la stocker et la traiter, les mécanismes de communication permettant d'y accéder et de la relayer, et tous les contrôles de sécurité connexes fonctionnent correctement pour répondre à certains critères spécifiques (par exemple, un temps de disponibilité de 99,99 %). Les personnes extérieures au domaine de la cybersécurité considèrent parfois la disponibilité comme un aspect secondaire de la sécurité de l'information après la confidentialité et l'intégrité. En fait, assurer la disponibilité fait partie intégrante de la cybersécurité. Toutefois, il est parfois plus difficile d'y arriver que d'assurer la confidentialité ou l'intégrité. L'une des raisons en est que le maintien de la disponibilité exige souvent la participation d'un plus grand nombre de professionnels qui ne sont pas des spécialistes de la cybersécurité, ce qui entraîne un défi du type « trop de cuisiniers dans la cuisine », surtout dans les grandes organisations. Les attaques par déni de service distribué tentent de saper la disponibilité. En outre, considérez que les attaques DDoS utilisent souvent une grande quantité de puissance informatique et de bande passante volées, alors que, en face, les intervenants qui cherchent à assurer la disponibilité ne peuvent tirer parti que de la quantité relativement faible de ressources dont ils peuvent disposer.

D'un point de vue humain

Les risques auxquels la cybersécurité s'attaque peuvent aussi être envisagés en des termes qui reflètent mieux l'expérience humaine :

» **Risques sur la vie privée :** Risques découlant de la perte potentielle d'un contrôle adéquat ou de l'utilisation abusive de renseignements personnels ou d'autres informations confidentielles.

» **Risques financiers :** Risques de pertes financières dues au piratage informatique. Les pertes financières peuvent inclure à la fois celles qui sont directes – par exemple, le vol d'argent dans le compte bancaire d'une personne suite à un piratage de ce compte – et celles qui sont indirectes, comme la perte de clients qui ne font plus confiance à une petite entreprise après que celle-ci a subi une atteinte à la sécurité.

» **Risques professionnels :** Risques pour la carrière professionnelle d'une personne qui découlent de violations. De toute évidence, des professionnels de la cybersécurité risquent de subir un préjudice professionnel s'il est établi qu'une violation s'est produite sous leur surveillance et qu'elle est due à une négligence de leur part, mais d'autres types de métiers peuvent également subir un préjudice professionnel pour des raisons semblables. Les cadres supérieurs peuvent être congédiés, les membres du conseil d'administration peuvent être poursuivis en justice, et ainsi de suite. Des dommages professionnels risquent également de survenir si des hackers divulguent des communications privées ou des données qui montrent quelqu'un sous un mauvais jour – par exemple, des enregistrements indiquant qu'une personne a fait l'objet de mesures disciplinaires pour une action inappropriée, envoyé un courriel contenant du matériel répréhensible, *etc.*

» **Risques d'entreprise :** Risques pour une entreprise similaires aux risques professionnels pour un individu. Par exemple, des documents internes ont fait l'objet il y a quelques années de fuites à la suite d'une violation des systèmes de Sony Pictures, montrant l'entreprise sous un jour négatif à l'égard de certaines de ses pratiques en matière de rémunération.

» **Risques personnels :** De nombreuses personnes stockent des informations privées sur leurs appareils électroniques, qu'il s'agisse de photos explicites ou d'enregistrements de leur participation à des activités qui peuvent ne pas être jugées respectables par les membres de leurs cercles sociaux respectifs. De telles données peuvent parfois causer un préjudice important aux relations personnelles si elles fuitent. De même, le vol de données personnelles peut aider des criminels à dérober l'identité d'individus, ce qui risque d'entraîner toutes sortes de problèmes personnels.

Chapitre 2

Apprendre à connaître les cyberattaques courantes

DANS CE CHAPITRE

Explorer les attaques qui peuvent infliger des dégâts.

•

Découvrir la différence entre usurpation d'identité, interception de données et vol de données.

•

Examiner les différents types de malware, d'empoisonnement et de publicités malveillantes.

•

Comprendre comment les cyberattaquants exploitent les défis de la maintenance d'infrastructures technologiques complexes.

•

Découvrir les formes de cyberattaques avancées.

Il existe de nombreux types de cyberattaques, tellement nombreux que je pourrais écrire toute une série de livres à leur sujet. Dans ce livre, cependant, je ne couvre pas tous les types de menaces en détail parce que la réalité est que vous le lisez probablement pour découvrir comment rester en sécurité sur Internet, et non pour apprendre des choses qui n'ont aucun impact sur vous, comme les formes d'attaques qui sont normalement dirigées contre des agences d'espionnage, des équipements industriels ou des armements militaires.

Dans ce chapitre, vous découvrirez les différents types de problèmes que les cybercriminels peuvent créer en utilisant des attaques qui affectent généralement les individus et les petites entreprises.

Les attaques qui causent des dommages

Les attaquants lancent certaines formes de cyberattaques dans l'intention de causer des dommages aux victimes. La menace posée par de telles agressions n'est pas qu'un criminel volera directement votre argent ou vos données, mais que les attaquants vous infligeront un préjudice d'une autre manière spécifique –

une manière qui peut finalement se traduire par un avantage financier, militaire, politique ou autre pour l'attaquant et (potentiellement) un dommage quelconque pour la victime.

Les types d'attaques qui infligent des dommages sont les suivants

- Attaques par déni de service (DoS)
- Attaques par déni de service distribué (DDoS)
- Botnets et zombies
- Attaques de destruction de données

Attaques par déni de service (DoS)

Une attaque par déni de service est une attaque qui vise à paralyser intentionnellement un ordinateur ou un réseau informatique en l'inondant de grandes quantités de requêtes ou de données, ce qui surcharge la cible et la rend incapable de répondre correctement aux requêtes légitimes.

Dans de nombreux cas, les requêtes envoyées par l'attaquant sont chacune, en soi, légitimes – par exemple, une simple requête pour charger une page Web.

Dans d'autres situations, les demandes ne sont pas normales. Au lieu de cela, elles s'appuient sur divers protocoles pour envoyer des requêtes qui optimisent, voire amplifient, l'effet de l'attaque.

Dans tous les cas, les attaques par déni de service fonctionnent en submergeant les unités centrales (CPU) et/ou la mémoire des systèmes informatiques, en utilisant toute la bande passante disponible pour les communications réseau et/ou encore en épuisant les ressources de l'infrastructure réseau telles que les routeurs.

Attaques par déni de service distribué (DDoS)

Une attaque DoS distribuée est une attaque DoS dans laquelle de nombreux ordinateurs individuels ou d'autres dispositifs connectés dans des régions diverses inondent simultanément la cible de requêtes. Au cours des dernières années, presque toutes les principales attaques par déni de service ont été effectivement distribuées – et certaines ont impliqué l'utilisation de caméras connectées à Internet et d'autres dispositifs comme des véhicules d'attaque, plutôt que des ordinateurs classiques. La Figure 2.1 illustre l'anatomie d'une attaque DDoS simple.

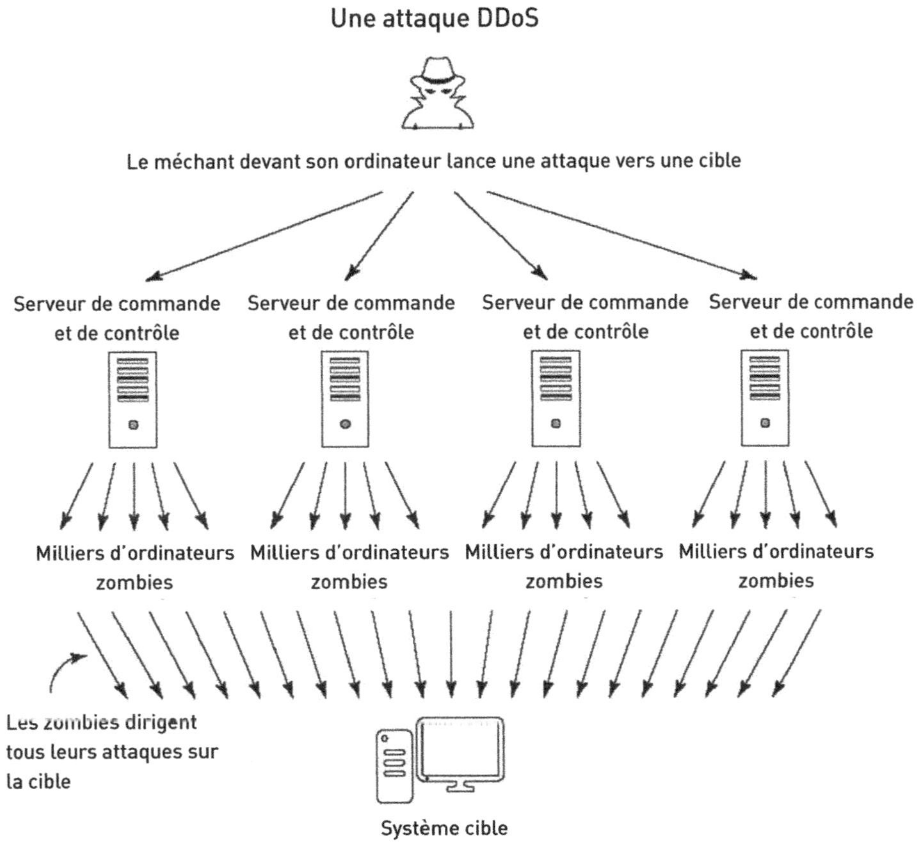

Figure 2.1 Une attaque DDoS.

Le but d'une attaque DDoS est de mettre la victime hors ligne, et la motivation pour le faire est variable.

Parfois, l'objectif est d'ordre financier : imaginez, par exemple, les dommages que pourrait subir l'entreprise d'un marchand en ligne si un concurrent sans scrupules mettait hors ligne le site du premier pendant le week-end du Black Friday[1]. Ou bien imaginez un escroc qui court-circuite le stock d'un grand détaillant de jouets juste avant de lancer une attaque DDoS contre ce détaillant deux semaines avant Noël.

Les attaques DDoS restent une menace grave et croissante. Les entreprises criminelles proposent même des services de DDoS à la location, qui sont annoncés sur le *dark web* comme offrant, contre rémunération, de « mettre hors ligne les sites Web de vos concurrents d'une manière rentable ».

Dans certains cas, les lanceurs de DDoS peuvent avoir des motifs politiques plutôt que financiers. Par exemple, un politicien corrompu pourrait chercher à empêcher tout accès au site Web de son adversaire pendant une campagne électorale, réduisant ainsi la capacité de ce dernier à diffuser des messages et à recevoir des contributions financières en ligne. Des hacktivistes peuvent également lancer des attaques DDoS afin de démanteler des sites au nom de la « justice » – par exemple, en ciblant des sites liés au maintien de l'ordre après qu'une personne non armée a été tuée lors d'une altercation avec la police.

En fait, selon une étude réalisée en 2017 par Kaspersky Lab et B2B International, près de la moitié des entreprises dans le monde qui ont subi une attaque DDoS soupçonnent une possible implication de leurs concurrents.

Les attaques DDoS peuvent avoir un impact sur les individus de trois manières significatives :

» **Une attaque DDoS sur un réseau local peut ralentir considérablement tout accès à Internet à partir de ce réseau.** Parfois, ces attaques ralentissent tellement la connectivité que les accès aux sites échouent en raison des paramètres de temporisation de session, ce qui signifie que les systèmes interrompent les connexions lorsque les demandes prennent plus de temps pour obtenir des réponses que le seuil maximum autorisé.

» **Une attaque DDoS peut rendre inaccessible un site qu'une personne prévoit d'utiliser.** Le 21 octobre 2016, par exemple, de nombreux utilisateurs américains

1 Voir par exemple `https://fr.wikipedia.org/wiki/Black_Friday_(shopping)`.

n'ont pas été en mesure d'accéder à plusieurs sites importants, dont Twitter, PayPal, CNN, HBO et des dizaines d'autres sites populaires, en raison d'une attaque DDoS massive lancée contre un tiers fournissant notamment divers services techniques pour ces sites.

La possibilité d'attaques DDoS est l'une des raisons pour lesquelles vous ne devriez jamais attendre la dernière minute pour effectuer une transaction bancaire en ligne – le site que vous devez utiliser peut être inaccessible pour un certain nombre de raisons, dont une attaque DDoS en cours.

- **Une attaque DDoS peut amener les utilisateurs à obtenir des informations provenant d'un site plutôt que d'un autre.** Lorsqu'un site a été rendu inaccessible, les internautes à la recherche d'informations spécifiques sont susceptibles de les obtenir depuis un autre site – un phénomène qui permet aux pirates de diffuser des informations erronées, ou d'empêcher les gens d'obtenir certaines informations, ou encore de pouvoir disposer d'un avis compétent sur des questions importantes. En tant que telles, les attaques DDoS peuvent être utilisées comme un mécanisme efficace – au moins à court terme – pour censurer les points de vue opposés.

Botnets et zombies

Souvent, les attaques DDoS utilisent ce qu'on appelle des *botnets*. Les botnets sont des ensembles d'ordinateurs qui ont été compromis, et qu'un hacker contrôle et utilise à distance pour exécuter des tâches à l'insu de leurs propriétaires légitimes.

Les criminels qui réussissent à infecter un million d'ordinateurs avec des logiciels malveillants peuvent, par exemple, utiliser ces machines, connues sous le nom de *zombies*, pour effectuer simultanément de nombreuses requêtes à partir d'un seul serveur ou d'une ferme de serveurs afin de surcharger la cible avec du trafic.

Attaques de destruction de données

Parfois, les attaquants veulent faire plus que de mettre temporairement une cible hors ligne en la submergeant de demandes – ils peuvent vouloir endommager la victime en détruisant ou en corrompant ses données et/ou ses systèmes d'information. Un criminel peut chercher à nuire à un utilisateur en lançant une *attaque de destruction de données* – par exemple, si l'utilisateur refuse de payer une rançon exigée par l'escroc.

Bien sûr, toutes les raisons de lancer des attaques DDoS (voir la section précédente) sont aussi des raisons pour lesquelles un hacker peut également tenter de détruire les données de quelqu'un.

Les attaques de type *wiper* (effaceur, ou encore essuie-glace) sont des attaques avancées de destruction de données dans lesquelles un criminel utilise un malware pour effacer le contenu du disque dur ou du disque SSD d'une victime, d'une manière telle que les données sont difficiles voire impossibles à récupérer.

En termes simples, à moins que la victime ne dispose de sauvegardes complètes, une personne dont l'ordinateur est effacé par un wiper risque de perdre l'accès à toutes les données et à tous les logiciels qui étaient précédemment stockés sur l'appareil attaqué.

Usurpation d'identité

L'un des grands dangers qu'Internet crée est la facilité avec laquelle des parties « malicieuses » peuvent se faire passer pour d'autres. Avant l'ère d'Internet, par exemple, les criminels ne pouvaient pas facilement se faire passer pour une banque ou un commerce, et convaincre les gens de leur donner de l'argent en échange d'un taux d'intérêt bas ou de certaines promesses de biens. Les lettres envoyées physiquement par la poste et, plus tard, les appels téléphoniques sont devenus les outils des escrocs, mais aucune de ces techniques de communication n'a jamais été aussi puissante qu'Internet pour aider les criminels à tenter de se faire passer pour des personnes respectables et respectueuses des lois.

La création d'un site Web qui imite le site d'une banque, d'un magasin ou d'un organisme gouvernemental est très simple, et c'est même parfois réalisable en quelques minutes. Les criminels peuvent trouver une offre quasi illimitée de noms de domaine qui sont suffisamment proches de ceux des parties légitimes pour faire croire à certaines personnes que le site qu'ils regardent est le vrai, alors que ce n'est pas du tout le cas, ce qui donne aux escrocs le premier ingrédient typique de la recette de l'usurpation d'identité en ligne.

Envoyer un courriel qui semble provenir de quelqu'un d'autre est simple et permet aux criminels de commettre toutes sortes de crimes en ligne. J'ai moi-même démontré il y a plus de 20 ans comment je pouvais vaincre diverses défenses et envoyer un courriel qui était délivré aux destinataires sur un système sécurisé – le message apparaissait comme ayant été envoyé depuis l'adresse `god@heaven.sky`. La Figure 2.2 montre un autre message électronique que, je l'avoue, je me suis amusé à falsifier.

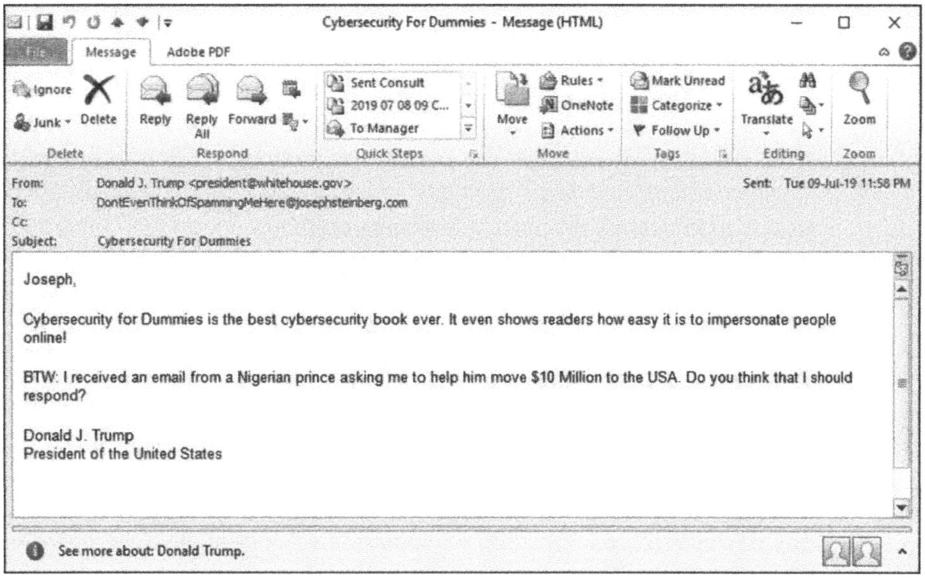

Figure 2.2

Un message d'usurpation d'identité.

Hameçonnage

L'*hameçonnage* (ou *phishing*) consiste à tenter de convaincre une personne d'effectuer certaines actions en usurpant l'identité d'une organisation réputée être digne de confiance, et qui pourrait raisonnablement demander de façon légitime à l'utilisateur de prendre telle ou telle mesure.

Par exemple, un criminel peut envoyer un courriel qui semble provenir d'une grande banque et qui demande au destinataire de cliquer sur un lien afin de réinitialiser son mot de passe en raison d'une possible violation de données. Lorsque l'utilisateur clique sur le lien (parfois sans même prendre conscience que le mail ne provient en fait pas de *sa* banque !), il est dirigé vers un site Web qui semble effectivement appartenir à l'organisme, mais qui est en fait une réplique gérée par le criminel. Celui-ci utilise le site Web frauduleux pour recueillir les noms d'utilisateur et les mots de passe afin de pouvoir accéder au site bancaire et voler l'argent de sa victime.

Harponnage

Le *harponnage* (ou *spear fishing*) se réfère aux attaques d'hameçonnage qui sont conçues et exécutées pour cibler une personne, une entreprise ou une organisation spécifique. Si un criminel cherche à obtenir des informations d'identification dans le système de courrier électronique d'une certaine entreprise, par exemple, il peut envoyer des courriels conçus spécialement pour appâter certaines personnes ciblées au sein de l'organisation. Souvent, les criminels qui se livrent au harponnage font des recherches en ligne sur leurs cibles et tirent parti d'informations trop largement partagées sur les réseaux sociaux afin d'élaborer des courriels semblant particulièrement crédibles.

Par exemple, le type d'e-mail suivant est généralement beaucoup plus convaincant qu'un simple « Veuillez vous connecter au serveur de messagerie et réinitialiser votre mot de passe » :

« *Salut, je vais prendre mon vol dans dix minutes. Pouvez-vous vous connecter au serveur Exchange et vérifier l'heure de ma réunion ? Pour une raison inconnue, je ne peux pas me connecter pour l'instant. Vous pouvez essayer de m'appeler d'abord au téléphone pour des raisons de sécurité, mais si je manque votre appel, allez-y, vérifiez l'information et envoyez-la-moi très rapidement par e-mail car mon avion va bientôt décoller.* »

Arnaque au président

L'*arnaque au président* (ou *CEO Fraud*) est semblable au harponnage (voir la section précédente) en ce sens qu'elle consiste à usurper l'identité d'un dirigeant ou d'un cadre supérieur d'une certaine entreprise, mais cette fois les instructions fournies par le « big boss » peuvent consister à effectuer tout de suite une certaine action, et non à se connecter à un système. Le but n'est pas dans ce cas de simplement saisir un nom d'utilisateur ou un mot de passe, ou des choses de ce genre.

L'escroc, par exemple, peut envoyer un courriel au responsable des finances de l'entreprise pour lui demander d'émettre un paiement électronique vers un nouveau fournisseur en particulier (comme l'illustre la Figure 2.3), ou d'envoyer tous les formulaires de déclaration d'impôts de la société pour l'année courante à une adresse électronique particulière appartenant au comptable de l'entreprise.

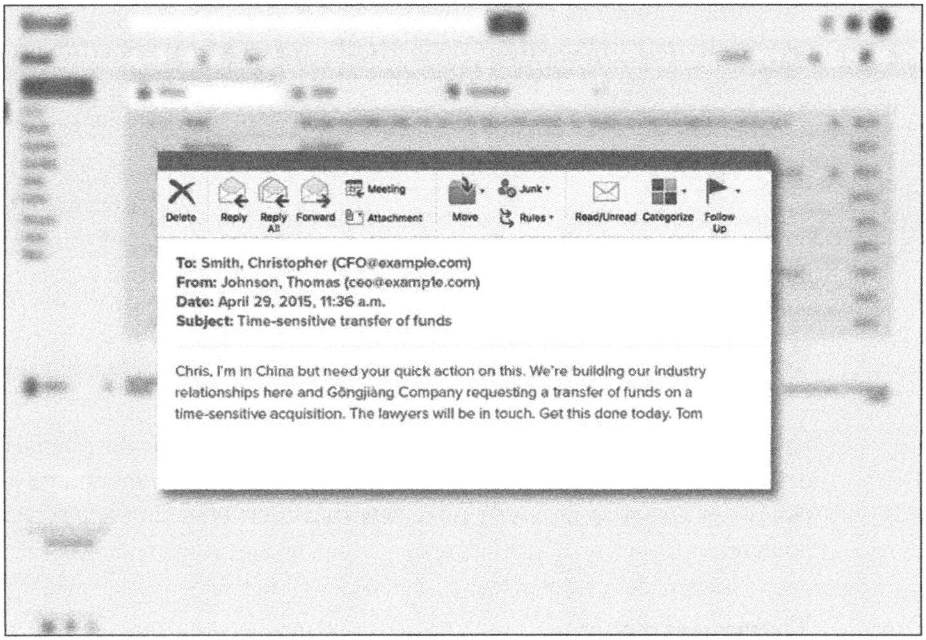

Figure 2.3

Une tentative d'arnaque au président dans un exemple d'entreprise américaine.

Ce type d'arnaque rapporte souvent des profits importants aux criminels. De surcroît, les employés qui tombent dans ce genre de piège sont considérés comme étant particulièrement incompétents, ce qui leur coûte généralement leur emploi.

Un document PDF d'Europol, publié par la police du Luxembourg, décrit particulièrement bien ce type de fraude. Voyez l'adresse : `https://bit.ly/348jFDA`.

Smishing

Le *smishing* (mot-valise pour SMS phishing) fait référence aux cas d'hameçonnage dans lesquels les attaquants envoient leurs messages par SMS plutôt que par courriel. Le but peut être de capturer des noms d'utilisateur et des mots de passe, ou encore d'amener l'utilisateur à installer un malware.

Vishing

L'*hameçonnage par téléphone* (ou *vishing*, mot-valise pour vocal phishing), est une tentative d'arnaque utilisant un service téléphonique classique. Oui, les criminels utilisent de vieilles méthodes éprouvées pour escroquer les gens. Aujourd'hui, la plupart de ces appels sont transmis par des systèmes de voix sur IP (VoIP), mais, en fin de compte, les fraudeurs appellent les gens sur des téléphones ordinaires à peu près de la même façon que ce que les escrocs ont fait pendant de nombreuses années.

Pour plus d'informations à ce sujet, vous pouvez par exemple vous reporter à la page dédiée sur le site de la Police nationale, à l'adresse `https://bit.ly/2PhOdyq`.

Whaling

Le *whaling* (disons, la chasse à la baleine) est une forme de harponnage qui cible des dirigeants d'entreprises ou des représentants gouvernementaux de premier plan. Pour en savoir plus à ce sujet, reportez-vous plus haut à la section « Harponnage ».

Tampering

Parfois, les attaquants ne veulent pas perturber les activités normales d'une organisation, mais cherchent plutôt à exploiter ces activités à des fins lucratives. Souvent, les escrocs atteignent ces objectifs en manipulant les données en transit ou telles qu'elles résident dans les systèmes de leurs cibles selon un processus connu sous le nom de *falsification de données*, ou *tampering*.

Dans un cas simple de falsification de données en transit, par exemple, on peut imaginer qu'un utilisateur de services bancaires en ligne a demandé à sa banque de virer de l'argent sur un compte particulier, mais qu'un criminel a intercepté la demande et a modifié l'itinéraire et le numéro de compte pour rediriger la transaction vers son propre compte.

Un criminel peut aussi pirater un système et manipuler de l'information à des fins semblables. Dans l'exemple précédent, imaginez qu'un criminel change l'adresse de paiement associée à un certain bénéficiaire de sorte que, lorsque le service chargé des comptes fournisseurs effectue un paiement en ligne, les fonds sont envoyés à la mauvaise destination (du moins, aux yeux du payeur).

Interception

L'*interception* se produit lorsque les attaquants capturent des informations en transit entre ordinateurs. Si les données ne sont pas correctement cryptées, la partie qui les intercepte peut en faire un mauvais usage.

Un type particulier d'interception est connu sous le nom d'attaque de l'*homme du milieu*. Dans ce type d'attaque, l'intercepteur joue un rôle d'intermédiaire qui remplace les données entre l'expéditeur et le destinataire pour tenter de dissimuler le fait que ces données sont interceptées. Dans un tel cas, cette notion d'intermédiaire fait référence à l'homme du milieu qui intercepte les demandes et les transmet (sous une forme modifiée ou non) à leur destination d'origine, puis reçoit les réponses de cette destination et les retransmet (là encore, sous une forme modifiée ou non) à l'expéditeur. En utilisant cette technique, l'homme du milieu rend difficile pour l'expéditeur de savoir que ses communications sont interceptées car, lorsqu'il communique avec un serveur, il reçoit les réponses qu'il attend.

Par exemple, un criminel peut créer un faux site de banque (voir la section plus haut « Hameçonnage ») et transmettre toutes les informations qu'une personne entre sur ce faux site vers le vrai site de la banque, et ce afin que le criminel soit capable de répondre avec les mêmes renseignements que ceux que la banque légitime aurait envoyés. Cela permet non seulement à l'escroc d'éviter d'être détecté – un utilisateur qui saisit son mot de passe et qui exécute ensuite ses tâches bancaires en ligne tout à fait normalement n'a peut-être aucune idée du fait que quelque chose d'anormal s'est produit pendant sa session bancaire – mais l'aide également à s'assurer qu'il capture le bon mot de passe. Si un utilisateur entre un mot de passe incorrect, qui sera donc refusé à l'arrivée, le criminel saura qu'il doit lui demander d'entrer le bon mot de passe.

La Figure 2.4 illustre l'anatomie d'un homme du milieu qui intercepte et relaie les communications.

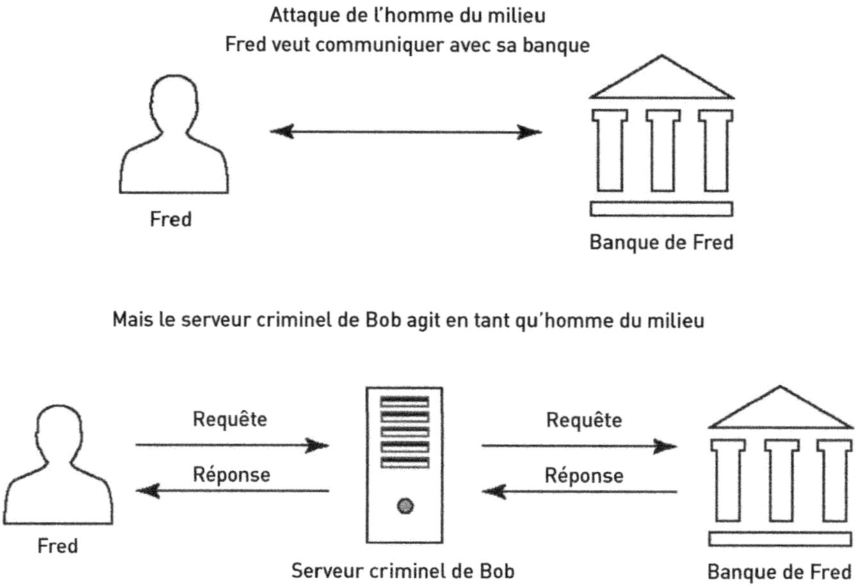

Figure 2.4 Une interception par un homme du milieu.

Vol de données

De nombreuses cyberattaques consistent à voler les données de la victime. Un attaquant peut vouloir voler des données appartenant à des individus, des entreprises ou une agence gouvernementale pour une ou plusieurs raisons parmi de nombreuses possibilités.

Les gens, les entreprises, les organismes sans but lucratif et les gouvernements sont tous vulnérables au vol de données.

Vol de données personnelles

Les criminels essaient souvent de voler les données des gens dans l'espoir de trouver des éléments qu'ils peuvent monétiser, notamment :

» données pouvant être utilisées pour le vol d'identité, ou revendues à des voleurs d'identité ;

» photos compromettantes ou données relatives à la santé qui peuvent être vendues ou utilisées dans le cadre d'un chantage ;

» informations volées puis effacées de la machine de l'utilisateur et qui peuvent être restaurées contre versement d'une rançon ;

» listes de mots de passe pouvant être utilisées pour accéder à d'autres systèmes ;

» renseignements confidentiels sur des questions liées au travail qui peuvent être par exemple utilisés pour effectuer des transactions boursières illégales sur la base d'informations privilégiées ;

» renseignements sur des projets de voyage à venir qui peuvent servir à planifier des vols au domicile de la victime.

Comment une intrusion cybernétique a coûté 1 milliard de dollars à une entreprise américaine sans qu'un seul centime ne soit volé

Le vol de propriété intellectuelle, comme les documents de conception confidentiels et le code source informatique, est une question extrêmement grave et un domaine de plus en plus important de la cybercriminalité.

Par exemple, en 2007, l'entreprise technologique américaine American Superconductor, basée dans le Massachusetts, qui produisait des logiciels de contrôle pour les éoliennes, s'est associée à Sinovel, une entreprise chinoise qui fabriquait des éoliennes, pour commencer à les vendre en Chine.

En 2011, Sinovel a soudainement refusé de payer à American Superconductor 70 millions de dollars qu'elle devait à l'entreprise et a commencé à vendre des turbines avec son propre logiciel. Une enquête a révélé que Sinovel avait illégalement obtenu le code source d'American Superconductor en soudoyant un seul employé de l'entreprise américaine pour l'aider à voler ce code.

American Superconductor a failli faire faillite, a perdu plus d'un milliard de dollars en valeur et a dû licencier 700 employés, soit près de la moitié de ses effectifs.

Vol de données d'entreprise

Les criminels peuvent utiliser les données volées dans les entreprises à diverses fins néfastes :

» **Réaliser des transactions boursières :** Le fait de connaître à l'avance un bilan trimestriel ou annuel donne à un criminel initié des informations lui permettant de négocier illégalement des actions ou des stock-options, et de réaliser potentiellement un profit important.

- **Vendre des données à des concurrents sans scrupules :** Les criminels qui volent des informations sur le pipeline des ventes, des documents contenant des détails sur des produits futurs ou d'autres informations sensibles, peuvent vendre ces données à des concurrents sans scrupules, ou à des employés malhonnêtes travaillant chez des concurrents dont la direction pourrait ne jamais découvrir comment ces employés ont soudainement amélioré leurs performances.
- **Faire fuiter des données vers les médias :** Les données sensibles peuvent mettre la victime dans l'embarras et faire baisser ses actions (peut-être après une vente à découvert).
- **Fuites de données couvertes par la règlementation sur la protection de la vie privée :** La victime pourrait se voir imposer une amende.
- **Recrutement d'employés :** En vendant des informations à des entreprises qui cherchent à embaucher des personnes ayant certaines compétences ou connaissances particulières, les criminels qui volent des courriels et découvrent des communications entre membres du personnel indiquant qu'un ou plusieurs d'entre eux sont mécontents de leur poste actuel peuvent vendre cette information aux parties qui cherchent à recruter.
- **Vol et utilisation de données couvertes par la propriété intellectuelle :** Les parties qui volent le code source d'un logiciel peuvent être en mesure d'éviter de payer des frais de licence à son propriétaire légitime. Les parties qui volent des documents créés par d'autres sociétés après de longs travaux de recherche et de développement peuvent facilement économiser des millions de dollars – et parfois même des milliards de dollars – en frais de R&D. Pour en savoir plus sur les effets de ce type de vol, reportez-vous à l'encadré « Comment une intrusion cybernétique a coûté 1 milliard de dollars à une entreprise américaine sans qu'un seul centime ne soit volé ».

Malware

Un logiciel malveillant, ou *malware*, est un terme général qui désigne un logiciel qui inflige intentionnellement des dommages à ses utilisateurs alors que ceux-ci n'ont généralement aucune idée du fait qu'ils sont infectés.

Les malware comprennent les virus informatiques, les vers, les chevaux de Troie, les logiciels de rançon, les rogues, les logiciels espions, les mineurs de crypto-monnaie, les logiciels publicitaires et autres programmes destinés à exploiter les ressources informatiques à des fins malveillantes.

Virus

Les *virus* informatiques sont des malware qui, lorsqu'ils sont exécutés, se répliquent en insérant leur propre code dans les systèmes informatiques. Généralement, l'insertion se fait *via* des fichiers de données (par exemple, sous forme de macros dévoyées dans un document Word), les secteurs de démarrage des disques durs ou des disques SSD qui contiennent le code et les données utilisés pour démarrer un ordinateur (ou activer un disque), ou par le biais d'autres programmes informatiques.

Comme les virus biologiques, les virus informatiques ne peuvent pas se propager sans avoir d'hôtes à infecter. Certains virus informatiques ont un impact significatif sur les performances de leurs hôtes, tandis que d'autres sont, du moins parfois, à peine perceptibles.

Alors que les virus informatiques continuent d'infliger d'énormes dégâts dans le monde entier, la majorité des menaces graves de malware prennent aujourd'hui la forme de vers et de chevaux de Troie.

Vers

Les *vers* sont des logiciels malveillants autonomes qui se répliquent sans avoir besoin d'hôtes pour se diffuser. Ils se propagent souvent sur les connexions en exploitant les vulnérabilités de sécurité dans les ordinateurs et les réseaux cibles.

Parce qu'ils consomment normalement de la bande passante du réseau, les vers peuvent causer des dommages même sans modifier les systèmes ou voler des données. Ils peuvent aussi ralentir les connexions réseau – peu de gens, si tant est qu'il y en ait, aiment voir leurs connexions internes et Internet ralentir.

Chevaux de Troie

Les *chevaux de Troie* (du nom du fameux cheval de la guerre de Troie) sont des logiciels malveillants déguisés en logiciels non malveillants, ou cachés dans une application, ou bien dans un élément de données numériques, tout à fait légitime.

Les chevaux de Troie sont le plus souvent propagés *via* une forme d'ingénierie sociale – par exemple en incitant les gens à cliquer sur un lien, à installer une application ou encore à exécuter une pièce jointe à un courriel. Contrairement aux virus et aux vers, les chevaux de Troie ne se propagent généralement pas en s'appuyant uniquement sur la technologie – ils dépendent plutôt d'actions (ou, plus exactement, d'erreurs) des humains.

Ransomware

Un *rançongiciel*, ou *ransomware*, est un malware qui exige qu'une rançon soit versée à un criminel en échange du fait que la cible infectée ne subisse aucun préjudice.

Un ransomware chiffre souvent les fichiers utilisateur et menace de supprimer la clé de cryptage si une rançon n'est pas payée dans un délai relativement court. Cependant, d'autres formes de rançon impliquent un criminel volant les données d'un utilisateur et menaçant de les publier en ligne si une rançon n'est pas versée.

Certains logiciels de rançon volent en fait les fichiers des ordinateurs, plutôt que de simplement crypter les données, afin de s'assurer que les utilisateurs n'ont aucun moyen possible de récupérer leurs données (par exemple, en utilisant un utilitaire antiransomware) sans payer la rançon.

Les ransomware se présentent le plus souvent sous la forme d'un cheval de Troie ou d'un virus, mais certains ont également été diffusés avec succès par des criminels qui les ont empaquetés dans un ver. Ces dernières années, des criminels sophistiqués ont même élaboré des campagnes de rançon ciblées qui nécessitent de disposer de connaissances sur les données les plus précieuses pour une cible particulière, ainsi que sur le montant que cette cible peut se permettre de payer dans une rançon.

La Figure 2.5 illustre l'écran d'une demande de rançon émise par WannaCry, le plus célèbre des ransomware, qui a infligé au moins des centaines de millions de dollars de dommages (sinon des milliards), après sa diffusion initiale en mai 2017. De nombreux experts en sécurité pensent que le gouvernement nord-coréen ou d'autres personnes travaillant pour lui ont créé WannaCry, qui, en quatre jours, a infecté des centaines de milliers d'ordinateurs dans environ 150 pays.

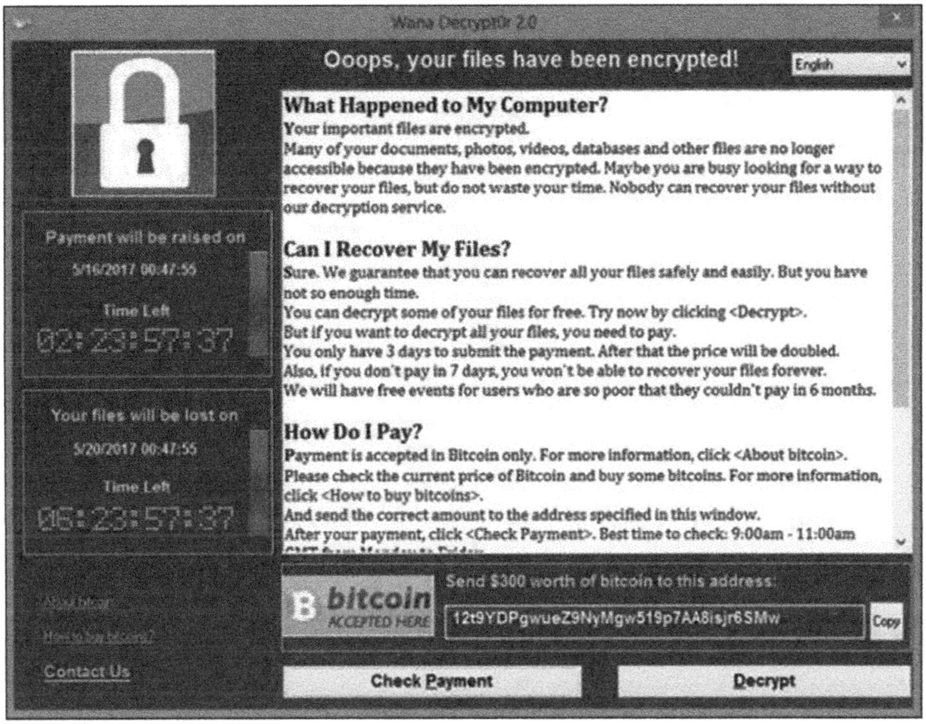

Figure 2.5

Le ransomware WannaCry demande une rançon.

Scareware

Les *scareware*, ou encore *rogues*, sont des malware qui ont pour but de faire peur aux gens et de les inciter à effectuer certaines actions pour, croient-ils, se protéger. Un exemple courant est celui des logiciels malveillants qui incitent les gens à acheter des applications de sécurité. Un message apparaît sur un appareil indiquant que celui-ci est infecté par un virus que seul un logiciel de sécurité particulier peut supprimer, avec un lien pour acheter ce soi-disant « logiciel de sécurité ».

Logiciels espions

Un *logiciel espion*, ou *spyware*, est un logiciel qui recueille subrepticement et sans autorisation des informations à partir d'un appareil. Les spyware peuvent capturer les frappes d'un utilisateur (dans ce cas, il s'agit d'un *enregistreur de frappe*, ou *keylogger*), la vidéo d'une caméra, l'audio d'un microphone, des images d'écran, *etc.*

Il est important de comprendre la différence entre les logiciels espions et les programmes invasifs. Techniquement parlant, certaines technologies peuvent être considérées comme des logiciels espions sauf si, d'une part, les utilisateurs sont informés qu'ils sont suivis en ligne et si, d'autre part, elles sont utilisées par des entreprises légitimes. Même si elles sont parfois envahissantes, il ne s'agit pas pour autant de malware (par exemple, Microsoft piste par défaut ce que vous écrivez ou dictez vocalement, et même si l'éditeur de Redmond le fait pour des raisons pratiques voire commerciales, il n'y a pas de malveillance particulière). Ces types de logiciels *non espions* comprennent également des balises qui vérifient si un utilisateur a chargé une page Web particulière et assurent le suivi des cookies installés par des sites Web ou des applications. Certains experts ont fait valoir que tout logiciel qui suit l'emplacement d'un smartphone alors que l'application n'est pas activement utilisée par l'utilisateur de l'appareil tombe également dans cette catégorie – une définition qui inclurait des applications très populaires, telles que Google Maps.

Mineurs de cryptomonnaies

Les *mineurs de cryptomonnaies* sont des malware qui, sans l'autorisation des propriétaires d'appareils connectés, réquisitionnent la puissance cérébrale des systèmes infectés (ses cycles CPU) pour générer de nouvelles unités d'une cryptomonnaie particulière (que les malware redonnent aux criminels qui les utilisent) en résolvant des problèmes mathématiques complexes qui exigent une puissance de traitement importante pour les résoudre.

La prolifération de ces mineurs a explosé en 2017 avec l'augmentation de la valeur des cryptomonnaies. Même si les prix ont baissé par la suite, ces malware sont toujours extrêmement présents car, une fois que les criminels ont investi dans leur création, il est peu coûteux de continuer à les déployer. Comme on pouvait s'y attendre, alors que les cours des cryptomonnaies ont recommencé à augmenter en 2019, de nouvelles souches de « cryptomineurs » ont également fait leur apparition – dont certaines ciblent spécifiquement les smartphones Android.

Beaucoup de cybercriminels bas de gamme se contentent d'utiliser des mineurs de cryptomonnaies. Même si chaque mineur, à lui seul, rapporte très peu à l'attaquant, ces malware sont faciles à obtenir et ils permettent de monétiser directement les cyberattaques sans avoir besoin d'étapes supplémentaires (comme la collecte d'une rançon) ou de systèmes sophistiqués de commandement et de contrôle.

Logiciels publicitaires

Un *logiciel publicitaire*, ou *adware*, sert à générer des revenus pour la partie qui l'exploite en affichant des publicités en ligne sur un appareil. Il peut s'agit d'un malware – c'est-à-dire installé et exécuté sans la permission du propriétaire d'un appareil – ou être un composant légitime d'un logiciel (par exemple, installé en connaissance de cause par les utilisateurs dans le cadre d'une application gratuite et soutenue par la publicité).

Certains professionnels de la sécurité appellent le premier type « logiciel publicitaire malveillant » et le second simplement « logiciel publicitaire ». Comme il n'y a pas de consensus à ce sujet, il est préférable de clarifier de quoi on parle lorsque vous entendez quelqu'un mentionner seulement le terme générique *adware*.

Logiciels malveillants mixtes

Les *logiciels malveillants mixtes* ou encore mélangés (*blended malware*) sont des malware qui utilisent plusieurs types de technologies malveillantes dans le cadre d'une attaque – par exemple, en combinant les fonctionnalités des chevaux de Troie, des vers et des virus.

Ces malware peuvent être assez sophistiqués et proviennent souvent d'attaquants compétents.

Malware zero day

Un *malware zero day* (jour zéro, ou encore 0-day) est un programme malveillant qui exploite une vulnérabilité qui n'était pas connue auparavant du public ou du fournisseur de la technologie contenant cette vulnérabilité. Il est, de ce fait, souvent extrêmement puissant.

La création régulière de malware zero day nécessite des ressources et un développement importants. Comme cela réclame des moyens et une technologie élaborée, ce type de malware est souvent produit par les cyberarmées d'états plutôt que par des hackers « classiques ».

Des fournisseurs commerciaux de malware zero day sont connus pour facturer plus d'un million de dollars pour un seul exploit[2].

Attaques de services Web par empoisonnement

De nombreux types différents d'attaques exploitent les vulnérabilités des serveurs, et de nouvelles faiblesses sont constamment découvertes, ce qui explique pourquoi certains professionnels de la cybersécurité ont un travail à plein temps uniquement pour assurer la sécurité des serveurs. Des livres entiers – ou même plusieurs séries de livres – pourraient être écrits sur un tel sujet, ce qui, évidemment, dépasse le cadre de cet ouvrage.

Cela dit, il est important que vous compreniez les concepts de base des attaques basées sur des serveurs, car certaines de ces attaques peuvent avoir un impact direct sur vous.

L'une de ces formes d'agression est l'*attaque par empoisonnement* d'un service Web ou d'une page Web. Dans ce cas, un cybercriminel pirate un serveur Web et y insère du code qui cible les utilisateurs lorsqu'ils accèdent à une page ou à un ensemble de pages fournies par ce serveur.

2 « Un exploit est, dans le domaine de la sécurité informatique, un élément de programme permettant à un individu ou à un logiciel malveillant d'exploiter une faille de sécurité informatique dans un système informatique. » (citation reprise de Wikipédia, à la page `https://fr.wikipedia.org/wiki/Exploit_(informatique)`).

Par exemple, un hacker pourrait compromettre le serveur Web desservant un site appelé, disons, `www.abc123.com` et modifier la page d'accueil qui est servie aux utilisateurs accédant à cette adresse afin que cette page contienne un malware.

Mais un hacker n'a même pas besoin de « craquer » un système pour empoisonner des pages Web !

Si un site qui permet aux utilisateurs de commenter les messages n'est pas correctement sécurisé, par exemple, il peut permettre à un utilisateur d'ajouter dans un commentaire un texte contenant diverses commandes – commandes qui, si elles sont bien conçues, peuvent être exécutées par les navigateurs des utilisateurs chaque fois qu'ils chargent la page affichant le commentaire. Un criminel peut ainsi insérer une commande servant à exécuter un script sur son propre site Web, qui peut alors recevoir les informations d'authentification entrées par l'utilisateur sur le site original, du fait qu'il est appelé dans le contexte de l'une des pages du site piraté. Une telle attaque est connue sous le nom de *cross site scripting* (ou *XSS*), et elle continue d'être un problème même après plus d'une décennie de contremesures.

Empoisonnement de l'infrastructure réseau

Comme pour les serveurs Web, de nombreux types d'attaques tirent parti des vulnérabilités de l'infrastructure réseau, et de nouvelles faiblesses sont constamment découvertes. L'essentiel de ce sujet dépasse le cadre de ce livre. Cela dit, et comme c'est le cas avec les serveurs Web empoisonnés, vous devez comprendre les concepts de base des attaques basées sur les serveurs, car certaines d'entre elles peuvent vous affecter directement.

Par exemple, des criminels peuvent exploiter diverses faiblesses afin d'ajouter des données corrompues dans un serveur DNS (système de noms de domaine).

Le DNS est l'annuaire de l'Internet qui traduit les adresses lisibles par l'homme en leurs équivalents numériques, utilisables par l'ordinateur ou tout autre système connecté (adresses IP). Par exemple, si vous tapez `https://JosephStein-`

`berg.com` dans votre navigateur Web, le système DNS dirige votre connexion vers l'adresse 104.18.45.53.

En insérant des informations incorrectes dans des tables DNS, un criminel peut amener un serveur DNS à renvoyer une adresse IP incorrecte à l'ordinateur d'un utilisateur. Une telle attaque peut alors facilement détourner le trafic de celui-ci vers un ordinateur de son choix au lieu de la destination normalement prévue. Si le criminel met en place un faux site bancaire sur le serveur vers lequel le trafic est détourné, par exemple, et se fait passer pour une banque que l'utilisateur essayait d'atteindre, et même si celui-ci entre l'URL de la banque dans son navigateur (au lieu de simplement cliquer sur un lien), il peut devenir une proie après avoir été renvoyé vers ce faux site. (Ce type d'attaque est connu sous le nom d'*empoisonnement DNS* – *DNS poisoning* – ou encore *pharming*.)

Les attaques d'infrastructure réseau prennent de multiples formes. Certaines cherchent à diriger les gens vers de mauvaises destinations. D'autres visent à voler des données, tandis que d'autres encore ont pour but d'engendrer des conditions de déni de service. Le principal point à comprendre est que la « tuyauterie » de l'Internet est complexe, qu'elle n'a pas été initialement conçue en ayant présent à l'esprit les problèmes de sécurité, et qu'elle est donc vulnérable à de nombreuses formes d'utilisation abusive.

Publicité malveillante

La *publicité malveillante*, ou *malvertising* (un mot-valise formé à partir de *malicious advertising*), désigne l'utilisation de la publicité en ligne comme moyen de répandre des logiciels malveillants ou de lancer une autre forme de cyberattaque.

De nombreux sites Web affichent des publicités qui sont diffusées et gérées par des réseaux tiers, et qui contiennent des liens vers d'autres sites tiers. De ce fait, ces publicités en ligne sont un excellent véhicule pour les attaquants. Même les entreprises qui sécurisent adéquatement leurs sites Web peuvent ne pas prendre les précautions nécessaires pour s'assurer qu'elles ne diffusent pas de publicités problématiques créées et gérées par d'autres personnes.

Ainsi, la publicité malveillante permet parfois aux criminels d'insérer leur contenu dans des sites Web réputés et très médiatisés, attirant un grand nombre de visiteurs (ce qui serait difficile à réaliser d'une autre manière par les escrocs), dont beaucoup peuvent être conscients des questions de sécurité et n'auraient pas été exposés à un contenu criminel si celui-ci avait été affiché sur un site bien moins réputé.

En outre, comme de nombreux sites Web font gagner de l'argent à leurs propriétaires en fonction de la quantité de visiteurs qui cliquent sur les différentes annonces, celles-ci sont généralement placées de manière à attirer le plus possible les utilisateurs.

Ce type de malversation peut donc permettre aux criminels d'atteindre de larges audiences *via* un site de confiance sans qu'ils aient à pirater quoi que ce soit.

Certaines publicités malveillantes exigent que les utilisateurs cliquent sur leur bannière pour être infectés par un logiciel malveillant, d'autres ne réclament aucune participation de l'utilisateur – les appareils des utilisateurs sont infectés dès que l'annonce s'affiche.

Téléchargements à la dérobée

L'expression *téléchargement à la dérobée* (ou *drive-by download*) est en quelque sorte un euphémisme faisant référence aux programmes qu'un utilisateur télécharge sans comprendre ce qu'il est en train de faire. Cela peut se produire, par exemple, si un utilisateur télécharge un logiciel malveillant en se rendant simplement sur un site Web empoisonné qui envoie automatiquement le malware vers l'appareil de l'utilisateur lorsqu'il accède à ce site.

Les téléchargements à la dérobée comprennent également les cas dans lesquels un utilisateur sait qu'il télécharge un logiciel, mais n'est pas conscient de toutes les conséquences de son acte. Par exemple, si un utilisateur se voit présenter une page Web lui indiquant qu'une vulnérabilité de sécurité est présente sur son ordinateur et lui demandant de cliquer sur un bouton qui indique quelque chose dans le genre *Télécharger pour installer un correctif de sécurité*, l'utilisateur a effectivement donné son autorisation pour le téléchargement (malveillant) – mais seulement parce qu'il a été amené à croire que la nature de ce téléchargement était très différente de ce qu'elle est en réalité.

Vols de mots de passe

Les criminels peuvent voler les mots de passe de différentes façons. Voici quelques méthodes courantes :

- **Vol de bases de données de mots de passe :** Si un criminel vole une base de données de mots de passe dans une boutique de commerce en ligne, toute personne dont le mot de passe apparaît dans cette base de données risque de voir son compte compromis. (Si la boutique a correctement chiffré ses mots de passe, il se peut que le criminel mette du temps à effectuer ce qu'on appelle une *attaque par hachage*, ou encore *attaque de collisions*, mais néanmoins, les mots de passe – surtout ceux qui sont susceptibles d'être testés tôt – peuvent encore être à risque. Jusqu'à présent, le vol de mots de passe est la façon la plus courante de les miner.
- **Attaques par ingénierie sociale :** Ce sont des attaques dans lesquelles un criminel incite quelqu'un à exécuter une certaine action qu'il n'aurait pas faite s'il s'était rendu compte que la personne qui envoie la demande le trompait d'une manière ou d'une autre. Un exemple de vol de mot de passe par ingénierie sociale est le cas d'un criminel qui se fait passer pour un membre du service d'assistance technique de l'entreprise où travaille sa cible et qui dit que celle-ci doit réinitialiser un mot de passe particulier à une valeur particulière afin de pouvoir tester le compte associé une fois sa récupération terminée suite à une certaine faille. La cible obéit (plutôt naïvement...), et le mal est fait ! (pour plus d'informations, voir aussi plus haut la section « Hameçonnage »).
- **Attaques d'accréditation :** Ce sont des attaques qui cherchent à pénétrer dans un système en entrant, sans autorisation, une combinaison valide de nom d'utilisateur et de mot de passe (ou d'autres informations d'authentification si nécessaire). Ces attaques se répartissent en quatre catégories principales :
  - *Force brute :* Les criminels utilisent des outils automatisés qui essaient tous les mots de passe possibles jusqu'à ce qu'ils trouvent le bon.
  - *Attaques par dictionnaire :* Les criminels utilisent des outils automatisés pour envoyer chaque élément du dictionnaire à un site jusqu'à ce qu'il atteigne le bon mot.
  - *Attaques calculées :* Les criminels se basent sur des informations concernant une cible pour deviner son mot de passe. Les criminels peuvent, par exemple, essayer le nom de jeune fille de la mère de quelqu'un parce qu'ils peuvent

facilement l'obtenir pour de nombreuses personnes en regardant les noms de famille les plus courants de leurs amis Facebook ou à partir de messages sur les médias sociaux. (Un message Facebook dans le style « Bonne fête des mères à ma merveilleuse maman », qui inclut une étiquette désignant une femme avec un nom de famille différent de celui de la personne elle-même est un joli cadeau).

- *Attaques mixtes :* Certaines attaques font appel à un mélange des techniques précédentes – par exemple, l'utilisation d'une liste de noms de famille courants, ou l'exécution d'une technologie d'attaque par force brute qui améliore considérablement son efficacité en exploitant les connaissances sur la façon dont les utilisateurs construisent souvent les mots de passe.

» **Malware :** Si des escrocs parviennent à faire entrer un logiciel malveillant (malware) sur l'appareil de quelqu'un, il se peut qu'il capture des mots de passe. (Pour plus de détails, voir la section sur les malware, plus haut dans ce chapitre.)

» **Renifleurs de réseau :** Si quelqu'un transmet son mot de passe à un site sans cryptage approprié tout en utilisant un réseau Wi-Fi public, un criminel utilisant le même réseau peut être en mesure de découvrir ce mot de passe durant le transit – comme le peuvent aussi potentiellement d'autres criminels connectés aux réseaux qui jalonnent le chemin entre l'utilisateur et le site auquel il veut accéder. Un logiciel renifleur est également appelé *sniffer*.

» **Credential stuffing :** Dans cette technique, quelqu'un tente de se connecter à un site en utilisant des combinaisons de noms d'utilisateur et de mots de passe volés sur un autre site.

Vous pouvez utiliser des mots de passe et une stratégie de mots de passe qui peuvent vous aider à vaincre toutes ces techniques – voyez à ce sujet le Chapitre 7.

Exploiter des problèmes de maintenance

La maintenance des systèmes informatiques n'est pas une mince affaire. Les vendeurs de logiciels publient souvent des mises à jour, dont beaucoup peuvent avoir un impact sur d'autres programmes fonctionnant sur une machine. Pourtant, il est absolument essentiel d'installer certains correctifs en temps opportun, parce qu'ils corrigent des bogues dans les logiciels – des bogues qui pourraient introduire des vulnérabilités de sécurité exploitables par un cybercriminel. Le conflit entre sécurité et respect des procédures de maintenance est une bataille sans fin – et la sécurité ne gagne pas souvent.

Par conséquent, la grande majorité des ordinateurs ne sont pas à jour. Même les personnes qui activent les mises à jour automatiques sur leurs machines peuvent ne pas être à jour – à la fois parce que les vérifications concernant la disponibilité de mises à jour sont effectuées périodiquement, pas à chaque seconde de chaque jour, et parce que tous les logiciels n'offrent pas une mise à jour automatique. De plus, les mises à jour d'un certain logiciel introduisent parfois des vulnérabilités dans un autre logiciel fonctionnant sur le même dispositif (et parfois aussi le remède se révèle être pire que le mal).

Attaques avancées

Si vous voyez ou lisez un reportage sur une atteinte majeure à la sécurité informatique, vous entendrez parfois des commentateurs parler d'*attaques avancées*. Bien que certaines cyberattaques soient manifestement plus complexes que d'autres et exigent des prouesses techniques plus grandes pour être lancées, il n'existe aucune définition précise et objective d'une attaque dite avancée. Cela dit, d'un point de vue subjectif, vous pouvez considérer que toute attaque qui nécessite un investissement important en recherche et développement pour être menée à bien doit être avancée. Bien entendu, la définition d'un investissement important est également subjective. Dans certains cas, les dépenses de R&D sont si élevées et les attaques sont si sophistiquées qu'il existe un consensus quasi universel sur le fait qu'une attaque d'ampleur a été lancée. Certains experts estiment que toute attaque de type « zero day » doit être avancée, mais d'autres ne sont pas d'accord.

Les attaques avancées peuvent être opportunistes, ciblées ou une combinaison des deux.

Les *attaques opportunistes* visent le plus grand nombre possible de cibles afin d'en trouver qui soient susceptibles d'être attaquées. Le cybercriminel n'a pas de liste de cibles prédéfinies – ses cibles sont effectivement tous les systèmes qui sont à la fois accessibles et vulnérables à l'attaque qu'il lance. On peut comparer cette technique à celles d'un chasseur qui tirerait avec une sorte de gros tromblon dans un secteur où il y a beaucoup de gibier, dans l'espoir qu'une ou plusieurs balles attendraient une cible.

Les *attaques ciblées* visent une victime spécifique et impliquent généralement l'utilisation d'une série de techniques d'attaque qui sont déployées jusqu'à ce que l'on parvienne à pénétrer dans la cible. D'autres attaques peuvent être lancées par la suite afin de se déplacer à l'intérieur des systèmes informatiques de la cible (on parle alors de *mouvement latéral*).

Attaques opportunistes

Le but de la plupart des attaques opportunistes est généralement de faire de l'argent – c'est pourquoi les attaquants ne se soucient pas de savoir quels systèmes ils violent : l'argent est le même partout car il est bien connu qu'il n'a pas d'odeur.

De plus, dans de nombreux cas, les attaquants opportunistes peuvent ne pas se soucier de cacher le fait qu'une violation s'est produite – surtout après avoir eu le temps de monétiser leur forfait, par exemple en vendant des listes de mots de passe ou de numéros de carte de crédit qu'ils ont volés.

Bien que toutes les attaques opportunistes ne soient pas avancées, certaines le sont certainement.

Les attaques opportunistes sont très différentes des attaques ciblées.

Attaques ciblées

Dans le cas d'attaques ciblées, réussir à percer un système qui ne figure pas sur la liste visée n'est pas considéré comme une réussite, même mineure.

Par exemple, si un agent russe se voit confier la mission de pirater les systèmes de messagerie des partis démocrate et républicain aux USA, et de voler des copies de tous les courriels sur les serveurs de messagerie de ces partis, sa mission ne sera considérée comme un succès que s'il atteint ces objectifs précis. S'il réussit à voler un million de dollars à une banque en ligne en utilisant les mêmes techniques de piratage informatique que celles qu'il utilise pour atteindre ses cibles, cela ne changera pas le fait que l'opération de violation des cibles visées est un échec. De même, si le but d'un attaquant qui lance une attaque ciblée est de mettre à bas le site Web d'un ancien employeur qui l'a licencié, détruire d'autres sites Web ne lui servira à rien.

Du fait que leur but est d'atteindre certaines cibles bien définies, quelles que soient leurs défenses, ces cyberattaques utilisent souvent des méthodes avancées – par exemple, en exploitant des vulnérabilités inconnues du public ou des fournisseurs, qui ne peuvent donc pas opérer les corrections nécessaires.

Comme vous pouvez le supposer, les attaques ciblées avancées sont généralement conduites par des parties capables de prouesses techniques beaucoup plus importantes que celles qui mènent des attaques opportunistes. Souvent, mais pas toujours, le but des attaques ciblées est de voler des données non détectées ou d'infliger des dommages graves – pas de dérober de l'argent. Après tout, si l'objectif est de faire de l'argent, pourquoi dépenser autant de ressources en ciblant un site bien défendu ? Il est moins compliqué dans ce cas d'adapter une approche opportuniste et de poursuivre des sites moins bien défendus et correspondant mieux à ces objectifs.

Certaines menaces avancées qui sont utilisées dans les attaques ciblées sont décrites comme étant des *menaces persistantes avancées* (ou APT, pour *Advanced Persistent Threat*) :

» **Menace :** Elle a le potentiel d'infliger de graves dommages.

» **Persistante :** Continue d'essayer différentes techniques pour percer un système ciblé et ne passera pas à un autre système simplement parce que la cible initiale est bien protégée.

» **Avancée :** Utilise des techniques avancées de piratage informatique, probablement avec un budget important pour supporter la R&D.

Attaques mixtes (opportunistes et ciblées)

Un autre type d'attaque avancée est dite opportuniste, semi-ciblée.

Si un criminel veut voler des numéros de cartes de crédit ou de fidélité, par exemple, il peut ne pas se soucier de savoir à quel organisme ou à quelle chaîne ces cartes sont rattachées. Tout ce qui l'intéresse probablement, c'est d'obtenir ces numéros de carte – en connaître la provenance n'est pas son souci.

En même temps, lancer des attaques contre des sites qui n'ont pas de données de carte de crédit ou de fidélité est une perte de temps et de ressources pour l'attaquant.

Chapitre 3

Mauvais garçons et mauvais garçons par accident : les types contre qui vous devez vous défendre

DANS CE CHAPITRE

Clarifier qui sont les « gentils » et qui sont les « méchants ».

Comprendre les différents types de hackers.

Découvrir comment les hackers gagnent de l'argent avec leurs crimes.

Explorer les menaces provenant d'acteurs non malveillants.

Se défendre contre les pirates, et autres moyens d'atténuer les risques.

Il y a des siècles de cela, le stratège et philosophe militaire chinois, Sun Tzu, a écrit[3] :

Connais ton ennemi et connais-toi toi-même ; eussiez-vous cent guerres à soutenir, cent fois vous serez victorieux.

Si tu ignores ton ennemi et que tu te connais toi-même, tes chances de perdre et de gagner seront égales.

Si tu ignores à la fois ton ennemi et toi-même, tu ne compteras tes combats que par tes défaites.

3 Source : `https://bit.ly/2Ws1jL6`.

Comme c'est le cas depuis l'Antiquité, connaître son ennemi est essentiel pour sa propre défense.

Cette sagesse ancestrale demeure vraie à l'ère de la sécurité numérique. Alors que le Chapitre 2 couvre bon nombre des menaces posées par les cyberennemis, ce chapitre s'intéresse aux ennemis eux-mêmes :

» Qui sont-ils ?

» Pourquoi lancent-ils des attaques ?

» Comment profitent-ils des attaques ?

Vous découvrirez également ici le cas des agresseurs non malveillants – qu'il s'agisse de personnes ou de systèmes inanimés – qui peuvent infliger de graves dommages même sans aucune intention de nuire.

Les mauvais garçons et les bons garçons sont des termes relatifs

Albert Einstein a dit que « tout est relatif », et ce concept est certainement vrai quand il s'agit de comprendre qui sont les « bons » et les « méchants » en ligne.

En tant que personne cherchant à se défendre contre les cyberattaques, par exemple, vous pouvez considérer des hackers russes cherchant à compromettre votre ordinateur afin de l'utiliser pour pirater des sites du gouvernement américain comme étant des méchants, mais, pour les citoyens russes patriotes, ils peuvent être des héros.

De même, si vous vivez en Occident, vous pourriez considérer comme des héros les créateurs de *Stuxnet* – un logiciel malveillant qui a détruit les centrifugeuses iraniennes utilisées pour enrichir l'uranium en vue de son utilisation potentielle dans des armes nucléaires. Par contre, si vous faisiez partie de l'équipe de cyberdéfense de l'armée iranienne, vos sentiments seraient probablement très différents (pour en savoir plus sur Stuxnet, voir l'encadré qui suit).

Stuxnet

Stuxnet est un ver informatique qui a été découvert pour la première fois en 2010 et qui aurait causé, au moins temporairement, de graves dommages au programme nucléaire iranien. Jusqu'à présent, personne n'a revendiqué la responsabilité de la création de Stuxnet, mais le consensus général dans l'industrie de la sécurité de l'information est qu'il s'agit d'un effort de collaboration de cyberguerriers américains et israéliens.

Stuxnet a ciblé les automates programmables (ou PLC, pour *Programmable Logic Controler*) qui gèrent le contrôle automatisé des machines industrielles, y compris les centrifugeuses utilisées pour séparer les atomes plus lourds et plus légers des éléments radioactifs. On pense que Stuxnet a compromis des automates programmés dans une usine iranienne d'enrichissement d'uranium en programmant des centrifugeuses pour échapper au contrôle et s'autodétruire efficacement, tout en signalant que tout fonctionnait correctement.

Stuxnet a exploité quatre vulnérabilités zero day qui étaient inconnues des utilisateurs et des fournisseurs impliqués au moment où Stuxnet a été découvert. Le ver a été conçu pour se propager – comme une traînée de poudre – à travers les réseaux et pour devenir dormant s'il ne détectait pas l'automate programmable approprié et le logiciel Siemens utilisé dans l'installation iranienne.

De même, si vous habitez une démocratie occidentale où vous disposez de la liberté d'expression en ligne et que vous publiez des messages faisant la promotion de l'athéisme, du christianisme, du bouddhisme ou du judaïsme et qu'un hacker iranien pirate votre ordinateur, vous le considérerez probablement comme un méchant type. Mais des religieux iraniens et des membres de groupes islamiques fondamentalistes pourraient considérer les actions du pirate comme étant une tentative héroïque pour empêcher la diffusion de propos blasphématoires à l'égard de leurs croyances.

Dans de nombreux cas, déterminer qui est bon et qui est mauvais peut être encore plus compliqué et créer de profondes divisions entre les membres d'une même culture.

Par exemple, comment voyez-vous quelqu'un qui enfreint la loi et la liberté d'expression en lançant une cyberattaque paralysante contre un site Web néonazi qui prêche la haine contre les Afro-Américains, les Juifs et les gays ? Ou quelqu'un ne faisant pas partie des forces de l'ordre qui lance illégalement des attaques contre des sites diffusant de la pornographie enfantine, des logiciels malveillants ou du matériel djihadiste appelant à des actes terroristes ? Pensez-vous que tous ceux que vous connaissez seraient d'accord avec vous ? Les tribunaux seraient-ils également tous d'accord ?

Avant de répondre, je vous invite à vous intéresser à l'affaire *National Socialist Party of America v. Village of Skokie* (1977). Dans ce cas, la Cour suprême des États-Unis avait statué que la liberté d'expression allait jusqu'à permettre aux nazis brandissant des croix gammées de marcher librement dans un quartier où vivaient de nombreux survivants de l'Holocauste. De toute évidence, dans le monde du cyberespace, seul l'œil du spectateur peut mesurer le bien et le mal.

Pour les besoins de ce livre, vous devez donc définir qui sont les bons et les méchants, et, en tant que tel, vous devriez supposer que le langage utilisé dans le livre fonctionne de votre point de vue lorsque vous voulez vous défendre sur le plan numérique. Quiconque cherche à nuire à vos intérêts, pour quelque raison que ce soit, et peu importe ce que vous percevez comme étant pour vous *vos* intérêts, est, aux fins du présent ouvrage, mauvais.

Les mauvais garçons, vers l'infini et au-delà

Un groupe d'attaquants potentiels peut être nommé comme étant *les méchants qui ne font rien de bien*. En fait, ce groupe se compose de plusieurs types d'attaquants, aux motivations et capacités d'attaque diverses, mais qui partagent un objectif commun : ils cherchent tous à s'enrichir aux dépens des autres, et donc y compris, potentiellement, de vous.

Ces méchants peuvent être répartis selon diverses catégories :

» les script kiddies ;

» les enfants qui ne sont pas des enfants ;

» les nations et les états ;

» les espions d'entreprises ;

» les criminels ;

» les hacktivistes.

Les script kiddies

Le terme *script kiddie*, ou encore *lamer* (parfois juste abrégé en *skid*) désigne des personnes – souvent jeunes – qui essaient de pirater, mais qui ne peuvent le faire que parce qu'elles savent comment utiliser certains scripts et/ou programmes développés par d'autres pour attaquer des systèmes informatiques. Ces gens n'ont pas la sophistication technologique nécessaire pour créer leurs propres outils ou pour pirater sans l'aide des autres.

Les enfants qui ne sont pas des enfants

Alors que les script kiddies sont technologiquement peu compétents (voir la section précédente), beaucoup d'autres « enfants » sont dans un autre schéma.

Depuis de nombreuses années, la caricature d'un hacker (un pirate informatique) est celle d'un homme jeune, intello, intéressé par les ordinateurs, qui pirate depuis la maison de ses parents ou depuis une chambre d'étudiant à la fac.

En fait, la première génération de hackers ciblant des systèmes civils comprenait de nombreux jeunes technologiquement sophistiqués, qui voulaient explorer ou exécuter diverses tâches malicieuses pour se vanter de leurs compétences ou pour des raisons de curiosité.

Bien que ce genre de hacker existe toujours, son pourcentage dans la cybercriminalité a chuté de façon spectaculaire, passant d'une proportion énorme à un pourcentage infime de toutes les attaques.

Pour faire simple, les pirates adolescents semblables à ceux représentés dans les films des années 1980 et 1990 ont peut-être joué un rôle important dans l'ère précommerciale de l'Internet, mais une fois que le piratage a pu commencer à rapporter de l'argent réel, des biens de valeur et des données précieuses et monétisables, les criminels à la recherche de profits se sont lancés massivement dans la bataille. De plus, à mesure que le monde devenait de plus en plus dépendant des données et que de plus en plus de systèmes gouvernementaux et industriels étaient connectés à Internet, les nations et les États ont commencé à augmenter considérablement les ressources qu'ils allouaient aux cyberopérations tant du point de vue de l'espionnage que militaire, renvoyant le hacker adolescent classique à une infime partie des cyberattaquants actuels.

Nations et États

Le piratage par les nations et les états a fait l'objet d'importantes couvertures médiatiques au cours de ces dernières années. Aux États-Unis, les piratages présumés des systèmes de messagerie du Parti démocrate par des agents russes pendant la campagne électorale présidentielle de 2016 ainsi que du système de courrier électronique du Parti républicain pendant les élections de mi-mandat de 2018 sont des exemples très médiatisés de ce type de piratage.

De même, Stuxnet est un exemple de malware parrainé par une nation ou un état. (Pour plus d'informations sur Stuxnet, voir l'encadré plus haut dans ce chapitre.)

Cela dit, la plupart des cyberattaques nationales et étatiques sont loin d'être aussi médiatisées que ces exemples, et ne visent pas des cibles très en vue. Souvent, elles ne sont même pas découvertes ou connues de qui que ce soit d'autre que les attaquants !

En outre, dans certains pays, il est difficile, voire impossible, de faire la distinction entre le piratage d'État et l'espionnage commercial. Prenons, par exemple, les pays dans lesquels les grandes entreprises appartiennent au gouvernement et sont exploitées par lui. Quel est le statut des hackers de ces entreprises ? Et celles-ci sont-elles des cibles du gouvernement ou bien le piratage informatique est-il simplement un exemple d'espionnage d'entreprise ?

Bien sûr, les nations et les états qui pratiquent le piratage peuvent aussi chercher à influencer l'opinion publique, les décisions politiques ou encore les élections dans d'autres pays. Depuis l'élection présidentielle de 2016 aux USA, les débats à ce sujet sont régulièrement diffusés dans les grands médias.

Espionnage industriel

Des entreprises peu scrupuleuses utilisent parfois le piratage informatique pour obtenir des avantages concurrentiels ou voler des informations couvertes par la propriété intellectuelle. Le gouvernement des États-Unis, par exemple, a accusé à maintes reprises des sociétés chinoises de dérober la propriété intellectuelle d'entreprises américaines, ce qui coûterait aux Américains des milliards de dollars par an. Parfois, ce type de vol consiste à pirater les ordinateurs personnels d'employés d'entreprises ciblées dans l'espoir que ceux-ci utiliseront leurs propres appareils pour se connecter aux réseaux de leurs employeurs.

Des firmes chinoises volent des données aux USA : Unité 61398

En mai 2014, les procureurs fédéraux des États-Unis ont accusé cinq membres de l'Armée Populaire de Libération (APL) de Chine d'avoir piraté quatre entreprises américaines et un syndicat dans le cadre de leurs activités au sein de l'unité 61398, qui est l'unité des « cyberguerriers » chinois. Les sociétés présumées piratées étaient Alcoa, Allegheny Technologies, SolarWorld et Westinghouse, qui sont toutes d'importants fournisseurs de biens pour les services publics, ainsi que le Syndicat des métallos.

Bien que l'ampleur des dommages causés aux entreprises américaines par le piratage informatique reste inconnue à ce jour, SolarWorld a affirmé qu'en raison d'informations confidentielles volées par les pirates, un concurrent chinois semblait avoir eu accès à la technologie propriétaire de SolarWorld pour rendre les cellules solaires plus efficaces. Ce cas particulier illustre les frontières floues entre l'espionnage d'État et l'espionnage industriel dans ce type de situation et souligne également la difficulté de traduire en justice les pirates informatiques qui participent à de telles attaques : aucune des parties inculpées n'a jamais été jugée, car aucune n'a quitté la Chine pour une juridiction qui pourrait les extrader vers les États-Unis.

Criminels

Les criminels ont de nombreuses raisons de lancer diverses formes de cyberattaques :

- **Voler de l'argent directement :** Attaquer pour accéder au compte bancaire en ligne d'une personne et effectuer un virement d'argent à son nom vers un compte détenu par le cybercriminel.

» **Voler des numéros de cartes de crédit, des logiciels, des vidéos, des fichiers musicaux et d'autres biens :** Attaquer pour acheter des marchandises ou placer de fausses instructions d'expédition dans un système d'entreprise, ce qui fait que les produits sont expédiés sans que le fournisseur ne reçoive jamais de paiement, et ainsi de suite.

» **Voler des données d'entreprise et individuelles :** Attaquer pour obtenir des informations que les criminels peuvent monétiser de multiples façons (voir la section « Monétiser leurs actions », plus loin dans ce chapitre).

Au fil des ans, le type de criminels qui commettent des crimes en ligne est passé d'acteurs solitaires à un mélange d'amateurs et de crime organisé.

Hacktivistes

Les *hacktivistes* sont des activistes qui utilisent le piratage informatique pour diffuser le message de leur « cause » et pour se faire justice eux-mêmes en visant des cibles qui, selon eux, ne seraient autrement pas punies pour des infractions qu'ils considèrent comme étant des crimes. Les hacktivistes peuvent être des terroristes ou des initiés malhonnêtes.

Terroristes

Les terroristes peuvent pirater pour diverses raisons, notamment pour :

» infliger directement des dommages (par exemple, en piratant un service public et en coupant l'alimentation électrique) ;

» obtenir des informations utiles pour préparer des attentats (par exemple, un piratage informatique visant à savoir quand des armes seront transportées d'une installation à une autre et seront alors susceptibles d'être volées) ;

» financer des opérations terroristes (voir la section précédente sur les criminels)

Initiés malhonnêtes

Des employés mécontents, des entrepreneurs malhonnêtes, et des personnels sans scrupules qui ont été corrompus financièrement constituent de graves menaces pour les entreprises et leurs employés.

Les initiés ayant l'intention de voler des données ou d'infliger des dommages sont normalement considérés comme formant le groupe le plus dangereux des cyberattaquants. Ils en savent généralement beaucoup plus que n'importe qui d'autre sur les données et les systèmes informatiques qu'une entreprise possède, sur l'emplacement de ces systèmes, sur la façon dont ils sont protégés, ainsi que sur d'autres informations pertinentes concernant les systèmes cibles et leurs vulnérabilités potentielles. Les initiés malhonnêtes peuvent cibler une entreprise pour une ou plusieurs raisons :

» Ils peuvent chercher à perturber les opérations afin d'alléger leur charge de travail personnelle ou d'aider un concurrent.

» Ils peuvent chercher à se venger pour ne pas avoir reçu une promotion ou une prime.

» Ils peuvent vouloir donner une mauvaise image d'un autre employé ou d'une équipe d'employés.

» Ils peuvent vouloir causer un préjudice financier à leur employeur.

» Il se peut qu'ils aient l'intention de partir et qu'ils veuillent voler des données qui leur seront utiles dans leur prochain emploi ou dans leur future entreprise.

Les cyberattaquants et leurs chapeaux de couleur

Les cyberattaquants sont généralement regroupés en fonction des objectifs qu'ils poursuivent :

» **Chapeaux noirs :** Ils ont de mauvaises intentions et piratent afin de voler, manipuler et/ou détruire. Quand une personne lambda parle d'un hacker, elle pense généralement à un hacker au chapeau noir.

» **Chapeaux blancs :** Ce sont des pirates éthiques, qui agissent pour tester, réparer et améliorer la sécurité des systèmes et des réseaux. Il s'agit généralement d'experts en sécurité informatique qui se spécialisent dans les tests d'intrusion et qui sont embauchés par les entreprises et les gouvernements pour déceler les vulnérabilités de leurs systèmes. Un hacker n'est considéré comme un hacker au chapeau blanc que s'il dispose d'une autorisation explicite du propriétaire des systèmes qu'il pirate.

De nombreuses grandes entreprises, éditeurs de logiciels, sites Web ou même gouvernements paient pour récompenser des hackers éthiques qui trouvent des failles dans leurs systèmes afin que celles-ci puissent être rapidement réparées. Cette pratique, dite *bug bounty*, a été initiée dès 1995[4].

- **Chapeaux gris :** Ce sont des pirates qui n'ont pas les intentions malveillantes des hackers au chapeau noir, mais qui, au moins parfois, agissent de façon contraire à l'éthique ou violent les lois. Par exemple, un pirate qui tente de trouver des vulnérabilités dans un système sans l'autorisation du propriétaire de ce système, et qui signale ses découvertes à ce propriétaire sans infliger de dommages agit comme un pirate au chapeau gris. Les hackers au chapeau gris agissent parfois en tant que tels pour gagner de l'argent. Par exemple, lorsqu'ils signalent des vulnérabilités aux propriétaires de systèmes, ils peuvent proposer de résoudre les problèmes à condition que le propriétaire leur paie des frais de consultation. Certains pirates que la plupart des gens considèrent comme des hackers au chapeau noir sont en fait des chapeaux gris.
- **Chapeaux verts :** Les hackers au chapeau vert sont des novices qui cherchent à devenir des experts. Lorsqu'un chapeau vert fait partie du spectre blanc-gris-noir, il peut évoluer avec le temps, tout comme son niveau d'expérience.
- **Chapeaux bleus :** Ils sont payés pour tester les logiciels afin de détecter les bogues exploitables avant qu'ils ne soient lancés sur le marché.

Pour les besoins de ce livre, les pirates noirs et gris sont ceux qui devraient vous concerner au premier chef lorsque vous cherchez à vous « cyberprotéger » et à protéger vos proches.

Monétiser leurs actions

De nombreux cyberattaquants, mais pas tous, cherchent à tirer un profit financier de leurs crimes. Ils peuvent gagner de l'argent grâce aux cyberattaques de plusieurs façons :

4 Voir par exemple à ce sujet la page Wikipédia `https://fr.wikipedia.org/wiki/Bug_bounty`.

» fraude financière directe ;

» fraude financière indirecte ;

» ransomware ;

» mineurs de cryptomonnaies.

Fraude financière directe

Les hackers peuvent chercher à voler de l'argent directement en lançant leurs attaques. Par exemple, des pirates peuvent installer des malware sur les ordinateurs des gens pour capturer les sessions bancaires en ligne des victimes, et demander au serveur bancaire en ligne d'envoyer de l'argent sur les comptes des criminels. Bien sûr, ceux-ci savent que les systèmes bancaires sont souvent bien protégés contre de telles formes de fraude, et donc beaucoup ont migré vers des systèmes moins bien défendus. Par exemple, certains criminels se concentrent maintenant davantage sur la saisie des identifiants de connexion (noms d'utilisateur et mots de passe) à des systèmes qui stockent des crédits – par exemple, les applications qui permettent aux utilisateurs de stocker la valeur de cartes prépayées – et volent l'argent effectivement placé dans ces comptes en l'utilisant ailleurs afin d'acheter des biens et des services. De plus, si les criminels compromettent les comptes d'utilisateurs qui ont activé des capacités de recharge automatique, ils peuvent voler de l'argent de façon répétitive après chacune de ces recharges automatiques. De même, des criminels peuvent chercher à compromettre les comptes des grands voyageurs et détourner ainsi des *miles* et autres bonus, acheter des biens ou obtenir des billets d'avion et des chambres d'hôtel qu'ils revendent à d'autres personnes contre du cash. Une autre pratique consiste à voler des numéros de carte de crédit et les utiliser ou les vendre rapidement à d'autres escrocs qui s'en servent ensuite pour commettre des fraudes.

Ce type de fraude directe n'est pas un concept noir ou blanc ; il existe de nombreuses nuances de gris.

Fraude financière indirecte

Les cybercriminels avertis évitent souvent les fraudes financières directes, parce que ces stratagèmes représentent généralement des montants relativement faibles, et qu'ils peuvent être la plupart du temps contrecarrés par les parties compromises même après coup (par exemple, en annulant des transactions frauduleuses ou en invalidant une commande de biens faite avec des renseignements volés). Le risque n'en vaut donc pas forcément la chandelle. Ils peuvent plutôt chercher à obtenir des données qu'ils peuvent monétiser de manière indirecte. Voici quelques exemples de tels crimes :

- commerce illégal de titres ;
- vol d'informations de cartes de crédit ;
- vol de biens ;
- vol de données.

Commerce illégal de titres

Les cybercriminels peuvent faire fortune en pratiquant le commerce illégal de titres, tels que des actions, des obligations et des options, de plusieurs manières :

- **Pump and dump :** Dans ce schéma de « pompage et vidage », les criminels piratent une entreprise et volent des données. Ils vendent à découvert les actions de cette entreprise, puis font fuiter les données en ligne pour faire chuter le cours de l'action. Ils rachètent alors ces actions (pour couvrir la vente à découvert) à un prix inférieur à celui qu'elles valaient auparavant.
- **Faux communiqués de presse et messages sur les médias sociaux :** Les criminels achètent ou vendent des actions d'une entreprise, puis publient un faux communiqué de presse ou diffusent de fausses nouvelles au sujet de cette entreprise en piratant ses systèmes de marketing ou ses comptes sur les réseaux sociaux afin de diffuser de fausses nouvelles (mauvaises ou bonnes selon le cas) en faisant croire qu'elles proviennent des canaux officiels de la compagnie.
- **Informations d'initiés :** Un criminel peut chercher à voler des ébauches de communiqués de presse au service des relations publiques d'une société cotée afin de voir si des annonces surprenantes de résultats trimestriels sont prévues. Si l'escroc découvre qu'une entreprise va annoncer des chiffres bien meilleurs que ceux publiés par les analystes financiers, il peut investir dans des options d'achat (qui donnent le droit d'acheter des actions de l'entreprise à un prix fixé à l'avance) alors que la valeur des actions va monter en flèche après une telle annonce. De même, si une entreprise est sur le point d'annoncer une mauvaise nouvelle, l'escroc peut vendre à découvert les actions de l'entreprise ou acheter

des options de vente (options qui donnent à l'escroc le droit de vendre les actions de l'entreprise à un certain prix) qui, pour des raisons évidentes, sont susceptibles de fournir une forte plus-value si le cours de l'action associée chute.

Les fraudes financières indirectes mentionnées ci-dessus ne sont ni de la théorie ni le résultat de l'imagination paranoïaque ou conspirationniste. Des criminels ont déjà été pris en flagrant délit en train de se livrer à de tels comportements. Ces types d'escroqueries sont souvent moins risquées pour les criminels que le vol direct d'argent, car il est difficile pour les organismes de réglementation de détecter de telles fraudes lorsqu'elles se produisent, et il est presque impossible pour quiconque d'annuler toute transaction pertinente. Pour les cybercriminels sophistiqués, le risque moindre de se faire prendre couplé aux chances relativement élevées de succès se traduit par une mine d'or potentielle.

Vol d'informations de cartes de crédit

Comme on le voit assez souvent dans des bulletins d'informations, de nombreux criminels cherchent à dérober les numéros de cartes de crédit. Les voleurs peuvent utiliser ces numéros pour acheter des biens ou des services en les faisant payer par leurs victimes. Certains criminels ont tendance à acheter des cartes-cadeaux électroniques, des numéros de série de logiciels ou encore d'autres actifs liquides ou semi-liquides qu'ils revendent ensuite en espèces à des personnes qui ne se doutent de rien, tandis que d'autres achètent des biens matériels qu'ils font livrer dans des endroits comme des maisons vides, où ils peuvent ensuite facilement récupérer les articles.

Une affaire de fraude indirecte qui a rapporté aux cybercriminels plus de 30 millions de dollars

Au cours de l'été 2015, le département de la Justice des États-Unis a annoncé qu'il avait porté des accusations contre neuf personnes – certaines aux États-Unis et d'autres en Ukraine - qui, selon lui, avaient volé 150 000 communiqués à des agences de presse et utilisé les informations contenues dans environ 800 de ces communiqués qui n'avaient pas encore été rendus publics pour faire du commerce illicite. Le gouvernement a affirmé que les profits tirés des activités criminelles d'initiés de ces neuf individus dépassaient les 30 000 000 $.

Certains criminels n'utilisent pas les cartes de crédit qu'ils volent. Au lieu de cela, ils en vendent les numéros sur le *dark web* (c'est-à-dire des parties de l'Internet auxquelles on ne peut accéder qu'en se servant d'une technologie qui accorde l'anonymat à ceux qui l'utilisent) à d'autres criminels qui ont l'infrastructure pour exploiter au maximum les cartes de crédit rapidement, donc avant que les gens aient pu signaler la fraude à leur banque et que les cartes soient bloquées.

Vol de biens

Outre les formes de vol de biens décrites dans la section précédente, certains criminels cherchent à trouver des informations sur des commandes d'articles de grande valeur mais de petite taille, comme les bijoux. Dans certains cas, leur but est de voler les articles au moment où ils sont livrés aux destinataires plutôt que de créer des transactions frauduleuses.

Vol de données

Certains criminels volent des données afin de les utiliser pour commettre divers crimes financiers. D'autres volent des données pour les revendre ou les divulguer publiquement. Des données volées dans une entreprise, par exemple, peuvent être extrêmement précieuses pour un concurrent sans scrupules.

Ransomware

Un *ransomware*, ou *rançongiciel*, est un logiciel malveillant qui empêche les utilisateurs d'accéder à leurs fichiers jusqu'à ce qu'ils paient une rançon au(x) hacker(s). Ce type de cyberattaque à lui seul a déjà rapporté des milliards de dollars aux criminels (oui, des milliards de dollars) et a aussi mis en danger de nombreuses vies puisque les systèmes informatiques infectés dans des hôpitaux piratés sont devenus inaccessibles aux médecins. Les logiciels de rançon demeurent une menace croissante, les criminels améliorant constamment les capacités techniques et le potentiel de gains de leurs « cyberarmes ». Certains cyberattaquants, par exemple, créent des logiciels de rançon qui, dans le but d'obtenir un meilleur retour sur investissement, infectent un ordinateur et tentent de faire des recherches dans les réseaux et les dispositifs connectés afin de repérer les systèmes et les données les plus sensibles. Ensuite, au lieu d'enlever les données trouvées, la demande de rançon s'active et empêche l'accès aux informations les plus précieuses.

Les criminels comprennent que plus l'information est importante pour son propriétaire, plus la probabilité qu'une victime soit prête à payer une rançon est grande, et plus la rançon maximale qui sera versée de plein gré sera probablement élevée.

Les logiciels de rançon deviennent de plus en plus furtifs et évitent souvent d'être détectés par les logiciels antivirus. De plus, les criminels qui utilisent des ransomware lancent souvent des attaques ciblées contre des parties dont ils savent qu'elles ont la capacité de payer des rançons décentes. Par exemple, un Européen de l'ouest ou un américain moyen est beaucoup plus susceptible de payer 200 $ ou 200 € pour une rançon qu'une personne moyenne vivant en Afrique ou en Inde. De même, les cybercriminels ciblent souvent des environnements dans lesquels la déconnexion a de graves conséquences – un hôpital, par exemple, ne peut pas se permettre de rester sans système de dossiers médicaux pendant une période de temps importante.

Cryptominage

L'expression *cryptomineur*, dans le contexte d'un malware, désigne un logiciel qui usurpe certaines ressources d'un ordinateur infecté afin de les utiliser pour effectuer les calculs mathématiques complexes nécessaires à la création de nouvelles unités de cryptomonnaie. La monnaie créée est transférée au criminel qui utilise ce logiciel. De nombreuses variantes modernes utilisent des groupes de machines infectées travaillant de concert pour effectuer le minage.

Comme les cryptomineurs créent de l'argent pour les criminels sans que leurs victimes humaines n'aient besoin d'intervenir, les cybercriminels, en particulier ceux qui n'ont pas la sophistication nécessaire pour lancer des attaques ciblées de ransomware avec des enjeux élevés, ont de plus en plus recours à cette technique comme moyen rapide permettant de monétiser les cyberattaques.

Bien que la valeur des cryptomonnaies fluctue fortement (du moins au moment de la rédaction de ce chapitre), certains réseaux d'exploitation relativement peu sophistiqués sont susceptibles de rapporter à leurs opérateurs plus de 30 000 $ par mois.

Faire face aux menaces non malveillantes

Alors que certains attaquants potentiels ont pour but de tirer profit à vos dépens de leurs attaques, d'autres n'ont pas l'intention d'infliger des dommages. Cependant, ils peuvent innocemment représenter des dangers qui sont susceptibles d'être encore plus grands que ceux posés par des acteurs hostiles.

Erreur humaine

Le plus grand danger en matière de cybersécurité – que ce soit pour un individu, une entreprise ou une entité gouvernementale – est peut-être la possibilité d'erreur humaine. Presque toutes les infractions majeures couvertes par les médias au cours de la dernière décennie ont été rendues possibles, du moins en partie, en raison d'un élément d'erreur humaine. En fait, l'erreur humaine est souvent nécessaire pour que les acteurs hostiles réussissent leurs attaques – un phénomène dont ils sont parfaitement conscients.

Les humains : le talon d'Achille de la cybersécurité

Pourquoi les humains sont-ils si souvent le point faible de la chaîne de cybersécurité – faisant des erreurs qui permettent des violations massives ? La réponse est très simple.

Considérez les progrès technologiques réalisés au cours des dernières années. Les appareils électroniques qui sont omniprésents aujourd'hui ont fait l'objet de livres et de films de science-fiction il y a tout juste une génération ou deux. Dans de nombreux cas, la technologie a même dépassé les prévisions des meilleurs auteurs et scientifiques – les smartphones d'aujourd'hui sont beaucoup plus puissants et pratiques que le téléphone à chaussures de Max la menace, et la montre radio de Dick Tracy passerait pour un jouet ringard par rapport aux appareils d'aujourd'hui qui coûtent moins de 100 $.

Les technologies de la sécurité ont aussi beaucoup évolué au fil du temps. Chaque année, de nombreux nouveaux produits sont lancés, et de nombreuses nouvelles versions améliorées des technologies existantes apparaissent sur le marché. La technologie de détection d'intrusion, par exemple, est tellement meilleure aujourd'hui qu'il y a dix ans qu'on peut en fait douter qu'elle soit classée dans la même catégorie de produits.

D'un autre côté, cependant, considérez le cerveau humain. Il a fallu des dizaines et des dizaines de milliers d'années pour que le cerveau humain évolue par rapport à celui des espèces antérieures – aucune amélioration fondamentale ne se produit au cours d'une vie humaine, ni même au cours des siècles de générations successives. Ainsi, les technologies liées à la sécurité progressent beaucoup plus rapidement que l'esprit humain.

De plus, les progrès technologiques se traduisent souvent par le fait que les humains doivent interagir avec un nombre croissant d'appareils, de systèmes et de logiciels de plus en plus complexes et comprendre comment les utiliser correctement. Compte tenu des limites humaines, les chances que les gens commettent des erreurs importantes augmentent avec le temps.

La demande croissante de puissance cérébrale que les progrès technologiques font peser sur les gens est clairement observable, même à un niveau très élémentaire. Combien de mots de passe vos grands-parents avaient-ils besoin de retenir quand ils avaient votre âge ? De combien en avaient besoin vos parents ? Il vous en faut combien ? Et avec quelle facilité des criminels agissant à distance pourraient-ils pirater les mots de passe et les exploiter pour en tirer profit à l'époque de vos grands-parents ? Vos parents ? Vous-même ?

Vos grands-parents n'avaient probablement pas plus d'un ou deux mots de passe lorsqu'ils avaient votre âge – en fait sans doute zéro. De plus, aucun de ces mots de passe n'était piratable par un ordinateur distant, ce qui signifie que la sélection et la mémorisation des mots de passe étaient triviales et ne les exposaient pas à des risques. Aujourd'hui, cependant, il est probable que vous avez de nombreux mots de passe, peut-être plusieurs dizaines, dont la plupart peuvent être piratés à distance à l'aide d'outils automatisés, ce qui augmente considérablement les risques.

Vous *devez* comprendre que l'erreur humaine représente un grand risque pour votre cybersécurité – et agir en conséquence.

Ingénierie sociale

Dans le contexte de la sécurité de l'information, l'ingénierie sociale se réfère à la manipulation psychologique de l'être humain pour le pousser à des actions qu'il n'accomplirait pas autrement et qui sont généralement préjudiciables à ses intérêts.

Voici des exemples d'ingénierie sociale :

- Appeler quelqu'un au téléphone, faire croire que l'appelant est un membre du service informatique et demander à la personne de réinitialiser son mot de passe de messagerie.
- Envoyer des courriels d'hameçonnage (voir le Chapitre 2).
- Envoyer des faux courriels semblant provenir de la direction (voir le Chapitre 2).

Alors que les criminels qui lancent des attaques d'ingénierie sociale peuvent avoir une intention malveillante, ceux qui créent la vulnérabilité ou qui infligent les dommages le font généralement sans aucune intention de nuire à la cible. Dans le premier exemple, l'utilisateur qui réinitialise son mot de passe croit qu'il le fait pour aider le service informatique à réparer les problèmes du courrier électronique, et non parce qu'il permet aux pirates d'accéder au système de messagerie. De même, une personne qui est victime d'une escroquerie par hameçonnage ou arnaque au président ne cherche manifestement pas à aider le pirate qui s'en prend à elle.

Parmi les autres formes d'erreur humaine qui minent la cybersécurité, mentionnons l'effacement accidentel d'informations, la mauvaise configuration accidentelle de systèmes, l'infection également accidentelle d'un ordinateur par des logiciels malveillants, ou encore la désactivation par erreur de technologies de sécurité et d'autres erreurs innocentes qui permettent aux criminels de commettre toutes sortes d'actes malveillants.

En fin de compte, il ne faut jamais sous-estimer à la fois l'inévitabilité et la puissance des erreurs humaines, y compris les vôtres. Vous ferez des erreurs, et moi aussi – tout le monde en fait. Donc, pour tout ce que vous savez ou jugez être important, faites toujours une double vérification pour vous assurer que tout est comme cela devrait être.

Catastrophes externes

Comme décrit au Chapitre 2, la cybersécurité comprend le maintien de la confidentialité, de l'intégrité et de la disponibilité de vos données. L'un des plus grands risques pour la disponibilité – qui crée également des risques induits pour la confidentialité et l'intégrité – est celui des catastrophes externes. Ces catastrophes se divisent en deux catégories : les catastrophes naturelles et les catastrophes causées par l'homme.

Catastrophes naturelles

Un grand nombre de personnes vivent dans des zones sujettes, dans une certaine mesure, à diverses formes de catastrophes naturelles. Des ouragans aux tornades en passant par les inondations et les incendies, la nature peut être brutale – et peut corrompre, voire détruire, les ordinateurs et les données que contiennent les machines ou les *data centers*.

La planification de la continuité et de la reprise après sinistre sont donc enseignées dans le cadre du processus de certification des professionnels de la cybersécurité. La réalité est que, statistiquement parlant, la plupart des gens rencontreront et vivront au moins une forme de catastrophe naturelle à un moment donné de leur vie. Par conséquent, si vous voulez protéger vos systèmes et vos données, vous devez planifier les procédures à mettre en œuvre dans le cas d'une telle éventualité.

Une stratégie de stockage des sauvegardes sur des disques durs stockés sur deux sites différents peut sembler suffisante, mais elle peut aussi se révéler faible, par exemple, si les deux sites se trouvent dans des sous-sols situés dans des bâtiments construits dans des zones inondables.

Problèmes environnementaux d'origine humaine

Bien sûr, la nature n'est pas la seule partie qui crée des problèmes externes. Les humains peuvent causer des inondations et des incendies, et les catastrophes provoquées par l'homme peuvent parfois être pires que celles qui se produisent naturellement. En outre, des pannes de courant ou des pointes de consommation, des manifestations et des émeutes, des grèves, des attaques terroristes, des pannes d'Internet et des perturbations des télécommunications peuvent également avoir une incidence sur la disponibilité des données et des systèmes.

Les entreprises qui ont sauvegardé leurs données à partir de systèmes situés dans le World Trade Center de New York vers des systèmes du World Financial Center voisin ont appris à leurs dépens, après le 11 septembre 2001, l'importance de garder les sauvegardes à une distance suffisante des systèmes correspondants. En effet, le World Financial Center est resté inaccessible pendant un bon moment après la destruction du World Trade Center.

Risques posés par les gouvernements et les entreprises

Certains risques de cybersécurité – y compris, ceux qui pourraient être les plus dangereux pour la vie privée des individus – ne sont pas créés par des criminels, mais plutôt par des entreprises et des entités gouvernementales, même dans les démocraties occidentales.

Cyberguerriers et cyberespions

Les gouvernements d'aujourd'hui ont souvent à leur disposition d'énormes armées de cybercombattants.

Ces équipes essaient souvent de découvrir les vulnérabilités des logiciels et des systèmes afin de les utiliser pour attaquer et espionner les adversaires, ainsi que pour servir d'outils dans le cadre de l'application des lois.

Toutefois, cela crée des risques pour les particuliers et les entreprises. Au lieu de signaler les vulnérabilités aux fournisseurs concernés, divers organismes gouvernementaux s'efforcent souvent de les garder secrètes. Ceci signifie qu'ils laissent les citoyens, les entreprises et d'autres entités gouvernementales à la merci d'attaques d'adversaires qui pourraient découvrir la même vulnérabilité.

De surcroît, les gouvernements peuvent utiliser leurs équipes de hackers pour lutter contre la criminalité – mais aussi, dans certains cas, abuser de leurs cyberressources pour garder le contrôle sur leurs citoyens et préserver la mainmise du parti au pouvoir. Ainsi aux États-Unis, à la suite des attentats du 11 septembre 2001, le gouvernement a mis en œuvre divers programmes de collecte massive de données qui ont eu des répercussions sur les citoyens américains respectueux des lois. Si l'une ou l'autre des bases de données qui ont été constituées avait été volée par des puissances étrangères, les citoyens américains auraient pu être exposés à toutes sortes de problèmes.

Les dangers provoqués par les gouvernements en produisant des gisements d'exploitation potentielle de données ne sont pas théoriques. Au cours des dernières années, plusieurs cyberarmes puissantes, créées selon toute vraisemblance par un groupe de travail de l'agence de renseignement du gouvernement américain, ont fait leur apparition en ligne, clairement après avoir été volées par quelqu'un dont les intérêts n'étaient pas les mêmes que ceux de l'agence. À ce jour, on ne sait toujours pas si ces armes ont été utilisées contre les intérêts américains par celui qui les a volées.

L'impuissante Fair Credit Reporting Act

Aux USA, beaucoup d'américains connaissent la Fair Credit Reporting Act (FCRA), un ensemble de lois adoptées il y a près d'un demi-siècle et mises à jour à plusieurs reprises. La FCRA réglemente la collecte et la gestion des rapports de solvabilité et des données qui y sont utilisées. La FCRA a été créée pour s'assurer que les gens sont traités équitablement et que les renseignements relatifs au crédit demeurent exacts et privés.

Selon la FCRA, les bureaux d'évaluation doivent retirer divers renseignements défavorables des dossiers de crédit des gens après l'expiration de délais précis. Si vous ne payez pas une facture de carte de crédit à temps pendant que vous êtes à l'université, par exemple, il est contraire à la loi américaine que ce paiement en retard soit inscrit dans votre dossier et pris en compte lorsque vous demandez un prêt hypothécaire deux décennies plus tard. La loi permet même aux personnes qui se déclarent en faillite personnelle de tout recommencer à zéro. Effectivement, à quoi bon vouloir recommencer à zéro si une faillite empêchait à tout jamais quelqu'un de pouvoir le faire ?

Aujourd'hui, cependant, diverses entreprises technologiques sapent les protections établies par la FCRA. Dans quelle mesure est-il difficile pour un agent chargé des crédits dans une banque de trouver des bases de données en ligne sur les documents judiciaires relatifs aux faillites en effectuant une simple recherche sur Google, puis en consultant ces bases de données à la recherche d'un historique concernant un emprunteur éventuel ? Ou pour voir si d'anciens dossiers de forclusion sont associés à un nom correspondant à celui d'une personne qui demande un prêt ? Cela ne prend que peu de temps, et aucune loi, du moins aux

USA, n'interdit à de telles bases de données d'inclure des dossiers suffisamment anciens pour qu'ils ne figurent plus dans les rapports de solvabilité et, toujours sur le territoire des États-Unis, aucune loi non plus n'interdit à Google de montrer des liens vers de telles bases de données.

Les enregistrements expurgés ne le sont plus vraiment

Dans de nombreux pays, le système judiciaire dispose de diverses lois qui permettent de ne pas inscrire les infractions mineures dans le casier judiciaire, ou encore permettent aux juges de clore certains dossiers et d'effacer certaines formes d'information. Ces lois aident notamment les gens à repartir de zéro, et de nombreuses personnes de valeur n'auraient peut-être pas été aussi productives et utiles qu'elles l'ont été sans ces protections.

Mais à quoi bon de telles lois si un employeur potentiel peut trouver en quelques secondes des informations censées avoir été purgées en faisant une recherche Internet sur le nom d'un candidat ? Google (le plus répandu des moteurs de recherche) peut parfaitement renvoyer par exemple des entrefilets de journaux locaux qui sont maintenant archivés en ligne. Une personne qui a été citée pour une infraction mineure, mais dont toutes les accusations portées contre elle ont été abandonnées ou sont censées avoir été effacées des registres, peut encore subir des répercussions professionnelles et personnelles des décennies plus tard – même si elle n'a jamais été inculpée, jugée ou déclarée coupable d'une infraction.

Numéros de Sécurité sociale

Il y a une génération, il était courant d'utiliser les numéros de Sécurité sociale comme numéros d'identification à l'université. Le monde était si différent à l'époque que, pour des raisons de protection de la vie privée, de nombreuses écoles, du moins aux USA, affichaient même les notes des étudiants en utilisant leurs numéros de Sécurité sociale plutôt que leurs noms ! Oui, sérieusement.

Est-ce que tous les étudiants qui sont allés à l'université dans les années 1970, 1980 ou au début des années 1990 devraient vraiment avoir leur numéro de Sécurité sociale exposé publiquement parce que les documents des établissements d'enseignement qui ont été créés dans un monde pré-Internet ont maintenant été archivés en ligne et sont indexés dans certains moteurs de recherche ? S'il est de notoriété publique que de telles informations ont été rendues peu sûres par des comportements auparavant acceptables, pourquoi des gouvernements utilisent-ils encore les numéros de Sécurité sociale, comme s'ils étaient encore privés ?

De même, les archives en ligne des communautés religieuses contiennent souvent des annonces de naissance indiquant non seulement le nom du bébé et de ses parents, mais aussi la maternité où l'enfant est né, la date de naissance et les noms des grands-parents. Du point de vue d'un escroc, ce sont autant de failles qu'il pourrait exploiter. Tous ces exemples montrent comment les progrès tech-

Le droit à l'oubli

Le droit à l'oubli[1] se réfère au droit des personnes à ce que certaines données négatives les concernant ne soient pas accessibles sur Internet (droit à l'effacement), ou à ce que leurs noms soient supprimés des résultats des moteurs de recherche si l'information qu'ils contiennent est périmée ou non pertinente (droit au déréférencement). Aujourd'hui, les résidents de l'Union européenne jouissent de ces droits, ce qui n'est pas le cas des Américains.

La raison d'être du droit à l'oubli est qu'il est clairement dans l'intérêt de la société que les gens ne soient pas jugés, stigmatisés ou punis à jamais de façon négative à la suite d'une infraction mineure commise il y a longtemps et qui ne représente pas la nature de leur personnalité actuelle. Par exemple, si un professionnel de 45 ans qui a d'excellents antécédents professionnels et personnels et qui n'a pas de casier judiciaire présente une demande d'emploi dans une entreprise, il serait totalement injuste qu'il perde cette opportunité parce que les résultats des moteurs de recherche vus par un employeur potentiel montrent qu'il a été accusé à 19 ans d'avoir provoqué un accident uniquement matériel en quittant une boîte de nuit !

Diverses nations en dehors de l'UE adoptent également certaines formes de droit à l'oubli. Par exemple, un tribunal en Inde – un pays qui, techniquement parlant, n'a pas de lois garantissant à quiconque le droit à l'oubli – a statué en faveur d'une plaignante cherchant à faire retirer des renseignements qui auraient vraisemblablement nui à sa réputation, semblant ainsi adopter une position selon laquelle les gens ont un droit inhérent à empêcher la diffusion d'informations négatives, qui ne sont peut-être pas périmées, mais qui sont susceptibles de leur causer un préjudice sans apporter d'avantage à autrui.

L'adoption d'une forme ou d'une autre de droit à l'oubli peut contribuer à réduire certains des risques liés à la cybersécurité et à la protection de la vie privée dont il est question dans ce chapitre, en rendant plus difficile pour les criminels d'obtenir des réponses à leurs questions, de lancer des attaques par ingénierie sociale, *etc.* Cela rétablirait également certaines des protections offertes par des lois, comme la FCRA aux USA, qui ont été rendues inefficaces par les progrès de la technologie.

1 Voir par exemple sur Wikipédia la page `https://fr.wikipedia.org/wiki/Droit_à_l'oubli`.

nologiques peuvent miner notre vie privée et notre cybersécurité, ainsi que des lois qui ont été établies pour nous protéger.

Réseaux sociaux

Les plateformes de réseaux sociaux génèrent de sérieux risques pour la cybersécurité.

Les cybercriminels explorent de plus en plus les réseaux sociaux – parfois avec des outils automatisés – pour trouver des informations qu'ils peuvent utiliser contre les entreprises et leurs personnels. Les attaquants exploitent ensuite les informations qu'ils trouvent pour créer toutes sortes d'attaques, en particulier *via* un ransomware (pour en savoir plus à ce sujet, reportez-vous à la section correspondante, plus haut dans ce chapitre). Par exemple, ils peuvent créer des courriels de harponnage très efficaces et suffisamment crédibles pour inciter les personnes à cliquer sur les URL de sites Web qui vont envoyer des logiciels de rançon, ou à ouvrir des pièces jointes infectées par des logiciels de rançon.

Le nombre d'escroqueries à l'enlèvement virtuel – dans lesquelles des criminels contactent la famille d'une personne qui n'est pas présente sur tel ou tel réseau, simplement parce qu'elle est sur un vol long-courrier ou autre, et exigent une rançon en échange de la libération de la personne qu'ils prétendent avoir enlevée – a monté en flèche à l'ère des réseaux sociaux, car les criminels peuvent souvent distinguer à la fois quand agir et avec qui communiquer en consultant les messages des utilisateurs sur ces réseaux.

Les ordinateurs omniscients de Google

L'une des façons dont les systèmes informatiques vérifient qu'une personne est bien celle qu'elle prétend être consiste à poser des questions auxquelles peu de personnes autres que la partie légitime pourraient répondre correctement. Dans bien des cas, quelqu'un qui réussit à répondre avec exactitude à des questions comme « Quel est le montant du remboursement de votre prêt immobilier actuel ? » et « Qui était votre professeur de sciences en première ? » est bien plus susceptible d'être la bonne personne qu'un imposteur.

Mais l'omniscient moteur de Google sape cette authentification. De nombreuses informations qui étaient difficiles à obtenir rapidement il y a quelques années à peine peuvent maintenant être récupérées presque instantanément grâce à une recherche Google. Dans de nombreux cas, les réponses aux questions de sécurité utilisées par divers sites Web pour aider à authentifier les utilisateurs sont, pour les criminels, « à un seul clic » de distance.

Alors que les sites les plus avancés peuvent considérer que la réponse aux questions de sécurité est erronée si elle est entrée plus de quelques secondes après que la question soit posée, la plupart des sites n'imposent pas de telles restrictions – ce qui signifie que quiconque sait comment utiliser le moteur de recherche de Google peut tromper de nombreux systèmes modernes d'authentification.

Nom de jeune fille de la mère

Combien de fois vous a-t-on demandé le nom de jeune fille de votre mère comme question de sécurité afin de prouver votre identité ?

Outre le fait que deviner n'importe quel nom courant peut ne demander que quelques tentatives à un criminel tentant d'usurper une identité, les réseaux sociaux ont vraiment sapé cette forme de question test. Les cyberattaquants peuvent bien souvent obtenir cette information de plusieurs manières sur des réseaux sociaux, même si les gens ne mentionnent pas spécifiquement leurs parents dans leur profil utilisateur – par exemple, en essayant les noms de famille les plus couramment trouvés parmi les amis Facebook d'une personne. Pour beaucoup de gens, l'un de ces noms sera le nom de jeune fille de leur mère.

Géolocalisation d'un appareil mobile

De même, Google lui-même peut corréler toutes sortes de données qu'il obtient à partir de téléphones fonctionnant sous Android ou de ses applications Maps et Waze – ce qui signifie probablement une majorité de gens dans le monde occidental. Bien sûr, les fournisseurs d'autres applications qui fonctionnent sur des millions de smartphones et qui ont la permission d'accéder aux données de géolocalisation peuvent faire la même chose. Toute partie cherchant où se trouve une personne et pendant combien de temps elle s'y trouve peut avoir créé une base de données susceptible d'être utilisée à toutes sortes de fins néfastes – y compris pour saper des procédures d'authentification basées sur les connaissances, faciliter les attaques d'ingénierie sociale, miner la confidentialité des projets secrets, et ainsi de suite. Même si l'entreprise qui crée la base de données n'a aucune intention malveillante, des employés malhonnêtes ou des pirates qui accèdent à cette base de données ou la volent constituent de graves menaces.

Un tel suivi porte également atteinte à la vie privée. Google sait, par exemple, qui va régulièrement dans un centre pour subir une chimiothérapie (ou voir un parent malade), où les gens dorment (pour la plupart d'entre nous, le temps de sommeil est le seul moment où le smartphone ne bouge pas du tout pendant plusieurs heures), et des tas d'autres informations à partir desquelles toutes sortes d'extrapolations sensibles peuvent être faites.

Se défendre contre ces attaquants

Il est important de comprendre qu'il n'existe pas de cybersécurité fiable à 100 %. Au contraire, une cybersécurité adéquate se définit par la compréhension des risques existants, de ceux qui sont atténués de manière adéquate et de ceux qui persistent.

Les défenses qui sont adéquates pour se protéger contre certains risques et certains attaquants ne le sont pas pour se protéger contre d'autres risques et/ou attaquants. Ce qui peut suffire à protéger raisonnablement un ordinateur à domicile, par exemple, peut s'avérer très insuffisant lorsqu'il s'agit d'un serveur bancaire en ligne. Il en va de même pour les risques liés à l'utilisation d'un système.

Un téléphone cellulaire utilisé par le dirigeant d'un pays pour discuter avec ses conseillers, par exemple, exige évidemment une meilleure sécurité que le smartphone d'un élève de collège !

S'attaquer aux risques par diverses méthodes

Tous les risques ne doivent pas forcément faire l'objet d'une attention particulière, et tous les risques qui doivent faire l'objet d'une attention particulière ne doivent pas être traités de la même manière. Vous pouvez décider, par exemple, que prendre une assurance constitue une protection suffisante contre un certain risque, ou que le risque est si improbable et/ou de minimis qu'il ne vaut pas le coût probable d'une telle assurance.

D'un autre côté, les risques sont parfois si grands qu'une personne ou une entreprise peut décider d'abandonner complètement un effort particulier afin d'éviter un tel niveau de danger. Par exemple, si le coût d'une sécurisation adéquate d'une petite entreprise est constamment plus élevé que le bénéfice qu'elle aurait réalisé sans cette garantie, il peut être peu judicieux de se lancer dans l'ouverture d'un magasin.

Partie 2

Améliorer votre sécurité personnelle

Dans cette partie

Comprenez pourquoi vous êtes peut-être moins « cybersécurisé » que vous ne le pensez.

Découvrez comment vous protéger contre divers cyberdangers.

Renseignez-vous sur la sécurité physique du point de vue de la cybersécurité.

Chapitre 4

Évaluer votre position actuelle en matière de cybersécurité

DANS CE CHAPITRE

Découvrir pourquoi vous n'êtes peut-être pas aussi « cybersécurisé » que vous le pensez.

Comprendre comment se protéger contre les risques.

Évaluer vos mesures de sécurité actuelles.

Jeter un coup d'œil sur les questions de vie privée.

Adopter les meilleures pratiques.

La première étape pour améliorer votre protection contre les cybermenaces est de comprendre exactement ce que vous devez protéger. Ce n'est qu'après avoir bien saisi ces informations que vous pourrez évaluer ce qui est réellement nécessaire pour assurer une sécurité adéquate et déterminer si vous avez des lacunes à combler.

Vous devez tenir compte des données dont vous disposez, des personnes contre lesquelles vous devez les protéger et de leur degré de sensibilité à votre égard. Que se passerait-il si, par exemple, ces données étaient rendues publiques sur Internet pour que le monde entier puisse les voir ? Ensuite, vous pouvez évaluer combien vous êtes prêt à dépenser – en termes de temps et d'argent – pour les protéger.

Comment identifier les failles possibles dans votre sécurité

Vous devez comprendre les divers domaines dans lesquels votre situation actuelle en matière de cybersécurité peut vous mettre en position de faiblesse afin de trouver des moyens de résoudre les problèmes et de vous assurer que vous êtes protégé de manière adéquate. Vous devez inventorier tous les éléments qui pourraient contenir des données sensibles, devenir des tremplins pour le lancement d'attaques, et ainsi de suite.

Vos ordinateurs domestiques

Vos ordinateurs personnels peuvent souffrir d'un ou de plusieurs types de problèmes potentiels liés à la cybersécurité :

» **Brèche :** Un hacker peut avoir pénétré votre ordinateur personnel et être capable de l'utiliser autant que vous-même – voir son contenu, s'en servir pour contacter d'autres machines, ou comme point de départ pour attaquer d'autres machines et les pénétrer, miner de la cryptomonnaie, voir des données sur votre réseau, *etc.*

» **Malware :** Tout comme les dangers créés par des envahisseurs humains, un attaquant informatique – c'est-à-dire un malware – peut être présent sur votre ordinateur personnel, ce qui permet à un criminel de l'utiliser autant que vous-même – voir le contenu de l'ordinateur, contacter d'autres machines, miner de la cryptomonnaie et ainsi de suite – ainsi que de lire des données transitant sur votre réseau et de contaminer d'autres ordinateurs sur votre réseau ou à l'extérieur.

» **Ordinateurs partagés :** Lorsque vous partagez un ordinateur avec d'autres personnes – y compris votre conjoint(e) et vos enfants – vous exposez votre appareil au risque que les autres personnes qui l'utilisent ne pratiquent pas la « cyberhygiène » au même niveau que vous et, par conséquent, à une infection par un logiciel malveillant ou à une violation par un pirate, ou encore à de possibles dommages personnels involontaires.

» **Connexions à d'autres réseaux et applications de stockage :** Si vous connectez votre ordinateur *via* un réseau privé virtuel (VPN), les logiciels malveillants présents sur ces réseaux distants ou les pirates qui se cachent sur les périphériques connectés à ces réseaux peuvent potentiellement attaquer le vôtre ainsi que vos périphériques locaux. Dans certains cas, des risques similaires peuvent exister si vous exécutez des applications qui connectent votre ordinateur à des services distants, tels que des systèmes de stockage de type *cloud*.

» **Risques liés à la sécurité physique :** Comme c'est expliqué en détail dans le Chapitre 5, l'emplacement physique de votre matériel peut mettre en danger votre ordinateur et son contenu.

Vos appareils mobiles

Du point de vue de la sécurité des informations, les appareils mobiles sont intrinsèquement risqués parce qu'ils :

- » sont constamment connectés à l'Internet non sécurisé ;
- » ont souvent des renseignements confidentiels stockés dans leur mémoire ;
- » sont utilisés pour communiquer avec de nombreuses personnes et de nombreux systèmes, c'est-à-dire dans les deux cas des groupes comprenant des éléments qui ne sont pas toujours dignes de confiance, *via* Internet (qui n'est pas non plus digne de confiance par nature) ;
- » peuvent recevoir des messages de parties avec lesquelles vous n'avez jamais eu d'interaction avant de recevoir les messages en question ;
- » n'exécutent souvent pas de logiciel de sécurité complet en raison de ressources limitées ;
- » peuvent facilement être perdus, volés, endommagés ou détruits accidentellement ;
- » peuvent se connecter à des réseaux Wi-Fi non sécurisés et non fiables.

Vos consoles de jeu

Les consoles de jeu *sont* des ordinateurs et, en tant qu'ordinateurs, elles peuvent parfois être exploitées à diverses fins néfastes, en plus des méfaits propres aux jeux. Si ces appareils contiennent des vulnérabilités logicielles, par exemple, ils peuvent être piratés et réquisitionnés, et des logiciels autres que ceux de la console de jeu peuvent potentiellement être exécutés sur eux.

Vos appareils IoT (Internet des objets)

Comme nous l'expliquons en détail dans le Chapitre 17, le monde de l'informatique connectée a radicalement changé au cours des dernières années. Il n'y a pas si longtemps, les seuls appareils connectés à Internet étaient des ordinateurs classiques – ordinateurs de bureau, ordinateurs portables et serveurs – qui pouvaient être utilisés à des fins très diverses. Aujourd'hui, cependant, nous vivons dans un monde différent.

Des téléphones intelligents aux caméras de sécurité, des réfrigérateurs aux voitures, des cafetières aux équipements d'entraînement en passant par des ampoules, tous les types d'appareils électroniques sont maintenant équipés de systèmes informatiques, et bon nombre d'entre eux sont constamment connectés à Internet.

L'Internet des objets (IoT), comme on appelle communément l'écosystème des dispositifs connectés, a connu une croissance exponentielle ces dernières années, mais la sécurité de ces dispositifs est souvent insuffisante.

De nombreux dispositifs d'IoT ne disposent pas d'une technologie de sécurité adéquate pour se protéger contre les intrusions. Même ceux qui le font sont souvent mal configurés en termes de sécurité. Les hackers peuvent exploiter les dispositifs d'IoT pour vous espionner, voler vos données, pirater ou lancer des attaques par déni de service contre d'autres dispositifs, vous écouter et infliger diverses autres formes de dommages.

Votre équipement réseau

Un équipement réseau peut être piraté pour acheminer le trafic vers de faux sites, capturer des données, lancer des attaques, bloquer l'accès Internet, *etc.*

Votre environnement de travail

Il se peut que vous ayez des données sensibles dans votre environnement de travail – et que vous soyez mis en danger par vos collègues.

Imaginons par exemple que vous apportez votre ordinateur portable au travail. Vous le connectez au réseau de l'entreprise, puis vous le ramenez chez vous et vous le connectez à votre réseau domestique. Dans ce cas, des malware et d'autres problèmes peuvent se propager sur votre appareil depuis un système appartenant à votre employeur ou à un ou plusieurs de vos collègues utilisant la même infrastructure, puis de là vers d'autres ordinateurs connectés à votre réseau domestique.

Ingénierie sociale

Chaque membre de votre famille et de votre cercle social présente des risques pour vous, en tant que source d'informations à votre sujet, informations qui peuvent potentiellement être exploitées à des fins d'ingénierie sociale. J'aborde en détail l'ingénierie sociale au Chapitre 8.

Identifier les risques

Pour sécuriser quoi que ce soit, vous devez savoir ce que vous sécurisez. Sécuriser un environnement est difficile, voire impossible à faire si vous ne savez pas ce qu'il y a dans cet environnement.

Pour vous protéger, vous devez donc comprendre quels actifs – ceux qui se trouvent dans des formats numériques et ceux qui se trouvent dans des formats physiques – vous possédez, et ce que vous cherchez à protéger. Vous devez également comprendre les risques auxquels vous vous exposez à l'égard de ces actifs.

L'inventaire de ces biens est généralement assez simple pour les particuliers : dressez une liste écrite de tous les périphériques que vous connectez à votre réseau. Vous pouvez souvent obtenir une telle liste en vous connectant à votre routeur ou votre box et en consultant la section qui détaille les équipements connectés. Bien sûr, il se peut que vous ne connectiez certains appareils à votre réseau qu'occasionnellement, ou encore que certains appareils doivent être sécurisés même s'ils ne sont pas connectés à votre réseau. Vous ne devez donc pas oublier pas de les inclure dans votre liste.

Ajoutez à cette liste – dans une section séparée – tous les périphériques de stockage que vous utilisez, y compris les disques durs externes, les mémoires flash et les cartes mémoire.

Écrivez ou imprimez la liste : l'oubli d'un seul appareil peut potentiellement entraîner des problèmes.

Se protéger contre les risques

Après avoir déterminé ce que vous devez protéger (voir la section précédente), vous devez élaborer et mettre en œuvre des mesures de protection appropriées pour ces éléments afin de préserver autant que possible leur sécurité et de limiter l'incidence d'une atteinte éventuelle.

Dans le contexte d'une utilisation à domicile, la protection comprend la mise en place de barrières pour quiconque cherche à accéder à vos ressources numériques et physiques sans autorisation appropriée, l'établissement de processus et de procédures (même informels) pour protéger vos données sensibles et la création de sauvegardes de toutes les configurations et points de restauration système de base.

Les éléments de base de la protection pour la plupart des individus sont les suivants :

» défense du périmètre ;

» pare-feu/routeur ;

» logiciels de sécurité ;

» votre ou vos ordinateur(s) physique(s) ;

» sauvegarde.

Défense du périmètre

La défense de votre cyberpérimètre est essentiellement l'équivalent numérique de la construction d'un fossé autour d'un château – pour tenter d'empêcher quiconque d'y entrer, sauf par des sentiers autorisés, sous l'œil attentif des gardes.

Vous pouvez construire ce fossé numérique en ne connectant jamais un ordinateur directement à votre box ou modem Internet. Connectez plutôt un pare-feu/routeur au modem et, connectez les ordinateurs à ce pare-feu/routeur. (Si votre modem contient un pare-feu/routeur, alors il sert aux deux fins : si votre connexion s'effectue sur la partie pare-feu/routeur, et non sur le modem lui-même, le schéma est correct.) Normalement, les connexions entre les pare-feu et les modems sont câblées, c'est-à-dire qu'elles sont réalisées à l'aide d'un câble réseau physique.

Pare-feu/routeur

Les routeurs modernes utilisés dans les environnements domestiques comprennent des fonctions de pare-feu qui bloquent la plupart des formes de trafic entrant, lorsque ce trafic n'est pas généré en conséquence d'actions engendrées par des dispositifs protégés par ce pare-feu. C'est-à-dire qu'un pare-feu empêchera les personnes de l'extérieur d'essayer de contacter un ordinateur à l'intérieur de votre domicile, mais il n'empêchera pas un serveur de répondre si un ordinateur de votre foyer lui demande une page Web. Les routeurs utilisent de multiples technologies pour atteindre cette protection.

Dans certains pays, comme la France, l'usage généralisé de « box internet » fait que les fonctions de routeur et de pare-feu sont pratiquement toujours gérées par le même appareil. Ceci est parfait, à condition du moins que le paramétrage de la box soit correctement effectué. Chaque opérateur ayant sont propre mode de configuration, il n'est pas possible d'entrer dans les détails spécifiques dans le cadre de ce livre. Dans ce qui suit, le mot *routeur* pourrait bien entendu être remplacé par le mot *box*.

Une technologie importante à noter est la traduction d'adresses de réseau (NAT, pour Network Address Translation), qui permet aux ordinateurs de votre réseau domestique d'employer des adresses de protocole Internet (IP) qui sont invalides pour l'utilisation sur Internet et ne peuvent servir que sur des réseaux privés. Sur Internet, tous les appareils semblent n'utiliser qu'une seule adresse, qui est celle du pare-feu.

Les recommandations suivantes aident votre routeur/pare-feu à vous protéger :

» **Mettez votre routeur à jour.** Assurez-vous d'installer toutes les mises à jour avant de mettre votre routeur en service et vérifiez régulièrement s'il y a de nouvelles actualisations (sauf si votre routeur possède une fonction de mise à jour automatique, auquel cas vous devriez utiliser cette possibilité).

Une vulnérabilité non corrigée dans votre routeur peut permettre à des personnes extérieures d'accéder à votre réseau.

» **Changez le mot de passe d'administrateur par défaut de votre pare-feu/routeur pour le remplacer par un mot de passe fort que vous seul connaissez.** Écrivez-le et placez-le dans un coffre-fort ou un endroit réputé « sûr ». Entraînez-vous à vous connecter au routeur et continuez à le faire régulièrement afin de ne pas oublier le mot de passe.

Le mot « sûr » est évidemment impossible à définir de manière universelle et non ambigüe. Il peut en effet prendre un sens différent pour chaque personne. Bien entendu, ranger le papier où est écrit le précieux sésame dans un tiroir de votre bureau, voire dans une boîte à vis posée sur une étagère du garage ne peut en aucun cas constituer une méthode « sûre » !

» **N'utilisez pas le nom par défaut fourni par votre routeur pour le nom de votre réseau Wi-Fi (son SSID).** Créez un nouveau nom.

» **Configurez votre réseau Wi-Fi pour qu'il utilise un cryptage au moins *via* la norme WPA2.** C'est la norme actuelle au moment de la rédaction de ce livre.

» **Établissez un mot de passe que tout appareil doit connaître pour rejoindre votre réseau Wi-Fi.** Faites de ce mot de passe un mot de passe fort. Pour plus d'informations sur la création de mots de passe forts que vous pouvez facilement mémoriser, reportez-vous au Chapitre 7.

» **Si tous vos appareils sans fil savent comment utiliser les protocoles réseau modernes 802.11ac et 802.11n, désactivez les anciens protocoles Wi-Fi pris en charge par votre routeur** – par exemple, 802.11b et 802.11g.

» **Activez le filtrage des adresses MAC ou assurez-vous que tous les membres de votre foyer savent que personne ne doit se connecter au réseau câblé sans votre permission.** Au moins en théorie, le filtrage d'adresses MAC empêche tout périphérique de se connecter au réseau si vous n'avez pas préalablement configuré le routeur pour lui permettre de le faire – n'autorisez personne à connecter des périphériques non sécurisés au réseau sans les avoir sécurisés au préalable.

» **Placez votre routeur sans fil de manière centralisée à l'intérieur de votre domicile.** Vous obtiendrez ainsi un meilleur signal pour vous (le cas échéant, vous pouvez investir dans un ou plusieurs répéteurs Wi-Fi de qualité si vous avez des murs épais) et vous réduirez également la puissance du signal que vous fournissez aux personnes qui se trouvent à l'extérieur de chez vous et qui cherchent peut-être à se brancher sur votre réseau.

» **N'activez pas l'accès à distance à votre routeur.** Vous voulez que le routeur ne soit gérable que par des connexions provenant de périphériques qu'il protège, et non du monde extérieur. La commodité de la gestion à distance d'un pare-feu domestique vaut rarement la peine d'augmenter le risque de sécurité créé par l'activation d'une telle fonctionnalité.

» **Tenez à jour une liste des périphériques connectés à votre réseau.** Incluez également les périphériques que vous autorisez à se connecter à votre réseau.

» **Pour tous les invités auxquels vous souhaitez donner accès au réseau, activez la fonction « invités » sur le routeur et, comme pour le réseau privé, activez le cryptage et demandez un mot de passe fort.** Donnez aux invités l'accès à ce réseau d'invités et non à votre réseau principal. Il en va de même pour toute autre personne à qui vous devez donner accès à Internet, mais à laquelle vous ne faites pas entièrement confiance (du moins sur le plan de la sécurité), y compris des membres de votre famille, comme les enfants.

» **Si vous avez suffisamment de connaissances techniques pour désactiver DHCP et modifier la plage d'adresses IP par défaut utilisée par le routeur pour le réseau interne, faites-le.** Cela interfère avec certains outils automatisés de piratage et offre d'autres avantages en matière de sécurité. Si vous n'êtes pas familier avec ces concepts ou si vous n'avez aucune idée de ce que signifie la phrase ci-dessus, ignorez simplement ce paragraphe. Dans ce cas, les avantages de la recommandation sur le plan de la sécurité seront probablement contrebalancés par les problèmes que vous pourriez rencontrer en raison de la complexité technique supplémentaire que peuvent créer la désactivation du DHCP et le changement de la plage d'adresses IP par défaut.

Logiciels de sécurité

Comment utiliser un logiciel de sécurité pour vous protéger ?

» Utilisez un logiciel de sécurité sur tous vos ordinateurs et appareils mobiles. Le logiciel doit contenir au moins des fonctions antivirus et pare-feu pour les appareils personnels.

» Utilisez un logiciel antispam sur n'importe quel appareil sur lequel vous lisez vos courriels.

» Activez l'effacement à distance sur n'importe quel appareil mobile.

» Exigez un mot de passe fort pour vous connecter à n'importe quel ordinateur ou appareil mobile.

» Activez les mises à jour automatiques chaque fois que cela est possible et tenez vos appareils à jour.

Vos ordinateurs physiques

Pour sécuriser physiquement vos ordinateurs :

» **Contrôlez l'accès physique à votre ordinateur et placez-le dans un endroit sûr.** Si quelqu'un qui entre dans votre maison peut accéder à un appareil, par exemple, celui-ci peut être relativement facilement volé, utilisé ou endommagé à votre insu.

» **Si possible, ne partagez pas votre ordinateur avec les membres de votre famille.** Si vous devez partager votre ordinateur, créez des comptes séparés pour chaque membre de la famille et ne donnez à aucun autre utilisateur des privilèges d'administration sur cet appareil.

» **Ne comptez pas sur la suppression de données avant de jeter, recycler, donner ou vendre un ancien appareil.** Utilisez un système d'effacement multiple pour tous les disques durs et les disques SSD. Idéalement, retirez le support de stockage de l'ordinateur avant de vous débarrasser de l'appareil – et détruisez-le physiquement.

Sauvegarde

Sauvegardez régulièrement. Pour plus d'informations sur les sauvegardes, reportez-vous au Chapitre 13.

Détection

La *détection* consiste à mettre en place des mécanismes permettant de détecter les événements liés à la cybersécurité le plus rapidement possible après leur déclenchement. Si la plupart des particuliers n'ont pas les moyens d'acheter des produits spécialisés pour la détection, cela ne signifie pas pour autant que la phase de détection de la sécurité doive être ignorée.

Aujourd'hui, la plupart des logiciels de sécurité des ordinateurs personnels ont des capacités de détection de divers types. Assurez-vous que chaque dispositif que vous gérez est équipé d'un logiciel de sécurité qui recherche d'éventuelles intrusions, par exemple, et consultez le Chapitre 11 pour plus de détails sur la détection d'éventuelles violations.

Réponse

Répondre fait référence au fait de conduire une action à la suite d'un incident de cybersécurité. La plupart des logiciels de sécurité invitent automatiquement les utilisateurs à agir s'ils détectent des problèmes potentiels.

Pour en savoir plus à ce sujet, voyez le Chapitre 12.

Récupération

La *récupération* consiste à restaurer un ordinateur, un réseau ou un dispositif touché – ainsi que toutes ses capacités utiles – pour qu'il fonctionne pleinement et correctement après la survenue d'un incident de cybersécurité. Voyez les Chapitres 12, 14 et 15 pour en savoir plus sur la récupération.

Idéalement, un plan officiel et priorisé de récupération devrait être documenté avant qu'on en ait besoin. La plupart des utilisateurs personnels n'en créent pas, mais cela peut être extrêmement bénéfique. Dans la plupart des cas, un tel plan comportera moins d'une page.

Amélioration

Honte à quiconque n'apprend pas de ses propres erreurs ! Chaque incident de cybersécurité offre l'opportunité d'apprendre des leçons qui peuvent être mises en pratique pour réduire les risques à l'avenir. Pour des exemples de leçons tirées des erreurs, voyez le Chapitre 19.

Évaluer vos mesures de sécurité actuelles

Une fois que vous savez ce que vous devez protéger et comment le faire, vous pouvez déterminer la différence entre ce dont vous avez besoin et ce que vous avez déjà en place.

Les sections qui suivent traitent de certains éléments à prendre en considération. Tout ce qui suit ne s'applique pas dans tous les cas :

Logiciels

Lorsqu'il s'agit de logiciels et de cybersécurité, réfléchissez aux questions suivantes pour chaque appareil :

- » Tous les logiciels (y compris le système d'exploitation lui-même) de votre ordinateur sont-ils obtenus légalement – et connus pour être des versions légitimes ?
- » Tous les logiciels (y compris le système d'exploitation lui-même) sont-ils actuellement supportés par leurs fournisseurs respectifs ?
- » Tous les logiciels (y compris le système d'exploitation lui-même) sont-ils à jour ?
- » Tous les logiciels (y compris le système d'exploitation lui-même) sont-ils configurés pour une mise à jour automatique ?
- » Y a-t-il un logiciel de sécurité sur l'appareil ?
- » Le logiciel de sécurité est-il configuré pour une mise à jour automatique ?
- » Le logiciel de sécurité est-il à jour ?
- » Le logiciel de sécurité comprend-il une technologie antimalware – et cette capacité est-elle entièrement activée ?
- » Les analyses antivirus sont-elles configurées pour fonctionner après chaque mise à jour ?

- Le logiciel inclut-il une technologie de pare-feu – et cette capacité est-elle entièrement activée ?
- Le logiciel inclut-il une technologie antispam – et cette capacité est-elle entièrement activée ? Si ce n'est pas le cas, d'autres logiciels antispam sont-ils présents et fonctionnent-ils ?
- Le logiciel inclut-il une technologie de verrouillage à distance et/ou d'effacement à distance – et cette capacité est-elle entièrement activée ? Si ce n'est pas le cas, y a-t-il un autre logiciel de verrouillage ou d'effacement à distance, et ce logiciel fonctionne-t-il ?
- Tous les autres aspects du logiciel sont-ils activés ? Si non, qu'est-ce qui ne l'est pas ?
- Le logiciel de sauvegarde en cours d'exécution permet-il de définir et d'appliquer une stratégie de sauvegarde ?
- Le chiffrage est-il activé pour au moins toutes les données sensibles stockées sur l'appareil ?
- Les autorisations sont-elles correctement définies pour le logiciel – comme verrouiller les personnes qui peuvent avoir accès à l'appareil, mais pas au logiciel ?
- Les autorisations ont-elles été définies pour empêcher les logiciels d'apporter à l'ordinateur des modifications dont vous ne voulez peut-être pas (par exemple, est-ce qu'un logiciel fonctionne avec des privilèges d'administrateur alors qu'il ne le devrait pas) ?

Bien sûr, toutes ces questions se réfèrent à un logiciel sur un appareil que vous utilisez, mais qui ne doit pas être accessible à des personnes extérieures non fiables et distantes. Si vous avez des appareils qui sont utilisés comme dans ce dernier cas – par exemple, un serveur Web –, vous devez vous poser de nombreuses autres questions de sécurité, sujet qui dépasse le cadre de ce livre.

Matériel

Pour tous vos dispositifs matériels, considérez les questions suivantes :

» Le matériel a-t-il été obtenu auprès d'une personne de confiance ? (Si vous avez par exemple acheté une caméra IP provenant directement de Chine par l'intermédiaire d'un détaillant en ligne dont vous n'aviez jamais entendu parler auparavant, la réponse à cette question peut ne pas être oui.)

» Est-ce que tout votre matériel est correctement protégé contre le vol et les dommages (pluie, surtension électrique, *etc.*) lorsqu'il se trouve dans son emplacement habituel ?

» Qu'est-ce qui protège votre matériel lorsqu'il voyage ?

» Disposez-vous d'une alimentation de type onduleur ou d'une batterie intégrée protégeant l'appareil d'une coupure brusque et brutale en cas de panne de courant, même momentanée ?

» Est-ce que tout votre matériel utilise le dernier firmware en date – et avez-vous téléchargé ce firmware à partir d'une source fiable, comme le site Web du fournisseur ou *via* une mise à jour lancée à partir de l'outil de configuration de l'appareil ?

» Pour les routeurs (et pare-feu), votre appareil répond-il aux recommandations énumérées dans la section « Pare-feu/routeur », plus haut dans ce chapitre ?

» Avez-vous un mot de passe BIOS, verrouillant un appareil jusqu'à ce qu'un mot de passe soit entré ?

» Avez-vous désactivé tous les protocoles sans fil dont vous n'avez pas besoin ? Si vous n'utilisez pas le Bluetooth sur un ordinateur portable, par exemple, désactivez-le, ce qui non seulement améliore votre sécurité, mais aide également votre batterie à durer plus longtemps.

Assurance

Bien qu'une assurance dédiée à la cybersécurité soit souvent négligée, en particulier par les petites entreprises et les particuliers, c'est un moyen viable d'atténuer certains cyberrisques. Selon les particularités de votre situation, souscrire à une police d'assurance contre des risques spécifiques peut s'avérer judicieux.

Si vous êtes propriétaire d'une petite entreprise qui risque de faire faillite en cas de violation de votre système, vous voudrez, bien entendu, mettre en place des mesures de sécurité solides. Mais, comme aucune sécurité n'est parfaite et infaillible à 100 %, s'assurer est une option à laquelle il peut être utile de réfléchir sérieusement.

Éducation

Un peu d'éducation peut beaucoup aider à empêcher les membres de votre foyer de devenir les talons d'Achille de votre cybersécurité. La liste suivante couvre quelques points à prendre en considération et à discuter :

» Est-ce que tous les membres de votre famille connaissent leurs droits et leurs responsabilités en ce qui concerne l'utilisation des outils technologiques dans la maison, la connexion des appareils au réseau domestique et le fait de permettre aux invités de se connecter à ce réseau ?

» Avez-vous appris aux membres de votre famille les risques qu'ils doivent connaître – par exemple, l'hameçonnage par courriel ? Avez-vous l'assurance qu'ils « comprennent » ?

» Avez-vous veillé à ce que tous les membres de la famille qui utilisent des dispositifs connaissent les règles de base de l'hygiène en matière de cybersécurité (par exemple, ne pas cliquer sur les liens dans les courriels) ?

» Avez-vous veillé à ce que tous les membres de la famille qui utilisent des appareils connaissent la sélection et la protection par mot de passe ?

» Avez-vous veillé à ce que tous les membres de la famille qui utilisent les réseaux sociaux sachent ce qui peut et ne peut pas être partagé en toute sécurité ?

» Avez-vous veillé à ce que tous les membres de la famille comprennent le concept de penser avant d'agir ?

Vie privée 101

La technologie menace la vie privée à bien des égards : des caméras omniprésentes vous surveillent régulièrement, des sociétés technologiques suivent vos comportements en ligne *via* toutes sortes de méthodes techniques, et des appareils mobiles pistent votre position.

Bien que la technologie ait certainement rendu la tâche du maintien de la vie privée beaucoup plus difficile qu'il y a à peine quelques années, la vie privée n'est pas morte. Vous pouvez faire beaucoup de choses pour améliorer votre niveau d'intimité, même à l'ère moderne et connectée.

Réfléchissez avant de partager

Souvent, les gens partagent volontiers trop d'informations lorsqu'on leur en fait la demande. Pensez aux documents qu'un cabinet médical vous a probablement demandé de remplir avant un rendez-vous initial. Bien que de nombreuses questions soient pertinentes et qu'elles puissent fournir des informations utiles à un médecin pour bien vous évaluer et vous traiter, d'autres, trop personnelles et sans rapport évident avec votre santé, ne le sont peut-être pas.

Même si vous ne croyez pas qu'une personne qui vous demande des informations personnelles serait susceptible d'abuser des renseignements qu'elle a recueillis à votre sujet, à mesure que le nombre de gens qui possèdent de telles informations à votre sujet augmente, et que la quantité comme la qualité de ces données s'accroît, les risques que vous subissiez un jour une violation de votre vie privée en raison d'une atteinte à la protection de ces données augmentent également.

Si vous voulez mieux protéger votre vie privée, la première chose à faire est de réfléchir aux renseignements que vous pourriez divulguer sur vous-même et vos proches avant de faire quoi que ce soit. C'est vrai qu'il s'agisse d'interagir avec des organismes gouvernementaux, des entreprises, des établissements médicaux aussi bien qu'avec d'autres personnes. Si vous n'avez pas besoin de fournir des renseignements personnels, ne le faites pas !

Réfléchissez avant de poster

Réfléchissez aux implications de tout message sur les réseaux sociaux avant de le publier – il pourrait y avoir des conséquences négatives de toutes sortes, y compris le fait de réellement compromettre la confidentialité des informations. Par exemple, des criminels peuvent tirer parti d'informations partagées sur les relations familiales, le lieu de travail et ou encore les centres d'intérêt d'une personne dans le cadre d'un vol d'identité et pour se frayer un chemin dans ses comptes.

Si, par choix ou en raison de la négligence d'un fournisseur, vous utilisez le nom de jeune fille de votre mère comme mot de passe, *de facto*, assurez-vous que vous ne facilitez pas la tâche des criminels qui découvrent ce nom en inscrivant votre mère comme telle sur Facebook, ou en étant ami(e) sur Facebook avec plusieurs cousin(e)s dont le nom de famille est identique à celui de votre mère. Souvent, les gens peuvent obtenir le nom de jeune fille de la mère de quelqu'un simplement en sélectionnant dans la liste d'amis Facebook d'une autre personne le nom de famille le plus courant en dehors de celui du titulaire du compte.

Le partage d'informations sur les enfants d'une personne et leurs horaires peut aider à créer toutes sortes de problèmes, y compris un enlèvement potentiel, l'introduction par effraction chez la victime pendant qu'elle se rend à son travail, et bien d'autres actions nuisibles.

Le partage d'informations liées à des questions médicales peut aussi entraîner la divulgation d'informations sensibles et privées. Par exemple, des photographies ou des données de localisation sur le séjour d'une personne dans un établissement médical *X* peuvent révéler qu'elle souffre d'une certaine maladie, l'établissement étant connu pour être spécialisé dans le traitement de celle-ci.

Le partage de divers types d'informations ou d'images peut avoir un impact sur les relations personnelles d'un utilisateur et divulguer des informations privées à ce sujet.

Le partage d'informations ou d'images peut entraîner la fuite de renseignements privés sur des activités potentiellement ennuyeuses pour une personne – par exemple, la consommation d'alcool ou de drogues dites récréatives, la pratique de diverses armes, la participation à certaines organisations réputées sensibles, *etc.* Le simple fait de divulguer qu'une personne se trouvait à un endroit donné à un moment donné peut, même sans volonté malveillante, compromettre la confidentialité de renseignements de nature délicate.

N'oubliez pas non plus que le problème du partage abusif et intempestif ne se limite pas aux réseaux sociaux. Le partage excessif d'informations dans un chat, par courrier électronique, dans des discussions de groupe, *etc.*, est également un grave problème des temps modernes. Parfois, les gens ne se rendent pas compte qu'ils partagent trop d'informations, et ils collent accidentellement les mauvaises données dans les courriels, ou attachent les mauvais fichiers à ceux-ci.

Conseils généraux sur la protection de la vie privée

En plus de réfléchir avant de partager, vous pouvez faire quelques autres choses pour réduire votre exposition aux risques dus à des excès de partages :

» **Utilisez les paramètres de confidentialité des réseaux sociaux.** En plus de ne pas partager de renseignements personnels (voir la section précédente), assurez-vous que vos paramètres de confidentialité sur les réseaux sociaux sont configurés de façon à protéger vos données contre la consultation par tout un chacun – à moins que le message en question ne soit destiné à la consommation publique.

» **Mais ne vous fiez pas à eux.** Pour autant, ne vous fiez jamais aux paramètres de sécurité des réseaux sociaux pour assurer la confidentialité des informations. D'importantes vulnérabilités qui nuisent à l'efficacité des contrôles de sécurité des différentes plates-formes ont été découvertes à maintes reprises.

» **Gardez vos données privées hors de tout cloud, à moins qu'elles ne soient chiffrées.** Ne stockez jamais d'informations privées dans un quelconque nuage à moins de les crypter. Ne vous fiez pas au système de cryptage fourni par le fournisseur du cloud pour garantir votre confidentialité. Si celui-ci est victime d'une intrusion, dans certains cas, le cryptage peut également être décodé.

» **Ne stockez pas d'informations privées dans des applications cloud conçues pour le partage et la collaboration.** Par exemple, ne conservez pas une liste de vos mots de passe, des photos de votre permis de conduire ou de votre passeport, ou des informations médicales confidentielles dans un document Google. Cela peut sembler évident, mais beaucoup de gens le font quand même.

» **Exploitez les paramètres de confidentialité d'un navigateur - ou mieux encore, utilisez `Tor`.** Si vous utilisez un navigateur Web pour accéder à du matériel dont vous ne voulez pas qu'il soit associé avec vous, activez au minimum le mode Privé/Incognito (qui n'offre qu'une protection partielle), ou, si possible, utilisez un navigateur Web comme Tor (dans lequel le routage est obscurci, avec des paramètres de confidentialité forts par défaut et divers add-ons préconfigurés pour la confidentialité).

Si vous ne prenez pas de précautions lors de l'utilisation d'un navigateur, vous pouvez être suivi à la trace. Si vous recherchez des informations détaillées sur un problème de santé dans une fenêtre de navigation normale, diverses parties vont probablement vouloir capitaliser sur ces données. Vous avez certainement déjà vu les effets d'un tel suivi – par exemple, lorsque des annonces apparaissent sur une page Web en rapport avec quelque chose que vous avez cherché sur une autre.

» **Ne publiez pas votre vrai numéro de téléphone portable.** Il est préférable de faire appel à des applications et services tels que Skype, WhatsApp ou, par exemple pour des besoins professionnels, offrez-vous un numéro de téléphone virtuel. Cela permet de se protéger contre de nombreux risques – échange de carte SIM, spams, *etc.*

» **Entreposez vos documents privés hors ligne.** Dans l'idéal, stockez les documents très sensibles hors ligne, par exemple dans un coffre-fort ignifuge ou dans un coffre à la banque. Si vous devez les stocker électroniquement, faites-le sur un ordinateur sans connexion réseau.

» **Cryptez toutes les informations privées (documents, images, vidéos, *etc.*).** Si vous n'êtes pas sûr que quelque chose devrait être crypté, c'est probablement qu'il faut le faire.

» **Si vous utilisez le chat en ligne, activez le chiffrement de bout en bout.** Supposons que tous vos messages texte envoyés par SMS puissent potentiellement être lus par des personnes extérieures. Idéalement, ne partagez pas d'informations sensibles par écrit. Si vous devez le faire, cryptez les données.

La façon la plus simple de chiffrer les données est d'utiliser une application de chat qui offre un chiffrement de bout en bout. *De bout en bout* signifie que les messages sont cryptés sur votre appareil et décryptés sur l'appareil du destinataire, et vice versa – le fournisseur ne peut effectivement pas décrypter les messages et, par conséquent, il faut beaucoup plus d'efforts aux pirates qui violent les serveurs du fournisseur pour lire vos messages s'ils sont chiffrés de bout en bout. Parfois, les fournisseurs prétendent que les pirates informatiques ne peuvent pas lire de tels messages, ce qui n'est pas correct pour deux raisons : 1. Les hackers peuvent être en mesure de voir les métadonnées – par exemple, avec qui vous avez discuté et quand vous l'avez fait –, et 2. Si les hackers piratent suffisamment de serveurs internes, ils peuvent être en mesure de télécharger sur une certaine *app store* une version empoisonnée de l'application qui contienne une porte dérobée d'une sorte ou d'une autre. WhatsApp est probablement l'application de chat la plus populaire qui utilise le chiffrement de bout en bout.

» **Pratiquez une bonne cyberhygiène.** Étant donné qu'une grande partie de l'information que vous voulez garder confidentielle est stockée sous forme électronique, la pratique d'une bonne cyberhygiène est essentielle à la protection de la vie privée. Voyez les conseils donnés dans le Chapitre 18.

Activer le mode privé

Pour activer le mode de navigation privée :

- **Google Chrome :** Ctrl + Maj + N ou choisissez Nouvelle fenêtre de navigation privée dans le menu.
- **Firefox :** Ctrl + Maj + P ou choisissez Nouvelle fenêtre de navigation privée dans le menu.
- **Opéra :** Ctrl + Maj + N ou choisissez Nouvelle fenêtre privée dans le menu.
- **Microsoft Edge :** Ctrl + Shift + P ou choisissez Nouvelle fenêtre InPrivate dans le menu.
- **Vivaldi :** Ctrl + Maj + N ou choisissez Nouvelle fenêtre de navigation privée dans le menu.
- **Safari :** Command + Maj + N ou choisissez Nouvelle fenêtre privée dans le menu Fichier.

Services bancaires en ligne : comment rester en sécurité

Il n'est tout simplement pas facile pour la plupart des gens qui vivent à l'ère moderne d'échapper aux services bancaires en ligne malgré les problèmes de sécurité qu'ils posent. Heureusement, vous n'avez pas à renoncer à ce genre de services pratiques au quotidien pour rester en sécurité. En fait, je suis très conscient des risques que cela comporte, car je fais des opérations bancaires en ligne depuis le milieu des années 1990, ce qui me donne une certaine expérience en la matière. Voici quelques suggestions sur ce que vous pouvez faire pour améliorer votre sécurité lorsque vous effectuez des opérations bancaires en ligne :

- **Votre mot de passe pour les services bancaires en ligne doit être solide, unique et conservé dans votre mémoire** – et non stocké dans une base de données, un gestionnaire de mots de passe ou n'importe où ailleurs par voie électronique. (Si vous voulez l'écrire et garder le papier dans un coffre-fort, c'est bien – mais rarement nécessaire, d'autant que vous pourriez tout aussi bien oublier le code du coffre…).
- **Choisissez au hasard un numéro d'identification personnel (PIN) pour votre carte bancaire et/ou votre numéro de téléphone.** Le code PIN ne doit être lié à

aucune information que vous connaissez. Ne prenez pas un code PIN que vous avez déjà utilisé à d'autres fins, et n'établissez pas des codes PIN ou des mots de passe en fonction de ce que vous avez déjà pu choisir. Ne notez jamais votre code PIN. Ne l'ajoutez jamais à un fichier informatique. Ne le divulguez jamais à qui que ce soit, y compris aux employés de la banque.

» **Pensez à demander à votre banque une carte à débit immédiat.** Celle-ci permet d'éviter de se servir de la carte principale pour effectuer des achats courants. En plus de vous permettre normalement de mieux gérer votre budget au quotidien, ce type de carte limite le volume des transactions qu'un pirate pourrait connaître et permet de détecter très rapidement une fraude et de la signaler à la banque pour pouvoir être remboursé au plus vite.

» **Connectez-vous aux services bancaires en ligne uniquement à partir d'appareils fiables que vous contrôlez, qui sont dotés d'un logiciel de sécurité et qui sont mis à jour régulièrement.**

» **Connectez-vous aux services bancaires en ligne uniquement à partir de réseaux sécurisés en lesquels vous avez confiance.** Si vous êtes sur la route, utilisez la connexion de votre fournisseur de téléphonie cellulaire et surtout pas un réseau Wi-Fi public.

» **Connectez-vous aux services bancaires en ligne à l'aide d'un navigateur Web ou de l'application officielle de la banque.** Ne vous connectez jamais à partir d'une application tierce, ou d'une application obtenue à partir d'un autre serveur que l'*app store* officiel de la plate-forme de votre appareil.

» **Inscrivez-vous s'il existe au système d'alerte de votre banque.** Vous devriez configurer le système pour être alerté par SMS et/ou e-mail chaque fois qu'un retrait est effectué, qu'une dépense d'un montant supérieur à un certain niveau est effectuée, *etc.*

» **Utilisez l'authentification multifactorielle et protégez tout dispositif utilisé pour une telle authentification.** Si vous générez des mots de passe uniques sur votre téléphone, par exemple, et que votre téléphone est volé, votre deuxième facteur devient (au moins temporairement) utilisable par l'escroc et non par vous.

» **Ne permettez pas à votre navigateur de stocker votre mot de passe pour les services bancaires en ligne.** Ce mot de passe ne devrait être inscrit nulle part – et donc certainement pas dans un système qui le saisit pour le compte d'une personne utilisant un navigateur Web.

» **Entrez manuellement l'URL de votre banque à chaque fois que vous visitez son site sur le Web.** Ne cliquez jamais sur les liens qui y mènent (ou qui prétendent y mener).

» **Dans l'idéal, utilisez un ordinateur différent pour les services bancaires en ligne de celui dont vous vous servez pour les achats sur Internet, l'accès à la messagerie ou encore aux réseaux sociaux.** Si ce n'est pas possible ou pratique, utilisez un autre navigateur Web – et assurez-vous qu'il est à jour.

Par mesure de précaution supplémentaire, vous pouvez configurer votre navigateur pour qu'il mémorise un mauvais mot de passe sur un site afin que, si quelqu'un accède à votre ordinateur portable ou à votre téléphone, il soit moins susceptible de s'y connecter en utilisant vos identifiants.

» **Assurez-vous de sécuriser tous les appareils à partir desquels vous effectuez des opérations bancaires en ligne.** Il s'agit notamment de les sécuriser physiquement (ne les laissez pas sur une table dans un restaurant pendant que vous allez aux toilettes), d'exiger un mot de passe pour les déverrouiller et de permettre l'effacement à distance.

» **Surveillez votre compte pour détecter toute activité non autorisée.**

Utilisation des dispositifs intelligents de façon sécurisée

Comme je l'explique en détail dans le Chapitre 17, les dispositifs *dits* intelligents et l'Internet *dit* des objets (ou IoT) créent toutes sortes de risques en matière de cybersécurité. Voici quelques recommandations sur la façon d'améliorer votre sécurité lorsque vous utilisez de tels dispositifs :

» **Assurez-vous qu'aucun de vos appareils IoT n'engendre des risques de sécurité en cas de panne.** Ne créez jamais une situation dans laquelle, par exemple, une serrure « intelligente » vous empêche de quitter une pièce pendant un incendie, ou laisse entrer des voleurs dans votre maison pendant une panne de courant ou de réseau.

» **Si possible, faites fonctionner vos dispositifs IoT sur un réseau distinct de celui de vos ordinateurs.** Le réseau IoT devrait être protégé par un pare-feu.

- **Maintenez à jour tous les appareils IoT.** Les pirates ont exploité les vulnérabilités de dispositifs de ce type pour les réquisitionner et les utiliser afin d'effectuer des attaques majeures. Si un appareil est doté d'une fonction de mise à jour automatique du microprogramme, pensez à l'activer.

- **Conservez une liste complète et actualisée de tous les appareils connectés à votre réseau.** Conservez également une liste de tous les appareils qui ne sont pas actuellement connectés, mais qui sont susceptibles de l'être parfois.

- **Si possible, débranchez les appareils lorsque vous ne les utilisez pas.** Si un périphérique est hors ligne, il n'est évidemment pas piratable par quiconque n'est pas physiquement présent sur place.

- **Si possible, protégez par mot de passe tous les appareils.** Ne conservez jamais un mot de passe par défaut fourni par le constructeur. Chaque appareil doit avoir un nom d'utilisateur et un mot de passe uniques.

- **Vérifiez les paramètres de vos appareils.** De nombreux appareils sont livrés avec des valeurs de réglage par défaut qui sont une vraie catastrophe du point de vue de la sécurité.

- **Assurez-vous que votre smartphone (ou votre tablette) est physiquement et numériquement sûr.** Il exécute probablement des applications donnant accès à certains ou à tous vos périphériques,

- **Si possible, désactivez les fonctions de l'appareil dont vous n'avez pas besoin.** Cela réduit la surface d'attaque – c'est-à-dire le nombre de points d'entrée potentiels par lesquels un utilisateur non autorisé peut tenter de passer pour pirater l'appareil – et diminue simultanément les risques que l'appareil expose une vulnérabilité logicielle exploitable.

  L'UPnP (*Universal Plug and Play*) simplifie la configuration des périphériques, mais il facilite également la découverte et l'attaque de ces périphériques par les pirates pour de multiples raisons, notamment parce que de nombreuses implémentations contiennent des vulnérabilités, que l'UPnP peut parfois permettre à des malware de contourner les routines de sécurité des pare-feu, et qu'il peut également être exploité par les hackers pour exécuter des commandes sur les routeurs.

- **Ne connectez pas vos appareils IoT à des réseaux non fiables.**

Chapitre 5

Renforcer la sécurité matérielle

DANS CE CHAPITRE

Comprendre les principes de base de la sécurité physique pour les données et les périphériques électroniques.

•

Identifier ce qui a besoin d'être protégé.

•

Réduire les risques pour la sécurité physique.

Vous pourriez être tenté de sauter ce chapitre – après tout, vous lisez ce livre pour en apprendre davantage sur la cybersécurité, et non sur la sécurité physique.

Mais, ne faites pas cela.

Certains aspects de la sécurité physique sont des éléments essentiels de tout programme de cybersécurité, qu'il soit formel ou informel. En fait, il y a quelques petites décennies, les équipes chargées de la protection des ordinateurs et des données qui s'y trouvent se concentraient spécifiquement sur la sécurité physique. Verrouiller un ordinateur dans une zone sécurisée accessible uniquement par le personnel autorisé suffisait souvent à le protéger et à protéger son contenu. Bien sûr, l'avènement des réseaux et de l'ère Internet, associé à la prolifération massive des appareils informatiques, a totalement transformé les risques. Aujourd'hui, même les ordinateurs verrouillés dans un endroit physique peuvent encore être accessibles électroniquement par des milliards de personnes dans le monde entier. Cela dit, le besoin de sécurité physique est plus important que jamais.

Ce chapitre porte sur les éléments de sécurité physique qui sont nécessaires pour mettre en œuvre et assurer une cybersécurité adéquate. Je couvre le « quoi » et le « pourquoi » sur ce que vous devez savoir au sujet de la sécurité physique afin d'assurer votre cybersécurité. Ignorer les concepts abordés dans ce chapitre peut vous exposer à un risque d'atteinte à la protection des données équivalent, voire pire, à celui d'un piratage informatique.

Comprendre l'importance de la sécurité matérielle

La *sécurité physique* signifie protéger quelque chose contre tout accès physique non autorisé, que ce soit par l'homme ou par la nature. Garder un ordinateur verrouillé dans l'armoire d'un serveur, par exemple, pour empêcher les gens de le manipuler, est un exemple de sécurité physique.

L'objectif de la sécurité physique est de fournir un environnement sûr pour les personnes et les biens d'une personne, d'une famille ou d'une organisation. Dans le contexte de la cybersécurité, l'objectif de la sécurité physique est de veiller à ce que les systèmes et les données numériques ne soient pas mis en danger en raison de la façon dont ils sont physiquement hébergés.

Les informations classifiées contiennent des secrets dont la compromission peut mettre en danger les agents et les opérations de renseignement, compromettre des missions diplomatiques et militaires et nuire à la sécurité nationale.

J'espère que vous ne stockez pas des dossiers confidentiels très sensibles chez vous. Si c'est le cas, vous feriez mieux d'en savoir beaucoup plus sur la sécurité de l'information que ce qui est enseigné dans ce livre. Retirer des informations classifiées de leur lieu de stockage « normal » est chose grave (voir l'encadré « Les problèmes d'e-mails d'Hillary Clinton »).

Néanmoins, je suppose que vous disposez de données que vous souhaitez garder confidentielles, disponibles et à l'abri de la corruption. Il se peut qu'il ne soit pas classifié au sens gouvernemental, mais, pour vous, sa vie privée peut être d'une importance vitale.

Faire l'inventaire

Avant de mettre en œuvre un plan de sécurité physique, vous devez comprendre ce que vous devez sécuriser. Vous possédez probablement plus d'un type d'appareil électronique, et vous avez des données pour lesquelles le niveau de confidentialité et de sensibilité que vous y attachez varie beaucoup. La première étape

Les problèmes d'e-mails d'Hillary Clinton

Chaque fois que des politiciens ou des journalistes attaquent l'ancienne secrétaire d'État américaine Hillary Clinton pour avoir stocké des informations sensibles sur un serveur situé dans un placard de son domicile à Chappaqua, New York, ils l'accusent d'avoir mis en danger la sécurité nationale en plaçant des données numériques sensibles dans un lieu physique mal sécurisé. Après tout, pour autant que les risques de piratage informatique sur Internet soient à prendre en considération, ce qui compte, c'est la sécurité numérique. Pour des pirates chinois et russes, par exemple, le fait que son serveur se trouvait dans son placard ou dans un centre de données protégé par des gardes armés est sans importance.

Les experts qui ont conçu nos procédures de sécurité nationale pour le traitement des renseignements classifiés ont compris la nécessité de protéger physiquement ces données – il est, en général, contraire à la loi de sortir des renseignements classifiés des endroits sûrs dans lesquels ils sont censés être traités. Bien qu'aujourd'hui de nombreuses personnes puissent télétravailler à distance et rapporter à l'occasion du travail à la maison, les personnes qui manipulent des renseignements classifiés peuvent être condamnées à purger une peine d'emprisonnement pour avoir simplement tenté de faire la même chose avec des données classifiées.

Les lois régissant la protection des informations classifiées interdisent de les retirer des réseaux *ad hoc*, qui sont censés ne jamais être connectés à Internet. Toutes les personnes qui manipulent des renseignements classifiés sont tenues d'obtenir des autorisations et d'être formées au traitement des renseignements de nature délicate. Elles sont tenues de comprendre et d'observer des règles strictes. À ce titre, madame Clinton n'aurait jamais dû retirer des informations classifiées et n'aurait jamais dû les rapporter chez elle ou y accéder par l'intermédiaire d'un serveur installé à son domicile. Le fait d'agir ainsi même par inadvertance ne change rien à ces principes.

de la mise en œuvre d'une sécurité physique adéquate consiste à comprendre les données et les systèmes dont vous disposez, et à déterminer le type de niveau de sécurité exigé par chacun d'eux.

Selon toute vraisemblance, vos appareils informatiques se répartissent en deux catégories :

» appareils stationnaires, comme un ordinateur de bureau installé dans votre salon sur lequel vos adolescents jouent à des jeux vidéo ;

» appareils mobiles, comme des ordinateurs portables, des tablettes et des téléphones portables

N'oubliez pas d'inventorier les équipements auxquels vos appareils sont connectés. Lorsque vous faites l'inventaire de ces appareils, faites attention aux réseaux et à l'équipement lié à ces réseaux. Sur quel réseau les appareils fixes sont-ils connectés ? Combien de réseaux sont en place ? Où se connectent-ils au monde extérieur ? Où se trouve l'équipement réseau correspondant ? Quels appareils mobiles se connectent sans fil ?

Appareils fixes

Les *appareils fixes*, comme les ordinateurs de bureau, le matériel de réseau et divers appareils dits de l'Internet des objets (IoT), comme les caméras filaires, ne se déplacent pas d'un endroit à l'autre de façon régulière.

Bien entendu, ces dispositifs peuvent encore être volés, endommagés ou utilisés à mauvais escient et doivent donc être adéquatement protégés. Les dommages n'ont pas besoin d'être infligés intentionnellement – au début de ma carrière, j'ai aidé à résoudre un problème qui s'était produit lorsqu'un gardien de nuit avait débranché un serveur allumé, et dont l'alimentation électrique était mal protégée, afin de brancher son aspirateur. Oui, sérieusement. Comme il est impératif de sécuriser les appareils fixes dans les lieux où ils « vivent », vous devez tous les inventorier. Il est difficile, voire impossible, de sécuriser quelque chose alors que vous ne savez même pas que vous le possédez.

Dans bien des cas, quiconque peut accéder physiquement à un ordinateur ou à un autre dispositif électronique peut aussi accéder à toutes les données et à tous les programmes qui s'y trouvent, peu importe les systèmes de sécurité en place. La seule question est de savoir combien de temps il faudra à cette personne pour arriver à ses fins. Quiconque a la possibilité d'accéder à un appareil pourrait aussi l'endommager physiquement – que ce soit en le frappant, en y envoyant une énorme surtension, en y déversant de l'eau ou encore en y mettant le feu. Au cas où vous pensez que ces scénarios sont tirés par les cheveux, sachez que j'ai vu ces quatre méthodes utilisées par des gens qui avaient l'intention d'endommager des ordinateurs.

Appareils mobiles

Les *appareils mobiles* sont des dispositifs informatisés qui sont fréquemment déplacés. Les ordinateurs portables, les tablettes et les smartphones sont tous des appareils mobiles.

D'une certaine façon, les appareils mobiles sont intrinsèquement plus sécuritaires que les appareils fixes – vous avez probablement toujours votre téléphone portable avec vous, de sorte qu'il ne reste pas à la maison sans surveillance pendant de longues périodes de temps, comme cela peut être le cas pour un ordinateur de bureau.

Cela dit, en réalité, l'expérience montre que la portabilité augmente considérablement les chances qu'un appareil soit perdu ou volé. En fait, d'une certaine façon encore, les appareils mobiles sont le cauchemar des professionnels de la sécurité. Le « smartphone » qui se trouve dans votre poche (vraisemblablement elle-même non sécurisée) est constamment connecté à un réseau non sécurisé (Internet), contient des données très sensibles, a accès à vos courriels, aux médias sociaux, et à une foule d'autres comptes importants, manque probablement de logiciels de sécurité offrant la même sophistication que dans les ordinateurs de bureau, se trouve fréquemment dans des endroits où il est susceptible d'être

Les smartphones sont bien plus que des téléphones intelligents

Le terme *smartphone* est extrêmement trompeur. L'appareil qui se trouve dans votre poche est un ordinateur puissant, encore plus puissant que tous les ordinateurs utilisés pour assurer les premiers pas de l'homme sur la lune. Ce n'est qu'un smartphone, de la même manière qu'une Ferrari n'est qu'une voiture rapide – une description techniquement correcte, mais qui est évidemment très trompeuse. Pourquoi appelez-vous ces appareils *smartphones* – eh bien, songez à votre première rencontre avec ce bel objet.

La première expérience de la plupart des gens avec un smartphone a été le remplacement d'un téléphone portable ordinaire, classique – et ils ont obtenu ces nouveaux appareils auprès de fournisseurs de téléphonie tout aussi classiques, qui pensaient (probablement correctement) que les clients seraient plus enclins à mettre à niveau leur téléphone portable avec des « smartphones » que de remplacer leur téléphone portable par des « ordinateurs de poche qui ont en plus une application de téléphonie ».

volé, est souvent hors de portée de vue, est emporté dans des déplacements qui vous font dévier de votre routine habituelle, *etc.*

Il est donc essentiel d'inventorier correctement chaque appareil mobile afin de pouvoir le sécuriser correctement.

Localiser vos données vulnérables

Examinez les données hébergées par vos appareils. Pensez aux conséquences les plus graves possibles si une personne non autorisée pouvait récupérer vos données ou si elles étaient divulguées publiquement sur Internet.

Aucune liste d'éléments à rechercher ne peut couvrir tous les scénarios possibles, mais voici quelques pistes à prendre en compte :

- photos et vidéos privées ;
- enregistrements de votre voix ;
- images de votre écriture (en particulier de votre signature) ;
- dossiers financiers ;
- dossiers médicaux ;
- documents scolaires ;
- listes de mots de passe ;
- dépôts de clés numériques ;
- documents contenant :
  - des numéros de cartes de crédit,
  - des numéros fiscaux, de Sécurité sociale ou encore de mutuelle,
  - des noms de jeune fille, notamment celui de la mère,
  - des codes des serrures physiques ou autres codes d'accès,

- des correspondances avec autorités fiscales ,
- des renseignements sur des poursuites pénales,
- des informations relatives à l'emploi,
- des dates de naissance,
- des numéros de passeport,
- des numéros de permis de conduire,
- des informations sur vos véhicules,
- des informations sur vos anciennes adresses,
- des données biométriques (empreintes digitales, scanner rétinien, géométrie faciale, dynamique du clavier, *etc.*).

Ces éléments auront besoin d'être protégés contre les cybermenaces, comme décrit dans plusieurs chapitres ultérieurs. Cependant, les mémoires dans lesquelles ces données résident doivent également être protégées physiquement, comme nous allons le voir dans la section suivante.

Créer et exécuter un plan de sécurité physique

Afin de bien protéger physiquement vos biens technologiques et vos données, vous ne devriez pas tenter de simplement déployer quelques contrôles de sécurité sur une base *ad hoc*. Il est préférable d'élaborer et de mettre en œuvre un plan de sécurité physique, ce qui vous aidera à éviter de commettre des erreurs coûteuses.

Dans la plupart des cas, la sécurité physique des systèmes informatiques repose sur l'application d'un principe bien connu de prévention, connu sous le nom de *Prévention du Crime par l'Aménagement du Milieu* (PCAM), ou encore Prévention situationnelle[5], qui stipule que vous pouvez réduire la probabilité que certains délits soient commis si vous créez un environnement physique permettant aux

5 Voir par exemple à ce sujet la page Wikipédia : `https://fr.wikipedia.org/wiki/Prévention_situationnelle`.

utilisateurs légitimes de se sentir en sécurité, mais qui rend les malfaiteurs mal à l'aise dans l'exécution de toute activité problématique prévue à l'avance.

Comprendre ce concept de haut niveau peut vous aider à réfléchir à des moyens de protéger vos propres systèmes et données.

Les trois composantes principales de la prévention du crime par l'aménagement du milieu sont le contrôle d'accès, la surveillance et le marquage :

- **Contrôle d'accès :** Limiter l'accès aux parties autorisées, en utilisant des clôtures, des entrées et des sorties surveillées, un aménagement paysager adéquat, *etc.*, rend plus difficile pour les escrocs de pénétrer dans un immeuble ou une autre installation, et augmente le risque qu'ils soient remarqués, ce qui décourage les criminels potentiels d'agir.
- **Surveillance :** Les criminels évitent souvent de commettre des crimes qui sont susceptibles d'être vus et enregistrés. De ce fait, ils s'éloignent des environnements qu'ils savent être bien surveillés. Les caméras, les gardes et l'éclairage sensible au mouvement découragent tous les conduites criminelles.
- **Marquage :** Les criminels ont tendance à éviter les endroits qui sont clairement identifiés comme appartenant à quelqu'un d'autre – par exemple, par l'utilisation de clôtures et de panneaux – car ils ne veulent pas se faire remarquer trop facilement. De même, ils évitent les environnements dans lesquels les personnes autorisées sont signalées clairement. Par exemple, une personne non autorisée qui ne porte pas un uniforme de postier alors qu'elle se promène dans une zone marquée par quelque chose comme « Réservé aux personnels de la Poste » est beaucoup plus susceptible d'être remarquée et arrêtée qu'une autre personne qui marche dans un environnement similaire mais non marqué d'une entreprise où il n'y a pas de port d'uniforme.

Vous pouvez appliquer ces mêmes principes dans votre maison – par exemple, placer un ordinateur dans le bureau des parents à la maison envoie un message aux enfants, aux nounous ainsi qu'aux invités que l'appareil est « hors limites », ce qui est un message beaucoup plus fort que si le même appareil se trouvait par exemple dans le salon familial. De même, un invité un peu trop curieux sera beaucoup moins susceptible d'entrer dans le bureau privé sans autorisation après été prévenu de ne pas le faire, si de surcroît il est au courant que la pièce est surveillée par des caméras.

Vous connaissez votre propre environnement. En appliquant ces concepts, vous pouvez améliorer la probabilité que des personnes non autorisées ne tentent pas d'accéder sans autorisation à vos ordinateurs et à vos données.

Implémenter la sécurité matérielle

Vous pouvez utiliser de nombreuses techniques et technologies pour sécuriser un objet ou une installation.

Le niveau de sécurité physique que vous mettez en place pour un certain dispositif dépend fortement de l'usage auquel il est destiné et des types d'informations qu'il contient. (Pour plus d'informations sur l'inventaire de vos périphériques, reportez-vous à la section « Faire l'inventaire », plus haut dans ce chapitre.)

Voici quelques exemples de méthodes de sécurisation des appareils – en fonction de votre niveau de tolérance au risque et de votre budget, vous pouvez choisir des variantes de toutes, certaines ou aucune de ces techniques :

» **Serrures :** Par exemple, entreposez les appareils dans une pièce fermée à clé, l'accès à ce local étant réservé aux personnes qui ont besoin d'utiliser l'appareil. Dans certains environnements, vous pouvez enregistrer ou surveiller toutes les entrées et sorties de la pièce. Une autre variante populaire consiste à ranger les ordinateurs portables dans un coffre-fort situé dans la chambre à coucher principale ou dans le bureau du domicile lorsque ces appareils ne sont pas utilisés.

» **Caméras vidéo :** Par exemple, envisagez d'avoir une caméra vidéo dirigée vers les appareils pour voir qui y accède et à quel moment.

» **Agents de sécurité :** De toute évidence, la présence de gardes n'est pas une solution pratique dans la plupart des environnements domestiques, mais la présence de défenses humaines peut avoir un sens et un intérêt à un certain moment et en un certain lieu. Par exemple, dans un cas extrême, cela peut aller jusqu'à installer des gardes à l'intérieur de la pièce où se trouve l'appareil, à l'extérieur de cette pièce, dans les couloirs qui y conduisent, à l'extérieur du bâtiment et à l'extérieur de la clôture de la propriété.

» **Alarmes :** Les alarmes ne servent pas seulement de force réactive afin d'effrayer les criminels qui tentent d'entrer dans une maison ou un bureau, elles sont aussi un puissant moyen de dissuasion, poussant de nombreux malfaiteurs opportunistes à « regarder ailleurs » et à viser quelqu'un d'autre.

- **Périmètre de sécurité :** De lourds plots en béton empêchent les bandits de jouer à la voiture bélier, et, de même, des clôtures et des murs appropriés empêchent les criminels de s'approcher d'une maison ou d'un immeuble de bureaux. Il est à noter que la plupart des experts pensent qu'une palissade de moins de 2,5 ou 3 mètres de hauteur n'offre aucune valeur sécuritaire significative lorsqu'il s'agit d'intrus humains potentiels.

- **Éclairage :** Les criminels ont tendance à éviter les endroits bien éclairés. Un éclairage déclenché par des mouvements est encore plus dissuasif qu'une lumière statique. Lorsque les lumières s'allument soudainement, les gens qui se trouvent dans le secteur sont plus susceptibles de se retourner et de regarder ce qui vient de se passer – et donc de voir le criminel qui vient aussi tout juste d'être illuminé.

- **Atténuation des risques environnementaux :** Si vous vous trouvez dans une zone susceptible d'être touchée par des inondations, par exemple, assurez-vous que les ressources informatiques sont placées à un endroit peu susceptible d'être inondé. Si de tels conseils semblent évidents, songez que les résidents du nord du New Jersey ont subi une panne totale du réseau téléphonique après une tempête à la fin des années 1990 car l'équipement de commutation téléphonique avait été inondé – il était situé dans le sous-sol d'un immeuble situé près d'une rivière. La mise en place de moyens de protection adéquats contre les incendies est un autre élément essentiel de l'atténuation des risques environnementaux.

- **Alimentation de secours et mesures d'urgence en cas de panne de courant :** Les pannes de courant ont un impact non seulement sur vos ordinateurs, mais aussi sur de nombreux systèmes de sécurité.

- **Risques pendant des rénovations et autres travaux de construction, et ainsi de suite :** Les risques pour les données et les ordinateurs pendant des travaux de rénovation sont souvent négligés. Laisser votre téléphone portable sans surveillance lorsque des ouvriers entrent et sortent régulièrement de chez vous, par exemple, peut être une incitation pour le vol d'un appareil et/ou la compromission des données sur cet appareil.

- **Risques liés aux sauvegardes :** N'oubliez pas de protéger les sauvegardes des données avec les mêmes précautions de sécurité que pour les copies originales de celles-ci. Dépenser du temps et de l'argent pour protéger un ordinateur avec un coffre-fort et des caméras à cause de données sensibles sur son disque dur, par exemple, est stupide si vous laissez des sauvegardes de ces mêmes données sur des disques durs portables rangés sur une étagère du salon, bien en vue de quiconque visite votre maison.

Bien entendu, vous ne devez pas considérer la liste qui précède comme étant exhaustive. Mais, si vous réfléchissez à la façon dont vous pouvez appliquer chacun de ces modes de protection pour assurer la sécurité de vos dispositifs dans le contexte d'une approche de type PCAM, vous aurez probablement beaucoup plus de chances de prévenir un « incident malheureux » que si vous ne le faites pas (pour plus d'informations sur la méthode PCAM, voyez ci-dessus la section « Créer et exécuter un plan de sécurité physique »).

Sécurité pour les appareils mobiles

Bien entendu, les appareils mobiles – c'est-à-dire les ordinateurs portables, les tablettes, les smartphones et les autres appareils électroniques qui sont déplacés régulièrement d'un endroit à un autre – posent des risques supplémentaires, car ces appareils peuvent facilement être perdus ou volés. Ainsi, lorsqu'il s'agit d'appareils mobiles, un principe de sécurité physique simple, mais d'une importance cruciale, devrait être ajouté : gardez vos appareils à portée de vue ou verrouillés.

De tels conseils peuvent sembler évidents. Malheureusement, cependant, un nombre énorme d'appareils sont volés chaque année lorsqu'ils sont laissés sans surveillance, de sorte que vous pouvez être sûr que les conseils ne sont pas si évidents que cela, ou ne sont pas suivis – et dans les deux cas, vous voulez vous en imprégner et les suivre.

En plus de surveiller votre téléphone, votre tablette ou votre ordinateur portable, vous devez activer la géolocalisation, les alarmes déclenchables à distance et l'effacement à distance – tous ces éléments peuvent s'avérer inestimables pour réduire rapidement les risques posés en cas de perte ou de vol du matériel. Certains dispositifs offrent même une fonction permettant de photographier ou d'enregistrer en vidéo toute personne utilisant un appareil mobile après que l'utilisateur l'a signalé comme volé – ce qui peut non seulement vous aider à localiser l'appareil, mais aussi à aider la capture de son voleur.

Réaliser que les initiés représentent les plus grands risques

Selon la plupart des experts, la majorité des incidents liés à la sécurité de l'information impliquent l'action de personnes initiées, ce qui signifie que le plus grand risque pour les entreprises, ce sont leurs personnels. De même, si vous partagez un ordinateur à la maison avec des membres de votre famille qui sont moins sensibles à ces problématiques, ils sont susceptibles de représenter le plus grand risque pour votre cybersécurité. Vous pouvez prendre grand soin de votre machine, mais si votre adolescent télécharge un logiciel infecté par des malware sur l'ordinateur, vous risquez d'avoir une bien mauvaise surprise.

Une règle critique de « l'ancien temps » qui sonne toujours vrai aujourd'hui – même si elle est souvent rejetée comme étant dépassée en raison de l'utilisation de technologies telles que le cryptage – est que toute personne qui peut physiquement accéder à un ordinateur est aussi potentiellement en mesure d'accéder aux données stockées sur cet ordinateur. Cette règle est vraie même si le cryptage est utilisé : une personne qui accède à votre appareil peut ne pas être en mesure d'accéder à vos données, mais elle peut certainement les détruire, et même être capable de les déchiffrer pour une ou plusieurs des raisons suivantes :

- Vous n'avez peut-être pas configuré le cryptage correctement.
- Votre machine peut avoir une vulnérabilité exploitable.
- Le logiciel de chiffrage peut contenir un bogue qui compromet sa capacité à protéger correctement vos secrets.
- Quelqu'un a peut-être obtenu le mot de passe pour le décrypter.
- Quelqu'un peut être prêt à copier vos données et attendre que les ordinateurs soient assez puissants pour casser votre cryptage.

Voici l'essentiel de ce qu'il faut retenir : si vous ne voulez pas que des gens accèdent à vos données, vous devez non seulement les sécuriser de manière logique (par exemple, les chiffrer), mais aussi les sécuriser physiquement afin d'empêcher que quiconque puisse obtenir une copie des données, même sous forme cryptée.

Dans le même registre, si votre ordinateur contient des fichiers auxquels vous ne voulez pas que vos enfants aient accès, ne partagez pas votre ordinateur avec vos enfants !

Ne vous fiez pas uniquement à la sécurité numérique. Utilisez une défense physique. S'il est vrai que des enfants rusés et compétents peuvent pirater votre ordinateur sur votre réseau local, ces risques sont infimes par rapport à la tentation d'un enfant curieux qui utilise votre ordinateur. Cela dit, vous devriez idéalement garder vos données et machines les plus sensibles sur un réseau physiquement isolé de celui qu'utilisent vos enfants.

Les humains passent toujours en premier

Lorsque vous réfléchissez à la façon de sécuriser physiquement vos données, gardez à l'esprit une règle cardinale en matière de sûreté et de sécurité : les humains passent toujours en premier, sans exception.

Si un incendie se déclare dans une maison, par exemple, sauver les résidents est la priorité absolue. Vous ne devez jamais entrer dans un environnement dangereux pour récupérer des ordinateurs ou des disques de sauvegarde. Assurez-vous d'entreposer vos copies de sauvegarde à l'extérieur du site et/ou conservez-les dans un coffre-fort résistant au feu et à l'eau. Vous devez supposer que, dans de nombreuses catastrophes environnementales, vos systèmes et vos données peuvent avoir besoin d'être « mis à l'abri sur place » jusqu'à ce que la situation revienne à la normale.

Partie 3

Protégez-vous de vous-même

Dans cette partie

Comprendre comment sécuriser vos comptes.

Apprenez tout sur les mots de passe, y compris comment créer des mots de passe forts dont vous pouvez vous souvenir.

Protégez-vous et protégez vos proches contre l'ingénierie sociale.

Chapitre 6

Sécuriser vos comptes

DANS CE CHAPITRE

Comprendre que vous êtes une cible.

•

Sécuriser vos différents comptes face à l'erreur humaine.

Le maillon le plus faible de la chaîne de cybersécurité est presque toujours l'homme, et la plus grande menace pour votre propre cybersécurité est probablement vous-même et les membres de votre famille.

Ainsi, toute la technologie et les connaissances techniques du monde ne seront pas d'une grande valeur si vous ne vous attaquez pas également aux diverses lacunes humaines.

Réaliser que vous êtes une cible

La première étape la plus importante pour vous protéger numériquement est peut-être de comprendre que vous êtes une cible et que les parties malfaisantes ont le désir de violer vos systèmes informatiques, vos comptes accessibles électroniquement, et tout ce sur quoi elles peuvent mettre la main.

Même si vous réalisez déjà que vous êtes une cible, assurez-vous d'intérioriser pleinement cette notion. Les gens qui croient vraiment que les criminels veulent violer leurs ordinateurs et leurs téléphones agissent différemment de ceux qui n'apprécient pas pleinement cette réalité et dont l'absence de scepticisme les met parfois dans le pétrin.

Comme les membres de votre famille peuvent également avoir un impact sur votre sécurité numérique, ils doivent également être conscients qu'ils sont une cible potentielle. Si vos enfants prennent des risques imprudents en ligne, ils peuvent sans le vouloir faire du mal non seulement à eux-mêmes, mais aussi à vous et aux autres membres de la famille. Il est effectivement arrivé que des agresseurs réussissent à attaquer des employeurs par le biais de connexions à distance qui avaient été compromises parce que des enfants avaient mal utilisé des ordinateurs sur les mêmes réseaux que ceux dont les employés se servaient pour travailler à distance.

La menace posée par de telles attaques n'est généralement pas qu'un criminel vole directement l'argent ou les données d'une personne, mais plutôt qu'une partie cherche à nuire à la cible d'une autre manière – une manière qui peut au final se traduire par une certaine forme d'avantage financier, politique, militaire ou autre pour l'agresseur et (potentiellement) un dommage quelconque pour la victime.

Sécuriser vos comptes externes

Le Chapitre 4 traite de la façon dont vous pouvez acquérir vos propres produits technologiques. Mais l'utilisation de ces produits ne suffit pas à assurer votre cybersécurité, car vous avez sans aucun doute des données numériques d'une grande valeur qui sont stockées hors de votre possession physique, c'est-à-dire hors de systèmes de stockage et de sauvegarde qui soient sous votre contrôle.

En fait, des données concernant chaque personne vivant dans le monde occidental d'aujourd'hui sont probablement stockées sur des systèmes informatiques appartenant à de nombreuses entreprises, organisations et agences gouvernementales. Parfois, ces systèmes se trouvent dans les installations des organisations auxquelles ils appartiennent, et parfois aussi dans des data center partagés. Parfois également, les systèmes eux-mêmes sont des machines virtuelles louées à un fournisseur tiers. De plus, certaines de ces données peuvent résider dans des systèmes de cloud proposés par une tierce partie.

Ces données peuvent être décomposées et divisées en de nombreuses catégories différentes, selon les aspects qui intéressent une personne. Une façon d'examiner les données dans le but de découvrir comment les sécuriser, par exemple, consiste à les regrouper selon le schéma suivant :

» **Les comptes, et les données qu'ils contiennent, qu'un utilisateur a établis et qu'il contrôle.**

» Les données appartenant à des organisations avec lesquelles un utilisateur a volontairement et sciemment interagi, mais sur lesquelles il n'a aucun contrôle.

» Les données en possession d'organisations avec lesquelles l'utilisateur n'a jamais sciemment établi une relation.

La gestion des risques liés à chaque type de données exige une stratégie différente.

Sécuriser des données associées aux comptes utilisateurs

Lorsque vous effectuez des opérations bancaires en ligne, que vous achetez en ligne ou même que vous naviguez sur le Web, vous fournissez toutes sortes de données aux parties avec lesquelles vous interagissez.

Lorsque vous ouvrez et gérez un compte auprès d'une banque, d'un commerce, d'un fournisseur de réseaux sociaux ou de qui que ce soit d'autre, vous communiquez une quantité importante de données vous concernant que cette partie va gérer en votre nom. Évidemment, vous ne pouvez pas contrôler entièrement la sécurité de ces données parce qu'elles ne sont pas en votre possession. Cela dit, il est évident que vous avez aussi tout intérêt à protéger ces données – et à ne pas saper les protections établies par l'hébergeur du compte.

Bien que chaque situation et chaque compte ait ses propres caractéristiques, certaines stratégies peuvent aider à assurer la sécurité de vos données chez des tiers. Évidemment, toutes les idées présentées dans les sections suivantes ne s'appliquent pas à tous les cas possibles, mais l'application à vos divers comptes et à votre comportement en ligne des éléments appropriés proposés ici peut améliorer considérablement vos chances de préserver votre cybersécurité.

Faites des affaires avec des parties ayant une bonne réputation

Il n'y a rien de mal à soutenir les petites entreprises (il est également vrai que de nombreuses grandes entreprises ont subi de graves atteintes à la sécurité).

Mais si vous cherchez le dernier gadget électronique à la mode, par exemple, et qu'une boutique dont vous n'avez jamais entendu parler l'offre avec un rabais substantiel par rapport aux prix pratiqués dans tous les commerces connus, soyez prudent. Il peut y avoir une raison légitime pour le rabais – ou il peut y avoir une arnaque en cours.

Vérifiez toujours les sites Web des commerces avec lesquels vous faites affaire pour voir si quelque chose ne semble pas suspect – et méfiez-vous si c'est le cas.

Utilisez les applications et sites Web officiels

Des clones d'applications officielles se trouvent fréquemment dans diverses « stores ». Si vous installez une application bancaire ou d'achat pour une entreprise particulière, assurez-vous d'installer l'application officielle et non un imposteur vraisemblablement malveillant. N'installez des applications qu'à partir des app stores réputés, tels que Google Play, Amazon AppStore et Apple App Store.

N'installez pas de logiciels provenant de ressources non fiables

Les malware qui infectent un ordinateur peuvent capturer des informations sensibles à la fois à partir d'autres programmes et de sessions Web exécutées sur l'appareil. Si un site Web offre des copies gratuites de films, de logiciels ou d'autres articles qui coûtent normalement une certaine quantité d'argent, non seulement ces offres peuvent être des copies volées, mais vous pouvez vous demander comment l'opérateur gagne de l'argent – et c'est peut-être en distribuant des malware.

Ne rootez pas votre téléphone

Vous pourriez être tenté de *rooter* votre téléphone – un processus qui vous permet d'avoir un meilleur contrôle sur votre appareil – mais cela supprime diverses capacités de sécurité de l'appareil et peut permettre à des malware de capturer des informations sensibles à partir d'autres applications, ce qui conduit à des compromissions de compte(s).

Ne fournissez pas inutilement des informations sensibles

Ne fournissez pas de renseignements personnels à quiconque n'a pas besoin de ces données. Par exemple, seul le site officiel de la direction générale des Finances publiques a besoin de connaître votre numéro fiscal, personne d'autre. Quant à votre numéro de Sécurité sociale, il ne regarde que vous, la Sécurité sociale et votre mutuelle.

Gardez à l'esprit que moins une partie possède d'informations vous concernant, moins les données qui peuvent être compromises et corrélées en cas de violation sont importantes.

Utilisez des services de paiement qui éliminent le besoin de partager les numéros de carte bancaire avec les vendeurs

Des services comme PayPal, Samsung Pay, Apple Pay, *etc.*, vous permettent d'effectuer des paiements en ligne sans avoir à communiquer votre numéro de carte bancaire aux vendeurs. En cas de problème, les informations sur votre compte qui sont susceptibles d'être volées risquent beaucoup moins d'entraîner une fraude (et, peut-être même, diverses formes de vol d'identité) que si les données réelles de votre carte bancaire étaient stockées chez le vendeur. De plus, les principaux services de paiement disposent pour assurer la sécurité des informations d'une armée de professionnels compétents qui s'efforcent de vous protéger au maximum contre les risques d'incident ou de fraude.

Utilisez des e-cartes bancaires

Certaines institutions financières vous permettent d'utiliser une application (ou un site Web) pour créer des numéros de carte de crédit virtuels jetables et uniques qui vous permettent d'effectuer un débit sur un compte réel (associé au numéro virtuel) sans avoir à donner votre vrai numéro de carte au commerçant concerné. Comme le montre la Figure 6.1, certains services vous permettent de spécifier le montant maximum autorisé pour un numéro de carte virtuelle particulier afin d'éviter d'éventuels dérapages.

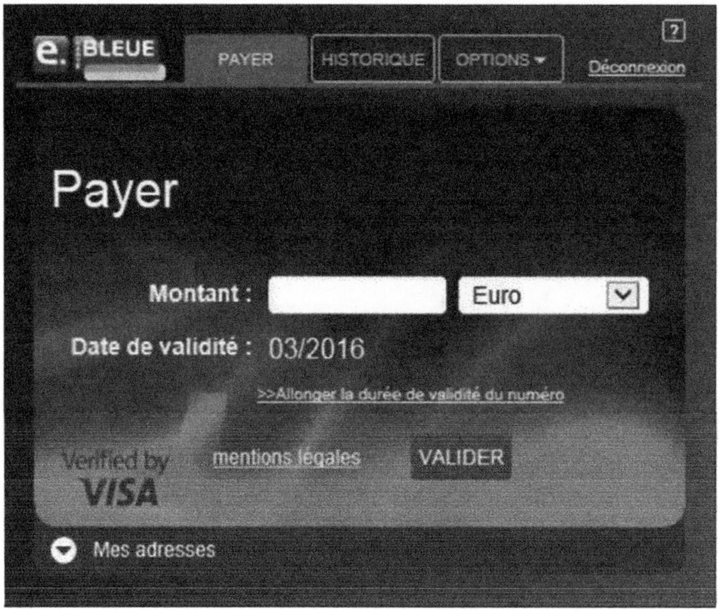

Figure 6.1 Un exemple de générateur de numéro de carte de crédit unique (source www.visa.fr).

Bien que la création d'une e-carte demande du temps et des efforts, ce système offre des avantages pour se défendre contre une fraude potentielle et peut être utilisé de façon appropriée lorsque vous souhaitez réaliser des transactions avec des parties moins connues.

En plus de minimiser les risques pour vous-même si un fournisseur s'avère corrompu, un numéro de carte bancaire virtuelle offre d'autres avantages en matière de sécurité. Si des criminels piratent un vendeur et volent votre numéro de carte de crédit virtuelle alors qu'il a déjà été utilisé, non seulement ils ne peuvent pas s'en servir pour effectuer des achats, mais leurs tentatives de le faire peuvent même aider les forces de l'ordre à les retrouver, ainsi qu'à identifier la source de la fuite du numéro de la carte virtuelle.

Surveillez vos comptes

Il est bon de vérifier régulièrement vos comptes afin de pouvoir repérer des activités anormales.

Dans l'idéal, faites ces contrôles non seulement en consultant les mouvements en ligne, mais aussi en vérifiant vos relevés mensuels (papier ou dématérialisés).

Signalez toute activité suspecte dès que possible

Plus vite une fraude potentielle est signalée aux parties chargées de la combattre, plus grandes sont les chances de la contrecarrer et d'empêcher d'autres abus qui seraient commis par les mêmes escrocs. Et, évidemment, plus tôt la fraude est signalée, plus grandes sont aussi les chances d'arrêter les coupables.

Employez une stratégie de mots de passe appropriée

Alors que la sagesse populaire voudrait qu'on exige des mots de passe complexes pour tous les systèmes, une telle stratégie échoue dans la pratique. Pour plus d'informations sur le choix des mots de passe, reportez-vous au Chapitre 7.

Utilisez l'authentification multifactorielle

L'*authentification multifactorielle* signifie qu'un utilisateur s'authentifie en utilisant deux ou plusieurs des méthodes suivantes :

» quelque chose que l'utilisateur *connaît*, comme un mot de passe ;

» quelque chose que l'utilisateur *est*, comme une empreinte digitale ;

» quelque chose que l'utilisateur *possède*, comme un smartphone.

Dans le cas de systèmes extrêmement sensibles, vous devriez utiliser des formes d'authentification qui soient plus fortes que les mots de passe seuls. Les formes d'authentification suivantes doivent alors être envisagées sérieusement :

» **La biométrie**, c'est-à-dire l'utilisation de mesures de diverses caractéristiques humaines pour identifier les personnes. Les empreintes digitales, les empreintes vocales, les scanners d'iris, la vitesse à laquelle les gens tapent différents caractères sur un clavier, *etc.*, sont tous des exemples de biométrie.

» **Les certificats numériques**, qui prouvent effectivement à un système qu'une clé publique particulière désigne bien la personne qui présente le certificat. Si celle-ci est capable de décrypter des messages chiffrés avec cette clé publique, cela signifie qu'elle possède la clé privée correspondante, que seul le propriétaire légitime devrait avoir.

- **Les mots de passe uniques**, ou jetons uniques, générés par des applications ou envoyés par SMS à votre téléphone portable.
- **Les jetons matériels**, qui sont généralement de petits dispositifs électroniques qui se branchent sur un port USB, affichent un numéro qui change toutes les minutes environ, ou permettent aux utilisateurs d'entrer un numéro d'identification et d'en recevoir un autre en retour. Aujourd'hui, certaines applications exécutent de telles fonctions sur les smartphones, leur permettant, du moins en théorie, d'assumer le rôle d'un jeton matériel. Notez cependant que, contrairement aux jetons matériels, les smartphones peuvent souffrir de toutes sortes de vulnérabilités de sécurité. Les véritables jetons matériels restent donc probablement plus appropriés pour certaines situations à haut risque.
- **L'authentification basée sur la connaissance**, qui fait appel à des connaissances réelles, et non pas simplement au fait de répondre à des questions ne comportant qu'un petit nombre de réponses possibles et qui sont souvent devinables comme « De quelle couleur était votre première voiture ». Notez que, techniquement parlant, ajouter des questions d'authentification basées sur les connaissances à l'utilisation d'un mot de passe ne crée pas d'authentification multifactorielle. En effet, le mot de passe et la réponse basée sur les connaissances sont tous deux des exemples de choses connues par un utilisateur. Cependant, cela améliore certainement la sécurité lorsque les questions sont bien choisies.

La plupart des institutions financières, des réseaux sociaux et des grands commerces en ligne offrent en règle générale une authentification multifactorielle – utilisez-la.

Notez également qu'en envoyant des mots de passe uniques par SMS aux smartphones des utilisateurs, on vérifie théoriquement qu'une personne qui se connecte possède effectivement ce smartphone (on est donc dans la catégorie « quelque chose que l'utilisateur possède »). Cependant, diverses vulnérabilités peuvent saper cette hypothèse. Il est techniquement possible, par exemple, pour un criminel d'intercepter des SMS même sans posséder le téléphone.

Déconnectez-vous quand vous avez terminé

Ne vous fiez pas aux délais d'attente automatiques, à la fermeture du navigateur ou à l'arrêt d'un ordinateur pour vous déconnecter de vos comptes. Déconnectez-vous manuellement à chaque fois que vous avez terminé.

Ne restez pas connecté entre les sessions, sauf si vous êtes sur un appareil dont vous savez – dans la mesure du possible – qu'il restera sécurisé.

Utilisez votre propre ordinateur ou téléphone

Vous ne savez pas si quelqu'un d'autre a bien sécurisé son appareil – il pourrait contenir des malware capables de capturer vos mots de passe et d'autres informations sensibles ou pirater des sessions et effectuer toutes sortes d'activités malveillantes.

En outre, bien que cela soit fortement problématique, certaines applications et certains sites Web – jusqu'à ce jour – mettent en cache des données sur les terminaux utilisés pour y accéder. Vous ne voulez pas laisser à d'autres des souvenirs de vos sessions sensibles !

Verrouillez votre ordinateur

Verrouillez tout ordinateur que vous utilisez pour accéder à des comptes sensibles et gardez-le physiquement en sécurité.

Utilisez un ordinateur différent et dédié pour les tâches sensibles

Envisagez l'achat d'un ordinateur spécial que vous utiliserez pour vos opérations bancaires en ligne et d'autres tâches délicates. Pour beaucoup de gens, un deuxième ordinateur n'est pas pratique, mais avoir une telle machine – sur laquelle vous ne lisez jamais de messages, vous n'accédez jamais aux réseaux sociaux, vous ne naviguez pas sur le Web, et ainsi de suite – offre des bénéfices évidents en termes de sécurité.

Utilisez un navigateur différent et dédié pour les tâches sensibles sur le Web

Si vous ne pouvez pas obtenir un ordinateur séparé, utilisez au moins un navigateur séparé pour les tâches sensibles. N'utilisez pas le même navigateur que celui que vous utilisez pour lire les informations, consulter les articles de blogs, et la plupart des autres activités.

Sécurisez vos appareils

Chaque téléphone, ordinateur portable, tablette et ordinateur de bureau utilisé pour accéder à des systèmes sécurisés devrait être équipé d'un logiciel de sécurité. Ce logiciel devrait être configuré pour analyser régulièrement les applications lorsqu'elles sont ajoutées, ainsi que pour effectuer des analyses générales périodiques (voir la Figure 6.2). De plus, assurez-vous de garder ce logiciel à jour – la plupart des produits antivirus fonctionnent beaucoup mieux contre les nouvelles souches de malware lorsqu'ils sont régulièrement mis à jour.

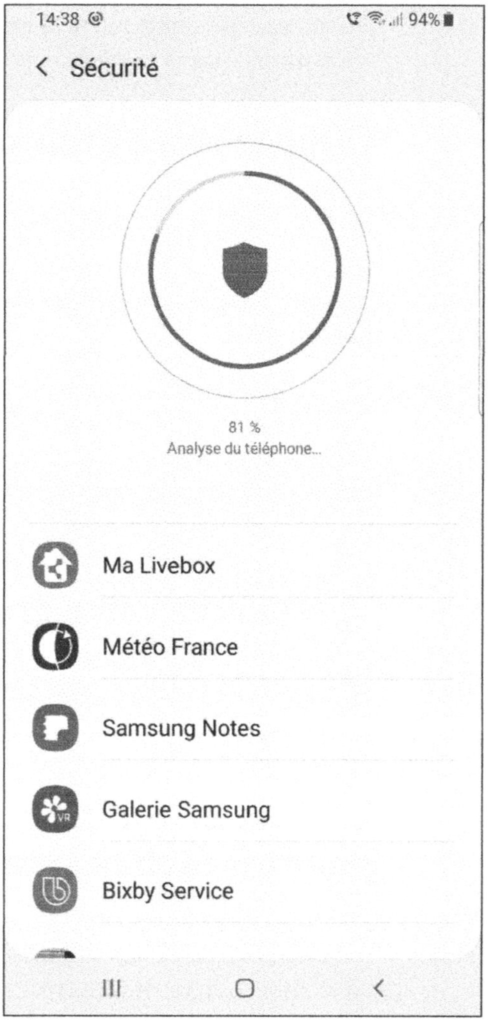

Figure 6.2

Exemple d'analyse périodique des applications installées sur un smartphone à la recherche de malware.

Gardez vos appareils à jour

En plus de garder votre logiciel de sécurité à niveau, assurez-vous d'installer les mises à jour du système d'exploitation et des programmes pour réduire votre exposition aux vulnérabilités. Les réglages de Windows Update et leur équivalent sur d'autres plates-formes peuvent vous simplifier cette tâche, comme le montre la Figure 6.3.

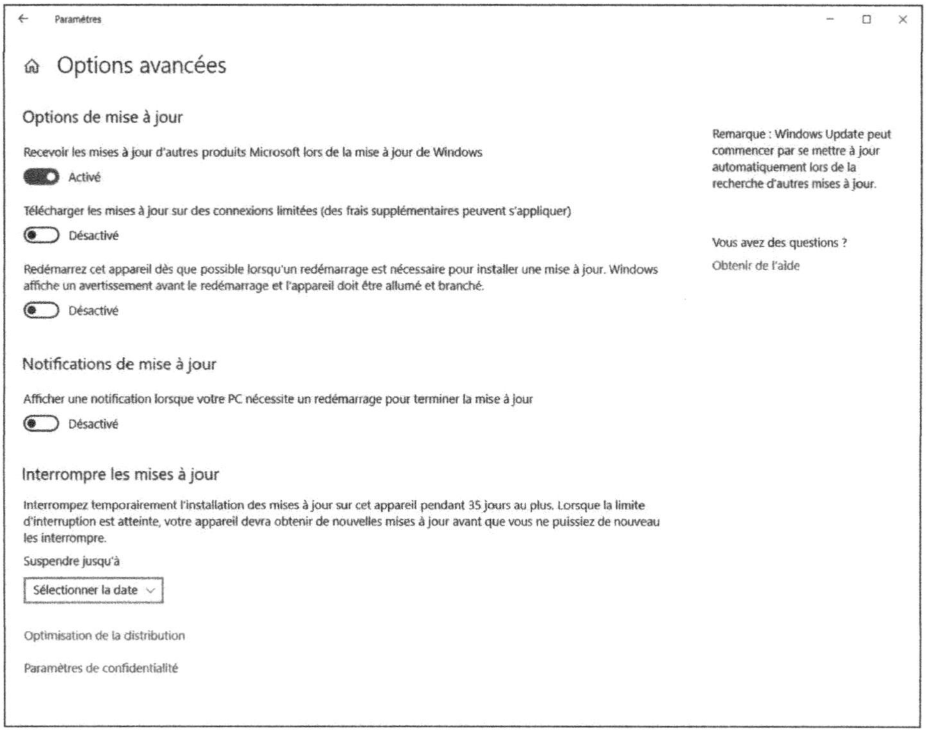

Figure 6.3 Les options avancées de mise à jour sous Windows 10.

N'effectuez pas de tâches sensibles sur un réseau Wi-Fi public

Si vous devez effectuer une tâche délicate alors que vous êtes dans un endroit où vous n'avez pas accès à un réseau privé sécurisé, faites ce que vous avez à faire sur votre smartphone, et non sur un Wi-Fi public. Un réseau Wi-Fi public présente tout simplement trop de risques. (Pour en savoir plus sur la façon d'utiliser un réseau Wi-Fi public de manière sécurisée, consultez le Chapitre 20.)

N'utilisez jamais un réseau Wi-Fi public à quelque fin que ce soit dans des endroits à haut risque

Ne connectez aucun appareil à partir duquel vous prévoyez d'effectuer des tâches sensibles à un réseau Wi-Fi dans des zones sujettes à l'*empoisonnement numérique*, c'est-à-dire au piratage ou à la distribution de malware aux appareils qui se connectent à un réseau.

Les conférences de hackers et certains pays qui sont connus pour leurs activités de cyberespionnage sont des exemples de domaines susceptibles de subir un empoisonnement numérique. De nombreux professionnels de la cybersécurité recommandent de garder son ordinateur et son téléphone principaux éteints et d'utiliser un ordinateur et un téléphone distincts lorsque vous travaillez dans de tels environnements.

Accédez à vos comptes uniquement lorsque vous êtes dans un endroit sûr

Même si vous utilisez un réseau privé, ne tapez pas de mots de passe associés à des systèmes sensibles, ou n'effectuez pas d'autres tâches délicates lorsque vous êtes dans un endroit où les gens peuvent facilement voir ce que vous tapez et voir votre écran.

Fixez des limites appropriées

Différents modes de paiement en ligne vous permettent de fixer des limites – par exemple, combien d'argent peut être transféré à partir d'un compte bancaire, le montant le plus élevé qui peut être prélevé sur une carte de crédit sans que cette carte soit physiquement présente (comme dans le cas des achats en ligne), ou encore le montant maximal de marchandises que vous pouvez acheter en une journée.

Fixez ces limites. Non seulement elles atténueront les dommages si un criminel pirate votre compte, mais dans certains cas, elles peuvent déclencher des alertes à la fraude et prévenir complètement le vol.

Alertes d'utilisation

Si votre banque, votre fournisseur de cartes de crédit ou une boutique que vous fréquentez vous offre la possibilité de configurer des alertes par SMS ou par e-mail, vous devriez sérieusement envisager de profiter de ces services.

Théoriquement, l'idéal serait que l'émetteur vous envoie une alerte chaque fois qu'une activité se produit sur votre compte. D'un point de vue pratique, cependant, si cela devait vous submerger et vous amener à ignorer tous les messages (comme c'est le cas pour la plupart des gens), demandez plutôt à être avisé lorsqu'une opération dépasse un certain montant (qui peut être fixé selon différents seuils pour différents comptes), ou encore si l'émetteur soupçonne qu'il puisse s'agir d'une fraude.

Vérifiez périodiquement les listes d'accès par appareil

Certains sites Web et applications – en particulier ceux des institutions financières – vous permettent de consulter la liste des appareils qui ont accédé à votre compte. Le fait de vérifier cette liste chaque fois que vous vous connectez peut vous aider à identifier rapidement des problèmes de sécurité potentiels.

Vérifiez les dernières informations de connexion

Après vous être connecté à certains sites Web et *via* certaines applications – en particulier celles des institutions financières – il se peut que des informations vous indiquant quand et d'où vous vous êtes connecté la fois précédente s'affichent. Chaque fois qu'une entité vous propose de telles informations, jetez-y un coup d'œil rapide. Si quelque chose ne va pas et qu'un escroc s'est récemment connecté en se faisant passer pour vous, il se peut que sa « visite » se remarque comme un nez au milieu du visage.

Répondez de façon appropriée à toute alerte à la fraude

Si vous recevez un appel téléphonique d'une banque, d'une société émettrice de cartes de crédit ou d'une boutique au sujet d'une fraude potentielle sur votre compte, répondez rapidement. Mais ne le faites pas en parlant avec la personne qui vous a appelé. Rappelez plutôt sur un numéro valide, connu et affiché sur le site Web officiel.

N'envoyez jamais d'informations sensibles par le biais d'une connexion non cryptée

Lorsque vous accédez à des sites Web, recherchez l'icône du cadenas (voir la Figure 6.4), indiquant qu'ils utilisent le système de cryptage HTTPS. Aujourd'hui, le HTTPS est omniprésent : même de nombreux sites Web qui ne demandent pas aux utilisateurs de soumettre des données sensibles l'utilisent.

Si vous ne voyez pas l'icône, cela signifie que le protocole HTTP non crypté est utilisé. Dans ce cas, ne fournissez pas d'informations sensibles ou ne vous connectez pas.

L'absence d'un cadenas sur un site qui demande un login et un mot de passe, ou qui traite des transactions financières, est un énorme signal d'alarme indiquant que quelque chose ne va pas. Cependant, contrairement à ce que vous avez probablement entendu dans le passé, la présence d'une icône de verrou ne signifie pas nécessairement que le site est sûr !

Méfiez-vous des attaques d'ingénierie sociale

Dans le contexte de la cybersécurité, l'ingénierie sociale fait référence à la manipulation psychologique par des cyberattaquants de leurs victimes en vue de déclencher des actions que les cibles n'accompliraient pas sans une telle manipulation, ou encore de divulguer des informations confidentielles qu'elles ne fourniraient pas autrement.

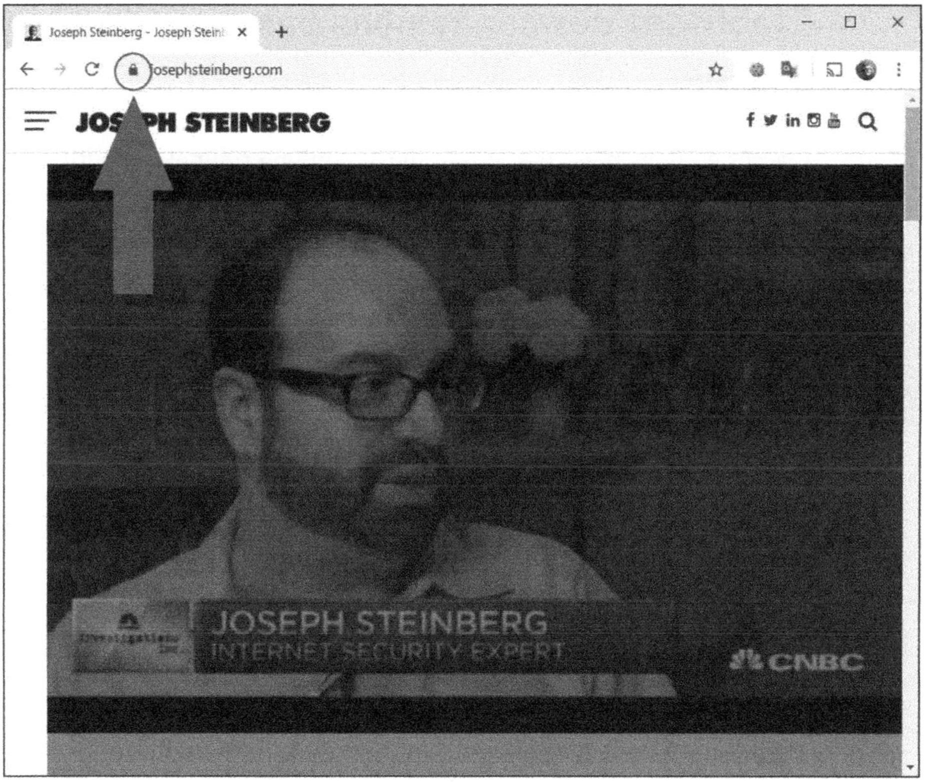

Figure 6.4

Un site Web sécurisé.

Pour vous aider à éviter d'être la proie d'attaques d'ingénierie sociale, considérez tous les courriels, messages SMS, appels téléphoniques ou communications sur les réseaux sociaux provenant de toutes les banques, sociétés de cartes de crédit, fournisseurs de soins de santé, boutiques, *etc.*, comme étant potentiellement frauduleux.

Ne cliquez jamais sur des liens dans une telle correspondance. Connectez-vous toujours avec ce que les parties prétendent être en entrant leur véritable URL dans la barre d'adresse du navigateur Web.

Pour plus d'informations sur la prévention des attaques d'ingénierie sociale, voyez le Chapitre 8.

Établissez des connexions par mots de passe vocaux

L'accès en ligne n'est pas le seul moyen qu'un criminel peut utiliser pour pirater vos comptes. De nombreux escrocs font de la reconnaissance en ligne et par la suite de l'ingénierie sociale en opérant des appels téléphoniques à l'ancienne aux départements chargés du service à la clientèle dans les organisations ciblées, voire directement chez les victimes potentielles.

Pour vous protéger et protéger vos comptes, établissez dans la mesure du possible des mots de passe pour la connexion vocale à vos comptes – autrement dit, établissez des mots de passe qui doivent être communiqués au personnel du service client afin qu'il puisse fournir toute information sur vos comptes ou y apporter des modifications. Malheureusement, relativement peu de gens utilisent réellement cette possibilité, même lorsqu'elle est proposée.

Protégez votre numéro de téléphone portable

Si vous utilisez l'authentification forte par SMS, configurez de préférence un transfert vers votre téléphone portable et utilisez ce numéro lorsque c'est possible. Cela réduit les chances pour que les escrocs puissent intercepter les mots de passe uniques qui sont envoyés sur votre smartphone et diminue également les chances de succès de diverses autres attaques.

Par exemple, Google Voice, illustré sur la Figure 6.5, permet dans certains pays d'établir un nouveau numéro qui établit une redirection vers votre téléphone portable, afin que vous puissiez donner un numéro autre que le vrai et réserver celui-ci pour le processus d'authentification.

Ne cliquez pas sur les liens dans les courriels ou les SMS

Cliquer sur des liens est l'un des principaux moyens par lesquels les gens sont détournés vers des sites Web frauduleux.

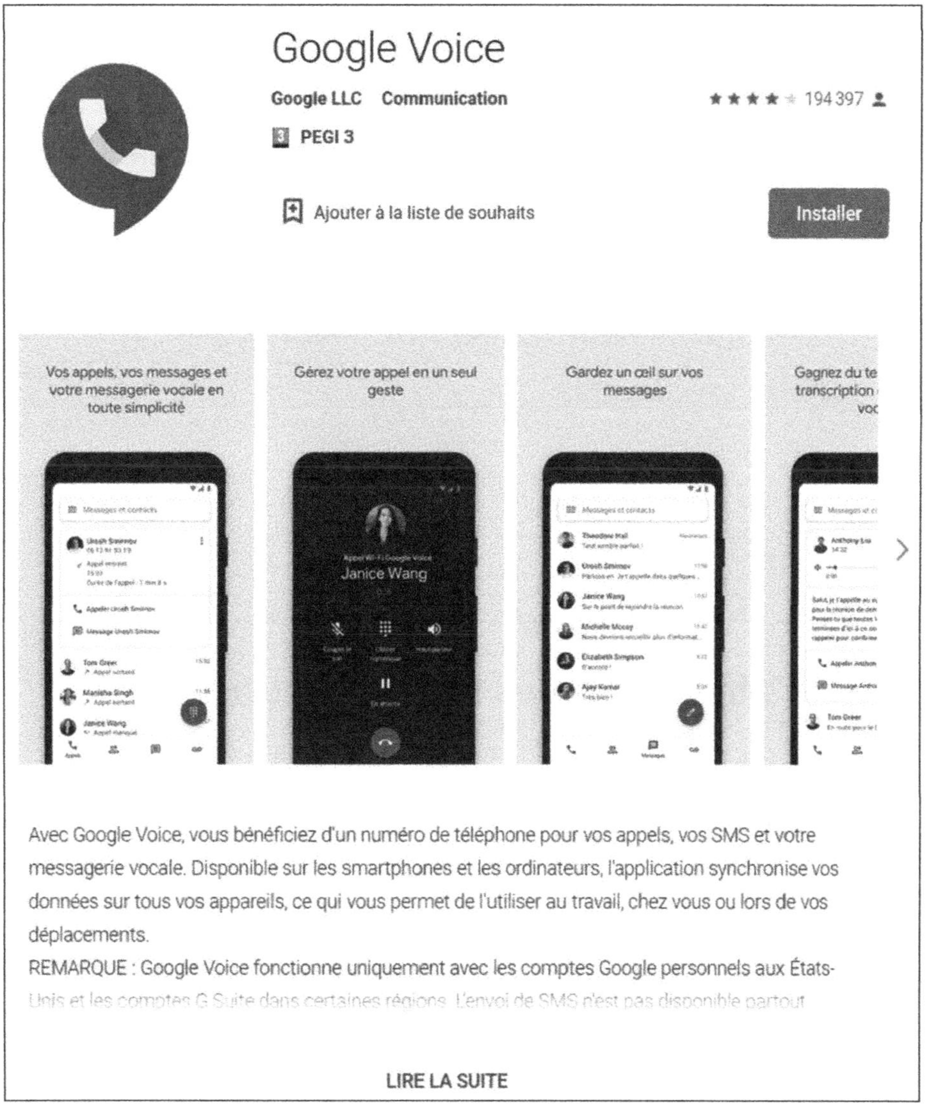

Figure 6.5

Google Voice est accessible depuis la boutique Play Store de Google.

Par exemple, j'ai récemment reçu un courriel contenant un lien. Si j'avais cliqué sur ce lien dans le message illustré sur la Figure 6.6, j'aurais été amené vers une fausse page de connexion à une banque collectant les combinaisons nom d'utilisateur/mot de passe et les transmettant à des criminels.

Figure 6.6

Un courriel avec un lien vers une fausse page.

N'abusez pas des réseaux sociaux

Vous ne voulez pas fournir aux criminels les réponses aux questions qui sont utilisées pour protéger votre compte, ou leur offrir des renseignements qu'ils peuvent utiliser pour faire de l'ingénierie sociale à vos dépens. Voyez le Chapitre 8 pour plus d'informations sur la prévention de l'ingénierie sociale.

Faites attention aux politiques de confidentialité

Comprenez ce qu'implique le fait pour un site de dire qu'il va partager vos données avec des tiers ou vendre vos données à des tiers.

Sécuriser ses données avec les parties avec lesquelles vous avez interagi

Lorsque vous interagissez en ligne avec une partie, toutes les données ne sont pas sous votre contrôle. Si vous naviguez sur un site Web avec les paramètres typiques d'un navigateur Web, ce site peut pister votre activité. Comme de nombreux sites incorporent des contenus tiers – par exemple des réseaux publicitaires – ils peuvent même être en mesure de suivre votre comportement sur d'autres sites.

Si vous avez un compte sur des sites qui opèrent un tel suivi et que vous vous y connectez, tous les sites qui utilisent le contenu ainsi imbriqué peuvent connaître votre véritable identité et beaucoup d'informations sur vous, sans que vous ne leur ayez jamais rien communiqué. Même si vous n'y avez pas de compte ou que vous ne vous y connectez pas, des profils de comportement peuvent être établis et utilisés à des fins de marketing, même sans savoir besoin de savoir qui vous êtes. Bien sûr, si vous vous connectez à l'avenir à n'importe quel site utilisant ce réseau, tous les sites ayant mémorisé votre profil d'une manière ou d'une autre sont susceptibles de mettre leurs données en corrélation avec votre véritable identité.

Il est beaucoup plus difficile de protéger les données vous concernant qui sont en possession de tiers sans pour autant être sous votre contrôle que de protéger les données de vos comptes. Cela ne veut pas dire, cependant, que vous êtes impuissant. (Ironiquement, et malheureusement, la plupart des propriétaires de telles données font probablement un meilleur travail de protection sur celles-ci que les gens concernés eux-mêmes.)

En plus d'utiliser les stratégies de la section précédente, vous pouvez naviguer en vous servant de sessions privées. Par exemple, en utilisant un navigateur Tor – qui, comme l'illustre la Figure 6.7, achemine automatiquement tout votre trafic Internet *via* des ordinateurs répartis dans le monde entier avant de l'envoyer à sa destination – vous rendez le pistage difficile pour des tiers. Comme nous l'avons vu au Chapitre 4, le navigateur Tor est gratuit et il comprend toutes sortes de fonctionnalités liées à la vie privée, y compris le blocage des cookies et la technique du *canvas fingerprinting*[6], une forme avancée de dispositif de suivi des appareils.

Si Tor semble compliqué, vous pouvez aussi utiliser un service VPN ayant une bonne réputation à des fins similaires.

En utilisant une technologie de navigation qui rend plus difficile pour les sites de vous traquer, ils sont moins susceptibles d'établir des profils détaillés sur vous – et moins ils ont de données qui vous concernent, moins il y a de données à votre

6 Voir par exemple : `https://fr.wikipedia.org/wiki/Canvas_fingerprinting`.

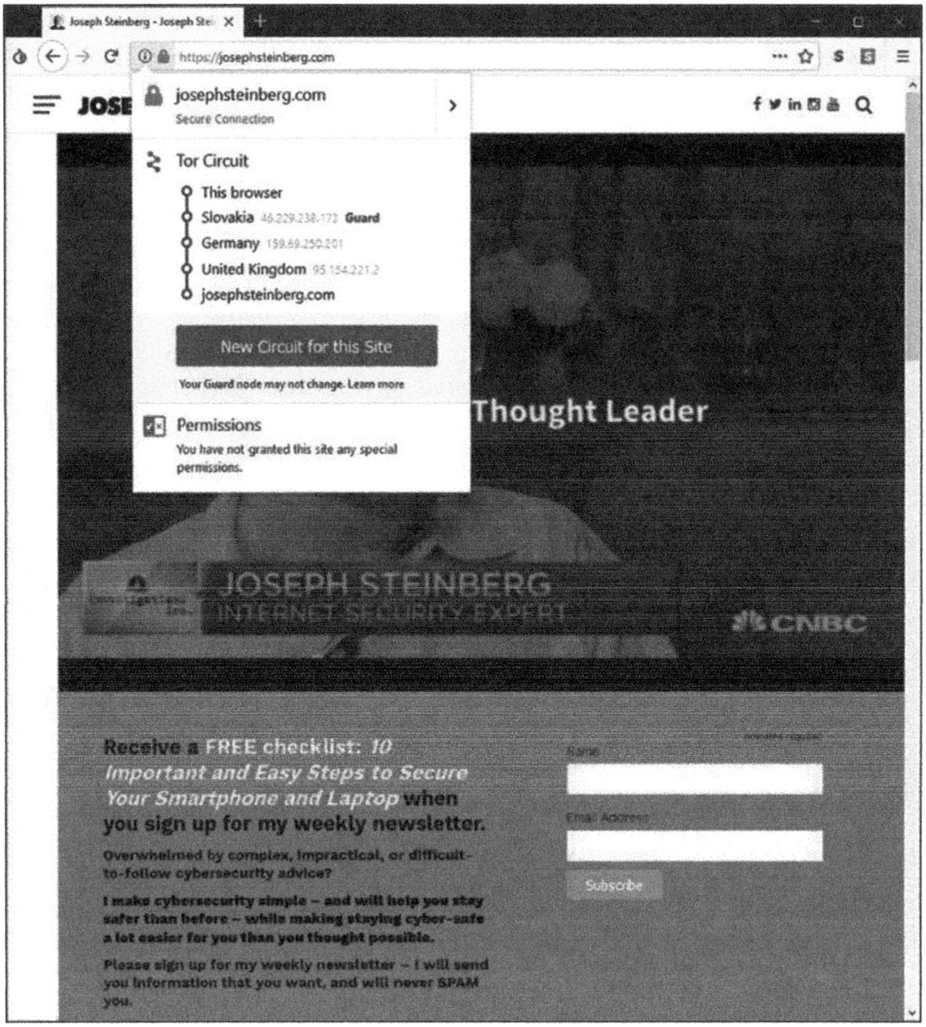

Figure 6.7

Le site Web de l'auteur tel qu'il est vu dans un navigateur Tor, avec le bouton d'information du Tor Circuit cliqué de manière à montrer comment Tor cache le point d'origine de l'utilisateur. L'image a été générée avec le navigateur Tor fonctionnant sur un ordinateur dans le New Jersey, mais, en raison des caractéristiques de sécurité de Tor, il apparaît au serveur Web comme s'il se trouvait au Royaume-Uni.

sujet qui peuvent être volées. De plus, il se peut que vous ne vouliez pas que ces parties construisent des profils sur vous.

Une technologie qui, malgré son nom, n'empêche pas le *tracking* à un niveau proche de celui de Tor ou des VPN est le mode privé offert par la plupart des navigateurs Web. Malheureusement, malgré son nom, ce mode souffre de multiples faiblesses graves et est loin d'assurer la protection de la vie privée.

Sécuriser ses données avec des parties avec lesquelles vous n'avez pas eu d'interaction

De nombreuses entités conservent probablement d'importantes quantités de données à votre sujet, même si vous n'avez jamais interagi volontairement avec elles ou que vous ne les avez jamais autorisées à conserver de telles informations.

Par exemple, un grand réseau social (au moins) établit *de facto* des profils sur les personnes qui n'ont pas de compte avec le service, mais qui ont été mentionnées par d'autres ou qui ont interagi avec des sites qui utilisent divers widgets sociaux ou d'autres technologies connexes. Le service peut alors utiliser ces profils à des fins de marketing – même, dans certains cas, sans connaître la véritable identité de la personne.

De plus, divers services d'information qui recueillent des renseignements à partir de nombreuses bases de données publiques établissent des profils à partir de ces données – et ils peuvent contenir des détails dont vous ne vous rendez peut-être même pas compte du fait qu'ils étaient accessibles publiquement.

Certains sites de généalogie utilisent toutes sortes de documents publics et permettent également aux gens de mettre à jour les renseignements concernant d'autres personnes. Cette fonctionnalité peut conduire à des situations dans lesquelles toutes sortes d'informations non publiques vous concernant risquent d'être disponibles aux abonnés du site (ou aux personnes ayant souscrit un abonnement d'essai gratuit) sans que vous le sachiez ou que vous ayez donné votre consentement. De tels sites facilitent ainsi la recherche du nom de jeune fille de la mère, ce qui sape le système d'authentification utilisé par de nombreuses organisations.

En plus des sites de généalogie, divers sites spécialisés conservent des informations sur l'histoire professionnelle des gens, leurs publications, *etc.* Et, bien sûr, les agences bancaires et financières conservent toutes sortes de renseignements sur votre comportement en matière de crédit et de solvabilité.

De plus, certaines entreprises, comme les compagnies d'assurance, ou encore l'assurance maladie et ainsi de suite, conservent des renseignements médicaux sur les gens. Généralement, les personnes ont peu de contrôle sur ces données.

Bien sûr, ce type de données, qui n'est pas entièrement sous votre contrôle, peut avoir un impact sur vous. En fin de compte, de nombreuses entités conservent probablement des quantités importantes d'informations vous concernant, même si vous n'avez jamais eu d'interaction directe avec elles.

Il est du devoir de ces organisations de protéger leurs banques de données, mais elles ne le font pas toujours correctement. Aux États-Unis, par exemple, une brèche dans les données du bureau de crédit Equifax, découverte en 2017, a révélé des renseignements personnels sensibles sur 143 millions d'Américains.

Et la réalité est que, sauf dans les cas où vous pouvez mettre à jour manuellement des enregistrements vous concernant ou demander qu'ils soient mis à jour, vous ne pouvez pas toujours faire grand-chose pour protéger les données dans de tels scénarios, même dans un pays comme la France, où les citoyens sont mieux protégés que dans d'autres parties du monde, grâce notamment à la loi Informatique et Libertés[7].

7 Voir par exemple à ce sujet le site de la CNIL : https://www.cnil.fr/fr/la-loi-informatique-et-libertes.

Chapitre 7

Mots de passe

DANS CE CHAPITRE

Sélectionner des mots de passe.

Découvrir à quelle fréquence vous devez changer de mot de passe – ou non.

Stocker ses mots de passe.

Trouver des alternatives aux mots de passe.

La plupart des gens sont aujourd'hui familiers avec le concept de mots de passe et avec l'utilisation de ceux-ci dans le domaine de la cybersécurité. Pourtant, il y a énormément d'idées fausses sur les mots de passe, et, de plus, la désinformation à leur sujet s'est répandue comme une traînée de poudre, ce qui conduit souvent les gens à saper leur propre sécurité avec de mauvaises décisions.

Dans ce chapitre, vous allez découvrir quelques-unes des meilleures pratiques concernant les mots de passe. Celles-ci devraient vous aider à maximiser votre propre sécurité tout en maintenant une facilité d'utilisation raisonnable.

Mots de passe : la première des formes d'authentification

L'*authentification par mot de passe* consiste à vérifier l'identité d'un utilisateur (qu'il s'agisse d'un processus humain ou informatique) en lui demandant de fournir un mot de passe – c'est-à-dire une information secrète préalablement convenue – que la partie qui authentifie ne devrait connaître que si elle est vraiment ce qu'elle prétend être. Bien que le terme « mot de passe » implique que l'information est formée d'un seul mot, les mots de passe d'aujourd'hui peuvent inclure des combinaisons de caractères qui ne forment pas de mots dans une langue parlée ou écrite.

Malgré la disponibilité depuis des décennies de nombreuses autres approches et technologies d'authentification – dont beaucoup offrent des avantages significatifs par rapport aux mots de passe – les mots de passe restent *de facto* la norme mondiale pour authentifier les personnes en ligne. Les prédictions répétées de la disparition de ces mots de passe se sont révélées fausses, et leur nombre augmente chaque jour.

Du fait que l'authentification par mot de passe est si courante, et comme tant d'atteintes à la protection des données ont entraîné la compromission de bases de données entières de mots de passe, le sujet a fait l'objet d'une attention médiatique considérable, mais avec trop souvent des informations trompeuses. Il est important d'acquérir une bonne compréhension de cette question si vous voulez être en sécurité sur Internet.

Éviter les mots de passe simplistes

Les mots de passe ne sécurisent les systèmes que si les personnes non autorisées ne peuvent pas facilement les deviner.

Les criminels devinent souvent les mots de passe par des méthodes classiques :

» **Deviner les mots de passe courants :** Ce n'est (normalement) un secret pour personne : les mots de passe `123456` et `password` sont en réalité très répandus – les données sur des failles récentes révèlent qu'ils sont, en fait, parmi les mots de passe les plus couramment utilisés sur de nombreux systèmes (voir l'encadré suivant) ! Les criminels exploitent cette triste réalité et tentent souvent de violer les comptes en utilisant des outils automatisés qui alimentent les mots de passe des systèmes, un par un, à partir de listes de mots de passe courants – et ils les enregistrent lorsqu'ils obtiennent un résultat positif. Malheureusement, ces résultats sont souvent assez nombreux.

» **Lancement d'attaques par dictionnaire :** De nombreuses personnes choisissent d'utiliser de vrais mots de leur langue maternelle comme mots de passe. C'est pourquoi certains outils de piratage automatique ne font qu'alimenter un système en essayant successivement tous les mots du dictionnaire. Comme pour les listes de mots de passe courants, de telles attaques donnent souvent lieu à de nombreux résultats positifs.

» **Credential stuffing :** Le *credential stuffing* fait référence à des attaques dans lesquelles les criminels prennent des listes de noms d'utilisateur et de mots de passe – provenant par exemple d'un site qui a été piraté et dont la base de données des mots de passe et des noms d'utilisateurs a ensuite été mise en ligne – et les envoient un par un à un autre système pour voir si une des informations de connexion du premier système fonctionne pour le second.

Du fait que de nombreuses personnes réutilisent les mêmes combinaisons nom d'utilisateur/mot de passe entre différents systèmes, le credential stuffing est, de manière générale, très efficace.

Les mots de passe les plus courants en 2018

Depuis 2011, SplashData, un fournisseur d'applications de gestion de mots de passe, publie une liste des 25 mots de passe les plus courants qu'il collecte à partir de diverses sources. Voici la liste pour 2018 :

123456	password	123456789
12345678	12345	111111
1234567	sunshine	qwerty
iloveyou	Princess	admin
welcome	666666	abc123
Football	123123	monkey
654321	!@#$%^&*	Charlie
aa123456	donald	password1
qwerty123		

Comme vous pouvez le constater, les criminels profitent du fait que de nombreuses personnes utilisent des mots de passe faibles et faciles à deviner.

Considérations sur les mots de passe

Lorsque vous créez des mots de passe, gardez à l'esprit que le plus complexe n'est pas toujours le mieux, et que la force du mot de passe que vous choisissez devrait dépendre du degré de sensibilité des données et du système que ce mot de passe doit protéger. Les sections suivantes traitent des mots de passe faciles à deviner, des mots de passe complexes, des mots de passe sensibles et des gestionnaires de mots de passe.

Mots de passe personnels faciles à deviner

Les criminels savent que de nombreuses personnes utilisent le nom ou la date de naissance de leurs proches ou de leur animal de compagnie comme mot de passe, de sorte qu'ils consultent souvent les profils des médias sociaux et font des recherches sur Google afin de trouver les mots de passe les plus probables. Ils utilisent également des outils automatisés pour fournir un par un des noms courants enregistrés dans des listes, tout en surveillant si le système attaqué accepte l'un de ces noms comme mot de passe correct.

Les criminels qui lancent de telles attaques ciblées peuvent exploiter la vulnérabilité créée par ces mots de passe certes personnalisés, mais faciles à deviner. Cependant, le problème est beaucoup plus important : parfois, la reconnaissance se fait par des moyens automatisés, de sorte que même des attaquants opportunistes peuvent tirer parti d'une telle approche.

De plus, étant donné que, par définition, un pourcentage important de personnes ont un nom courant, les serveurs automatisés de tels noms obtiennent souvent un nombre important de résultats positifs.

Les mots de passe compliqués ne sont pas toujours meilleurs

Pour résoudre les problèmes inhérents aux mots de passe faibles, de nombreux experts recommandent l'utilisation de mots de passe longs et complexes – par exemple, contenant à la fois des lettres majuscules et minuscules, ainsi que des chiffres et des caractères spéciaux.

L'utilisation de tels mots de passe a du sens en théorie, et si un tel système est utilisé pour sécuriser l'accès à un petit nombre de systèmes sensibles, il peut très bien fonctionner. Cependant, l'application d'un tel modèle à un plus grand nombre de mots de passe est susceptible d'entraîner des problèmes qui peuvent en miner la sécurité :

» Réutiliser des mots de passe de manière inappropriée.

» Noter les mots de passe dans des endroits peu sûrs.

» Choisir des mots de passe faiblement aléatoires et formatés selon des modèles prévisibles, par exemple en prenant une majuscule pour la première lettre d'un mot de passe compliqué, suivie de caractères en minuscules, puis d'un chiffre.

Par conséquent, dans le monde réel, d'un point de vue pratique et du fait des limites de l'esprit humain, l'utilisation d'un nombre important de mots de passe complexes peut créer de sérieux risques de sécurité.

Selon le *Wall Street Journal*, Bill Burr, un spécialiste auprès du NIST (National Institute of Standards and Technology), a récemment admis que la complexité des mots de passe avait échoué dans la pratique. Il recommande maintenant d'utiliser des phrases de passe, et non des mots de passe complexes, pour l'authentification.

Les *phrases de passe* (ou *phrases secrètes*) sont des mots de passe composés de phrases entières ou de longues chaînes de caractères, plutôt que simplement d'un mot ou d'un groupe de caractères de la longueur d'un mot. Réfléchissez à des phrases de passe assez longues (généralement au moins 25 caractères) mais relativement faciles à mémoriser.

Différents niveaux de sensibilité

Tous les types de données ne nécessitent pas le même niveau de protection par mot de passe. Par exemple, un gouvernement ne protège pas ses systèmes non classifiés de la même façon qu'il protège ses informations et son infrastructure top secrètes.

Dans votre esprit ou sur papier, classez les systèmes pour lesquels vous avez besoin d'un accès sécurisé.

Ensuite, classifiez de manière informelle les systèmes auxquels vous accédez et établissez vos propres politiques de mots de passe en conséquence.

En fonction du niveau de risque, n'hésitez pas à utiliser différentes stratégies de mots de passe. Les mots de passe aléatoires, ceux qui sont composés de plusieurs mots, éventuellement séparés par des chiffres, des phrases et même des mots de passe simples, ont chacun leur usage approprié. Bien entendu, l'authentification multifactorielle peut, et devrait, contribuer à accroître la sécurité lorsqu'elle est à la fois appropriée et disponible.

Établir un mot de passe plus solide pour des services bancaires en ligne que pour placer un commentaire sur un blog sur lequel vous prévoyez de ne vous connecter qu'une seule fois tous les 36 du mois a du sens. De même, votre mot de passe pour accéder à ce blog devrait probablement être plus fort que celui utilisé pour accéder à un site d'informations gratuit qui vous oblige à vous connecter, mais sur lequel vous ne publiez jamais rien, ce qui, si votre compte était compromis, n'aurait aucun impact sur vous.

Vos mots de passe les plus sensibles pourraient ne pas être ceux que vous croyez

Lorsque vous classifiez vos mots de passe, gardez à l'esprit que, même si les gens croient souvent que leurs mots de passe pour des services bancaires en ligne et autres systèmes financiers sont les plus sensibles, ce n'est en fait pas toujours le cas. Étant donné que de nombreux systèmes en ligne modernes permettent aux gens de réinitialiser leur mot de passe après avoir validé leur identité *via* des e-mails envoyés à leur adresse de messagerie habituelle, un criminel qui accéderait à ce compte pourrait être en mesure de faire beaucoup plus que simplement lire un courriel sans autorisation. Il pourrait en effet éventuellement être capable de réinitialiser les mots de passe de cet utilisateur dans de nombreux systèmes, y compris dans certaines institutions financières.

De même, de nombreux sites tirent parti des capacités d'authentification basées sur les réseaux sociaux – en particulier celles fournies par Facebook et Twitter – de sorte qu'un mot de passe compromis sur un tel réseau peut entraîner par ricochet des accès non autorisés sur d'autres systèmes, dont certains peuvent être de nature beaucoup plus sensible qu'un site où l'on partage simplement des photos.

Vous pouvez réutiliser les mots de passe – parfois

Vous serez peut-être surpris de lire cette déclaration dans un livre sur la sécurité de l'information : vous n'avez pas besoin d'utiliser des mots de passe forts pour les comptes que vous créez uniquement parce qu'un site Web nécessite une connexion, mais que cela ne protège pas, de votre point de vue, quelque chose pouvant avoir de la valeur. Si vous créez un compte pour accéder à des ressources gratuites, par exemple, et que vous n'avez aucune donnée de valeur stockée dans ce compte, vous pouvez définir un mot de passe faible – et même l'utiliser de nouveau pour des sites similaires.

Pour l'essentiel, réfléchissez de la manière suivante : si l'obligation de s'enregistrer et de se connecter est uniquement une exigence du propriétaire du site – pour suivre les utilisateurs, faire du marketing, *etc.* – et qu'il importe peu pour vous qu'un escroc obtienne les informations d'accès à votre compte et les modifie, utilisez un mot de passe simple. Vous préserverez ainsi votre mémoire pour les sites où il est important de créer des mots de passe forts. Bien sûr, si vous utilisez un gestionnaire spécialisé, vous pouvez utiliser un mot de passe plus fort pour ce genre de sites.

Envisagez d'utiliser un gestionnaire de mots de passe

Vous pouvez également faire appel à un outil de gestion des mots de passe, comme celui que j'utilise et qui est illustré sur la Figure 7.1, pour stocker vos mots de passe en toute sécurité. Ces gestionnaires sont des logiciels qui aident les gens à gérer leur sécurité en générant, stockant et récupérant des mots de passe complexes. Ils enregistrent généralement toutes leurs données dans des formats cryptés et ne donnent accès aux utilisateurs qu'après les avoir authentifiés par un mot de passe fort ou une authentification multifactorielle.

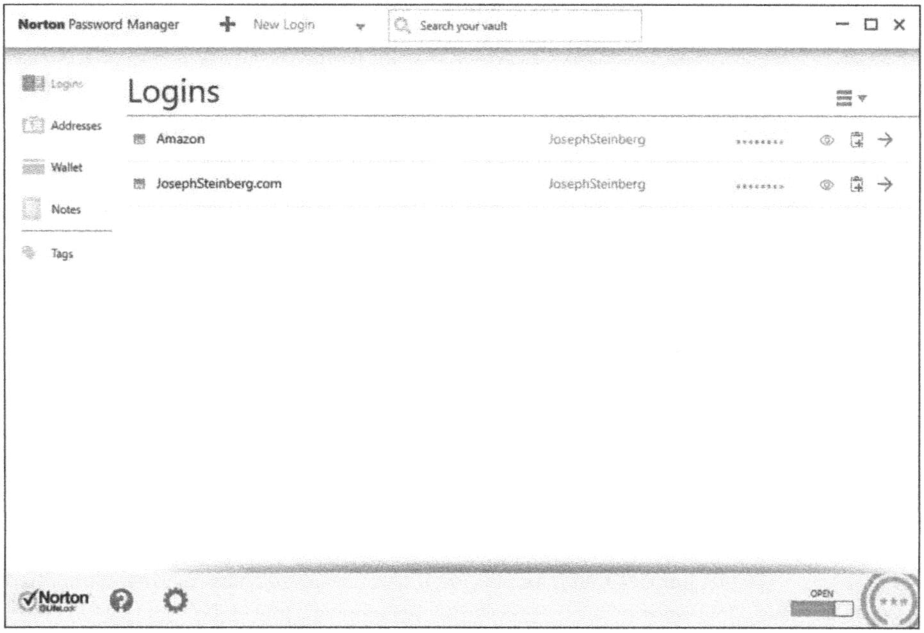

Figure 7.1
Un gestionnaire de mots de passe.

Une telle technologie est appropriée pour les mots de passe généraux, mais pas pour ceux qui sont les plus sensibles. Certains gestionnaires de mots de passe ont été piratés, et si quelque chose tourne mal alors que vous avez mis tous vos œufs dans le même panier, votre existence peut devenir un véritable cauchemar.

Bien sûr, assurez-vous de sécuriser correctement tout appareil que vous utilisez pour accéder à votre gestionnaire de mots de passe.

Il existe de nombreux gestionnaires de mots de passe sur le marché. Alors que tous utilisent le cryptage pour protéger les données sensibles qu'ils mémorisent, certains stockent les mots de passe localement (par exemple, dans une base de données sur votre smartphone), tandis que d'autres les placent dans le « cloud ».

De nombreux smartphones modernes sont équipés d'une zone dite sécurisée – un espace privé, crypté, qui est placé dans un *bac à sable*, ou qui est séparé, avec son propre environnement de fonctionnement. Dans l'idéal, toutes les informations concernant les mots de passe enregistrés sur un appareil mobile sont stockées dans cette zone sécurisée (voir par exemple la Figure 7.2).

Les données stockées dans la zone sécurisée ne sont accessibles qu'en entrant un mot de passe particulier. Les appareils affichent aussi généralement un symbole spécial quelque part sur l'écran lorsque l'utilisateur travaille avec des données ou une application placées dans la zone sécurisée.

Créer des mots de passe mémorisables et forts

La liste suivante propose des suggestions qui peuvent vous aider à créer des mots de passe forts qui sont, pour la plupart des gens, beaucoup plus faciles à retenir qu'un mélange apparemment aléatoire et inintelligible de lettres, chiffres et symboles :

» **Combinez au moins trois mots sans rapport et des noms propres, en les séparant par des chiffres.** Par exemple, `portable2jean7poules` est beaucoup plus facile à retenir que `6ytBgvv%j8P`. En général, plus les mots que vous utilisez sont longs, et plus le mot de passe obtenu sera fort.

» **Si vous devez utiliser un caractère spécial, placez-le avant chaque chiffre ; vous pouvez même utiliser le même caractère pour tous vos mots de passe.**

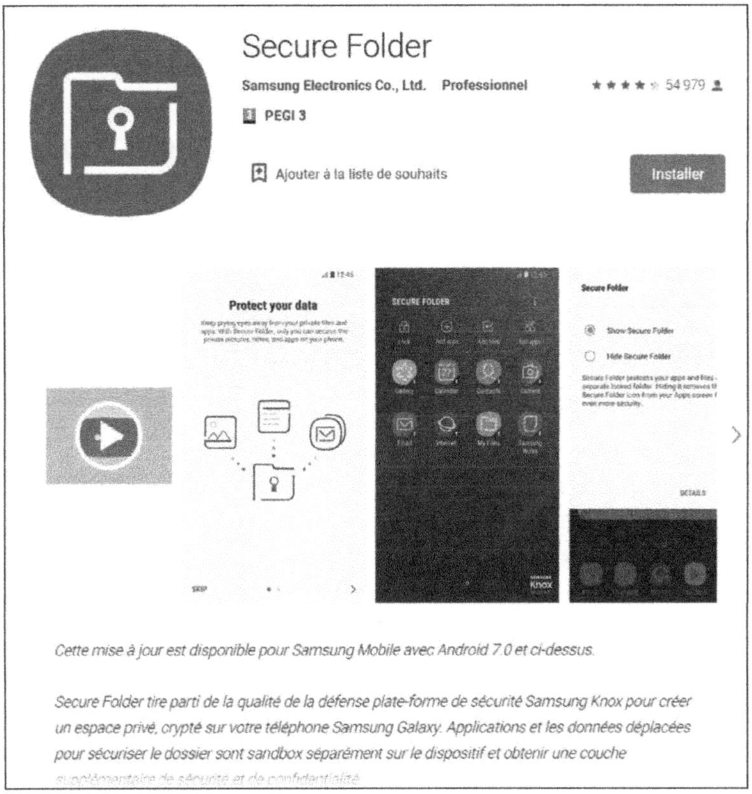

Figure 7.2

L'application de zone sécurisée fournie par Samsung pour ses smartphones Android, présentée ici dans Google Play Store.

En partant du même mot de passe que dans l'exemple précédent ceci pourrait donner `portable%2jean%7poules`. En théorie, la réutilisation d'un même caractère n'est peut-être pas la meilleure façon de procéder du point de vue de la sécurité, mais cela rend la mémorisation beaucoup plus facile, et la sécurité devrait quand même être suffisamment bonne dans des situations courantes.

» **Idéalement, utilisez au moins un mot non français ou un nom propre.** Choisissez un mot ou un nom qui vous est familier, mais que les autres ne devineront probablement pas. N'utilisez pas le nom de votre conjoint(e), de votre meilleur ami(e) ou de votre animal de compagnie.

» **Si vous devez utiliser des majuscules et des minuscules (ou si vous voulez rendre votre mot de passe encore plus fort), choisissez des majuscules qui apparaissent toujours à un endroit particulier dans tous vos mots de passe forts.** Assurez-vous, cependant, que vous ne les mettez pas au début des mots parce que c'est à cet endroit que la plupart des gens les placent. Par exemple, si vous savez que vous capitalisez toujours la deuxième et la troisième lettre du dernier

mot, alors `portable2jean7vEAu` **n'est pas plus difficile à retenir que** `portable-2jean7veau`.

Savoir quand changer votre mot de passe

La sagesse populaire – comme vous l'avez probablement entendu dire et répéter à maintes reprises – est qu'il est idéal de changer votre mot de passe *assez* fréquemment. Certains préconisent de redéfinir ses mots de passe les plus importants une fois par mois, si ce n'est toutes les deux semaines.

Théoriquement, une telle approche est correcte – les changements fréquents réduisent les risques de plusieurs manières – mais, en réalité, c'est un mauvais conseil que vous ne devriez pas suivre.

Si vous avez un compte bancaire, un prêt hypothécaire, quelques cartes de crédit, une facture de téléphone, d'Internet haut débit, des factures d'impôts, d'eau, d'électricité et de gaz, des comptes sur des réseaux sociaux, des comptes de messagerie, et ainsi de suite, vous pouvez facilement parler d'une bonne dizaine de mots de passe essentiels. Les changer toutes les deux semaines signifierait donc au moins 260 nouveaux mots de passe critiques à retenir chaque année – et vous avez probablement beaucoup plus de mots de passe que ce chiffre. Pour de nombreuses personnes, changer les mots de passe importants toutes les deux semaines pourrait signifier apprendre des dizaines de nouveaux mots de passe chaque mois.

À moins d'avoir une mémoire phénoménale, photographique, quelle est la probabilité pour que vous vous souveniez de tous ces mots de passe ? Ou allez-vous simplement rendre ceux-ci plus faibles afin de faciliter leur mémorisation après de fréquents changements ?

Le fait de changer les mots de passe rend souvent leur mémorisation beaucoup plus difficile, ce qui augmente la probabilité pour que vous les écriviez et les conserviez de façon non sécurisée, que vous sélectionniez des mots de passe plus faibles et/ou que vous définissiez vos nouveaux mots de passe de la même façon que les anciens, avec juste des changements mineurs (par exemple, `password2` à la place de `password1`).

Voici la réalité vraie : si vous choisissez dès le départ des mots de passe forts et uniques et que les sites où vous les avez utilisés ne semblent pas avoir été compromis, les inconvénients d'en changer fréquemment l'emportent sur les avantages. Changer de tels mots de passe tous les deux ou trois ans peut être une bonne idée. En réalité, si un système doit vous avertir en cas d'échec de tentatives de connexion à votre compte et que vous n'êtes pas prévenu d'une telle activité, vous pouvez probablement continuer sans changement pendant de nombreuses années sans pour autant vous exposer à un risque important.

Bien sûr, si vous utilisez un gestionnaire capable de réinitialiser les mots de passe, vous pouvez le configurer pour le faire de manière régulière. En fait, j'ai déjà travaillé sans problème avec un logiciel de gestion de mots de passe commercial qui était utilisé pour protéger l'accès administrateur à des systèmes financiers sensibles et qui était configuré pour réinitialiser automatiquement les mots de passe des administrateurs à chaque connexion.

Changer les mots de passe après une faille

Si vous recevez une notification d'une entreprise, d'une organisation ou d'une entité gouvernementale vous informant qu'elle a subi une atteinte à la sécurité et que vous devriez changer votre mot de passe, suivez ces conseils :

- » Ne cliquez sur aucun lien dans le message car il s'agit la plupart du temps d'une escroquerie.
- » Visitez le site Web de l'organisme et les comptes officiels des réseaux sociaux pour vérifier si une telle annonce a bien été faite.
- » Surveillez les sites et/ou médias d'information fiables et grand public pour voir s'ils rapportent une telle attaque.
- » Si l'histoire se vérifie, rendez-vous sur le site Web de l'organisation et opérez le changement demandé.

Ne changez pas tous vos mots de passe après chaque tentative de piratage. Ignorez les experts qui crient au loup et qui vous disent de le faire après chaque faille comme s'il s'agissait d'une question de prudence supplémentaire. Ce n'est pas nécessaire, cela consomme votre cerveau, votre temps et votre énergie, et vous dissuade de changer vos mots de passe lorsque vous en avez vraiment besoin. Après tout, si vous faites de tels changements et que vous découvrez que vos amis (au sens large) qui, eux n'ont pas bougé n'ont rien vu de particulier se produire après une violation, vous pouvez finir par vous lasser et ignorer les futurs avertissements alors qu'il s'avèrerait effectivement nécessaire de changer votre mot de passe.

Si vous réutilisez des mots de passe sur des sites où ils sont importants – ce que vous ne devriez pas faire – alors qu'un mot de passe compromis quelque part est également utilisé ailleurs, assurez-vous de le changer également sur ces autres sites. Dans ce cas, profitez également de cette opération de réinitialisation pour passer à des mots de passe uniques pour chacun des sites.

Fournir des mots de passe à des humains

Sur les sites gouvernements, bancaires et autres, vous voyez régulièrement des avertissements du genre :

Ne partagez pas vos mots de passe au téléphone, par SMS ou par e-mail. Les entreprises légitimes ne vous enverront pas de messages vous demandant votre mot de passe.

Cela semble être un bon conseil (en fait, c'en est généralement un), et ce serait parfaitement le cas s'il n'y avait un fait important : certaines entreprises légitimes vous demandent un mot de passe par téléphone !

Alors, comment savoir quand il est sûr de fournir un mot de passe et quand cela ne l'est pas ? Devriez-vous vérifier l'identité de l'appelant ? Même pas. La triste réalité, c'est que les escrocs usurpent régulièrement l'identité des appelants.

Ce que vous devriez faire, c'est de ne jamais fournir d'informations sensibles – dont des mots de passe, bien sûr – par téléphone, à moins que ce ne soit vous qui aviez appelé et que vous soyez bien sûr que vous avez la partie légitime au bout du fil. Il est beaucoup moins risqué, par exemple, de fournir le mot de passe d'accès téléphonique d'un compte à un représentant du service client qui en fait la demande au cours d'une conversation que vous avez initiée avec votre banque en utilisant le numéro officiel de celle-ci que si quelqu'un vous appelle en prétendant être de votre banque et demande les mêmes renseignements personnels afin de « vérifier votre identité ».

Stocker des mots de passe

Idéalement, n'écrivez pas vos mots de passe pour l'accès à des systèmes sensibles, et ne les stockez pas ailleurs que dans votre cerveau.

Pour les mots de passe moins sensibles, utilisez un gestionnaire de mots de passe ou enregistrez-les sous une forme cryptée sur un ordinateur ou un périphérique fortement sécurisé. Si vous stockez vos mots de passe sur un téléphone, utilisez la zone sécurisée. (Pour plus d'informations sur les gestionnaires de mots de passe et la zone sécurisée de votre téléphone, reportez-vous à la section « Envisagez d'utiliser un gestionnaire de mots de passe », plus haut dans ce chapitre.)

Transmettre des mots de passe

Théoriquement, vous ne devriez jamais envoyer un mot de passe par courriel ou par SMS à quelqu'un. Alors, que faire si votre enfant vous envoie un SMS depuis l'école vous disant qu'il a oublié le mot de passe de sa messagerie, ou autre chose dans ce genre ?

Dans l'idéal, si vous devez donner un mot de passe à quelqu'un, téléphonez-lui et ne fournissez pas ce mot de passe avant d'avoir clairement identifié l'autre partie au son de sa voix. Si, pour une raison quelconque, vous devez envoyer un mot de passe par écrit, choisissez d'utiliser une connexion cryptée, solution qui est offerte par divers outils de chat. Si vous ne disposez pas d'un tel outil, songez à diviser le mot de passe et à en envoyer une partie par e-mail et une autre par SMS.

Évidemment, aucune de ces méthodes n'est idéale, mais elles sont certainement de meilleures options que ce que font tant de gens, qui envoient tout simplement des mots de passe par SMS ou par courriel en clair.

Découvrir des solutions de rechange aux mots de passe

Dans certains cas, vous devriez profiter d'alternatives à l'authentification par mot de passe. Bien qu'il existe de nombreuses façons d'authentifier les gens, un utilisateur moderne est susceptible d'en rencontrer certaines formes :

- » authentification biométrique ;
- » authentification par SMS ;
- » mots de passe à usage unique basés sur des applications ;
- » authentification par jeton matériel ;
- » authentification par clé USB.

Authentification biométrique

L'*authentification biométrique* désigne l'authentification au moyen d'un identificateur unique de votre personne physique – par exemple, votre empreinte digitale.

L'utilisation de la biométrie – en particulier en combinaison avec un mot de passe – peut être une méthode solide d'authentification, et elle a certainement sa place. L'enregistrement des empreintes digitales et l'authentification basée sur l'iris sont deux formes aujourd'hui assez largement répandues, notamment dans les smartphones.

Dans de nombreux cas, cependant, il peut être préférable d'utiliser un mot de passe solide. Avant d'utiliser une authentification biométrique, prenez en compte les points suivants :

- » **Vos empreintes digitales se trouvent probablement partout sur votre téléphone.** Vous tenez votre téléphone avec vos doigts. Dans quelle mesure serait-il difficile pour des criminels qui volent le téléphone de relever vos empreintes et de déverrouiller l'appareil si vous activez uniquement l'authentification basée sur les empreintes digitales à l'aide du lecteur intégré au smartphone (voir les

Figures 7.3 et 7.4) ? S'il y des données sensibles dans l'appareil, elles peuvent être en danger. En réalité, l'escroc moyen qui cherche à se faire de l'argent rapidement en revendant un smartphone ne perdra probablement pas son temps à essayer de le déverrouiller – il effacera plus que probablement son contenu –, mais si quelqu'un veut les données qui se trouvent dans votre téléphone pour une raison quelconque, et que vous avez utilisé uniquement des empreintes digitales pour protéger votre appareil, vous pourriez avoir un sérieux problème sur les bras (c'est une sorte de jeu de mots...).

Figure 7.3

Un capteur d'empreintes digitales (ici, sur un Samsung Galaxy S9 dans un boîtier de protection).

- **Si vos informations biométriques sont volées, vous ne pouvez pas les réinitialiser comme cela serait possible avec un mot de passe.** Faites-vous entièrement confiance aux personnes à qui vous confiez ces informations pour les protéger de manière adéquate ?

- **Si vos informations biométriques se trouvent sur votre téléphone ou votre ordinateur, que se passe-t-il si un malware infecte votre appareil ?** Que se passe-t-il si un serveur sur lequel vous avez stocké les mêmes informations est piraté ? Êtes-vous certain que toutes les données sont correctement cryptées et que le logiciel de votre appareil a entièrement protégé les données biométriques qui ont été capturées ?

Figure 7.4

D'autres téléphones ont le lecteur d'empreintes à l'avant, comme sur le Galaxy S10 (le capteur, dit ultrasonique, se trouve sous l'écran et des problèmes ont été signalés concernant sa sécurité)).

- **Le froid crée des problèmes.** Les empreintes digitales ne peuvent pas être lues même avec des gants compatibles avec les smartphones.
- **Les lunettes, portées par des millions de personnes, posent des défis aux scanners d'iris.** Certains lecteurs d'iris exigent que l'utilisateur retire ses lunettes pour s'authentifier. Si vous utilisez une telle authentification pour sécuriser un smartphone, vous pourriez avoir de la difficulté à déverrouiller votre appareil lorsque vous êtes à l'extérieur par une journée ensoleillée.
- **La biométrie peut porter atteinte à vos droits.** Si, pour quelque raison que ce soit, les services de détection et de répression veulent accéder aux données de votre téléphone ou autre système informatique protégé par biométrie, ils peuvent vous obliger à fournir votre authentification biométrique, même dans des pays comme les États-Unis où vous avez le droit de garder le silence et de ne pas fournir un mot de passe. De même, un gouvernement peut être en mesure d'obtenir un mandat pour recueillir vos données biométriques qui, contrairement à un mot de passe, ne peuvent pas être réinitialisées. Même si les données prouvent que vous êtes innocent de ce qu'on vous accuse d'avoir commis, faites-vous confiance à un gouvernement pour sécuriser correctement les données à long terme ?
- **L'usurpation d'identité est possible.** Certaines authentifications quasi biométriques, comme la reconnaissance faciale sur certains appareils, peuvent être trompées pour faire croire qu'une personne est présente en jouant une vidéo haute définition de cette personne.

» **L'authentification vocale est utile pour les appels téléphoniques vocaux.** Cette technique est particulièrement utile lorsqu'elle est utilisée en combinaison avec d'autres formes d'authentification, comme un mot de passe. De nombreuses organisations l'utilisent pour authentifier les clients qui appellent – parfois sans même leur dire. Cela dit, l'authentification vocale ne peut pas être utilisée pour des sessions en ligne sans provoquer des inconvénients pour les utilisateurs.

La biométrie a donc sa place. Utiliser une empreinte digitale pour déverrouiller les fonctions de votre téléphone est certainement pratique, mais réfléchissez avant d'aller plus loin. Assurez-vous que, dans votre cas, les avantages l'emportent sur les inconvénients.

Hackers contre capteurs

Combien de temps a-t-il fallu à des hackers pour pirater un nouveau capteur d'empreintes digitales ? Moins de 24 heures.

Dans les 24 heures suivant la sortie du premier iPhone équipé d'un lecteur d'empreintes digitales, des pirates ont affirmé avoir « craqué » le système. De plus, il y a plusieurs années, une émission de télévision américaine a démontré à quel point il peut être simple pour quelqu'un de déjouer un système d'authentification par empreintes digitales. La technologie s'est améliorée depuis, mais les capacités des criminels aussi.

Authentification par SMS

Dans l'*authentification par SMS*, un code est envoyé à votre téléphone portable. Vous entrez ensuite ce code dans un site Web ou dans une application pour attester de votre identité. Ce type d'authentification n'est pas, en soi, considéré comme suffisamment sûr lorsqu'une véritable authentification multifactorielle est requise. Les criminels sophistiqués ont les moyens d'intercepter ces mots de passe, et l'ingénierie sociale auprès de compagnies de téléphone afin de récupérer les numéros d'utilisateurs reste un problème.

Cela étant dit, les codes SMS à usage unique utilisés en combinaison avec un mot de passe fort sont une étape au-dessus de la simple utilisation d'un mot de passe.

N'oubliez pas, cependant, que, dans la plupart des cas, un code à usage unique ne sert à rien en tant que mesure de sécurité si vous le saisissez sur un site d'hameçonnage plutôt que sur le site légitime. Le criminel peut évidemment le rejouer en temps réel sur le vrai site.

Mots de passe uniques basés sur des applications

Les *mots de passe uniques* générés avec une application fonctionnant sur un téléphone ou un ordinateur sont un bon complément aux mots de passe forts, mais ils ne doivent pas être utilisés seuls. Même s'ils sont probablement un moyen plus sûr de s'authentifier que les codes uniques envoyés par SMS (voir la section précédente), ils peuvent être peu pratiques à utiliser. Si vous changez par exemple de téléphone, vous devrez peut-être reconfigurer les informations pour chacun des sites où vous utilisez des mots de passe uniques créés par l'application générateur qui fonctionne sur votre smartphone.

Comme pour les codes SMS à usage unique, si vous envoyez un mot de passe à usage unique généré par une application sur le site de phishing d'un criminel au lieu d'un site légitime, ce dernier va pouvoir le renvoyer en temps réel au site légitime correspondant, détruisant ainsi totalement les avantages de sécurité du système de mot de passe à usage unique.

Authentification par jeton matériel

Les *jetons matériels* (voir la Figure 7.5) qui génèrent de nouveaux mots de passe uniques toutes les *x* secondes sont similaires aux applications décrites dans la section précédente, à la différence essentielle près que vous devez vous munir d'un appareil spécialisé qui génère les codes uniques. Certains jetons peuvent également fonctionner en permettant par exemple des types d'authentification dans lesquels le site auquel vous vous connectez affiche un code numérique que vous devez saisir dans le jeton afin de récupérer un numéro de réponse correspondant, numéro que vous saisissez ensuite dans le site afin de vous authentifier.

Bien que les dispositifs de jetons matériels soient normalement plus sûrs que les applications de codes à usage unique dans la mesure où les premiers ne fonctionnent pas sur des appareils qui peuvent être infectés par des malware ou contrôlés à distance par des criminels, ils peuvent s'avérer peu pratiques. Ils risquent également d'être égarés et ne sont pas toujours imperméables – et parfois même détruits lors d'une lessive s'ils ont été oubliés dans une poche de pantalon.

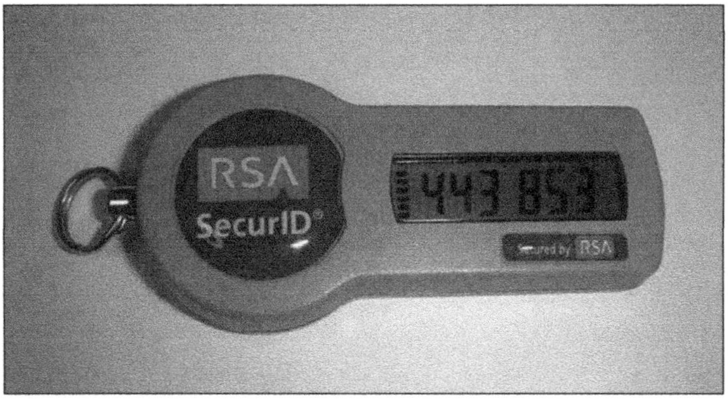

Figure 7.5
Un jeton matériel générant des codes uniques de marque RSA SecureID.

Authentification par clé USB

Des périphériques USB qui contiennent des informations d'authentification – par exemple, des certificats numériques – peuvent renforcer l'authentification. Il faut toutefois veiller à n'utiliser ces dispositifs qu'en combinaison avec des appareils de confiance – vous ne voulez pas qu'ils soient infectés ou détruits par un autre système, et vous voulez également être sûr que l'appareil qui obtient le certificat, par exemple, ne le transmet pas à un tiers non autorisé.

De nombreux périphériques USB modernes offrent toutes sortes de défenses contre de telles attaques. Bien entendu, vous ne pouvez connecter de tels dispositifs USB qu'à des systèmes et des applications qui prennent en charge ce type d'authentification. Vous devez également transporter la clé avec vous et vous assurer qu'elle ne se perde pas ou ne soit pas endommagée.

Chapitre 8

Se prémunir contre l'ingénierie sociale

DANS CE CHAPITRE

Être conscient des différentes formes d'attaques d'ingénierie sociale.

•

Découvrir les stratégies que les criminels utilisent pour élaborer des attaques efficaces.

•

Réaliser à quel point le partage excessif d'informations peut aider les criminels.

•

Reconnaître les faux comptes de réseaux sociaux.

•

Se protéger soi-même et ses proches contre les attaques d'ingénierie sociale.

La plupart, sinon la totalité, des infractions majeures qui se sont produites au cours des dernières années ont fait appel à une certaine forme d'ingénierie sociale. Ne laissez pas des criminels sournois vous tromper, vous ou vos proches. Dans ce chapitre, vous allez découvrir comment vous protéger.

Ne pas faire plus confiance à la technologie que vous ne le feriez aux gens

Donneriez-vous le mot de passe en ligne de votre compte bancaire à un étranger quelconque qui vous le demanderait après vous avoir rencontré dans la rue et vous avoir dit qu'il travaillait pour votre banque ?

Si la réponse est non – ce qui devrait certainement être le cas – vous devez faire preuve du même manque de confiance à l'égard de la technologie. Le fait que votre ordinateur affiche un courriel envoyé par une partie qui prétend être votre banque, au lieu d'une personne lambda qui s'approche de vous dans la rue et fait une déclaration similaire, n'est pas une raison pour faire confiance à ce courriel, pas plus que vous ne le feriez pour une personne inconnue.

Bref, vous n'acceptez pas les offres proposées par des inconnus qui s'approchent de vous dans la rue, alors ne le faites pas non plus pour des offres transmises électroniquement – elles peuvent être encore plus risquées.

Types d'attaques d'ingénierie sociale

Les attaques d'hameçonnage sont l'une des formes les plus courantes d'attaques d'ingénierie sociale (pour en savoir plus sur l'hameçonnage et l'ingénierie sociale, reportez-vous au Chapitre 2.) La Figure 8.1 vous donne un exemple de courriel d'hameçonnage que j'ai reçu il y a quelque temps de cela.

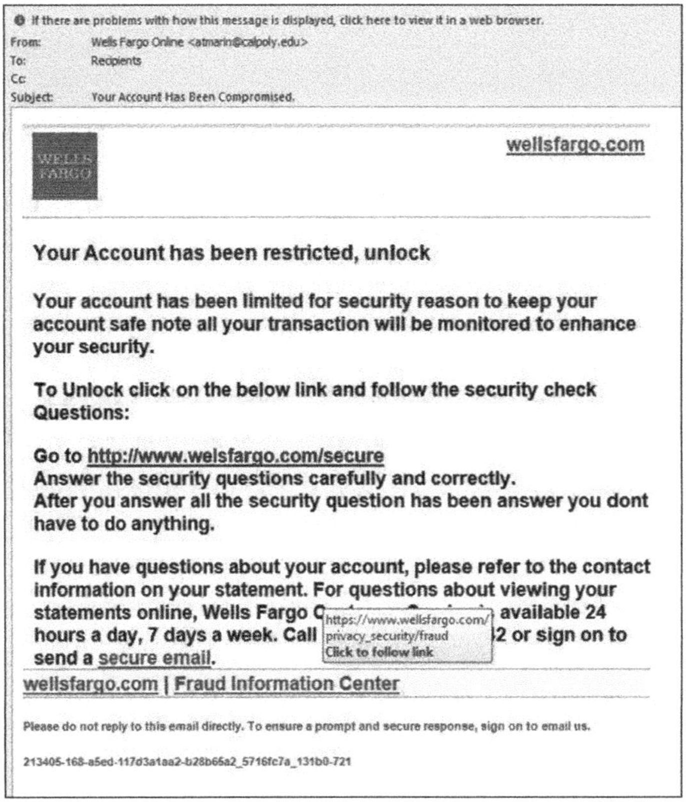

Figure 8.1

Une tentative évidente d'hameçonnage.

Les attaques d'hameçonnage utilisent parfois une technique appelée *pretexting* (ou faux-semblant) dans laquelle le criminel qui envoie le courriel d'hameçonnage fabrique une situation qui gagne la confiance des cibles tout en soulignant le besoin supposé pour les victimes d'agir rapidement. Dans le courriel d'hameçonnage illustré sur la Figure 8.1, notez que l'expéditeur, qui se fait passer pour la banque Wells Fargo, a inclus un lien vers le véritable site de la Wells Fargo dans le message, mais n'a pas correctement dissimulé l'adresse d'envoi.

Le Chapitre 2 traite des formes courantes d'attaques d'ingénierie sociale, y compris le harponnage, le smishing, le vishing, le whaling, le tampering, ou encore l'arnaque au président. D'autres types d'attaques d'ingénierie sociale sont également populaires :

» **L'appât** (ou *baiting*) **: Un attaquant envoie un courriel ou un message de chat – ou même un message sur les réseaux sociaux – qui promet une récompense en échange d'une certaine action, par exemple en disant à une cible que si elle répond à un sondage, elle recevra un cadeau gratuit (voir la Figure 8.2, encore un exemple tiré de mon expérience personnelle !). Parfois, de telles promesses sont réelles, mais le plus souvent ce n'est pas le cas et il s'agit en réalité d'un moyen servant à inciter une personne à effectuer telle ou telle action. Parfois aussi, ces arnaqueurs demandent le paiement de frais d'expédition minimes pour le cadeau, parfois ils distribuent des malware, et parfois ils recueillent des informations sensibles. Il existe même des malware qui appâtent.**

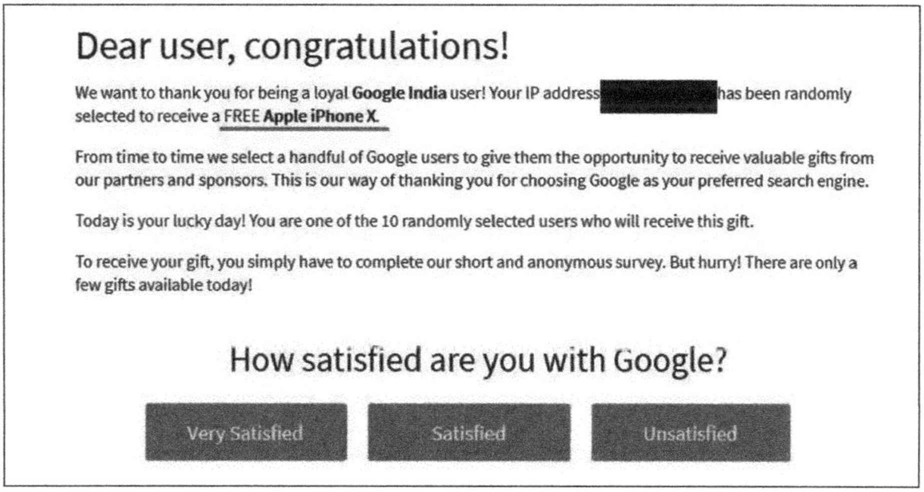

Figure 8.2

Exemple de message d'appât.

Ne confondez pas *baiting* **et** *scambaiting*. **Ce dernier fait référence à une forme d'autodéfense dans laquelle des gens prétendent être des victimes potentielles crédules afin de gaspiller le temps et les ressources des escrocs par des inte-**

ractions répétées, ainsi que (parfois) recueillir des renseignements sur l'escroc lui-même, qui peuvent être transmis à la police ou publiés sur Internet pour dénoncer publiquement le fraudeur.

» **Quid pro quo :** L'agresseur déclare qu'il a besoin que la personne agisse afin de rendre un service à la victime visée. Par exemple, un attaquant peut prétendre être un responsable du support informatique offrant son aide à un employé pour l'installation d'une nouvelle mise à jour du logiciel de sécurité. Si l'employé coopère, le criminel le guide en fait dans le processus d'installation d'un malware.

» **Usurpation d'identité sur les réseaux sociaux :** Certains agresseurs se font passer pour des personnes sur les réseaux sociaux afin d'établir des liens avec leurs victimes. Les parties dont l'identité est usurpée peuvent être des personnes réelles ou des entités inexistantes.

Les fraudeurs qui se trouvent derrière l'usurpation d'identité illustrée sur la Figure 8.3, et c'est pareil pour bien d'autres actions de ce genre, contactent fréquemment les personnes qui suivent ces comptes en se faisant passer pour l'auteur, et demandent aux *followers* de faire divers « investissements ». (Pour savoir comment vous pouvez vous protéger contre l'usurpation d'identité dans les réseaux sociaux, consultez la section « La cyberhygiène générale peut aider à prévenir l'ingénierie sociale », plus loin dans ce chapitre.)

Figure 8.3

Exemple d'un compte Instagram se faisant passer pour l'auteur de ce livre, en utilisant son nom, sa biographie et surtout des photos tirées de son compte Instagram réel.

» **Courriels alléchants :** Ces courriels tentent d'amener les gens à utiliser des malware ou à cliquer sur des liens empoisonnés en exploitant leur curiosité, leurs désirs sexuels et d'autres caractéristiques.

» **Tailgating :** Le *tailgating* (littéralement, le non-respect des distances de sécurité) est une forme physique d'attaque d'ingénierie sociale dans laquelle le criminel accompagne une personne autorisée alors qu'elle s'approche d'une porte qu'elle (mais pas l'attaquant) est autorisée à franchir, et la trompe par ruse pour pouvoir pénétrer. L'attaquant peut faire semblant de chercher une carte d'accès dans un sac à main, prétendre avoir oublié sa carte, ou simplement agir naturellement et suivre la personne autorisée à entrer.

» **Fausses alarmes :** Le déclenchement de fausses alarmes peut aussi amener les gens à permettre à des personnes non autorisées de faire des choses alors qu'elles n'en ont pas le droit. Prenons un exemple : un attaquant déclenche l'alarme incendie à l'intérieur d'un bâtiment et réussit à pénétrer dans des zones normalement sécurisées par une porte de secours que quelqu'un d'autre a utilisé pour sortir rapidement en raison de la soi-disant urgence.

» **Attaque de point d'eau :** Cette attaque, dite de *water holing*, combine le piratage informatique et l'ingénierie sociale en exploitant l'idée que les gens font confiance à certaines parties, ce qui fait que, par exemple, ils peuvent cliquer sur des liens lorsqu'ils consultent le site Web de cette partie, même s'ils ne le feraient jamais avec des liens dans un e-mail ou un SMS. Les criminels peuvent lancer leur attaque en piratant le site en question et en y insérant des liens empoisonnés (ou même en y déposant directement des malware).

» **Canulars de virus :** Les criminels exploitent le fait que les gens sont préoccupés par la cybersécurité et prêtent probablement une attention imméritée aux messages d'avertissement qu'ils reçoivent au sujet d'un cyberdanger. De tels courriels peuvent contenir des liens empoisonnés, diriger un utilisateur vers le téléchargement d'un logiciel, ou lui demander de communiquer avec le support technique par l'entremise d'une adresse électronique ou d'une page Web. Ces attaques se présentent sous de nombreuses formes : certaines sont distribuées sous la forme de courriels de masse, tandis que d'autres sont envoyées d'une manière très ciblée.

  Certaines personnes considèrent les *scareware* qui font peur aux utilisateurs en leur faisant croire qu'ils ont besoin d'acheter un logiciel de sécurité particulier (comme décrit au Chapitre 2) comme une telle forme de canular. D'autres ont un avis différent, parce que le phénomène « d'épouvante » est provoqué par un malware qui est déjà installé, et non par une supercherie prétendant simplement que c'est déjà le cas.

» **Défaillances techniques :** Les criminels peuvent facilement exploiter l'agacement des humains face à des problèmes technologiques pour saper diverses méthodes liées à la sécurité.

Par exemple, si un criminel se faisant passer pour un site Web qui affiche normalement une image de sécurité dans une zone particulière place un « symbole d'image brisée » dans la même zone du site Web cloné, de nombreux utilisateurs ne percevront pas le danger, car ils sont habitués à voir ce genre de symboles et les associent à des pannes techniques plutôt que des risques pour la sécurité.

Six principes exploités par l'ingénierie sociale

Le spécialiste de la psychologie sociale Robert Beno Cialdini, dans son ouvrage publié en 1984 *Influence: The Psychology of Persuasion* (édité en France sous le titre *Influence et manipulation*) explique six concepts de base importants que les personnes qui cherchent à influencer les autres utilisent souvent. Ceux qui pratiquent l'ingénierie sociale pour tromper les gens exploitent souvent ces six mêmes principes, et c'est pourquoi j'en donne un bref aperçu dans le contexte de la sécurité de l'information.

La liste suivante vous aide à comprendre et à intérioriser les méthodes que les escrocs sont susceptibles d'utiliser pour tenter de gagner votre confiance :

» **Preuve sociale :** Les gens ont tendance à faire des choses qu'ils voient les autres faire.

» **Réciprocité :** Les gens, en général, croient souvent que si quelqu'un a fait quelque chose de bien pour eux, ils doivent en retour faire quelque chose de bien pour cette personne.

» **Autorité :** Les gens ont tendance à obéir aux figures d'autorité, même lorsqu'ils ne sont pas d'accord avec elles et même lorsqu'ils pensent que ce qu'on leur demande de faire est inacceptable.

- **Amabilité :** En général, les gens sont plus facilement persuadés par ceux qu'ils apprécient que par les autres.
- **Cohérence et engagement :** Si les gens s'engagent à atteindre un objectif et intériorisent cet engagement, cela fait partie de leur image de soi, et ils sont susceptibles d'essayer de poursuivre cet objectif même si la raison initiale qui l'avait motivé n'est plus du tout pertinente.
- **Pénurie :** Si les gens pensent qu'une ressource particulière est rare, que ce soit vrai ou non, ils la voudront, même s'ils n'en ont pas besoin.

Ne pas abuser des réseaux sociaux

Le partage excessif d'informations sur les réseaux sociaux donne des armes aux criminels, c'est-à-dire du matériel qu'ils peuvent utiliser pour vous manipuler socialement, vous, les membres de votre famille, vos collègues de travail et vos amis.

Si, par exemple, vos paramètres de confidentialité permettent à toute personne ayant accès à un certain réseau social de voir ce que vous avez posté, vous augmentez vos risques. Souvent, les gens partagent accidentellement des posts avec le monde entier alors qu'ils ne les destinaient qu'à un petit groupe de personnes.

En outre, dans de multiples situations, des bogues dans les logiciels des réseaux sociaux ont créé des vulnérabilités qui ont permis à des parties non autorisées de voir des contenus et des messages alors que les paramètres de confidentialité avaient pourtant été définis pour interdire cet accès.

Tenez compte de tous vos paramètres de confidentialité. Des données familiales dont les paramètres de confidentialité sont réglés de façon à permettre aux personnes qui ne sont pas membres de la famille de les consulter peut entraîner toutes sortes de problèmes liés à la protection de la vie privée, et divulguer les réponses à des questions fréquemment utilisées pour authentifier les utilisateurs, telles que « Où vit votre frère aîné ? » ou « Quel est le nom de jeune fille de votre mère ? », et ainsi de suite.

Ne vous fiez pas aux paramètres de confidentialité des réseaux sociaux pour protéger les données réellement confidentielles. Certaines plateformes permettent une protection détaillée, fine, des éléments affichés, alors que ce n'est pas le cas pour d'autres.

Certains éléments, s'ils sont partagés, peuvent aider les criminels à vous manipuler ou à manipuler socialement quelqu'un que vous connaissez. Cette liste ne se veut pas exhaustive. Il s'agit plutôt d'illustrer des exemples pour stimuler votre réflexion sur les risques potentiels de ce que vous avez l'intention d'afficher sur les réseaux sociaux avant de vous lancer.

Les sections qui suivent décrivent les informations que vous devriez prendre garde de ne pas partager sur les réseaux sociaux.

De nombreux types de messages postés sur les réseaux sociaux, autres que ceux que j'énumère dans les sections suivantes, peuvent aider les criminels à orchestrer des attaques d'ingénierie sociale. Pensez aux conséquences potentielles avant de poster quoi que ce soit, et définissez les paramètres de confidentialité de vos messages en conséquence.

Votre emploi du temps et vos projets de voyage

Les détails de votre emploi du temps ou de celui de quelqu'un d'autre sont susceptibles de fournir aux criminels des renseignements qui peuvent les aider à préparer une attaque. Par exemple, si vous publiez le fait que vous assisterez à un événement à venir, tel qu'un mariage, vous pouvez donner aux criminels la possibilité de vous « kidnapper » virtuellement ou de kidnapper d'autres participants – sans parler des risques d'effraction lorsque la maison sera probablement vide (le kidnapping virtuel désigne le fait de demander une rançon en prétextant que la victime a été enlevée alors qu'elle est simplement ailleurs et injoignable).

De même, le fait de révéler que vous allez prendre un vol en particulier peut permettre à des criminels de vous kidnapper virtuellement ou de tenter une arnaque au président auprès de vos collègues. Ils peuvent se faire passer pour vous et envoyer un courriel disant que vous êtes dans un avion et qu'on ne peut peut-être pas vous joindre par téléphone pour confirmer les instructions, mais qu'il faut quand même les suivre.

De plus, évitez d'afficher un message au sujet des vacances ou du voyage d'un membre de la famille, ce qui pourrait accroître les risques d'enlèvement virtuel (et de dangers physiques réels pour cette personne ou ses biens).

Informations financières

Le partage d'un numéro de carte bancaire peut entraîner des charges frauduleuses, de même que le partage d'un numéro de compte peut engendrer une activité bancaire frauduleuse. Mais tout cela est évident, n'est-ce pas ?

De plus, ne révélez pas que vous avez visité ou interagi avec une certaine institution financière, ou avec les endroits où vous déposez votre argent – banques, maisons de courtage, places de marché de cryptomonnaies, *etc.* Cela peut augmenter les risques que des criminels tentent de se frayer un chemin jusque dans vos comptes auprès de la ou des institutions financières concernées. Un tel partage peut vous exposer à des tentatives de violation de vos comptes, ainsi qu'à des attaques ciblées d'hameçonnage, de fishing, de smishing et à toutes sortes d'autres fraudes d'ingénierie sociale.

Afficher des informations sur des investissements potentiels, tels que des actions, des obligations, des métaux précieux ou des cryptomonnaies, peut vous exposer à des cyberattaques, car les criminels peuvent supposer que vous avez beaucoup d'argent à vous faire voler (n'oubliez pas aussi que les services des impôts veillent !). Par exemple, vous pouvez également ouvrir la porte à des criminels qui se font passer pour des organismes officiels et qui vous somment de payer une amende pour tentative de fraude.

Renseignements personnels

Pour commencer, évitez d'inscrire les membres de votre famille dans la section À propos de votre profil Facebook. Cette section renvoie à leur propre profil Facebook, et explique aux visiteurs la nature des relations familiales entre chacune des personnes énumérées. Vous pourriez ainsi risquer de divulguer toutes sortes de renseignements susceptibles d'être utiles aux criminels. En plus de révéler le nom de jeune fille de votre mère (questions « secrète » !), vous pouvez aussi donner des indices sur l'endroit où vous avez grandi. Les informations trouvées dans votre profil fournissent également aux criminels une liste de personnes à contacter dans le cadre d'une escroquerie à l'enlèvement virtuel ou d'ingénierie sociale.

Vous devriez également éviter de partager les informations suivantes sur les réseaux sociaux, car cela peut miner vos questions d'authentification et aider les criminels à vous manipuler socialement, vous ou votre famille :

» le deuxième prénom de votre père ;

» l'anniversaire de votre mère ;

» où vous avez rencontré votre conjoint(e) ;

» votre lieu de vacances préféré ;

» le nom de la première école que vous avez fréquentée ;

» la rue où vous avez grandi ;

» le type, la marque, le modèle et/ou la couleur de votre première voiture ou de celle de quelqu'un d'autre ;

» votre nourriture ou boisson préférée ou celle d'autres personnes.

De même, ne communiquez jamais votre numéro de Sécurité sociale, car cela pourrait entraîner un vol d'identité.

Informations sur vos enfants

Partager des informations sur vos enfants peut non seulement vous préparer à des attaques, mais aussi exposer vos enfants à un grand risque de danger physique. Par exemple, les photos de vos enfants peuvent aider un kidnappeur. Le problème peut être exacerbé si les images contiennent un horodatage et/ou une géolocalisation, c'est-à-dire des informations sur l'endroit et le moment où une photo a été prise.

L'horodatage et la géolocalisation n'ont pas besoin d'être réalisés selon certaines spécifications techniques pour créer des risques. Si les images montrent clairement où vos enfants vont à l'école, assistent à des activités parascolaires, *etc.*, vous pouvez les mettre en danger.

De plus, le fait de mentionner le nom des écoles, des activités de loisirs, des garderies ou d'autres programmes pour les jeunes que vos enfants ou leurs amis fréquentent peut accroître le risque qu'un pédophile, un kidnappeur ou une autre partie malveillante les cible. Un tel post pourrait également être utile à des cambrioleurs potentiels car ils sauront quand vous ne serez probablement pas à la maison. Le risque peut être bien pire si l'on peut extrapoler à partir de ces posts un schéma clair concernant votre emploi du temps et/ou celui de vos enfants.

Évitez également d'afficher un message au sujet du voyage scolaire ou du camp de vacances d'un enfant.

Informations sur vos animaux de compagnie

Comme pour le nom de jeune fille de votre mère, le fait de partager le nom de votre animal de compagnie actuel, ou le nom de votre premier animal de compagnie, peut vous exposer, ou exposer d'autres personnes que vous connaissez, à des attaques d'ingénierie sociale parce que ces informations sont souvent utilisées pour répondre à des questions d'authentification.

Informations sur le travail

Des détails sur les technologies avec lesquelles vous travaillez dans votre emploi actuel (ou dans un emploi précédent) peuvent aider les criminels à détecter les vulnérabilités des systèmes de votre employeur et à mettre au point des attaques d'ingénierie sociale ciblées sur vos collègues.

De nombreux canulars et escroqueries au virus sont devenus viraux – et ont causé beaucoup plus de dégâts qu'ils ne l'auraient dû – parce que les criminels exploitent la peur des gens face aux cyberattaques et s'appuient sur la probabilité pour que de nombreuses personnes partagent des messages sur les cyberrisques, souvent sans vérifier l'authenticité de ces messages.

Une information sur une contravention suite à un flash de radar ou pour un dépassement d'horaire de stationnement peut éventuellement donner à des escrocs la possibilité de vous manipuler socialement, vous ou d'autres personnes – ils peuvent prétendre être des agents de la force publique, un juge du tribunal ou un avocat – afin d'exiger le paiement immédiat d'une amende pour éviter une sanction encore plus grave.

En plus d'aider des criminels à vous manipuler socialement, des renseignements sur un délit que vous ou un être cher avez commis peuvent vous nuire sur le plan professionnel et personnel.

Conseils médicaux ou juridiques

Si vous publiez des informations médicales ou juridiques, les gens pourraient être en mesure d'extrapoler que vous ou un être cher souffrez d'un problème de santé particulier, ou êtes impliqué dans une situation juridique particulière.

Votre localisation

Votre localisation ou votre enregistrement sur les réseaux sociaux peut non seulement augmenter le risque de danger physique pour vous et vos proches, mais aussi aider les criminels à lancer des attaques d'enlèvement virtuel et autres arnaques d'ingénierie sociale.

Un message de joyeux anniversaire à quelqu'un peut révéler la date de naissance de la personne. Des gens qui utilisent de faux anniversaires sur les réseaux sociaux pour des raisons de sécurité ont vu leurs précautions détruites de cette façon par des gens trop bien intentionnés, leur souhaitant à la date réelle. Ce genre de bévue peut mener non seulement à un préjudice professionnel ou personnel, mais aussi à des tentatives de chantage ou d'ingénierie sociale sur vous-même ou sur d'autres personnes citées dans ce genre de message.

De plus, une image de vous dans un lieu fréquenté par des personnes ayant certaines orientations religieuses, sexuelles, politiques, culturelles ou autres peut conduire des criminels à extrapoler des informations vous concernant conduisant potentiellement à toutes sortes de formes d'ingénierie sociale. Par exemple, des criminels sont connus pour avoir kidnappé virtuellement une personne qui se trouvait dans une synagogue et qui était injoignable lors de la fête juive de Yom Kippour. Ils savaient quand et où cette personne se rendrait au temple, et ils ont appelé les membres de sa famille (à un moment où ils savaient qu'il serait impossible de la joindre) en prétendant l'avoir enlevé. Les membres de la famille sont tombés dans le piège de cette arnaque à l'enlèvement virtuel parce que les détails fournis étaient exacts et qu'ils n'ont pas réussi à joindre la « victime » par téléphone au milieu d'un service religieux.

Faire fuiter des données en partageant des informations dans le cadre de tendances virales

De temps en temps, une tendance virale se produit, dans laquelle de nombreuses personnes partagent un contenu similaire. Les messages sur le défi du seau à glace, sur vos concerts préférés ou encore quelque chose sur vous aujourd'hui et il y a dix ans sont tous des exemples de tendances virales. Bien sûr, des tendances virales futures n'ont peut-être rien à voir avec des événements antérieurs. Tout type de message qui se propage rapidement à un grand nombre de personnes est considéré comme étant « devenu viral ».

Bien que la participation à une « tendance virale » puisse sembler amusante – et « c'est ce que tout le monde fait » – assurez-vous de bien en comprendre les conséquences potentielles. Par exemple, partager des informations sur les concerts auxquels vous avez assisté et que vous considérez comme étant vos favoris peut en dire long sur vous – en particulier en combinaison avec d'autres données de votre profil – et vous exposer à toutes sortes de risques d'ingénierie sociale.

Identifier les fausses connexions sur les réseaux sociaux

Les réseaux sociaux offrent de nombreux avantages professionnels et personnels à leurs utilisateurs, mais ils créent aussi des opportunités incroyables pour les criminels – beaucoup de gens ont un désir inné de se connecter aux autres et font trop confiance aux plateformes de réseaux sociaux. Ils supposent que si, par exemple, Facebook envoie un message disant que Joseph Steinberg a demandé à devenir votre ami, c'est bien le vrai « Joseph Steinberg » qui a fait cette demande – alors que, souvent, ce n'est pas le cas.

Les criminels savent, par exemple, qu'en se connectant à vous sur les réseaux sociaux, ils peuvent avoir accès à toutes sortes d'informations sur vous, les membres de votre famille et vos collègues de travail – des informations qu'ils peuvent souvent exploiter afin de se faire passer pour vous, un parent ou un collègue dans le cadre de tentatives d'ingénierie sociale, pour ouvrir la voie à des pratiques commerciales abusives, voler de l'argent ou commettre d'autres délits.

Une technique que les criminels utilisent souvent pour avoir accès aux informations « privées » de Facebook, d'Instagram ou de LinkedIn consiste à créer de faux profils – des profils de personnes inexistantes – et de demander à se connecter avec de vraies personnes, dont beaucoup sont susceptibles d'accepter ce genre de demande. Par ailleurs, les fraudeurs peuvent aussi créer des comptes qui usurpent l'identité de personnes réelles – dont les photos de profil et autres documents ont été récupérés à partir de comptes légitimes de la personne dont l'identité est usurpée.

Comment pouvez-vous vous protéger contre de telles escroqueries ? Les sections suivantes offrent des conseils sur la façon de repérer rapidement les faux comptes – et d'éviter les répercussions possibles de l'acceptation de connexions de leur part.

Gardez à l'esprit qu'aucun des indices des sections suivantes ne fonctionne « hors sol » ou n'est absolu. Le fait qu'un profil échoue lorsqu'il est testé selon une règle particulière, par exemple, ne signifie pas automatiquement qu'il est faux. Mais l'application de concepts intelligents comme ceux que j'énumère dans les sections suivantes devrait vous aider à identifier un pourcentage important de faux comptes et à vous épargner les problèmes que peut entraîner l'acceptation de demandes de connexion de leur part.

Photo

Beaucoup de faux comptes utilisent des photos de modèles attrayants, ciblant parfois les hommes dont les comptes montrent des photos de femmes, et les femmes dont les comptes montrent des photos d'hommes. Les images semblent souvent être des photos d'archives, mais elles sont parfois volées à de vrais utilisateurs.

Si vous recevez une demande de connexion aux réseaux sociaux d'une personne que vous ne vous souvenez pas d'avoir jamais rencontrée et si l'image est de ce type, méfiez-vous. En cas de doute, vous pouvez charger l'image dans la recherche d'image inverse de Google (*via* l'adresse `images.google.com`) et voir où elle apparaît.

Vous pouvez également effectuer une recherche sur le nom de la personne (et, le cas échéant, sur LinkedIn) ou le titre de la photo pour voir si d'autres images similaires apparaissent en ligne. Cependant, un imposteur rusé peut télécharger des images sur plusieurs sites.

Évidemment, tout profil sans photo du titulaire du compte devrait faire se lever des drapeaux rouges. Gardez à l'esprit, cependant, que certaines personnes utilisent des émojis, des caricatures, et ainsi de suite comme image de profil, en particulier sur les réseaux sociaux non professionnels.

Vérification

Si un compte semble représenter une personnalité publique dont vous soupçonnez qu'elle est susceptible d'être vérifiée (ce qui signifie qu'il y a une coche bleue à côté du nom pour indiquer que ce compte est bien légitime), mais qu'il n'est pas vérifié, cela signifie probablement qu'un problème a été détecté.

De même, il est peu probable qu'un compte vérifié sur une grande plate-forme de réseau social soit faux. Toutefois, il est arrivé que des comptes vérifiés de cette nature soient détournés temporairement par des hackers.

Amis ou relations en commun

Il est peu probable que les personnes qui n'ont pas d'existence réelle aient beaucoup d'amis ou de relations en commun avec vous, et elles n'auront généralement même pas beaucoup de relations secondaires (amis d'amis, relations LinkedIn de second niveau, *etc.*) en commun avec vous non plus.

Ne présumez pas qu'un compte est légitime simplement parce qu'il a une ou deux relations en commun avec vous. Certains de vos « amis » ont pu tomber dans le piège d'une escroquerie et être liés à une fausse personne, et ce lien peut expliquer comment le criminel a réussi vous à découvrir. Même dans un tel scénario, le nombre de partages risque d'être relativement faible par rapport à une connexion réelle et mutuelle, et la relation humaine entre les « vrais » amis et le profil de l'escroc peut sembler difficile à établir.

Vous connaissez vos relations mieux que quiconque – soyez prudent lorsque les schémas relationnels de quelqu'un n'ont pas de sens. Vous voudrez peut-être y réfléchir à deux fois, par exemple, si quelqu'un qui essaie de vous contacter semble ne connaître personne dans l'industrie dans laquelle il est censé travailler, mais affirme par contre connaître trois de vos amis les plus crédules qui vivent dans trois pays différents et qui, eux, ne se connaissent pas.

Alerte sur les publications

Un autre grand signal d'alarme devrait se déclencher lorsqu'un compte ne partage pas des éléments qu'il devrait publier sur la base de l'identité présumée de son titulaire. Si quelqu'un prétend être un chroniqueur qui écrit actuellement pour une importante revue, par exemple, mais n'a jamais partagé aucun des articles qu'il ou elle prétend avoir écrits, il y a probablement quelque chose qui cloche.

Nombre de relations

Un cadre supérieur ayant de nombreuses années d'expérience professionnelle est susceptible d'avoir de multiples relations professionnelles, en particulier sur un réseau tel que LinkedIn. Moins un compte appartenant ostensiblement à une personne haut placée a de relations sur LinkedIn (notamment), et plus vous devriez être suspicieux.

Bien sûr, chaque nouveau profil LinkedIn commence avec zéro relation – donc de nouveaux comptes légitimes peuvent sembler suspects alors qu'ils ne le sont pas vraiment – mais après cela, c'est une question de bon sens : combien de réputés cadres supérieurs, par exemple, qui vous contactent actuellement n'ont pas ouvert leur compte LinkedIn depuis pas mal de temps ? Bien sûr, un petit nombre de relations et un nouveau compte LinkedIn n'ont rien d'anormal pour une personne qui vient de débuter dans son premier emploi ou pour des personnes travaillant dans certains secteurs, dans certaines fonctions et/ou dans certaines entreprises – un agent de la DGSI ne va pas afficher sa progression de carrière et ses missions dans son profil LinkedIn –, mais, si vous travaillez dans de tels secteurs, vous en êtes probablement déjà conscient.

Comparez le nombre de relations avec l'ancienneté d'un compte et le nombre de messages avec lesquels son titulaire a interagi ou qu'il a partagés – une personne qui prétend avoir été sur Facebook depuis une décennie et qui poste régulièrement, par exemple, devrait avoir plus d'un ou deux amis.

Industrie et localisation

Le bon sens s'applique à l'égard des comptes qui prétendent représenter des personnes vivant dans certains endroits ou travaillant dans certaines industries. Si, par exemple, vous travaillez dans le domaine de la technologie, que vous n'avez pas d'animaux domestiques et que vous recevez sur LinkedIn une invitation de mise en relation de la part d'un vétérinaire vivant à l'autre bout du monde que vous n'avez jamais rencontré, il se peut que quelque chose n'aille pas.

De même, si vous recevez sur Facebook une demande d'une personne avec qui vous n'avez rien en commun pour devenir votre ami, méfiez-vous.

Ne présumez pas que les affirmations faites dans un profil sont nécessairement exactes, et que, si vous semblez partager beaucoup de choses en commun, l'expéditeur est définitivement quelqu'un de sûr. Une personne qui vous cible a pu discerner vos centres d'intérêt à partir de renseignements à votre sujet qui sont publiquement accessibles en ligne.

Des gens trop semblables pour être vrais

Si vous recevez plusieurs demandes de personnes ayant des titres similaires, ou qui prétendent travailler pour la même entreprise, et que vous ne connaissez pas ces gens et ne faites pas particulièrement affaire avec cette entreprise, méfiez-vous. Si ces gens ne semblent pas être liés à un tiers dans l'entreprise, alors que vous savez qu'il y travaille, considérez aussi cela comme un signal d'alarme potentiel.

Vous pouvez toujours appeler, envoyer un SMS ou un courriel à un vrai contact et lui demander s'il voit cette personne inscrite dans un répertoire du personnel.

Contact dupliqué

Si vous recevez une demande pour être ami sur Facebook d'une personne qui est déjà votre ami Facebook, vérifiez auprès de cette personne qu'elle change de compte. Dans de nombreux cas, ces demandes proviennent d'escrocs.

Détails du contact

Assurez-vous que les détails d'un contact ont un sens. Les fausses personnes sont beaucoup moins susceptibles que les vraies d'avoir des adresses électroniques dans de véritables entreprises, et ont encore plus rarement des adresses électroniques dans de grandes entreprises. Il est peu probable qu'elles aient des adresses physiques indiquant leur lieu de résidence et de travail et, si de telles adresses sont renseignées, elles correspondent rarement aux informations cadastrales ou téléphoniques qui peuvent facilement être vérifiées en ligne.

Compte Premium sur LinkedIn

Du fait que LinkedIn facture son service Premium, certains experts ont suggéré que ce statut est un bon indicateur qu'un compte est réel car il est peu probable qu'un criminel paie pour ce type de service.

S'il est vrai que la plupart des faux comptes n'ont pas de compte Premium, certains escrocs investissent pour obtenir ce statut afin de rendre leur présence plus réelle. Dans certains cas, ils paient avec des cartes de crédit volées, et donc cela ne leur coûte de toute façon rien. Par conséquent, restez vigilant même si un compte affiche l'icône Premium.

Relations LinkedIn

Les fausses personnes ne vont pas avoir beaucoup de relations avec de vraies personnes. De plus, de telles « relations » peuvent provenir d'autres faux comptes qui semblent également suspects.

Activité de groupe

Les faux profils sont moins susceptibles que les personnes réelles d'être membres de groupes fermés, qui effectuent une vérification sur les membres au moment de leur adhésion, et sont aussi moins susceptibles de participer à des discussions significatives dans des groupes fermés ou bien ouverts sur Facebook ou LinkedIn. S'ils sont membres de groupes fermés, ces groupes peuvent avoir été créés et être gérés par des escrocs et contenir également d'autres faux profils.

Les fausses personnes peuvent être membres de plusieurs groupes ouverts – afin d'accéder à des listes de membres et de se connecter avec d'autres participants avec des messages du type « Je vois que nous sommes membres du même groupe, alors connectons-nous ! ».

Dans tous les cas, gardez présent à l'esprit le fait que, sur tout réseau social qui propose un système de groupes, être membre du même groupe que quelqu'un d'autre n'est en aucun cas une raison d'accepter une relation avec cette personne.

Niveaux appropriés d'utilisation relative

Les vraies personnes qui utilisent LinkedIn ou Facebook assez intensivement pour avoir rejoint de nombreux groupes sont nettement plus susceptibles d'avoir rempli toutes les informations de leur profil. Une demande de relation par une personne qui est membre de plusieurs groupes mais qui a peu d'informations de profil est suspecte.

De même, un compte Instagram avec 20 000 *followers* mais seulement deux photos postées et qui cherche à suivre votre compte privé est suspect pour la même raison.

Activités humaines

Beaucoup de faux comptes semblent énumérer des informations qui sonnent comme des clichés dans leurs profils, centres d'intérêt et prétendue expérience professionnelle, mais ils contiennent peu d'autres détails qui semblent traduire une expérience humaine réelle.

Voici quelques signes montrant que les choses ne sont peut-être pas ce qu'elles semblent être :

- Sur LinkedIn, les sections Recommandations, Compétences ou encore Formation d'une fausse personne peuvent sembler erronées.
- Sur Facebook, un faux profil peut donner l'impression d'être à l'emporte-pièce, et les messages suffisamment génériques pour que des millions de personnes aient pu rédiger les mêmes.
- Sur Twitter, un faux *twitto* peut être en train de retweeter des messages d'autres personnes, mais ne jamais partager ses propres opinions, commentaires ou tout autre matériau original.
- Sur Instagram, les photos peuvent être récupérées à partir d'autres comptes ou apparaître comme des photos d'archives – parfois aucune de ces photos ne contient l'image de la personne réelle qui serait propriétaire du ou des comptes.

Le contenu du profil de l'utilisateur d'un réseau social peut fournir des termes et des expressions que vous pouvez rechercher dans Google avec le nom de la personne pour vous aider à vérifier si le compte appartient vraiment à un être humain dont le profil prétend représenter l'identité.

De même, si vous effectuez une recherche d'images Google sur les photos Instagram de quelqu'un et que vous voyez qu'elles appartiennent à d'autres personnes, cela signifie que quelque chose ne va pas.

Noms trop courants

Certains faux profils semblent utiliser des noms très courants, comme Pierre Dupont, qui semblent tous deux presque trop français et rendent beaucoup plus difficile la recherche sur Internet d'une personne en particulier que ce ne serait le cas pour quelqu'un dont le nom est plus rare.

Les faux profils semblent aussi utiliser assez fréquemment des prénoms et des noms de famille qui commencent par la même lettre. Peut-être que les escrocs aiment ces noms ou, pour une raison ou une autre, les trouvent amusants.

Informations de contact insuffisantes

Si un profil sur un réseau social ne contient absolument aucune information pouvant être utilisée pour contacter la personne par courriel, téléphone, ou *via* un autre réseau social, méfiez-vous.

Ensembles de compétences

Si les compétences ne correspondent pas au travail ou à l'expérience de vie de quelqu'un, méfiez-vous. Quelque chose peut sembler bizarre quand il s'agit de faux comptes. Par exemple, si quelqu'un prétend avoir obtenu un diplôme en anglais dans une grande université, mais qu'il fait de graves erreurs grammaticales dans son profil, quelque chose peut ne pas être correct.

De même, si quelqu'un prétend avoir deux doctorats en mathématiques, mais dit travailler comme professeur de gym, méfiez-vous.

Orthographe

Les fautes d'orthographe sont courantes sur les réseaux sociaux. Cependant, quelque chose peut clocher si quelqu'un écrit mal son propre nom ou le nom d'un employeur, ou fait des erreurs de cette nature sur LinkedIn (un réseau à vocation professionnelle).

Cheminement de carrière ou de vie suspect

Des personnes qui semblent avoir été promues trop souvent et trop rapidement, ou qui ont occupé trop de postes de direction disparates, tels que responsable chargé des ventes, puis directeur technique, et ensuite directeur juridique, sont peut-être trop belles pour être vraies.

Bien sûr, il y a de vraies personnes qui ont gravi rapidement les échelons tout en ayant aussi occupé différents postes au cours de leur carrière (dont moi-même), mais les escrocs en font souvent trop lorsqu'ils créent les données sur leur progression de carrière ou la diversité de leurs rôles dans un profil bidon. Les gens peuvent passer de fonctions techniques à des fonctions de gestion, par exemple, mais il est extrêmement rare qu'une personne occupe successivement les fonctions mentionnées un peu plus haut, fonctions qui exigent des compétences, des études, des diplômes et, éventuellement, des certifications différentes.

Si vous vous dites « pas possible » lorsque vous regardez le déroulement de carrière de quelqu'un, vous avez peut-être raison.

Niveau ou statut de célébrité

Des demandes sur LinkedIn de personnes affirmant avoir un niveau professionnel beaucoup plus élevé que le vôtre peuvent être un signe que quelque chose ne va pas, tout comme des demandes flatteuses de « célébrités » pour devenir votre ami sur Facebook.

Il est certainement tentant de vouloir accepter de telles relations (ce qui est, bien sûr, la raison pour laquelle des personnes malhonnêtes créent des faux comptes), mais pensez-y : si vous venez de décrocher votre premier emploi à la sortie de l'université, pensez-vous vraiment que le P.-D.G. d'une grande banque est intéressé à entrer en contact avec vous de façon soudaine et inattendue ? Pensez-vous vraiment que Miss Univers, que vous n'avez jamais rencontrée, veut tout d'un coup devenir votre amie ?

Dans le cas de Facebook, Instagram et Twitter, soyez conscient du fait que la plupart des comptes de personnes célèbres sont vérifiés. Si une demande provient d'une célébrité, vous devriez être en mesure de déterminer rapidement si le compte qui l'envoie est légitime.

Utiliser de fausses informations

Certains experts ont suggéré que vous utilisiez de fausses informations pour répondre à des questions fréquemment posées. Quelqu'un – en particulier quelqu'un dont la mère a un nom de jeune fille courant – peut inventer un nouveau nom de jeune fille pour sa mère et l'utiliser pour tous les sites qui demandent ce type d'information dans le cadre d'un processus d'authentification. Il est vrai qu'une telle approche contribue quelque peu à réduire le risque d'ingénierie sociale.

Ce qui rend la chose encore plus forte, cependant, et que cela révèle à quel point les questions « secrètes » sont médiocres en tant que moyen d'authentifier les gens. Demander le nom de jeune fille de sa mère, c'est en fait demander un mot de passe tout en laissant entendre que ce mot de passe est un nom de famille !

De même, parce qu'à l'ère des réseaux sociaux et des archives publiques en ligne, trouver la date de l'anniversaire d'une personne est relativement simple, certains experts en sécurité conseillent de créer un second « faux » anniversaire qui sera utilisé en ligne. Certains recommandent même d'utiliser un faux anniversaire sur les réseaux sociaux, à la fois pour aider à prévenir l'ingénierie sociale et pour rendre plus difficile la corrélation entre profil sur ces réseaux sociaux et divers documents publics.

Bien que toutes ces recommandations aient du poids, n'oubliez pas qu'en théorie, une telle logique est sans fin – établir un faux anniversaire différent pour chaque site avec lequel on interagit offrirait une protection de la vie privée plus forte qu'un seul faux anniversaire, par exemple !

En général, cependant, avoir un faux anniversaire, un faux nom de jeune fille de sa mère, et ainsi de suite, vaut probablement la peine et ne nécessite pas beaucoup plus d'intelligence et de mémoire que l'utilisation de la vraie date ou du vrai nom. Veillez toutefois à ne pas induire en erreur les sites où la loi exigerait la fourniture d'informations exactes.

Utiliser un logiciel de sécurité

En plus de protéger votre ordinateur et votre téléphone contre le piratage, divers logiciels de sécurité peuvent aussi réduire votre exposition aux attaques d'ingénierie sociale. Certains logiciels, par exemple, filtrent la plupart des attaques d'hameçonnage, tandis que d'autres bloquent de nombreux appels téléphoniques non sollicités. Bien que l'utilisation d'un tel outil soit sage, ne vous reposez pas trop sur lui. Il y a un danger pour que, si très peu d'attaques d'ingénierie sociale arrivent à franchir vos défenses technologiques, vous puissiez être moins vigilant quand vous devenez la cible – ne laissez pas cela arriver.

Alors que les constructeurs de smartphones n'hésitaient pas autrefois à facturer certaines fonctions de sécurité, ils ont compris au fil du temps l'intérêt pour eux-mêmes d'assurer un maximum de sécurité à leurs clients. Aujourd'hui, des versions plus ou moins évoluées de logiciels de sécurité sont souvent fournies gratuitement avec les smartphones, ou encore par les opérateurs de téléphonie mobile.

La cyberhygiène générale peut aider à prévenir l'ingénierie sociale

La pratique d'une bonne cyberhygiène en général peut également contribuer à réduire les risques d'exposition à l'ingénierie sociale. Si vos enfants, par exemple, ont accès à votre ordinateur, mais que vous cryptez toutes vos données, que vous disposez d'une connexion séparée et que vous ne leur fournissez pas d'accès administrateur, vos données sur l'appareil peuvent rester en sécurité même si un criminel arrive à se faufiler dans leur compte.

De même, le fait de ne pas répondre à des courriels suspects ou de ne pas fournir d'informations à des fraudeurs potentiels peut aider à prévenir toutes sortes d'attaques techniques et d'ingénierie sociale.

Partie 4

Cybersécurité pour les entreprises et les organisations

Dans cette partie

Découvrez en quoi la protection des entreprises contre les cyber-risques diffère de la protection des seuls individus.

Découvrez les risques de cybersécurité auxquels sont confrontées les petites entreprises et voyez comment les atténuer.

Comprenez en quoi les grandes entreprises et les organismes gouvernementaux diffèrent des petites entreprises lorsqu'il s'agit de cybersécurité.

Chapitre 9

Sécuriser votre petite entreprise

DANS CE CHAPITRE

Rester en cybersécurité en tant que petite entreprise.

Gérer les relations avec les employés.

Comprendre la réglementation et les normes importantes.

Presque tout ce dont je discute dans ce livre s'applique à la fois aux particuliers et aux entreprises. Les propriétaires de petites entreprises et leurs employés devraient être au courant de certains autres points qui ne sont pas nécessairement importants pour les particuliers. Le présent chapitre examine certaines de ces questions de cybersécurité. Je pourrais écrire toute une série de livres sur l'amélioration de la cybersécurité des petites entreprises. En tant que tel, ce chapitre n'est pas une liste exhaustive de tout ce qu'il faudrait savoir sur ce sujet. Au contraire, il donne matière à réflexion à ceux qui dirigent de petites entreprises.

S'assurer que quelqu'un est responsable

Les particuliers sont responsables de la sécurité de leurs ordinateurs domestiques, mais que se passe-t-il lorsque vous avez un réseau et plusieurs utilisateurs ? Quelqu'un au sein de l'entreprise doit en fin de compte « posséder » la responsabilité de la sécurité de l'information. Cette personne peut être vous, le propriétaire de l'entreprise ou quelqu'un d'autre. Mais la personne en charge de cette question doit bien comprendre qu'elle est responsable.

Dans de nombreux cas de petites entreprises, la personne responsable de la sécurité de l'information va sous-traiter une partie des activités quotidiennes. Malgré tout, cette personne est en dernier ressort responsable du fait de s'assurer que les actions nécessaires, comme l'installation de correctifs de sécurité, se déroulent normalement – et à temps. Si une faille se produit, une remarque du genre « Je pensais que untel ou untel s'occupait de cette fonction de sécurité » ne sera pas une excuse recevable.

Être attentif aux personnels

Les employés et les nombreux risques de cybersécurité qu'ils créent peuvent devenir des motifs de stress importants pour les petites entreprises. Les erreurs humaines sont le principal catalyseur des atteintes à la protection des données. Même si vous lisez ce livre pour chercher à améliorer vos connaissances et votre comportement en matière de cybersécurité, il se peut que vos personnels et vos collègues n'aient pas le même niveau d'engagement que vous lorsqu'il s'agit de protéger données et systèmes.

Ainsi, l'une des choses les plus importantes qu'un propriétaire de petite entreprise puisse faire est d'éduquer ses employés. L'éducation comporte essentiellement trois composantes nécessaires :

» **Sensibilisation aux menaces :** Vous devez vous assurer que chaque membre du personnel comprend que lui-même et l'entreprise dans son ensemble sont des cibles. Les gens qui croient que les criminels veulent violer leurs ordinateurs, leurs téléphones et leurs bases de données agissent différemment de ceux qui n'ont pas intériorisé cette réalité. Bien qu'une formation formelle et régulière soit idéale, même une seule courte conversation, menée lorsque les personnels prennent leur poste de travail et rafraîchie par des rappels périodiques, peut s'avérer très utile à cet égard.

» **Formation de base en sécurité de l'information :** Tous les membres du personnel devraient comprendre certaines notions de base sur la sécurité de l'information. Ils devraient, par exemple, savoir éviter les comportements à risque, comme ouvrir des pièces jointes et cliquer sur des liens trouvés dans des e-mails non attendus, télécharger de la musique ou des vidéos à partir de sources douteuses, utiliser de façon inappropriée un Wi-Fi public pour des tâches sensibles, ou acheter des produits dans des commerces en ligne inconnus, dont les prix sont trop bas pour être vrais et sans adresse physique connue publiquement. (Voir le Chapitre 20 pour des conseils sur la façon d'utiliser un Wi-Fi public de manière sûre.)

  De nombreux documents de formation (souvent gratuits) sont disponibles en ligne. Cela dit, ne comptez jamais sur la formation elle-même pour servir de seule ligne de défense contre tout risque humain important. Beaucoup de gens font des choses stupides même après une bonne formation. De plus, cela ne joue en rien dans le cas d'employés malhonnêtes qui saboteraient intentionnellement la sécurité de l'information.

» **Pratique :** Une formation en sécurité de l'information ne devrait pas être théorique. Il faut que les personnels puissent avoir l'occasion de mettre en pratique ce qu'ils ont appris – par exemple, en identifiant et en supprimant, ou en signalant, un courriel d'hameçonnage servant de test.

Incitez les personnels à s'impliquer

Tout comme vous devriez tenir les employés pour responsables de leurs actes si les choses tournent mal, vous devriez également récompenser celles et ceux qui accomplissent leur travail avec le souci de la cybersécurité et qui agissent avec la cyberhygiène appropriée. Un comportement positif peut avoir des effets durables, et est presque toujours mieux reçu qu'une méthode négative.

De plus, de nombreuses organisations ont mis en œuvre avec succès des systèmes de signalement qui permettent aux membres du personnel d'informer de manière anonyme les responsables compétents au sein de l'entreprise sur des activités suspectes pouvant indiquer une menace, ainsi que sur des bogues potentiels dans les systèmes susceptibles de conduire à des vulnérabilités. De tels programmes sont courants dans les grandes sociétés, mais ils peuvent aussi profiter à de nombreuses petites entreprises.

Évitez de donner les clés du château

Il y a d'innombrables histoires d'employés qui commettent des erreurs ouvrant la porte de l'organisation à des hackers ou encore à des employés mécontents qui volent des données et/ou sabotent des systèmes. Les dommages causés par de tels incidents peuvent être catastrophiques pour une petite entreprise. Protégez-vous et protégez votre activité de ce type de risques en mettant en place votre infrastructure de gestion de l'information pour contenir les dommages potentiels si quelque chose tourne mal.

Comment pouvez-vous y arriver ? Donnez aux personnels accès à tous les systèmes informatiques et aux données dont ils ont besoin pour faire leur travail avec un rendement optimal, mais ne leur donnez accès à rien d'autre qui soit de nature délicate. Les programmeurs ne devraient pas pouvoir accéder au système de paie d'une entreprise, par exemple, et un contrôleur n'a pas besoin d'accéder au système de contrôle de version hébergeant le code source d'un logiciel propriétaire de l'entreprise.

Limiter l'accès peut faire toute la différence en termes d'ampleur d'une fuite de données si un employé vous trahit. De nombreuses entreprises ont appris cette leçon à leurs dépens. Ne devenez pas l'une d'entre elles.

Donnez à chacun ses propres identifiants

Un membre du personnel susceptible d'accéder à chaque et à tout système utilisé par l'organisation devrait avoir ses propres données d'accès à ce système. Ne partagez pas vos identifiants !

La mise en œuvre d'un tel système améliore le fonctionnement des procédures de vérification des activités de chaque personne (ce qui peut être nécessaire en cas d'atteinte à la sécurité des données ou tout autre incident de cybersécurité), et encourage également les gens à mieux protéger leurs mots de passe, car ils savent que si leur compte est mal utilisé, ils seront directement visés par la direction. Le fait de savoir pour une personne qu'elle va être tenue pour responsable de son comportement vis-à-vis de la sécurité peut faire des merveilles dans un sens proactif.

De même, chaque personne devrait avoir ses propres capacités d'authentification multifactorielle – qu'il s'agisse d'un jeton physique, d'un code généré sur son smartphone, *etc.*

Limitez les administrateurs

Les administrateurs système disposent typiquement de privilèges de super-utilisateur, ce qui signifie qu'ils peuvent accéder aux données d'autres personnes, les lire, les supprimer et les modifier. Il est donc essentiel, si vous n'êtes pas le seul super-utilisateur, que vous mettiez en place des contrôles pour surveiller ce que fait un administrateur. Par exemple, vous pouvez enregistrer ses actions sur une machine séparée à laquelle l'administrateur n'a pas accès.

Le fait de n'autoriser l'accès qu'à partir d'un appareil spécifique et dans un emplacement spécifique – ce qui n'est parfois pas possible en raison des besoins et de la configuration de l'entreprise – est une autre approche, car cela permet de diriger une caméra vers cette machine pour enregistrer tout ce que l'administrateur fait.

Limitez l'accès aux comptes de l'entreprise

Votre entreprise elle-même peut avoir plusieurs comptes en propre. Par exemple, elle peut posséder des comptes sur des réseaux sociaux – disons, une page Facebook, un compte Instagram et un compte Twitter – un compte pour le support client, des comptes de messagerie, des comptes pour la téléphonie, ainsi que d'autres comptes auprès de services publics ou encore d'un expert-comptable.

N'accordez l'accès qu'aux personnes qui en ont absolument besoin (voir la section précédente). Dans l'idéal, toutes les personnes auxquelles vous donnez un droit devraient avoir un *accès contrôlable*, c'est-à-dire qu'il devrait être facile de déterminer qui a fait quoi avec le compte.

Un contrôle de base est assez simple à mettre en place lorsqu'il s'agit de pages Facebook, par exemple, car vous pouvez en posséder pour l'entreprise, tout en offrant à d'autres personnes la possibilité d'y écrire. Dans d'autres environnements, cependant, il n'est pas possible d'effectuer des contrôles fins, et vous devrez choisir entre fournir des connexions multiples à un compte de réseau social ou faire soumettre les contenus à une seule personne (peut-être même vous) qui gèrera alors les flux de messages.

Le défi de fournir à chaque utilisateur autorisé son propre compte de réseau social pour l'entreprise afin d'obtenir à la fois le contrôle et l'audibilité est exacerbé par le fait que tous les comptes sensibles doivent être protégés par une authentification multifactorielle. (Voir le Chapitre 6 pour plus d'informations sur l'authentification multifactorielle.)

Certains systèmes offrent des capacités d'authentification multifactorielle qui tiennent compte du fait que plusieurs utilisateurs indépendants les uns des autres peuvent avoir besoin d'un accès à un seul compte qui puisse être suivi. Dans certains cas, cependant, les systèmes qui offrent des capacités d'authentification multifactorielle ne s'intègrent pas bien aux environnements dans lesquels interviennent de multiples personnes. Ils peuvent, par exemple, n'autoriser qu'un seul numéro de téléphone portable auquel des mots de passe uniques sont envoyés par SMS. Dans de tels scénarios, vous devrez décider si vous devez :

- **Utiliser l'authentification multifactorielle, mais avec une solution de contournement – par exemple, en utilisant un numéro VOIP pour recevoir les textes et en configurant ce numéro VOIP pour transmettre les messages à plusieurs personnes par courrier électronique (ce qui est possible, par exemple, gratuitement si vous pouvez vous servir de Google Voice).**
- **Utiliser l'authentification multifactorielle mais sans solution de contournement – et configurer les appareils des utilisateurs autorisés pour qu'ils n'aient pas besoin d'une authentification multifactorielle pour les activités concernées.**
- **Ne pas utiliser l'authentification multifactorielle, mais se fier uniquement à des mots de passe forts (non recommandé).**
- **Trouver une autre solution de contournement en modifiant vos processus, procédures ou technologies utilisés pour accéder à de tels systèmes.**
- **Utiliser des produits tiers qui viennent se superposer aux systèmes existants (souvent la meilleure option lorsqu'elle est disponible).**

La dernière option est souvent la meilleure. Divers systèmes de gestion de contenu, par exemple, peuvent être configurés pour plusieurs utilisateurs, chacun ayant ses propres capacités d'authentification forte et indépendante, et tous ces utilisateurs ont un accès pouvant être audité à un seul compte de réseau social.

Alors que les grandes entreprises suivent presque toujours une variante de la dernière approche – pour des raisons liées à la fois à la gestion et à la sécurité – de nombreuses petites entreprises ont tendance à choisir la solution de facilité et à ne pas utiliser l'authentification forte dans de tels cas. Le coût de l'implémentation d'une sécurité adéquate – tant en termes d'argent que de temps – est généralement assez faible, de sorte que l'exploration de produits tiers devrait absolument être faite avant d'envisager l'adoption d'une autre approche.

La valeur d'une sécurité adéquate et vérifiable deviendra immédiatement évidente si vous êtes confronté au problème d'un employé mécontent qui a eu accès aux comptes de réseaux sociaux de l'entreprise, ou si un employé heureux et satisfait avec un tel accès est piraté.

Mettez en œuvre des politiques à l'usage des employés

Les entreprises de toutes tailles qui ont des employés ont besoin d'un guide incluant des règles spécifiques concernant l'utilisation par ces employés des systèmes technologiques et des données de l'entreprise.

Il n'entre pas dans le cadre de ce livre de couvrir tous les éléments de ce type de manuel, mais voici des exemples de règles que les entreprises peuvent mettre en œuvre pour régir l'utilisation de leurs ressources technologiques :

» Les personnels de l'entreprise sont supposés utiliser la technologie de façon responsable, appropriée et productive, pour s'acquitter au mieux de leurs responsabilités professionnelles.

» L'utilisation du matériel, ainsi que l'accès à l'Internet et au courrier électronique de l'entreprise, tels qu'ils sont fournis aux employés, sont destinés à des activités liées au travail. Une utilisation personnelle minimale est acceptable à condition que l'employé ne viole pas les autres règles décrites dans ce document et que cela n'interfère pas avec son travail.

» Chaque employé est responsable du matériel informatique et des logiciels qui lui sont fournis par l'entreprise, y compris la protection de ces outils de travail contre le vol, la perte ou les dommages.

» Chaque employé est responsable des comptes qui lui sont fournis par l'entreprise, y compris la protection de l'accès à ces comptes.

» Il est strictement interdit aux employés de partager tout élément fourni par l'entreprise et servant à l'authentification (mots de passe, dispositifs d'authentification matérielle, codes PIN, *etc.*). Il leur incombe également de protéger ces éléments.

» Il est strictement interdit aux employés de connecter tout périphérique réseau, comme des routeurs, des points d'accès, des répéteurs, *etc.*, aux réseaux de l'entreprise, sauf autorisation explicite de la direction. De même, il est strictement interdit aux employés de connecter tout ordinateur personnel ou appareil électronique – y compris tout dispositif de type Internet des Objets (IoT) – à des réseaux d'entreprise autres que le réseau destiné aux invités, et ce dans les conditions énoncées explicitement dans la politique AVEC (pour Apportez Votre

Équipement personnel de Communication). Nous y reviendrons plus loin dans ce chapitre.)

» Les employés sont responsables du fait de s'assurer que le logiciel de sécurité fonctionne sur tous les appareils fournis par l'entreprise. La société fournira ce logiciel, mais elle n'est pas en mesure de vérifier que ces systèmes fonctionnent toujours comme prévu. Les employés ne peuvent pas désactiver ou paralyser de tels systèmes de sécurité et doivent aviser rapidement le service IT de l'entreprise s'ils soupçonnent qu'une partie quelconque de ces systèmes pourrait être compromise, ne pas fonctionner ou mal fonctionner.

» Les employés sont responsables de s'assurer que les logiciels de sécurité sont tenus à jour. Pour tous les appareils fournis par l'entreprise, la mise à jour automatique est activée. Les employés ne doivent pas désactiver cette fonction.

» De même, les employés sont responsables de la mise à jour de leurs appareils avec les derniers correctifs du système d'exploitation, des pilotes et des applications lorsque les fournisseurs émettent ces correctifs. Pour tous les appareils fournis par l'entreprise, la fonction de mise à jour automatique est activée. Les employés ne doivent pas désactiver cette fonctionnalité.

» Toute activité illégale – qu'il s'agisse ou non d'un crime, d'un délit ou d'une violation de la législation – est strictement interdite. Cette règle s'applique dans tout domaine et à tout moment où l'employé est assujetti à de telles lois.

» Les documents protégés par le droit d'auteur appartenant à toute partie autre que l'entreprise ou l'employé lui-même ne peuvent pas être stockés ou transmis par l'employé sur un équipement appartenant à l'entreprise sans l'autorisation écrite explicite du détenteur du droit d'auteur. Le matériau sous licence de la société peut être transmis dans la mesure où cela est autorisé par ces licences.

» L'envoi massif d'e-mails non sollicités (spamming) est interdit.

» L'utilisation des ressources de l'entreprise pour effectuer toute tâche incompatible avec la mission de celle-ci – même si cette tâche n'est pas techniquement illégale – est interdite. Cela inclut, sans s'y limiter, l'accès ou la transmission de matériel sexuellement explicite, de vulgarités, de discours haineux, diffamatoires ou encore discriminatoires, d'images ou de descriptions de violence, de menaces, de cyberintimidation, de matériel lié au piratage, de matériel volé et ainsi de suite.

» La règle précédente ne s'applique pas aux employés dont le travail comporte l'utilisation de ce matériel, mais seulement dans la mesure où cela est raisonnablement nécessaire à l'exécution de leurs missions. Par exemple, le personnel responsable de la configuration du filtre de courriel de l'entreprise peut, sans enfreindre la règle précédente, s'envoyer des courriels concernant l'ajout à la configuration du filtre de divers termes liés à des propos haineux ou vulgaires.

» Aucun appareil de l'entreprise équipé de capacités de communication Wi-Fi ou cellulaire ne peut être allumé dans certains pays (comme la Chine ou la Russie) sans l'autorisation écrite explicite du directeur général de l'entreprise. Des appareils de prêt seront mis à la disposition des employés qui se rendent dans ces régions. Tout appareil personnel allumé dans ces régions ne peut pas être connecté au réseau réservé aux invités (ou à tout autre réseau d'entreprise).

» Toute utilisation du Wi-Fi public avec des appareils d'entreprise doit être conforme aux politiques de l'entreprise dans ce domaine.

» Les employés doivent sauvegarder leurs ordinateurs en utilisant uniquement le système de sauvegarde fourni par l'entreprise.

» Les employés ne peuvent pas copier ou sauvegarder de quelque manière que ce soit les données des appareils de l'entreprise sur leur ordinateur personnel et/ou leurs périphériques de stockage.

» Tous les mots de passe pour tous les systèmes utilisés dans le cadre du travail d'un employé doivent être uniques et ne doivent pas être réutilisés sur d'autres systèmes. Tous ces mots de passe doivent comporter au moins trois mots, dont l'un au moins ne figure pas dans un dictionnaire français, être accompagnés de chiffres ou de caractères spéciaux ou remplir toutes les conditions suivantes :

  - contenir huit caractères ou plus avec au moins un caractère majuscule ;
  - contenir au moins un caractère minuscule ;
  - contenir au moins un nombre ;
  - ne pas contenir de mots qui peuvent être trouvés dans un dictionnaire français ;
  - dans tous les cas, les noms de parents, d'amis ou de collègues ne peuvent pas être utilisés à l'intérieur d'un mot de passe.

- Des données peuvent être sorties du bureau, mais uniquement à des fins commerciales, et doivent être cryptées avant de les retirer. Cette règle s'applique que les données soient sur disque dur, SSD, CD/DVD, clé USB, ou sur tout autre support physique, ou soient transmises sur Internet. Toutes ces données doivent être retournées au bureau (ou détruites à la seule discrétion de l'entreprise) immédiatement après la fin de leur utilisation à distance ou à la cessation d'emploi de la personne, selon l'éventualité se produisant en premier.

- En cas d'atteinte à la sécurité ou de tout autre incident de cybersécurité ou de catastrophe, qu'elle soit naturelle ou d'origine humaine, aucun employé autre que le porte-parole officiel désigné par l'entreprise ne peut parler aux médias au nom de la société.

- Aucun appareil d'aucun fabricant interdit par l'État sur le territoire national ne peut être connecté à un réseau d'entreprise (y compris le réseau des invités) ou être amené dans les locaux de l'entreprise.

Appliquez les politiques en matière de réseaux sociaux

La conception, la mise en œuvre et l'application de politiques concernant les réseaux sociaux sont importantes parce que des messages inappropriés de vos employés (ou de vous-même) sur ces réseaux peuvent provoquer toutes sortes de dommages. Ils peuvent divulguer des informations sensibles, violer les règles de conformité, aider des criminels à faire de l'ingénierie sociale et attaquer votre organisation, exposer votre entreprise à des boycotts et/ou à des poursuites judiciaires, et ainsi de suite.

Vous voulez expliquer clairement à tous les employés ce qu'est et ce que n'est pas une utilisation acceptable des réseaux sociaux. Dans le cadre du processus d'élaboration des politiques de l'entreprise, vous devriez envisager de consulter un avocat pour vous assurer que vous ne violez pas la liberté d'expression de quiconque. Vous voudrez peut-être aussi implémenter des procédures technologiques pour vous assurer que les réseaux sociaux ne se transforment pas d'une plate-forme de marketing en un cauchemar.

Effectuez le suivi des employés

Qu'elles prévoient ou non de surveiller l'utilisation des ressources technologiques par les employés, les entreprises devraient informer les utilisateurs qu'elles ont un droit pour le faire. Par exemple, si un employé s'est rendu coupable de malversations et de vol de données, vous ne voulez pas que l'admissibilité de la preuve soit contestée au motif que vous n'aviez pas le droit de surveiller l'employé. De plus, le fait de dire aux employés qu'ils peuvent faire l'objet d'une surveillance dans le cadre de leur travail réduit la probabilité qu'ils franchissent, involontairement ou non, certaines lignes pouvant mettre en danger la cybersécurité de l'entreprise.

Voici un exemple de texte qui pourrait être communiqué aux employés dans le cadre d'un guide interne ou d'un document semblable lorsqu'ils commencent à travailler :

La Société, à sa seule discrétion et sans autre avis à l'employé, se réserve le droit de surveiller, d'examiner, de réviser, d'enregistrer, de recueillir, de stocker, de copier, de transmettre à d'autres et de contrôler tout courriel et autres communications électroniques non explicitement identifiés comme étant privés, fichiers et tout autre contenu, toute activité du réseau, y compris l'utilisation Internet, transmis par ou via ses systèmes technologiques ou stockés dans ses systèmes technologiques, sur place ou hors site. Ces systèmes comprennent les systèmes dont il est propriétaire et exploitant et les systèmes qu'il loue, exploite sous licence ou pour lesquels il a des droits d'utilisation.

De plus, qu'ils soient envoyés à une partie interne, à une partie externe ou aux deux, tous les courriels, messages texte et/ou autres messages instantanés, messages vocaux et/ou toutes les autres communications électroniques non explicitement identifié(e)s comme étant d'ordre privé sont considérés comme des documents commerciaux de la Société et peuvent faire l'objet d'une communication préalable en cas de litige et/ou d'une divulgation fondée sur des mandats délivrés par la Société ou à la demande des autorités réglementaires ou autres parties.

Faut-il prendre une assurance spécifique ?

Bien qu'une assurance spécifique pour les problèmes de cybersécurité puisse être excessive pour la plupart des petites entreprises, si vous croyez que votre société pourrait subir une perte catastrophique ou même mettre son activité en péril si elle devait être piratée, vous voudrez peut-être envisager de prendre une assurance. Dans ce cas, gardez à l'esprit le fait que presque toutes les polices d'assurance existant dans ce domaine comportent des clauses d'exclusion – assurez-vous donc de comprendre exactement ce qui est couvert et ce qui ne l'est pas, et pour quel montant de dommages vous êtes réellement couvert. Si votre entreprise risque de fermer parce que vous avez été victime d'un grave piratage, un contrat qui prévoit seulement de payer un expert pour qu'il passe deux heures à restaurer vos données ne vaudra pas grand-chose.

Une assurance ne remplacera jamais une bonne politique en matière de cybersécurité. En fait, les assureurs exigent normalement qu'une entreprise respecte un certain nombre de règles de gestion de la cybersécurité pour accepter de couvrir les risques. Dans certains cas, l'assureur peut même refuser d'indemniser des dommages s'il constate que la partie assurée a été violée au moins en partie en raison d'une négligence de la part de celle-ci, ou du non-respect de certaines normes ou pratiques imposées par la police d'assurance.

Respecter la réglementation

Les entreprises peuvent être liées par diverses lois, obligations contractuelles et normes de l'industrie en matière de cybersécurité. Votre chambre de commerce et d'industrie (CCI) locale pourrait être en mesure de vous fournir des conseils sur les règlements susceptibles d'avoir une incidence sur vous. Rappelez-vous, cependant, que rien ne vaut de prendre conseil auprès d'un avocat dûment formé et expérimenté dans le ou les domaines liés à votre situation particulière.

Les sections qui suivent donnent des indications sur quelques points de réglementation qui peuvent avoir une incidence sur les petites entreprises.

Protection des données des employés

Vous êtes responsable de la protection des renseignements de nature sensible concernant vos personnels. Pour les dossiers physiques, vous devriez, en général, protéger les documents avec au moins un double verrouillage – c'est-à-dire entreposer les dossiers sur papier dans une armoire verrouillée, elle-même placée dans une pièce verrouillée (et ne pas utiliser la même clé pour les deux). Pour les dossiers électroniques, les fichiers doivent être stockés de façon cryptée dans un dossier, un lecteur ou un lecteur virtuel protégé par mot de passe. De telles normes peuvent toutefois ne pas être suffisantes ou adéquates dans toutes les situations particulières, d'où l'intérêt dans ce cas de consulter un avocat.

N'oubliez pas que le fait de ne pas protéger efficacement les renseignements sur les employés peut avoir de lourdes conséquences : si votre entreprise est piratée et qu'un criminel obtient des renseignements personnels sur des employés et/ou des anciens employés, ceux-ci pourraient vous poursuivre en justice. Remédier à ce problème pourrait coûter beaucoup plus cher que la mise en œuvre d'une prévention proactive. Et, bien sûr, l'impact d'une mauvaise publicité sur les ventes de l'entreprise risque aussi d'être catastrophique.

Rappelez-vous que les dossiers personnels des employés, ainsi que tous les documents ayant trait à la Sécurité sociale, aux assurances, aux déclarations d'imposition ou de retraite, aux congés, aux adresses et numéros de téléphone du domicile, les renseignements médicaux, *etc.*, sont tous potentiellement considérés comme étant privés, ou accessibles uniquement par les administrations concernées.

En général, si vous n'êtes pas certain que certains renseignements peuvent être considérés comme privés, faites preuve de prudence et traitez-les comme s'ils étaient privés.

RGPD

Le règlement général sur la protection des données (RGPD) est un règlement européen sur la protection de la vie privée qui est entré en vigueur en 2018 et qui s'applique à toutes les entreprises traitant des données relatives aux consommateurs résidant dans l'Union européenne, quelles que soient la taille, le secteur d'activité ou le pays d'origine de ces entreprises, et que le résident de l'UE soit ou non physiquement situé dans l'UE. Elle prévoit des amendes sévères pour les entreprises qui ne protègent pas correctement les informations privées appartenant à des résidents de l'UE. Ce règlement signifie que, par exemple, une petite entreprise de New York qui vend un article à un résident de l'UE vivant à New York peut être soumise au RGPD en ce qui concerne l'obtention d'informations sur l'acheteur et peut donc, en théorie, faire l'objet de sanctions sévères si elle ne protège pas correctement les données de cette personne. Par exemple, en juillet 2019, l'Information Commissioner's Office (ICO) du Royaume-Uni a annoncé son intention d'imposer une amende d'environ 230 millions de dollars à British Airways et d'environ 123 millions de dollars à Marriott pour des violations de données liées au RGPD.

Le RGPD est complexe. Si vous pensez que votre entreprise pourrait être assujettie à cette réglementation, parlez-en à un avocat spécialisé dans ce domaine. Cependant, même si une petite entreprise étrangère à l'UE est techniquement soumise au RGPD, il est peu probable que l'UE tente par exemple d'imposer dans un avenir proche des amendes à des petites entreprises américaines qui n'opèrent pas en Europe. Elle a bien d'autres chats à fouetter. Cela dit, ce n'est pas quelque chose qu'il faut négliger, quelle que soit l'origine de ses activités.

Données biométriques

Si vous utilisez une forme quelconque d'authentification biométrique ou si, pour toute autre raison, vous stockez des données biométriques, vous pouvez être soumis à diverses lois relatives à la confidentialité et à la sécurité régissant ces données. Là encore, il vaut mieux avant toute chose se renseigner auprès d'un organisme spécialisé ou d'un juriste compétent.

Gestion de l'accès Internet

Les petites entreprises font face à des défis importants liés à l'accès à l'Internet et aux systèmes d'information auxquels les individus pensent rarement. Elles doivent prendre en conséquence des mesures pour prévenir l'émergence de divers dangers. Les sections qui suivent en donnent quelques exemples.

Séparez l'accès Internet pour les appareils personnels

Si vous fournissez un accès Internet aux visiteurs de votre lieu de travail et/ou à vos employés pour qu'ils puissent l'utiliser avec leurs smartphones personnels et leurs tablettes, installez cet accès Internet sur un réseau distinct du ou des réseaux utilisés pour exploiter votre entreprise (voir la Figure 9.1). La plupart des routeurs modernes offrent une telle capacité, qui se trouve généralement quelque part dans la configuration avec un nom comme Réseau Invités ou quelque chose de semblable.

Figure 9.1
Exemple de partage de connexion Wi-Fi.

Apportez votre équipement personnel de communication (AVEC)

Si vous autorisez vos employés à effectuer des activités professionnelles sur leurs propres ordinateurs portables ou leurs appareils mobiles personnels, vous devez créer des politiques concernant ces activités et implémenter des outils technologiques pour protéger vos données dans un tel environnement.

Ne vous fiez pas juste aux « bonnes pratiques ». Si vous ne mettez pas en place une technologie adaptée, vous pourriez subir un vol catastrophique de données si un employé devient malhonnête ou fait une erreur grave.

En général, les petites entreprises ne devraient pas permettre d'apporter leur propre appareil (AVEC, ou encore PAP, pour *prenez vos appareils personnels*, en anglais BYOD, pour *bring your own device*) – même si c'est tentant. Dans la grande majorité des cas où les petites entreprises permettent à leurs employés d'utiliser leurs propres appareils pour des activités liées au travail, les données demeurent mal protégées et des problèmes surviennent si un membre du personnel quitte la structure (surtout si la rupture est conflictuelle).

De nombreux claviers Android « apprennent » les activités d'un utilisateur au fur et à mesure qu'il tape. Bien que cela contribue à améliorer la correction orthographique et la prédiction des mots, cet apprentissage signifie également que, dans de nombreux cas, les informations sensibles de l'entreprise peuvent être enregistrées sur un appareil personnel, et demeurer dans les contenus suggérés lorsqu'un utilisateur les saisit, même après avoir quitté son employeur.

Si vous autorisez une pratique AVEC, assurez-vous d'établir des politiques et des procédures appropriées – tant pour l'utilisation que pour la désaffectation de toute technologie de l'entreprise sur ces appareils, ainsi que pour la suppression de toutes les données liées à l'entreprise lorsqu'un employé quitte celle-ci. Il est donc indispensable d'élaborer un plan de sécurité complet pour les appareils mobiles qui comprenne des fonctions d'effacement à distance, renforce la protection des mots de passe et autres données sensibles, traite les données liées au travail dans une zone isolée de l'appareil à laquelle les autres applications ne peuvent accéder (un processus appelé *sandboxing*), installe, exécute et met à jour un logiciel de sécurité optimisé pour mobile, empêche le personnel d'utiliser le Wi-Fi public pour les tâches sensibles liées au travail, interdise certaines activités lorsque les appareils contiennent des données de la société, *etc.*

Gestion des accès entrants

L'une des plus grandes différences entre les particuliers et les entreprises qui utilisent l'Internet est souvent la nécessité pour l'entreprise de fournir un accès entrant à des parties non fiables. Ces parties inconnues doivent être en mesure d'initier des communications qui aboutissent aux serveurs internes de votre entreprise.

Par exemple, si une entreprise vend des produits en ligne, elle doit permettre à ses clients (et donc, plus généralement, à des parties non fiables) d'accéder à son site Web pour effectuer des achats (voir la Figure 9.2). Celles-ci se connectent au site Web, qui doit lui-même se connecter aux systèmes de paiement et aux systèmes internes de suivi des commandes, même si ces parties ne sont pas dignes de confiance (en général, les particuliers n'ont évidemment pas besoin d'autoriser un tel accès à leur ordinateur).

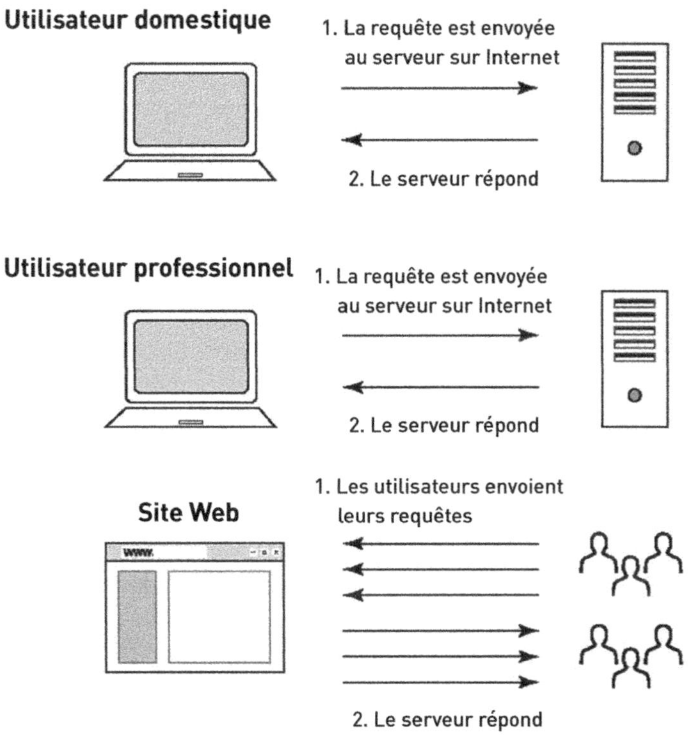

Figure 9.2

Les accès entrants constituent une différence majeure entre les entreprises et les particuliers.

Bien que les petites entreprises puissent théoriquement sécuriser correctement les serveurs Web, les serveurs de messagerie, *etc.*, la réalité est que peu d'entre elles, s'il y en a, ont les ressources nécessaires pour le faire, à moins qu'elles ne soient déjà dans le domaine de la cybersécurité. Par conséquent, il est sage dans ce cas d'envisager d'utiliser des logiciels et une infrastructure proposés par des tiers, mis en place par un expert et gérés par des experts, pour héberger tout système utilisé pour les accès entrants. Pour ce faire, une entreprise peut adopter une ou plusieurs approches parmi plusieurs solutions :

» **Utiliser le site Web d'un grand détaillant.** Si vous vendez des articles en ligne, et uniquement par l'intermédiaire des sites Web majeurs dans ce type d'activité, comme Amazon, Rakuten et/ou eBay, ces sites forment un tampon important entre les systèmes de votre entreprise et le monde extérieur. Les armées dédiées à la sécurité dans ces entreprises défendent fermement contre les attaques leurs systèmes qui sont en contact direct avec la clientèle. Dans de nombreux cas, ces systèmes n'exigent pas que les petites entreprises reçoivent des communications entrantes, et lorsque c'est le cas, ces communications émanent des systèmes de ces intermédiaires, et non du public. Bien sûr, de nombreux facteurs entrent en ligne de compte dans la décision de vendre par l'intermédiaire d'un grand détaillant – par exemple, ces marchés en ligne prennent des commissions élevées. Lorsque vous pesez le pour et le contre dans une telle prise de décision, gardez présents à l'esprit les avantages de sécurité offerts par ce type de solution.

» **Utiliser une plate-forme de vente au détail hébergée par une tierce partie.** Dans un tel cas, le tiers gère la majeure partie de l'infrastructure et de la sécurité pour vous, mais vous personnalisez et gérez la boutique en ligne proprement dite. Un tel modèle ne présente pas tout à fait le même niveau d'isolation que le modèle précédent par rapport aux utilisateurs externes, mais il offre une plus grande protection contre les attaques que si vous gérez vous-même votre propre plate-forme. Shopify est un exemple populaire de ce type de plate-forme tierce.

» **Exploiter votre propre plate-forme, hébergée par une tierce partie qui est également responsable de la sécurité.** Cette approche offre une meilleure protection qu'une gestion personnelle de la sécurité, mais elle n'isole pas votre code des personnes extérieures qui tentent de trouver des vulnérabilités et de lancer des attaques. Elle vous confie également la responsabilité de l'entretien et de la sécurité de la plate-forme.

» **Exploiter votre propre système hébergé en interne ou en externe et faire appel à un fournisseur de services pour gérer votre sécurité.** Dans un tel cas, vous êtes entièrement responsable de la sécurité de la plate-forme et de l'infrastructure, mais vous confiez à un tiers une grande partie du travail nécessaire pour assumer cette responsabilité.

D'autres modèles et de nombreuses variantes des modèles que j'énumère existent également.

Si les modèles peuvent aller du plus facile au plus difficile à sécuriser, ils peuvent également aller du moins personnalisable au plus personnalisable. De plus, même si les modèles les plus anciens peuvent coûter moins cher pour les petites entreprises, les dépenses correspondantes augmentent généralement beaucoup plus rapidement que celles liées aux modèles plus récents à mesure que l'entreprise prend de l'expansion.

Le recours à des fournisseurs tiers comporte bien sûr certains risques. Mais le risque qu'une petite entreprise ne soit pas en mesure de mettre en œuvre correctement et de gérer la sécurité de façon permanente est probablement beaucoup plus grand que celui qui pourrait être créé par le recours à une tierce partie fiable. Bien entendu, il est extrêmement risqué et déconseillé d'externaliser quoi que ce soit vers une tierce partie inconnue sur laquelle vous manquez de renseignements fiables.

Protégez-vous contre les attaques par déni de service

Si vous exploitez des sites Internet dans le cadre de votre activité, assurez-vous d'avoir implémenté une technologie de sécurité pour vous protéger contre les attaques de type déni de service. Si vous vendez par l'intermédiaire de grandes plates-formes, elles ont probablement déjà tous les outils adéquats pour cela. Si vous utilisez une importante plate-forme de cloud, le fournisseur peut également vous fournir ce dont vous avez besoin. Si vous exploitez le site par vous-même, vous devriez obtenir une protection pour vous assurer que quelqu'un ne peut pas facilement mettre votre site – et votre entreprise – hors ligne.

Utilisez https pour votre site Web

Si votre entreprise exploite un site Web, assurez-vous d'installer un certificat TLS/SSL valide afin que les utilisateurs puissent accéder à ce site *via* une connexion sécurisée et savoir que le site appartient effectivement à votre entreprise.

Certains systèmes de sécurité qui protègent contre les attaques par déni de service incluent un tel certificat dans leur « package ».

Accès à distance aux systèmes

Si vous avez l'intention de fournir aux employés un accès à distance aux systèmes de l'entreprise, pensez à utiliser un réseau privé virtuel (VPN) et une authentification multifactorielle. Dans le cas d'un accès à distance, le VPN devrait créer un tunnel crypté entre vos utilisateurs distants et votre entreprise, et non entre les utilisateurs et un fournisseur de VPN. Le tunnel protège à la fois contre l'espionnage des communications entre les utilisateurs distants et l'entreprise, et permet en même temps à ces utilisateurs de fonctionner comme s'ils se trouvaient dans les bureaux de l'entreprise et d'utiliser diverses ressources professionnelles accessibles uniquement aux initiés. L'authentification multifactorielle est examinée en détail au Chapitre 6.

Bien entendu, si vous utilisez des systèmes tiers basés sur le cloud, les fournisseurs concernés doivent déjà disposer de capacités de sécurité déployées dont vous pouvez tirer parti – faites-le sans hésiter.

Exécutez des tests de pénétration

Les individus font rarement des tests pour voir si des hackers peuvent pénétrer dans leurs systèmes, et c'est notamment le cas de la plupart des petites entreprises. Cela peut toutefois s'avérer utile, surtout si vous déployez un nouveau système ou si vous mettez à niveau votre infrastructure réseau. Voyez le Chapitre 16 pour en savoir plus sur les tests de pénétration.

Attention aux appareils IoT

De nombreuses entreprises utilisent aujourd'hui des caméras connectées, des alarmes, *etc.* Assurez-vous que quelqu'un est effectivement responsable de la surveillance de la sécurité de ces dispositifs, qui devraient fonctionner sur des réseaux distincts (ou des segments virtuels) de ceux des ordinateurs utilisés pour l'activité de l'entreprise. Contrôlez l'accès à ces dispositifs, et ne permettez pas aux employés de connecter des appareils IoT non autorisés aux réseaux de l'entreprise. Pour plus d'informations à ce sujet, voyez le Chapitre 17.

Utilisez plusieurs segments de réseau

Selon la taille et la nature de votre entreprise, il peut être judicieux d'isoler plusieurs ordinateurs sur différents segments de réseau. Une entreprise qui développe des logiciels, par exemple, ne devrait pas avoir des programmeurs qui codent sur le même réseau que celui qui est utilisé par les gens de l'exploitation pour gérer la paie et les comptes fournisseurs.

Attention aux cartes de paiement

Si vous acceptez les cartes de crédit et/ou de débit – et que vous ne vendez pas par l'intermédiaire du site Web d'un grand site d'e-commerce – assurez-vous de discuter avec votre prestataire des diverses options technologiques antifraude qui pourraient vous être proposées.

Gérer les problèmes d'énergie

Utilisez une alimentation électrique sans interruption sur tous les systèmes que vous ne pouvez pas vous permettre de mettre hors tension, même momentanément. De plus, assurez-vous que les alimentations peuvent maintenir les systèmes en état de marche plus longtemps que toute coupure prévisible. Si vous vendez divers biens et services par le biais du commerce de détail en ligne, par exemple, vous risquez de perdre vos ventes actuelles et futures, ainsi que de mettre votre réputation en péril, si votre système de vente est mis hors ligne, même pendant une courte période de temps.

Ne laissez jamais le personnel de nettoyage entrer dans l'endroit où se trouve le serveur sans être accompagné – même pour un instant. L'auteur a personnellement été témoin d'un cas où un serveur utilisé par des dizaines de personnes s'est arrêté parce qu'un administrateur avait permis au personnel de nettoyage d'entrer dans une salle de serveurs sans être accompagné pour découvrir plus tard que quelqu'un avait débranché un onduleur (ou UPS) – un dispositif qui sert à la fois à brancher le système et comme alimentation de secours par batterie – simplement pour brancher un aspirateur…

Enfermer tout l'équipement réseau et les serveurs dans un local ventilé

Vous devez contrôler l'accès physique à vos systèmes et à vos données si vous voulez les protéger contre tout accès non autorisé. Alors que les particuliers laissent généralement leurs ordinateurs dans un espace ouvert chez eux, les entreprises stockent généralement leurs serveurs dans des salles ou dans des armoires verrouillées. Vous devez vous assurer, cependant, qu'une telle pièce ou armoire dans laquelle vous installez votre équipement informatique est bien ventilée, ou sinon celui-ci peut surchauffer et mourir. Vous devrez peut-être même installer un petit climatiseur dans le placard si la ventilation ne suffit pas à elle seule à éliminer la chaleur générée par ce type de matériel.

Chapitre 10
Cybersécurité et grandes entreprises

DANS CE CHAPITRE

Sécurité de l'information : reconnaître les différences entre grandes entreprises et petites entreprises.

Comprendre le rôle du RSSI.

Réglementations et normes ayant un impact sur les grandes entreprises.

Bon nombre des défis en matière de sécurité de l'information auxquels sont confrontées les grandes entreprises et les petites entreprises sont les mêmes. En fait, au cours de la dernière décennie, les offres de cloud computing ont apporté aux petites entreprises de nombreux systèmes bien protégés, avec des technologies de pointe, réduisant certaines des différences historiques entre entreprises de différentes tailles en ce qui concerne l'architecture de certains systèmes.

Bien sûr, de nombreux risques de sécurité évoluent avec la taille de l'entreprise, mais ils ne diffèrent pas qualitativement en fonction du nombre d'employés, de partenaires et de clients qu'une société possède, ou de la taille de son budget informatique.

Dans le même temps, cependant, les grandes entreprises sont souvent confrontées à d'importantes complications supplémentaires – qui impliquent parfois une complexité bien plus importante que les défis en matière de cybersécurité auxquels sont confrontées les petites entreprises. Un grand nombre de systèmes divers, souvent répartis sur plusieurs zones géographiques, avec des contraintes variées et ainsi de suite, rendent souvent la sécurisation d'une grande entreprise plutôt difficile et complexe.

Heureusement, cependant, les grandes entreprises ont tendance à avoir des budgets beaucoup plus importants pour acquérir des défenses et des défenseurs. De plus, bien que toutes les entreprises devraient, en théorie, avoir des programmes formalisés pour la sécurité de leurs informations, les grandes entreprises en ont presque toujours, alors que les petites entreprises ont tendance à ne pas trop se soucier de ce problème, souvent pour des raisons liées à leur taille et à leurs ressources.

Ce chapitre explore certains domaines qui ont un impact spécifique sur les grandes entreprises.

Complexité technologique

Les grandes entreprises ont souvent plusieurs bureaux, divers secteurs d'activité, de nombreux systèmes d'information différents, des accords commerciaux complexes avec des partenaires et des fournisseurs, et ainsi de suite – ce qui se reflète dans une infrastructure de l'information beaucoup plus compliquée que celle qui se retrouve habituellement dans les petites entreprises. Ainsi, les grandes entreprises ont une *surface d'attaque* beaucoup plus grande – c'est-à-dire qu'elles ont beaucoup plus de points d'attaque potentiels que les petites entreprises – et cette variété de systèmes signifie qu'aucun individu, ou même aucun petit groupe de personnes, ne peut être un expert qui serait capable de gérer la sécurité de toutes ces entreprises. Les grandes entreprises utilisent un mélange de systèmes locaux et de type cloud, de logiciels commerciaux prêts à l'emploi et d'autres développés sur mesure, ainsi qu'un mélange de technologies, d'architectures réseau complexes, *etc.*

Gestion des systèmes personnalisés

Les grandes entreprises ont presque toujours des quantités importantes de systèmes technologiques sur mesure qui sont gérés en interne. Selon la façon dont ils sont déployés et utilisés, ces systèmes peuvent nécessiter le même niveau de correctifs de sécurité que les logiciels standard – ce qui signifie que les services internes doivent maintenir le code à jour du point de vue de la sécurité, installer les correctifs, *etc.*

De plus, les équipes de sécurité doivent être impliquées tout au long du cycle de vie des systèmes internes – y compris les phases telles que les investigations initiales, l'analyse et la définition des exigences, la conception, le développement, l'intégration et les tests, la validation et le déploiement, l'exploitation en continu, la maintenance, l'évaluation et l'évolution.

La sécurité en tant qu'élément du développement logiciel est une question complexe. Des livres entiers sont écrits à ce sujet, et des certifications professionnelles sont également délivrées spécifiquement dans ce domaine.

Planification de la continuité et reprise après sinistre

Bien que les petites entreprises devraient avoir des plans de continuité des affaires et de reprise après sinistre (parfois appelés PCA et PRS), et qu'elles devraient aussi les tester régulièrement, elles ont le plus souvent, du moins d'un point de vue formel, au mieux des plans rudimentaires. Les grandes entreprises ont généralement des stratégies beaucoup plus formelles – y compris des dispositions détaillées pour la reprise des activités en cas d'indisponibilité d'une installation, et ainsi de suite. Des livres entiers traitent de la reprise après sinistre et de la planification de la continuité des affaires – ce qui témoigne de la complexité de ces processus.

Réglementation

Les grandes entreprises sont souvent assujetties à beaucoup plus de règlements, de lois, de directives et de normes industrielles que les petites entreprises. Outre toutes les questions décrites dans le chapitre sur la sécurisation des petites entreprises, par exemple, les sections suivantes abordent brièvement certaines des questions qui peuvent avoir un impact plus spécifique sur les grandes entreprises.

Par exemple, aux États-Unis, la loi de 2002 souvent dite SOX (pour Sarbanes Oxley Act) a établi de nombreuses règles visant à protéger les investisseurs dans les sociétés par actions[8]. En France, la loi NRE de 2001 (Nouvelles Régulations Économiques) a créé un certain nombre de règles pour les entreprises cotées en

8 Voir par exemple la page Wikipédia https://fr.wikipedia.org/wiki/Loi_Sarbanes-Oxley.

Bourse, mais elle est davantage orientée vers les conséquences sociales et environnementales de leur activité[9].

Règles de divulgation des données des sociétés ouvertes

Les sociétés dites ouvertes – c'est-à-dire dont les actions sont cotées et négociées en Bourse – sont soumises à de nombreuses règles et réglementations visant à protéger l'intégrité des marchés.

L'une de ces exigences est que l'entreprise doit divulguer publiquement et en même temps divers types d'informations qui peuvent avoir une incidence sur la valeur des actions. Il est interdit, par exemple, de fournir de telles informations aux banques d'investissement avant de les divulguer aux médias. En fait, il est strictement interdit à toute personne à qui la firme communique des informations avant leur divulgation au public – par exemple, des cabinets d'experts-comptables ou juridiques de la société – de négocier des actions ou tout produit dérivé fondé sur ces données.

Ainsi, les grandes entreprises ont souvent toutes sortes de politiques, de procédures et de technologies qui sont mises en place pour protéger les données assujetties à ces règlementations – et pour faire face à des situations dans lesquelles certaines de ces données auraient été divulguées par inadvertance.

Divulgations d'atteintes à la vie privée

Certaines règles de divulgation des violations peuvent ne pas s'appliquer aux petites entreprises, alors que la transparence doit/devrait être de règle pour les grandes entreprises. En outre, les sociétés d'importance ont souvent plusieurs services qui doivent interagir et coordonner leurs activités afin de communiquer des informations sur une violation – ce qui met parfois aussi en jeu des parties externes. Les représentants des services en charge de la communication, du marketing, des relations avec les investisseurs, de l'informatique, de la sécurité, des services juridiques et autres, par exemple, peuvent avoir besoin de travailler ensemble pour coordonner le texte de tout communiqué, et peuvent devoir faire

9 Voir par exemple la page Wikipédia `https://fr.wikipedia.org/wiki/Loi_relative_aux_nouvelles_régulations_économiques`.

appel à un cabinet spécialisé dans les relations publiques et à des conseillers externes. Les grandes entreprises ont également tendance à avoir des porte-parole officiels et des services en charge des médias auxquels la presse peut s'adresser pour toute question.

Règles spécifiques à l'industrie

Diverses règles et règlements propres à l'industrie ont tendance à s'appliquer plus souvent aux grandes entreprises qu'aux petites entreprises.

Par exemple, tout ce qui relève de la production d'énergie, en particulier nucléaire, est soumis à des contraintes de sécurité en général, et de cybersécurité en particulier, et doit respecter une réglementation stricte. Il en va de même dans le secteur des télécommunications, ainsi que dans d'autres domaines sensibles, où peu de petites entreprises sont directement concernées, sauf en tant que sous-traitants éventuels.

De même, à l'exception de certains fonds spéculatifs et d'autres sociétés financières, peu de petites entreprises sont tenues de surveiller et d'enregistrer toutes les interactions de leurs employés sur les réseaux sociaux, comme les grandes banques doivent le faire pour certains membres de leur personnel.

En raison des réglementations propres à l'industrie, de nombreuses grandes entreprises ont mis en place divers processus, politiques et technologies qui gèrent des données et des systèmes nécessitant toutes sortes de mesures de sécurité de l'information.

Responsabilités fiduciaires

Bien que les petites entreprises n'aient normalement pas d'actionnaires externes devant qui la direction ou un conseil d'administration puisse être responsable sur le plan fiduciaire, la plupart des grandes sociétés ont des investisseurs qui peuvent engager des poursuites si une atteinte à la cybersécurité nuit à la valeur de l'entreprise. Les directions et les conseils d'administration doivent donc veiller à ce que les systèmes de l'entreprise soient bien protégés. Des négligences pourraient se traduire par de lourds procès. Même si les cadres supérieurs ne sont pas mis en accusation après une violation, ils peuvent tout de même subir de graves atteintes à leur carrière et à leur réputation parce qu'ils n'ont pas réussi à l'empêcher.

Des poches profondes

Parce que les grandes entreprises ont des poches beaucoup plus profondes que les petites entreprises – en d'autres termes, elles ont beaucoup plus d'argent à leur disposition – et parce qu'il n'est généralement pas aussi politiquement avantageux de viser des magasins d'articles de puériculture que de cibler une grande entreprise ayant eu un mauvais comportement, les régulateurs ont tendance à poursuivre avec beaucoup plus de vigueur les grands groupes que les petites sociétés dans le cas de non-conformité à la réglementation ou d'insuffisance dans la mise en place de règles et d'outils dans le domaine de la sécurité.

D'autre part, étant donné que les grandes entreprises sont plus susceptibles que les petites de disposer de liquidités et d'actifs, elles constituent de meilleures cibles pour les recours collectifs et diverses autres formes de poursuites judiciaires que le boutiquier ou l'artisan du coin. La plupart des avocats d'affaires ne veulent pas perdre beaucoup de temps à défendre une cause désargentée ou susceptible de faire faillite (et donc ne pas payer leur rémunération) en cas de jugement défavorable.

Par conséquent, les risques pour qu'une grande entreprise soit visée par une plainte si des données fuitent à la suite d'une atteinte à la sécurité sont relativement forts par rapport aux chances que la même chose se produise dans le cas d'une entreprise beaucoup plus petite qui aurait subi une atteinte semblable.

Prendre en compte les employés, les consultants et les partenaires

Les employés sont souvent le maillon le plus faible de la chaîne de sécurité d'une entreprise. Les structures d'emploi beaucoup plus complexes utilisées par les grandes entreprises – qui font souvent intervenir des employés syndiqués, des employés non syndiqués, des contractuels recrutés directement, des contractuels recrutés par l'entremise d'entreprises d'intérim, des sous-traitants, et ainsi de suite – menacent de rendre le problème encore pire.

La complexité, quelle que soit sa nature, augmente les chances pour que les gens fassent des erreurs. Les erreurs humaines étant le principal catalyseur des atteintes à la protection des données, les grandes entreprises doivent aller au-delà des processus de gestion des ressources humaines et des procédures que peuvent mettre en place les petites entreprises. Elles doivent, par exemple, avoir des processus rationalisés pour décider qui a accès à quoi, et qui peut donner des autorisations pour quoi. Il leur faut aussi établir des processus simples pour révoquer les autorisations pour divers systèmes lorsque les employés partent, lorsque des contractuels terminent leur mission, et ainsi de suite.

Révoquer tous les accès des personnes qui quittent l'entreprise n'est pas aussi simple que bien des gens pourraient l'imaginer. Un employé d'une grande entreprise peut, par exemple, avoir accès à de multiples systèmes de données non connectés, situés dans de nombreux endroits différents à travers le monde, et qui sont gérés par des équipes différentes provenant de différents départements. Les systèmes de gestion des identités et des accès qui centralisent une partie des processus d'authentification et d'autorisation peuvent être utiles, mais de nombreuses grandes entreprises n'ont toujours pas la centralisation complète nécessaire pour faire de la révocation des accès un processus direct, exécutable en une seule étape.

Gestion des politiques internes

Bien que toutes les entreprises comptant plus d'un employé aient une certaine forme de politique interne, les grandes entreprises peuvent souffrir de conflits entre des personnes et des groupes qui sont littéralement incités à s'opposer directement les uns aux autres. Par exemple, une équipe commerciale peut être récompensée si elle fournit des argumentaires promotionnels pour un nouveau produit avant une certaine date – ce qu'elle peut faire plus facilement si elle lésine sur la sécurité – tandis que l'équipe en charge de la sécurité des informations peut être incitée à retarder le lancement du produit, parce que son rôle est justement de s'assurer qu'il n'y a aucun problème de sécurité, et donc de ne pas mettre si nécessaire trop rapidement le produit sur le marché.

Formez à la sécurité de l'information

Tous les employés devraient comprendre certaines notions de base sur la sécurité de l'information. Ils doivent, par exemple, savoir éviter les comportements à risque, comme ouvrir des pièces jointes et cliquer sur des liens trouvés dans des courriels inattendus, télécharger de la musique ou des vidéos depuis des sources douteuses, utiliser de façon inappropriée un réseau Wi-Fi public pour des tâches sensibles ou acheter des produits dans des boutiques inconnues avec des prix « trop bas pour être vrais » et sans aucune adresse physique déclarée, localisée ou du moins localisable.

Dans les grandes entreprises, cependant, la plupart des employés ne connaissent pas personnellement la plupart des autres membres du personnel. Ceci peut ouvrir la porte à toutes sortes d'attaques d'ingénierie sociale : fausses demandes de la direction pour transférer de l'argent, fausses demandes du service informatique pour réinitialiser les mots de passe, *etc.* Formation et exercices pratiques pour s'assurer que de telles attaques ne peuvent pas atteindre leurs objectifs sont essentiels.

Environnements répliqués

Les grandes entreprises reproduisent souvent leurs environnements non seulement pour se protéger contre les pannes, mais aussi à des fins de maintenance. Ainsi, elles ont souvent trois réplicas pour chaque système majeur en place : le système de production (qui peut être répliqué lui-même à des fins de redondance), un environnement pour le développement, et un autre pour exécuter des tests sur le code et les correctifs.

Examiner le rôle du responsable de la sécurité des systèmes d'information

Alors que toutes les entreprises ont besoin de quelqu'un qui assume la responsabilité ultime de la sécurité de l'information, les grandes entreprises ont souvent des équipes entières impliquées dans ce domaine, et ont besoin de quelqu'un qui soit capable de superviser tous les divers aspects du traitement de la sécurité de l'information, ainsi que de gérer tout le personnel impliqué dans ce processus. Cette personne représente également le suivi des systèmes de sécurité de l'information auprès de la direction générale – et parfois du conseil d'administration. Cette personne est généralement désignée sous le nom de Responsable de la Sécurité des Systèmes d'Information (en abrégé, RSSI, ou en anglais *Chief Information Security Officer*, soit CISO).

Bien que les responsabilités exactes des RSSI varient selon la branche professionnelle concernée, la taille de l'entreprise, la structure de celle-ci, son implantation géographique, et les règlementations qui s'y attachent, la plupart des rôles des RSSI ont des points communs fondamentaux.

En général, le rôle d'un RSSI consiste à superviser et à assumer la responsabilité de tous les aspects de la sécurité de l'information. Les sections suivantes précisent ces domaines.

Gestion globale du programme de sécurité

Le RSSI est chargé de superviser le programme de sécurité de l'entreprise de A à Z. Ce rôle comprend non seulement l'établissement des politiques de sécurité de l'information pour l'entreprise, mais aussi tout ce qui est nécessaire pour s'assurer que les objectifs opérationnels peuvent être atteints avec le niveau voulu de gestion des risques – ce qui exige par exemple l'organisation régulière d'évaluations des risques.

Bien qu'en théorie, les petites entreprises devraient aussi disposer d'une personne responsable de l'ensemble de leurs programmes de sécurité, dans le cas des grandes entreprises, ces programmes sont habituellement beaucoup plus formels et comportent un beaucoup plus grand nombre de parties mobiles. De tels programmes sont également permanents.

Test et mesure du programme de sécurité

Le RSSI a la responsabilité d'établir des procédures de test et des métriques de réussite appropriées pour mesurer l'efficacité du plan de sécurité de l'information, et d'y apporter les ajustements nécessaires. L'établissement de mesures de sécurité appropriées est souvent beaucoup plus compliqué qu'on pourrait le supposer au départ, car il n'est pas facile de définir ce qu'est une « performance réussie » en matière de sécurité de l'information.

Gestion des risques humains

Le RSSI est également responsable de la gestion de divers risques humains. Le dépistage et la présélection des employés avant leur embauche, la définition des rôles et des responsabilités de chacun, la formation des personnels, la fourniture de manuels d'utilisation et de guides appropriés, la fourniture aux employés de simulations d'atteintes à la sécurité de l'information et de comportements à respecter dans de tels cas, la création de programmes incitatifs, *etc.*, impliquent souvent la participation du RSSI et de son organisation.

Classification et contrôle des actifs informationnels

Cette fonction du RSSI comprend l'inventaire des actifs informationnels, l'élaboration d'un système de classification approprié, la classification de ces actifs, puis la détermination des types de contrôles (au niveau de l'entreprise) qui doivent être mis en place pour sécuriser de manière adéquate les diverses catégories et actifs. La vérification et l'obligation de rendre des comptes devraient également faire partie des contrôles.

Opérations de sécurité

Par « opérations de sécurité », j'entends la fonction métier qui inclut la gestion en temps réel de la sécurité, y compris l'analyse des menaces, la surveillance des actifs technologiques de l'entreprise (systèmes, réseaux, bases de données, *etc.*) et les contre-mesures de sécurité de l'information – comme les pare-feu, qu'ils soient hébergés en interne ou en externe – pour tout problème éventuel. Le personnel en charge des opérations de sécurité est aussi celui qui intervient initialement s'il découvre que quelque chose a pu mal tourner.

Stratégie de sécurité de l'information

Ce rôle comprend l'élaboration de la stratégie de sécurité prospective de l'entreprise pour assurer cette sécurité dans le futur. Une planification et une action proactives sont beaucoup plus rassurantes pour les actionnaires que simplement réagir aux attaques.

Gestion des identités et des accès

Ce rôle consiste à contrôler l'accès aux actifs informationnels en fonction des besoins de l'entreprise. Il comprend la gestion de l'identité, l'authentification, l'autorisation et la surveillance correspondante. Il inclut tous les aspects des politiques et technologies de gestion des mots de passe de l'entreprise, toutes les politiques et systèmes d'authentification multifactorielle, et tous les systèmes d'annuaire qui stockent les listes de personnes et de groupes ainsi que leurs autorisations.

Les équipes de gestion des identités et des accès du RSSI sont chargées de fournir aux employés l'accès aux systèmes nécessaires à l'exécution de leur travail, et de révoquer cet accès lorsqu'un membre du personnel quitte son emploi (ou change de service, ou encore de site). De même, elles gèrent l'accès des partenaires ainsi que tous les autres accès externes.

Les grandes entreprises utilisent presque toujours des systèmes formels de types de services d'annuaire – Active Directory, par exemple, est très populaire.

Prévention des pertes de données

La prévention des pertes de données comprend des politiques, des procédures et des technologies qui empêchent la fuite d'informations confidentielles. De telles fuites peuvent se produire accidentellement – par exemple, un employé joint accidentellement le mauvais document à un courriel avant d'envoyer le message – ou par malveillance (par exemple, un employé mécontent vole un document précieux concernant un nouveau prototype en le copiant sur une clé USB et il emporte cette clé juste avant de démissionner).

Ces dernières années, certaines fonctions de gestion des réseaux sociaux ont été transférées dans le groupe chargé de la prévention des pertes de données. Après tout, un partage excessif sur les réseaux sociaux comprend souvent le partage *de facto* par des employés d'informations que les entreprises ne veulent pas diffuser sur des plates-formes accessibles publiquement.

Prévention des fraudes

Certaines formes de prévention des fraudes relèvent souvent de la compétence du RSSI. Par exemple, si une entreprise exploite des sites Web destinés aux consommateurs qui vendent des produits, il incombe souvent au RSSI de réduire au minimum le nombre de transactions frauduleuses effectuées sur ces sites. Même si cette responsabilité ne relève pas de la compétence du RSSI, ce dernier est susceptible d'être impliqué dans le processus, car les systèmes antifraude et les systèmes de sécurité de l'information profitent souvent mutuellement du partage d'informations sur les utilisateurs suspects.

Outre la lutte contre les transactions frauduleuses, le RSSI peut être chargé de mettre en œuvre des technologies destinées à empêcher des employés malhonnêtes de voler de l'argent de l'entreprise par le biais d'un ou de plusieurs types de stratagèmes – le RSSI se concentrant généralement essentiellement sur les moyens impliquant des ordinateurs.

Plan d'intervention en cas d'incident

Le RSSI est responsable de l'élaboration et de la mise à jour du plan d'intervention en cas d'incident dans l'entreprise. Ce plan devrait comprendre non seulement les étapes techniques décrites aux Chapitres 11 et 12, mais aussi préciser qui parle aux médias, qui autorise les messages avec les médias, qui informe le public, qui informe les organismes de réglementation, qui consulte les autorités policières, *etc.* Il devrait également détailler les identités (de même que la description du poste de travail) et les rôles de tous les autres décideurs dans le processus d'intervention en cas d'incident.

Planification de la reprise après sinistre et de la continuité des activités

Cette fonction comprend la gestion des perturbations provoquées dans les activités normales de l'entreprise au moyen de la planification des mesures d'urgence et de la mise à l'épreuve de tous ces plans.

Bien que les grandes entreprises disposent souvent pour cela d'équipes distinctes pour la planification de la reprise d'activité (PRA) et la planification de la continuité d'activité (PCA), le RSSI joue presque toujours un rôle important dans ces fonctions – voire les détient directement – pour de multiples raisons :

» **Garder les systèmes et les données disponibles fait partie de la responsabilité du RSSI.** D'un point de vue pratique, il y a donc peu de différence si un système tombe en panne parce qu'un plan de PRA et de PCA est inefficace, ou parce qu'une attaque DDoS a frappé – si les systèmes et les données ne sont pas disponibles, il s'agit du problème du RSSI.

» **Les RSSI doivent s'assurer que les plans de PCA et de PRA prévoient une reprise assurant la préservation de la sécurité.** C'est d'autant plus vrai qu'il est souvent évident que les grandes entreprises peuvent avoir besoin d'activer leurs plans de continuité, et que les hackers savent que les entreprises qui se trouvent en mode récupération constituent des cibles idéales.

Conformité

Le RSSI a la responsabilité de s'assurer que l'entreprise se conforme à toutes les exigences légales et réglementaires, aux obligations contractuelles et aux meilleures pratiques en matière de sécurité des informations. Bien entendu, des experts et des avocats peuvent conseiller le RSSI sur ces questions, mais en fin de compte, c'est à lui qu'il incombe de s'assurer que toutes les exigences sont respectées.

Enquêtes

Si (et quand) un incident de sécurité de l'information se produit, les personnes qui travaillent pour le RSSI et qui sont en charge de ce type de tâche enquêtent sur ce qui s'est passé. Dans bien des cas, ce sont elles qui coordonnent les enquêtes avec les autorités policières et judiciaires, les cabinets de consultants, les organismes de réglementation ou encore les sociétés de sécurité tierces. Ces équipes doivent être compétentes en termes d'analyse scientifique et de préservation des preuves. Il ne sert à rien de savoir qu'un employé malhonnête a volé de l'argent ou des données si, à la suite d'une mauvaise manipulation de preuves numériques, vous ne pouvez pas prouver devant un tribunal que c'est le cas.

Sécurité physique

S'assurer que les actifs informationnels de l'entreprise sont physiquement sécurisés fait partie du travail du RSSI. Cela comprend non seulement les systèmes et l'équipement de réseau, mais aussi le transport et le stockage des sauvegardes, l'élimination des ordinateurs mis hors service, et ainsi de suite.

Dans certaines organisations, le RSSI est également responsable de la sécurité physique des bâtiments abritant les matériels technologiques et des personnes qui s'y trouvent. Que ce soit ou non le cas, le RSSI est toujours chargé de travailler avec les responsables pour s'assurer que les systèmes d'information et les stockages de données sont protégés par des installations bien sécurisées, dotées de périmètres de sécurité adéquats et de contrôles appropriés dans les zones sensibles en fonction des besoins d'accès.

Architecture de sécurité

Le RSSI et son équipe sont responsables de la conception et de la supervision concernant la construction et la maintenance de l'architecture de sécurité de l'entreprise. Dans certains cas, bien sûr, les RSSI héritent d'éléments d'infrastructure déjà existants, de sorte que la latitude dont ils disposent pour concevoir et construire peut largement varier. C'est au RSSI de décider de manière efficace du comment, où, et pourquoi diverses contre-mesures sont utilisées, de ce qui concerne la conception de la topologie du réseau, des sous-réseaux isolés, des segments, et ainsi de suite.

Assurer la vérifiabilité des administrateurs du système

Il incombe au RSSI de veiller à ce que tous les administrateurs du système consignent leurs actions de manière à ce qu'elles soient vérifiables et attribuables aux parties qui ont pris les décisions.

Conformité à l'assurance pour la cybersécurité

La plupart des grandes entreprises ont une assurance destinée à couvrir les problématiques de cybersécurité. Il incombe au RSSI de vérifier que l'entreprise satisfait à toutes les règles et exigences posées par les polices en vigueur, de sorte que si quelque chose se passe mal et qu'un dossier de sinistre est déposé, l'entreprise soit bien couverte.

Partie 5

Traiter un incident de sécurité (quand il survient, et pas s'il survient)

Dans cette partie

Reconnaître les signes montrant que vous avez peut-être subi une atteinte à la sécurité.

Comprendre quand vous pourriez être touché par une faille de sécurité de quelqu'un d'autre.

Récupérer des e-mails, des comptes de réseaux sociaux, des ordinateurs et des réseaux piratés.

Agir face à un ransomware et d'autres formes de malware.

Découvrir ce qu'il faut faire si votre ordinateur ou votre appareil mobile est volé.

Chapitre 11

Identifier une atteinte à la sécurité

DANS CE CHAPITRE

Comprendre pourquoi il est critique de savoir si vous avez été piraté.

•

Identifier les violations flagrantes et cachées.

•

Reconnaître les divers symptômes de violations cachées.

Malgré de vaillants efforts pour protéger vos systèmes informatiques et vos données, vous pourriez être victime d'une brèche quelconque. En fait, les chances que vos données soient – à un moment donné – violées sont proches de 100 %. La seule vraie question est de savoir si la brèche aura lieu sur votre système ou sur celui de quelqu'un d'autre.

Comme vous êtes responsable en dernier ressort de la maintenance de vos propres systèmes informatiques, vous devez être en mesure de reconnaître les signes d'une brèche potentielle dans votre équipement. Si un hacker parvient à pénétrer dans vos systèmes, vous devez mettre fin à son accès le plus rapidement possible. Si vos données ont été manipulées ou détruites, vous devez en restaurer une copie exacte. Si les systèmes fonctionnent mal, vous devez les remettre sur les rails.

Dans ce chapitre, vous allez découvrir les symptômes d'une intrusion. Fort de ces connaissances, vous pourrez, nous l'espérons, reconnaître si quelque chose ne va pas et savoir quelles sont les mesures correctives à prendre.

Si vous avez déjà été averti par un prestataire auprès duquel vous stockez des données que celles-ci ont été ou pourraient avoir été compromises, reportez-vous au Chapitre 13.

Identifier les violations flagrantes

Les intrusions les plus faciles à identifier sont celles dans lesquelles l'attaquant vous annonce que vous avez été victime d'une attaque et vous en fournit la preuve.

Trois des violations flagrantes les plus courantes sont celles qui impliquent des demandes de rançon, des défigurations et des destructions revendiquées.

Ransomware

Un *ransomware*, ou rançongiciel, est une forme de malware qui chiffre ou vole des données sur l'appareil d'un utilisateur et demande une rançon pour restaurer ces données. La Figure 11.1 illustre un cas dans lequel l'utilisateur est averti d'une attaque par ransomware. Typiquement, ce malware inclut une date d'expiration avec un avertissement du type « payez dans les x heures ou les données seront détruites à jamais ! » (Voir le Chapitre 2 pour plus d'informations sur les logiciels de rançon.)

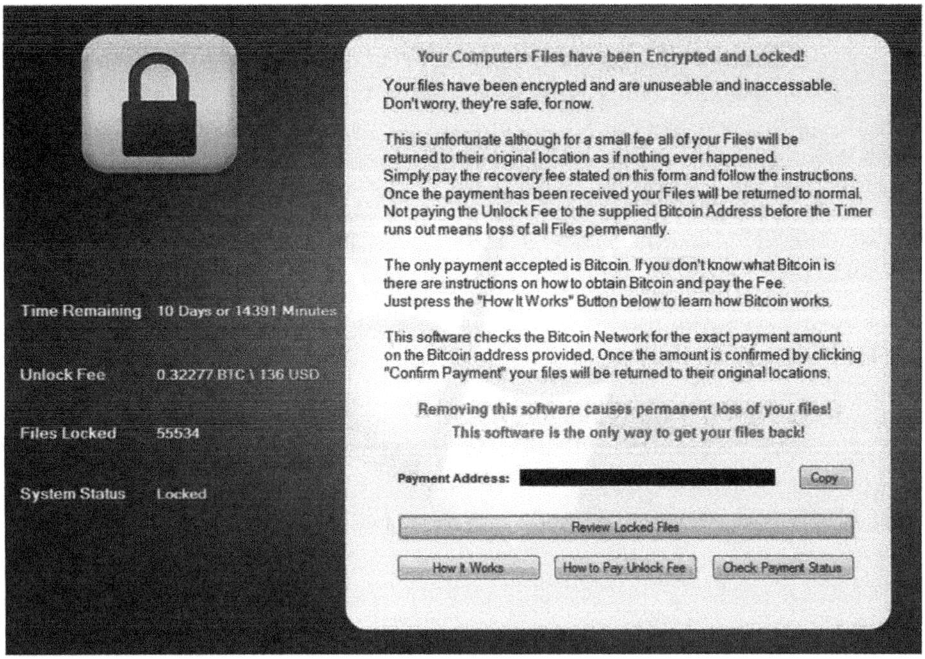

Figure 11.1

Un écran de demande de rançon, typique d'un cas d'infection manifeste.

Évidemment, si votre appareil affiche une telle demande et que des fichiers importants, qui devraient vous être accessibles, ne sont pas disponibles parce qu'ils sont manquants ou chiffrés, vous pouvez être raisonnablement sûr que vous devez prendre des mesures correctives.

Une remarque : certaines souches de fausses applications de rançon sur smartphone – oui, cela existe – affichent des messages de ce genre mais ne cryptent pas, ne détruisent pas ou ne volent pas les données. Avant de prendre toute mesure de correction, vérifiez toujours que le ransomware est réel.

Défiguration

La *défiguration* se réfère à des intrusions dans lesquelles l'attaquant « défigure » les systèmes de la victime – par exemple, en changeant le site Web de la cible pour afficher un message indiquant que le hacker l'a piraté ou un message de soutien pour une cause quelconque, comme c'est souvent le cas avec des hacktivistes (voir la Figure 11.2).

Figure 11.2

Un site Web défiguré (ici ostensiblement par un groupe de hackers connu sous le nom d'Armée électronique syrienne).

Si vous avez un site Web personnel et qu'il est défiguré, ou si vous allumez votre ordinateur et qu'il affiche un message disant qu'il a été piraté par un certain hacker, vous pouvez être raisonnablement certain que vous avez été victime d'une intrusion et que vous devez prendre des mesures de correction. Bien sûr, l'intrusion peut s'être produite sur le serveur du prestataire qui héberge votre site Web, et non sur votre ordinateur local – une question que j'aborde au Chapitre 12.

Destruction revendiquée

Les hackers peuvent détruire des données ou des programmes, mais il en va de même pour les défaillances techniques ou les erreurs humaines. Le fait que des données aient été effacées ne signifie donc pas qu'il y a eu violation d'un système. Cependant, si une partie en revendique la responsabilité, les chances pour que les problèmes soient effectivement le résultat d'une attaque peuvent monter en flèche.

Si quelqu'un vous contacte, par exemple, et prétend avoir supprimé un fichier spécifique ou un ensemble de fichiers dont seul quelqu'un ayant accès au système aurait connaissance, et que ce sont les seuls fichiers disparus, vous pouvez être raisonnablement certain que le problème auquel vous avez affaire n'est pas une défaillance des secteurs du disque dur ou des puces du SSD.

Détecter des failles secrètes

Bien qu'il soit évident que certaines intrusions le sont effectivement, la plupart d'entre elles sont en fait difficiles, voire très difficiles, à déceler. En fait, les intrusions sont parfois si complexes à remarquer que diverses entreprises, qui dépensent pourtant des millions chaque année pour des systèmes qui tentent d'identifier les failles, ont connu des intrusions qui sont restées non détectées pendant de longues périodes – parfois pendant des années !

Les sections suivantes décrivent certains symptômes qui peuvent indiquer que votre ordinateur, tablette ou smartphone a été attaqué.

Gardez à l'esprit qu'aucun des indices qui suivent n'existe indépendamment des autres, et que la présence d'un symptôme individuel, en soi, ne garantit pas que quelque chose ne va pas. De multiples raisons autres que la survenue d'une intrusion peuvent faire en sorte que des appareils agissent d'une manière anormale, et présentent une ou plusieurs des problèmes décrits dans les sections suivantes.

Cependant, si un appareil semble soudainement souffrir de multiples comportements suspects, ou si des problèmes semblent se développer juste après avoir cliqué sur un lien dans un e-mail ou un SMS, téléchargé et exécuté un logiciel à partir d'une source ayant des pratiques de sécurité potentiellement déficientes, ouvert une pièce jointe douteuse, ou fait autre chose qui vous met maintenant la puce à l'oreille, vous pouvez vouloir prendre des mesures de corrections, comme décrit au Chapitre 12.

Lorsque vous évaluez la probabilité qu'un système ait été violé, gardez présentes à l'esprit les circonstances ayant pu conduire à une telle situation. Si des problèmes surviennent après une mise à jour automatique du système d'exploitation, par exemple, le niveau de risque probable est beaucoup plus faible que si les mêmes symptômes apparaissent immédiatement après que vous avez cliqué sur un lien dans un courriel suspect vous offrant 1 000 000 $ si vous traitez un paiement envoyé par un prince nigérian à une personne en France. Gardez une juste perspective et ne paniquez pas. Si quelque chose a mal tourné, vous pouvez quand même prendre des mesures pour minimiser les dommages – voyez à ce sujet le Chapitre 12.

Votre appareil semble plus lent qu'avant

Les malware qui s'exécutent sur un ordinateur, une tablette ou un smartphone ont souvent un impact notable sur les performances de l'appareil. Les malware qui transmettent des données peuvent aussi parfois ralentir la connexion d'un appareil à Internet ou même à un réseau Wi-Fi.

Gardez à l'esprit, cependant, que les mises à jour du système d'exploitation d'un appareil ou de diverses applications peuvent également avoir un impact négatif sur les performances. Donc ne paniquez pas si vous remarquez que ces performances semblent être quelque peu dégradées juste après avoir mis à jour votre système d'exploitation, ou installé une mise à jour d'un logiciel depuis une source fiable. De même, si vous remplissez la mémoire de votre appareil ou si vous installez de nombreuses applications gourmandes en termes de charge du processeur et de bande passante, les performances risquent de souffrir même en l'absence de malware.

Vous pouvez voir ce qui fonctionne sur un PC sous Windows en appuyant sur Ctrl + Maj + Echap et en consultant la fenêtre du Gestionnaire des tâches qui va s'ouvrir. Sur un Mac, utilisez le Moniteur d'activités auquel vous pouvez accéder en cliquant sur la loupe de recherche, sur le côté droit de la barre de menu en haut de l'écran, et en commençant à saisir son nom. Après avoir tapé les premiers caractères, le nom de l'outil devrait s'afficher, et vous pouvez alors appuyer sur Entrée pour le lancer.

Votre Gestionnaire des tâches ne s'exécute pas

Si vous essayez d'exécuter le Gestionnaire des tâches sous Windows (voir la Figure 11.3) ou le Moniteur d'activités sur un Mac (voir la section précédente) et que l'outil ne fonctionne pas, votre ordinateur peut être infecté par des malware. Diverses souches de malware sont connues pour avoir un impact sur le fonctionnement de ces programmes.

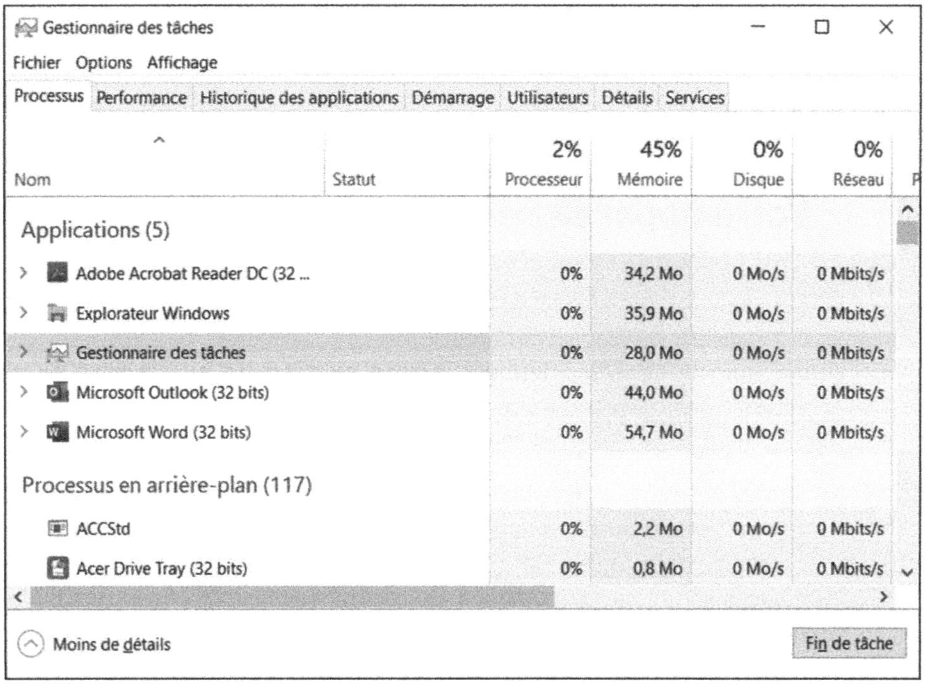

Figure 11.3

Le Gestionnaire des tâches de Microsoft Windows.

Votre Éditeur du Registre ne s'exécute pas

Si vous essayez d'exécuter l'Éditeur du Registre sous Windows, illustré sur la Figure 11.4 (par exemple, en tapant **regedit** dans la boîte de dialogue Exécuter) et qu'il ne fonctionne pas, votre ordinateur est peut-être infecté par un malware. Diverses souches de malware sont connues pour avoir un impact sur le fonctionnement de l'Éditeur du Registre.

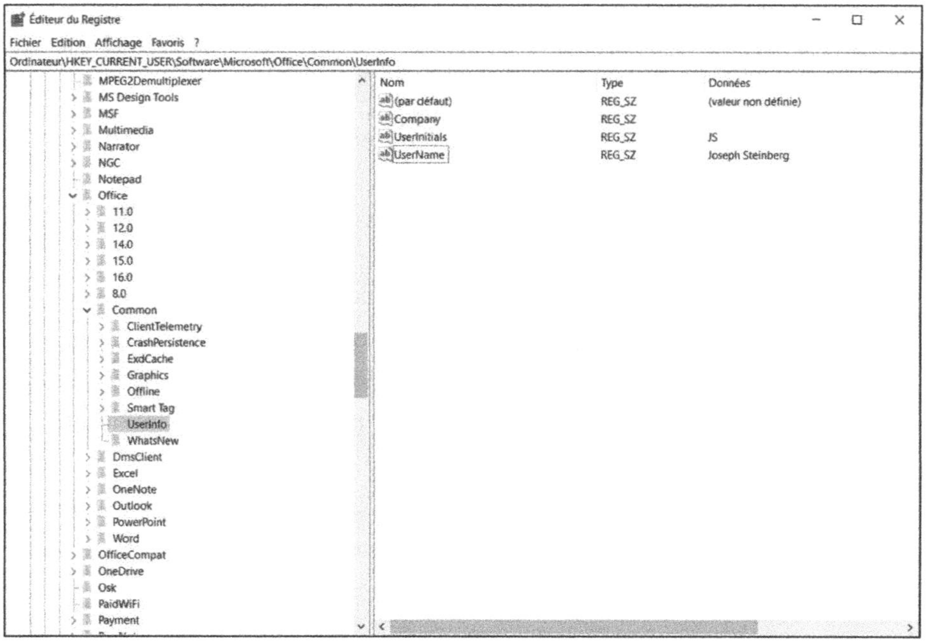

Figure 11.4

L'Éditeur du Registre de Microsoft Windows.

Notez que, lorsque vous demandez à exécuter l'Éditeur du Registre, vous pouvez recevoir un avertissement indiquant qu'il nécessite des autorisations de niveau administrateur. Cet avertissement est normal et n'est pas le signe d'un problème. Il devrait également vous rappeler les conséquences potentiellement graves de modifications du Registre : ne touchez à rien si vous n'êtes pas sûr de ce que vous faites.

Votre appareil commence à souffrir de problèmes de latence

La *latence* fait référence au temps qu'il faut pour que les données commencent à voyager après qu'une instruction a été émise pour cela. Si vous remarquez des retards qui n'existaient pas auparavant – surtout s'ils semblent importants – il est vraisemblable que quelque chose ne va pas. Bien sûr, votre fournisseur d'accès Internet ou quelqu'un d'autre peut rencontrer des problèmes, et tout peut être parfaitement en ordre sur votre propre appareil. Cependant, si des problèmes de latence se manifestent sur un seul appareil, ou sur un ensemble spécifique d'appareils, et non sur tous les dispositifs connectés au même réseau, et si le redémarrage du ou des appareils impactés n'améliore pas la situation, alors votre ou vos dispositifs peuvent avoir été compromis.

Si l'appareil utilise une connexion réseau câblée, assurez-vous de le tester avec un nouveau câble. Si le problème disparaît, la cause est probablement due à une connexion physique défectueuse ou endommagée.

Votre appareil commence à souffrir de problèmes de communication et de mise en mémoire tampon

Un symptôme très visuel des problèmes de communication et de performance, que l'on peut facilement déceler sans trop de connaissances techniques, est le fait que les vidéos en streaming semblent se figer beaucoup plus souvent qu'auparavant pendant le préchargement des trames suivantes (voir la Figure 11.5). Bien que ce problème de mise en mémoire tampon, ou *buffering*, se produise de temps en temps chez la plupart des gens, si cela arrive régulièrement sur une connexion qui ne souffrait pas régulièrement de tels ralentissements, ou sur un ou plusieurs appareils particuliers utilisant la connexion mais pas sur les autres, cela peut indiquer qu'un système est compromis.

Si l'appareil utilise une connexion réseau câblée, n'oubliez pas de vérifier tous les câbles physiques susceptibles de provoquer des problèmes réseau.

Notez que les problèmes de performance de communication peuvent également être un signe que quelqu'un se sert abusivement de votre connexion Internet, ce qui est également un type de violation.

Figure 11.5 Exemple de problème de communication lors d'un streaming vidéo. Notez la partie visible du cercle rotatif au milieu de l'image vidéo.

Les paramètres de votre appareil ont changé

Si vous remarquez que certains paramètres de votre appareil ont changé – et que vous êtes certain que vous n'avez pas effectué vous-même ces changements – cela peut être un signe de problèmes. Bien sûr, certains logiciels apportent également des modifications aux paramètres (en particulier sur les ordinateurs classiques, par opposition aux smartphones), de sorte que les modifications peuvent également provenir d'une source légitime. La plupart des logiciels, cependant, n'apportent pas de changements majeurs sans vous en aviser. Si vous constatez des changements spectaculaires dans vos paramètres, faites attention.

Votre terminal envoie ou reçoit d'étranges courriels

Si vos amis ou collègues signalent que vous leur avez envoyé des courriels alors que ce n'est pas le cas, il est probable que quelque chose ne va pas, surtout si ces messages semblent être du spam. De même, si vous recevez des courriels qui semblent provenir de personnes, alors que celles-ci assurent n'avoir jamais envoyé ces messages, il se peut que vous ayez subi une intrusion.

Gardez à l'esprit, cependant, que de nombreuses autres raisons (y compris d'autres types d'attaques sur des systèmes en dehors de vos propres appareils et comptes) peuvent produire des spams qui semblent émaner de vous.

Votre terminal envoie ou reçoit d'étranges SMS

Si vos amis ou collègues signalent que vous leur auriez envoyé des SMS ou d'autres communications de style « smartphone », alors que ce n'est pas du tout le cas, il se peut que votre smartphone ait été piraté. De même, si vous recevez des SMS qui semblent provenir de personnes, alors que celles-ci assurent n'avoir jamais envoyé ces messages, il se peut que vous ayez subi une intrusion.

Un nouveau logiciel (y compris des applications) est installé sur votre appareil – et vous n'avez rien fait

Si de nouveaux programmes ou applications apparaissent soudainement sur votre appareil et que vous ne les avez pas installés, il se peut que quelque chose de bizarre se passe. Dans le cas de certains appareils portables, le fabricant ou le fournisseur de services concerné peut occasionnellement installer certains types d'applications à votre insu, certes. Mais, si de nouvelles applications apparaissent soudainement, vous devriez toujours examiner de près la question. Effectuez une recherche Google sur les applications et voyez ce que les sites techniques fiables en disent. Si les applications n'apparaissent pas sur les appareils d'autres personnes, il se peut que vous ayez un problème sérieux sur les bras.

Gardez à l'esprit, cependant, que parfois les routines d'installation d'un programme installent aussi d'autres applications. Il est relativement courant, par exemple, que certains programmes, qui sont offerts gratuitement aux utilisateurs dans une version avec des fonctionnalités limitées, installent également en parallèle d'autres programmes commerciaux. Normalement, une permission devrait être demandée à l'utilisateur, mais cela n'a rien d'obligatoire, et donc la question n'est pas toujours posée.

N'oubliez pas non plus que si vous laissez quelqu'un d'autre se servir de votre ordinateur, il se peut qu'il ou elle ait installé quelque chose (de légitime ou d'illégitime).

La batterie de votre appareil semble s'épuiser plus vite qu'avant

Les malware qui s'exécutent en arrière-plan consomment l'énergie de la batterie et peuvent aider à épuiser celle-ci sur des ordinateurs portables, des smartphones et des tablettes.

Votre appareil semble plus chaud qu'avant

Les malware qui exécutent en arrière-plan utilisent des cycles du CPU et peuvent faire en sorte qu'un appareil chauffe davantage qu'auparavant. Il se peut que vous entendiez les ventilateurs de refroidissement internes être plus bruyants, ou se mettre en marche plus souvent que d'habitude, ou encore que vous sentiez que l'appareil est physiquement plus chaud au toucher.

Le contenu de fichiers a été modifié

Si le contenu de fichiers a changé sans que vous y ayez touché, et sans que vous n'utilisiez un logiciel qui, selon vous, pourrait les modifier, quelque chose pourrait sérieusement clocher.

Bien sûr, si vous laissez quelqu'un d'autre utiliser vos ordinateurs et que lui donnez accès aux fichiers en question, avant de blâmer un malware ou un hacker, assurez-vous de vérifier avec la personne que vous laissez utiliser votre matériel si elle a opéré des changements.

Il manque des fichiers

Si des fichiers semblent avoir disparu sans que vous les ayez supprimés et sans que vous ayez utilisé un logiciel dont vous pensez qu'il pourrait les avoir supprimés, il se peut, là aussi, que quelque chose cloche sérieusement.

Bien sûr, des pannes techniques et des erreurs humaines peuvent aussi faire disparaître des fichiers – et si vous laissez quelqu'un d'autre utiliser votre ordinateur, il ne faut peut-être pas chercher plus loin le coupable.

Les sites Web semblent devenus un peu différents

Si quelqu'un a installé un malware qui jour un rôle de *proxy* sur votre appareil – c'est-à-dire qu'il se trouve entre votre navigateur et Internet et qu'il relaie les communications entre eux (tout en lisant tout le contenu de ces communications et, peut-être, en y insérant ses propres instructions) – cela peut affecter la façon dont certains sites s'affichent.

Vos paramètres Internet indiquent qu'il y a un proxy, alors que vous n'en avez configuré aucun

Si quelqu'un a reconfiguré votre appareil pour utiliser son serveur en tant que proxy, il se peut que cette personne tente de lire les données envoyées vers et depuis votre système, et essaie de modifier le contenu de votre session ou même de la détourner complètement.

Certains programmes légitimes peuvent configurer des *proxies* Internet, mais ces informations doivent s'afficher clairement lors de l'installation et de l'exécution initiale du logiciel, pas soudainement après avoir cliqué sur un lien douteux ou téléchargé un programme depuis une source peu fiable. (Voir la Figure 11.6.)

Certains programmes (ou applications) ne fonctionnent plus correctement

Si des applications que vous connaissez fonctionnaient correctement sur votre appareil mais qu'elles cessent soudainement de s'exécuter comme prévu, il se peut que vous ressentiez un symptôme d'interférence d'un proxy ou d'un malware avec les fonctionnalités de ces applications.

Bien sûr, si un tel problème survient immédiatement après une mise à jour du système d'exploitation, cette mise à jour est une source beaucoup plus probable du problème qu'une cause plus sinistre.

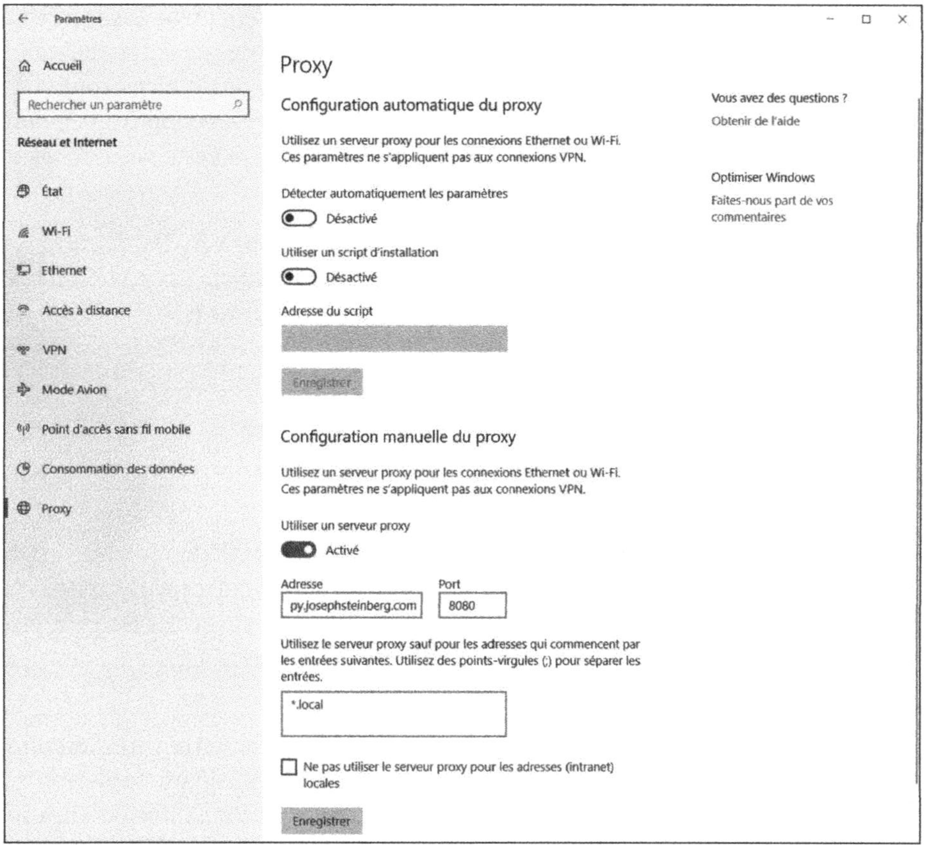

Figure 11.6 Connexion Internet configurée pour utiliser un proxy. Si un tel proxy apparaît soudainement dans vos paramètres Internet, alors que vous n'avez pas activé ce système, c'est que quelque chose ne va pas.

Des programmes de sécurité ont été désactivés

Si le logiciel de sécurité que vous exécutez normalement sur votre appareil a soudainement été désactivé, supprimé, ou configuré pour ignorer certains problèmes, cela peut être un signe qu'un pirate a pénétré votre système et a désactivé ses défenses pour empêcher que ses efforts ne soient bloqués, ainsi que pour s'assurer que vous ne recevez pas d'avertissement lorsqu'il effectue diverses autres activités néfastes.

Une utilisation accrue des données ou des SMS

Si vous surveillez l'utilisation des données ou des SMS de votre smartphone, et que vous constatez des chiffres d'utilisation plus élevés qu'attendu, et surtout si cette augmentation commence juste après un événement suspect, cela peut être un signe que des malware transmettent des données de votre appareil à des tiers. Vous pouvez même vérifier votre consommation de données application par application – si l'une d'entre elles semble utiliser beaucoup trop de données pour les fonctionnalités qu'elle fournit, quelque chose peut ne pas être normal.

Si vous avez installé l'application à partir d'un magasin d'applications tiers, vous pouvez essayer de la supprimer et de la réinstaller à partir d'une source plus fiable. Gardez à l'esprit, cependant, que si un malware se trouve sur votre appareil, réinstaller l'application peut ne pas toujours résoudre le problème, même si cette application était la source originale de l'infection.

Augmentation du trafic réseau

Si vous surveillez l'utilisation du réseau Wi-Fi ou filaire de votre appareil et que vous constatez des niveaux d'activité plus élevés que prévu, surtout si cette augmentation commence juste après un événement suspect, cela peut être un signe que des malware transmettent des données de votre appareil à des tiers.

Sur certains systèmes, vous pouvez même vérifier votre consommation de données application par application – si une ou plusieurs applications semblent utiliser beaucoup trop de données pour les fonctionnalités qu'elles fournissent, quelque chose peut ne pas être normal. Si vous avez installé l'application en question à partir d'une source au final peu fiable, vous pouvez essayer de la supprimer et de la réinstaller à partir d'une source plus sûre – mais si un malware est bel et bien présent sur votre appareil, réinstaller l'application « proprement » peut ne pas toujours résoudre le problème, même si elle était, en fait, la source originale de l'infection.

Vous pouvez vérifier combien de données votre ordinateur utilise – et même combien de données chaque programme consomme – en installant un programme de surveillance de la bande passante sur l'appareil en question.

Ports ouverts inhabituels

Les ordinateurs et autres périphériques connectés à Internet communiquent à l'aide de ports virtuels. Les communications pour différentes applications arrivent ordinairement dans l'appareil *via* différents ports. Ceux-ci sont numérotés, et la plupart des numéros de port devraient toujours être fermés, c'est-à-dire être configurés pour ne pas autoriser les communications entrantes.

Si des ports qui ne sont normalement pas ouverts sur votre ordinateur le deviennent soudainement, et que vous ne venez pas simplement d'installer un logiciel qui pourrait utiliser de tels ports, cela indique généralement qu'il y a un problème. Sous Windows – surtout si vous comprenez un peu le fonctionnement des réseaux – vous pouvez utiliser la commande intégrée `netstat` pour déterminer quels ports sont ouverts et ce qui est connecté à votre appareil.

Votre appareil commence à planter

Si votre ordinateur, votre tablette ou votre smartphone commence soudainement à tomber en panne beaucoup plus fréquemment que par le passé, il se peut qu'un malware en soit la cause. Bien sûr, si vous venez de mettre à jour votre système d'exploitation, c'est probablement là que se trouve la source du problème.

Si vous voyez régulièrement des affichages comme le fameux Écran bleu de la mort (voir la Figure 11.7) – ou d'autres indiquant que votre ordinateur a subi une erreur fatale et doit être redémarré – vous avez un vrai problème. Il peut être technique, ou dû à une corruption du système du fait d'un malware ou d'un hacker.

Votre facture de téléphone portable est trop élevée

Des criminels sont connus pour avoir exploité des smartphones compromis afin de passer des appels téléphoniques coûteux à l'étranger au nom d'un correspondant distant, l'appareil servant d'intermédiaire. De même, ils peuvent utiliser un appareil compromis pour envoyer des SMS vers des numéros internationaux et provoquer d'autres frais de téléphone de diverses façons.

Demande d'accès de programmes inconnus

La plupart des logiciels de sécurité pour ordinateurs avertissent les utilisateurs lorsqu'un programme tente pour la première fois d'accéder à Internet. Si vous

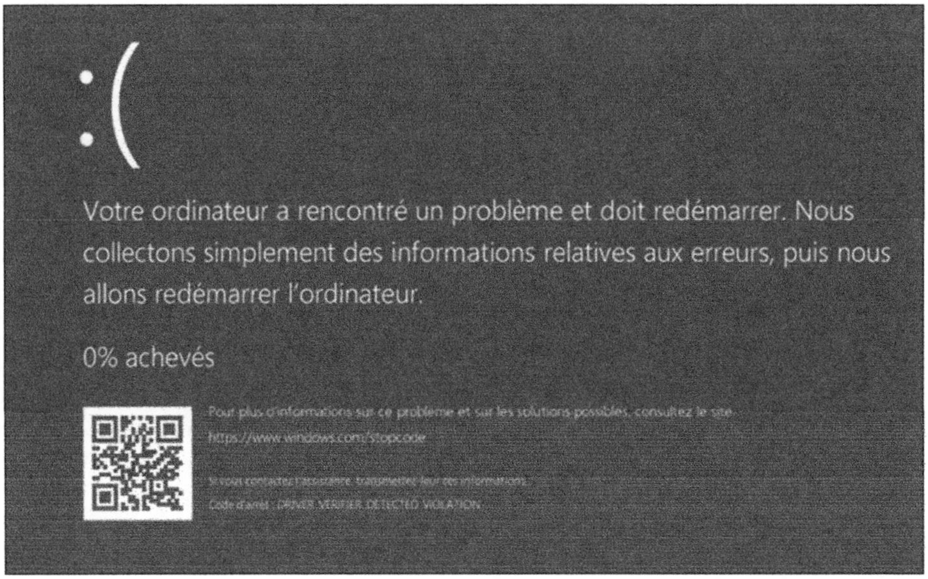

Figure 11.7 Le célèbre Écran bleu de la mort peut apparaître après un grave crash de un ordinateur fonctionnant sous Microsoft Windows 10.

recevez un avertissement de ce type, et que vous ne connaissez pas le programme qui demande l'accès, ou si vous reconnaissez le programme mais que vous ne comprenez pas pourquoi il a besoin d'accéder à Internet (par exemple, la calculatrice de Windows ou le bloc-notes), quelque chose ne va peut-être (et même sans doute) pas.

Des dispositifs externes s'allument de manière inattendue

Si un ou plusieurs de vos périphériques d'entrée externes (y compris des appareils tels que des appareils photo, des scanners ou encore des microphones) semblent s'allumer à des moments inattendus (typiquement, lorsque vous ne les utilisez pas), cela peut indiquer qu'un malware ou un hacker s'en sert pour communiquer ou les utilise autrement.

Il y a des attaques dont on sait qu'elles impliquent des criminels qui allument à distance les caméras des gens et les espionnent.

Votre appareil agit comme si quelqu'un d'autre l'utilisait

Les acteurs malveillants s'emparent parfois des ordinateurs et les utilisent à distance comme s'ils étaient assis devant le clavier de la machine. Si vous voyez votre appareil agir comme si quelqu'un d'autre le contrôlait – par exemple, le pointeur de la souris semble se déplacer tout seul, ou bien des frappes sont effectuées alors que vous n'utilisez pas votre clavier – c'est peut-être un signe montrant que quelqu'un d'autre contrôle réellement la machine.

Un nouveau moteur de recherche par défaut dans le navigateur

Dans le cadre de plusieurs techniques d'attaque, les hackers sont connus pour modifier le moteur de recherche par défaut utilisé par les gens pour naviguer sur le Web. Si le moteur de recherche par défaut de votre propre navigateur a changé et que ce n'est pas vous qui l'avez modifié, il se peut que quelque chose cloche. Pour effectuer une vérification, consultez la liste des applications par défaut, comme l'illustre la Figure 11.8.

Le mot de passe de votre appareil a changé

Si le mot de passe de votre téléphone, tablette ou ordinateur a changé sans que vous l'ayez fait vous-même, c'est que quelque chose ne va pas, et que la cause est probablement grave.

Des fenêtres commencent à surgir

Diverses souches de malware produisent des fenêtres contextuelles demandant à l'utilisateur d'effectuer diverses actions (voir par exemple la Figure 11.9). Si vous voyez surgir des fenêtres dites « pop-up », méfiez-vous. De tels malware sont courants sur les ordinateurs portables, mais ils existent aussi pour certains smartphones.

N'oubliez pas que les fenêtres qui surgissent alors que vous n'utilisez pas de navigateur Web constituent un gros drapeau rouge, tout comme celles qui vous

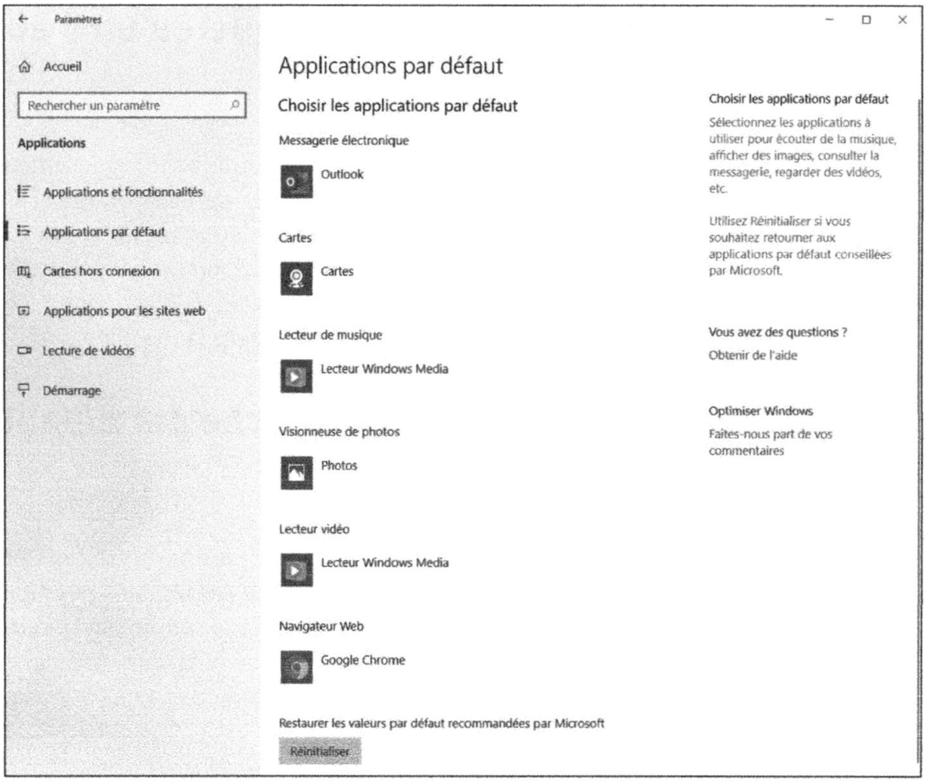

Figure 11.8

L'écran de configuration des applications par défaut de Windows 10.

Figure 11.9

Cette fenêtre pop-up est émise par un malware qui essaie d'effrayer les gens pour qu'ils achètent un faux logiciel de sécurité.

conseillent de télécharger et d'installer un « logiciel de sécurité » ou de visiter des sites Web à la réputation douteuse, et/ou s'efforçant de susciter une tentation pornographique...

De nouvelles extensions apparaissent dans le navigateur

Vous devriez être invité à confirmer votre accord avant l'installation de toute nouvelle extension (ou tout nouveau module complémentaire) dans votre navigateur. Si une nouvelle extension est installée à votre insu, cela signifie qu'il y a probablement un problème. Certains malware se cachent dans des versions empoisonnées de barres d'outils de navigateur.

Nouvelle page d'accueil du navigateur

Certaines techniques d'attaque sont connues pour modifier la page d'accueil des navigateurs des utilisateurs. Si la page d'accueil de votre propre navigateur a changé et que ce n'est pas vous qui l'avez modifiée, il se peut que quelque chose d'anormal se passe.

Votre courriel est bloqué par des filtres antispam

Si les courriels que vous envoyez pouvaient être reçus sans problème par leurs destinataires, mais qu'ils sont soudainement bloqués par des filtres antispam, cela peut signifier que quelqu'un ou quelque chose a modifié votre configuration de messagerie afin de transférer vos messages en passant par un serveur lui permettant de lire, bloquer ou même modifier vos courriels, et que les autres systèmes de sécurité ont signalé comme étant problématique.

Votre appareil tente d'accéder à de « mauvais » sites

Si vous utilisez votre ordinateur, tablette ou smartphone sur un réseau qui bloque l'accès à des sites et réseaux problématiques connus (de nombreuses entreprises, organisations et entités diverses disposent d'une telle technologie à la fois sur leurs réseaux internes et sur les réseau de type AVEC – « Apportez Votre Équipement personnel de Communication »), et que vous découvrez que votre appareil a essayé d'accéder à ces sites à votre insu, cela signifie que votre appareil est probablement compromis.

Vous subissez des interruptions de service inhabituelles

Si votre smartphone semble soudainement perdre des appels, ou si vous le trouvez incapable de passer des appels à des moments où le signal semble être tout à fait correct, ou encore si vous entendez des bruits étranges pendant vos conversations téléphoniques, quelque chose peut ne pas fonctionner normalement.

N'oubliez pas que, dans la plupart des cas, ces symptômes désignent des problèmes techniques qui ne sont pas liés à une attaque. Cependant, dans certains cas, de tels maux peuvent être provoqués par une intrusion. Ainsi, si vous avez remarqué des symptômes inquiétants peu de temps après avoir effectué une action qui vous semble maintenant regrettable ou erronée, vous voudrez peut-être envisager de prendre des mesures de rectification (voir le Chapitre 12).

Les paramètres de langue de votre appareil ont changé

Les gens changent rarement les paramètres de langue sur leur ordinateur une fois le système d'exploitation installé, et peu de logiciels le font également. Si votre ordinateur affiche soudainement des menus et/ou des invites dans une langue étrangère, ou pire dans une langue que vous n'avez jamais installée, quelque chose ne va probablement pas.

Vous voyez une activité inexpliquée sur l'appareil

Si, sur votre appareil, vous voyez dans votre dossier Éléments envoyés des messages qui ne sont pas de votre fait, cela signifie que votre système ou votre compte de messagerie a probablement été compromis.

De même, si des fichiers que vous êtes certain de ne jamais avoir téléchargés apparaissent dans votre dossier Téléchargements, quelqu'un d'autre peut les avoir chargés sur votre appareil.

Vous voyez une activité en ligne inexpliquée

Si votre compte sur un réseau social contient des messages alors que vous êtes certain que ni vous ni aucune application que vous avez autorisée n'en est responsable, cela signifie que quelque chose ne va clairement pas. Il se peut que votre compte ait été piraté mais que vos appareils restent tous sécurisés, ou inversement qu'un de vos appareils ayant accès au compte ait été piraté et soit devenu le point d'accès non autorisé à votre compte.

Il en va de même si vous voyez des films que vous n'avez jamais loués apparaître dans votre historique d'un service de streaming vidéo, des achats que vous n'avez jamais effectués apparaître dans votre historique de commandes dans une boutique en ligne, *etc.*

Votre appareil redémarre soudainement

Bien que les redémarrages fassent partie intégrante de la plupart des mises à jour du système d'exploitation, ils ne doivent pas se produire soudainement en dehors d'un tel contexte. Si votre appareil redémarre régulièrement sans votre accord, c'est que quelque chose ne va pas. La seule question est de savoir si le problème provient d'une atteinte à la sécurité ou s'il y a une autre cause.

Vous voyez des signes d'atteintes à la protection des données ou de fuites de données

Bien sûr, si vous savez que certaines de vos données ont fui, vous devriez essayer de déterminer la source du problème – et le processus de vérification comprend évidemment l'examen des signes de problèmes potentiels sur tous vos smartphones, tablettes et ordinateurs.

Vous êtes redirigé vers le mauvais site Web

Si vous êtes sûr d'avoir tapé l'URL correcte, mais que vous avez quand même été redirigé vers un mauvais site Web, c'est que quelque chose ne va pas. Le problème peut refléter une faille de sécurité qui se trouve ailleurs, mais il pourrait aussi indiquer que quelqu'un a également compromis votre appareil.

Si l'erreur d'aiguillage provient uniquement d'un ou de plusieurs appareils particuliers, mais pas des autres dispositifs qui se trouvent sur le même réseau, il y a de fortes chances pour que les appareils en question aient été compromis. Dans tous les cas, n'effectuez jamais une tâche sensible (telle que se connecter à un site Web) à partir d'un appareil qui présente un tel dysfonctionnement.

Le voyant de votre disque dur semble ne jamais s'éteindre

Si le voyant de votre disque dur reste allumé en permanence, ou presque en permanence, il se peut que des malware se manifestent ainsi. Bien sûr, les voyants des disques durs s'allument pour des raisons légitimes même lorsque vous n'utilisez pas activement un ordinateur – et, parfois, cela peut durer un certain temps. Ne paniquez donc pas si c'est le seul symptôme que quelque chose ne va pas.

D'autres choses anormales se produisent

Il est impossible d'énumérer tous les symptômes possibles qu'un malware peut provoquer sur un certain appareil. Si vous gardez à l'esprit le fait que des escrocs peuvent chercher à pirater vos systèmes, et qu'un comportement anormal de votre appareil est peut-être un signe de problèmes, vous augmentez vos chances de remarquer un véritable dysfonctionnement – et de réagir correctement à une intrusion si elle se produit.

Chapitre 12

Se rétablir après une atteinte à la sécurité

DANS CE CHAPITRE

Survivre quand votre propre ordinateur a été piraté.

•

Récupérer vos données en cas de vol auprès d'un fournisseur tiers.

Vous avez découvert que vous avez subi une atteinte à la protection de vos données. Et maintenant ? Lisez ce chapitre, qui explique comment réagir dans ce type de situation.

Une once de prévention vaut autant que des tonnes de réponses

Lorsqu'il s'agit de se remettre d'une atteinte à la sécurité, rien ne peut remplacer une préparation adéquate. Aucune quantité d'actions d'experts suite à une violation n'offrira jamais le même niveau de protection qu'une bonne prévention avant toute intrusion.

Si vous suivez les diverses techniques décrites tout au long de ce livre sur la façon de protéger vos objets électroniques, vous serez probablement en bien meilleure forme pour vous remettre d'un acte criminel que si vous ne le faisiez pas. Une bonne préparation vous aide non seulement à récupérer, mais aussi à vous assurer que vous pouvez détecter une intrusion. Sans une préparation adéquate, vous ne serez peut-être même pas en mesure de déterminer qu'une attaque s'est produite, et encore moins de contenir cette attaque et de l'arrêter (si vous n'êtes pas certain d'avoir été victime d'une intrusion, consultez le Chapitre 11).

Rester calme et agir tout de suite, mais avec sagesse

Une réaction humaine normale à une cyberattaque est de se sentir outragé, violé, bouleversé et/ou de paniquer. Mais pour bien réagir à une telle attaque, vous devez penser logiquement et clairement, et agir de façon ordonnée. Prenez le temps de vous dire que tout ira bien, et que le type d'attaque auquel vous avez affaire est de celles auxquelles la plupart des gens et des entreprises qui réussissent devront probablement faire face à un moment donné (ou à de nombreux moments).

De même, n'agissez pas de façon irrationnelle. N'essayez pas de résoudre votre problème en effectuant une recherche Google pour obtenir des conseils. Beaucoup de personnes donnent de mauvais conseils en ligne. Pire encore, de nombreux sites Web malveillants qui prétendent donner des conseils pour supprimer les malware et stopper les attaques installent en réalité des malware sur les ordinateurs qui y accèdent ! Évidemment, ne téléchargez pas de logiciel de sécurité ou quoi que ce soit d'autre à partir de sites douteux.

N'oubliez pas non plus que vous devez agir le plus rapidement possible. Stoppez tout ce que vous faites d'autre et concentrez-vous sur la résolution du problème. Arrêtez tous les programmes que vous utilisez. Sauvegardez (et sauvegardez sur un support sur lequel vous effectuerez une recherche de malware avant de le réutiliser) tous les documents ouverts et ainsi de suite, et commencez à travailler à la récupération après cette violation.

Quand une intrusion dans votre système se produit, le temps joue contre vous. Plus vite vous empêcherez quelqu'un de voler vos fichiers, de corrompre vos données ou d'attaquer d'autres appareils sur votre réseau, et mieux ce sera pour vous.

Faire appel à un professionnel

Dans l'idéal, vous devriez faire appel à un professionnel de la cybersécurité pour vous aider à redresser la situation. Ce livre vous donne certes de bons conseils, mais, lorsqu'il s'agit de compétences techniques, rien ne peut remplacer les années d'expérience d'un bon professionnel.

Vous devriez appliquer la même logique et demander l'aide d'un professionnel pour faire face à une grave crise, en l'occurrence concernant votre système informatique et vos données, dans des situations comme celles-ci (par exemple) :

» **Si vous étiez gravement malade, vous iriez chez le médecin ou à l'hôpital.**

» **Si vous étiez arrêté et accusé d'un crime, vous engageriez un avocat.**

» **Si le fisc vous a envoyé une lettre indiquant que vous faites l'objet d'un contrôle, vous engagez un expert-comptable.**

Se rétablir à la suite d'une atteinte à la sécurité sans l'aide d'un professionnel

Si vous n'avez pas la possibilité de faire appel à un professionnel, voici les étapes que vous devriez suivre (ce sont essentiellement celles que suivent la plupart des professionnels) :

1. **Déterminer ce qui s'est passé (ou est en train de se passer).**
2. **Contenir l'attaque.**
3. **Terminer et éliminer l'attaque.**

Étape 1 : Déterminez ce qui s'est passé ou est en train de se passer

Si possible, vous voulez en savoir le plus possible sur l'attaque afin de pouvoir réagir en conséquence. Si un attaquant transfère des fichiers de votre ordinateur vers un autre dispositif, par exemple, vous souhaitez déconnecter votre appareil d'Internet dès que possible.

Cela dit, la plupart des utilisateurs personnels n'ont pas les compétences techniques nécessaires pour bien analyser et comprendre la nature exacte d'une attaque particulière – à moins, bien sûr, que l'attaque ne soit de nature flagrante (voir le Chapitre 11).

Rassemblez autant d'informations que possible sur :

» Ce qui s'est passé.

» Quels systèmes d'information et quelles bases de données ont été touchés ?

» Qu'est-ce qu'un criminel ou une autre partie malicieuse pourrait faire avec le matériau volé ?

» Quelles données et quels programmes ont été touchés ?

» Qui, à part vous, peut être exposé à des risques en raison de l'intrusion (en y incluant toutes les implications potentielles pour votre employeur) ?

Ne passez pas beaucoup de temps sur cette étape – vous devez prendre des mesures, et pas seulement établir une documentation –, mais plus vous avez d'informations, plus vous aurez de chances d'empêcher une autre attaque similaire dans le futur.

Quand une attaque passe inaperçue

Le manque d'expertise dans le domaine de la cybersécurité de la part d'un utilisateur lambda ne devrait pas être surprenant. La plupart des entreprises qui sont violées, y compris bien souvent celles qui disposent de leur propre équipe chargée de la sécurité de l'information, ne découvrent même pas qu'elles ont été attaquées jusqu'à ce que des mois se soient écoulés depuis le début de l'intrusion !

Certains experts estiment que, en moyenne, les entreprises découvrent la réalité d'une attaque non flagrante seulement au bout de six mois à un an !

Étape 2 : Contenez l'attaque

Coupez l'attaquant en l'isolant des systèmes compromis. Cela peut impliquer les actions suivantes :

» **Cesser toute connectivité réseau dès que possible :** Pour mettre fin à la connectivité réseau de tous les périphériques concernés, éteignez votre routeur en le débranchant. (Note : Si vous êtes dans un environnement professionnel, cette étape n'est généralement pas possible.)

» **Débrancher tous les câbles Ethernet :** Comprenez, cependant, qu'une attaque sur le réseau peut déjà s'être propagée à d'autres appareils. Si c'est le cas, déconnectez le réseau d'Internet, et débranchez chaque appareil de votre réseau jusqu'à ce qu'il soit vérifié pour y détecté des problèmes de sécurité.

» **Désactiver le Wi-Fi sur l'appareil infecté :** Encore une fois, une attaque sur le réseau peut déjà s'être propagée à d'autres périphériques. Si c'est le cas, déconnectez le réseau d'Internet et faites de même pour chaque appareil de votre réseau en désactivant le Wi-Fi au niveau du routeur ainsi que de tous les points d'accès, et pas seulement sur l'ordinateur infecté.

» **Désactiver les données cellulaires :** En d'autres termes, placez vos appareils en mode avion.

» **Désactiver Bluetooth et NFC :** Bluetooth et NFC sont tous deux des technologies de communication sans fil qui fonctionnent avec des appareils qui sont physiquement très proches les uns des autres. Toutes ces communications devraient être bloquées s'il existe un risque de propagation d'infections, ou si des hackers peuvent sauter d'un appareil à un autre.

» **Débrancher les clés USB et autres disques amovibles du système :** Ces lecteurs pouvant contenir des logiciels malveillants, ne les reconnectez évidemment pas à d'autres systèmes.

» **Révoquer les droits d'accès que l'attaquant exploite :** Si vous avez un dispositif partagé et que l'attaquant utilise un compte autre que le vôtre, grâce auquel il ou elle a obtenu un accès autorisé d'une certaine sorte, configurez temporairement ce compte pour qu'il n'ait aucun droit de faire quoi que ce soit.

Si, pour une raison quelconque, vous avez besoin d'un accès Internet afin d'obtenir de l'aide pour nettoyer votre appareil, éteignez les autres dispositifs de votre réseau afin d'empêcher toute attaque de se propager vers votre appareil. Gardez à l'esprit qu'un tel scénario est loin d'être idéal. Vous voulez couper l'appareil infecté du reste du monde, pas seulement couper les connexions entre lui et vos autres appareils.

Terminer une connectivité réseau

Bien que vous puissiez désactiver votre connexion Internet en vous débranchant physiquement du routeur ou du branchement réseau, vous pouvez également désactiver cette connexion sur votre (vos) appareil(s).

Pour mettre fin à la connectivité réseau sur un ordinateur Windows, procédez comme suit :

1. Choisissez Paramètres, puis Réseau et Internet et Modifier les options d'adaptateur.
2. Cliquez avec le bouton droit de la souris sur la connexion concernée (ou les connexions, à raison d'une à la fois), puis cliquez sur Désactiver.

Étape 3 : Terminez et éliminez l'attaque

Contenir une attaque (voir la section précédente) n'est pas la même chose que la terminer et l'éliminer. Les malware qui étaient présents sur l'appareil infecté sont toujours là après la déconnexion de l'appareil d'Internet, par exemple, de même que les vulnérabilités qu'un pirate ou un malware distant a pu exploiter afin de prendre le contrôle de votre appareil. Donc, après avoir contenu l'attaque, il est important de nettoyer le système.

Les sections suivantes décrivent certaines étapes à suivre à ce stade :

Relancez l'ordinateur à partir du disque de démarrage créé à l'aide d'un logiciel de sécurité

Si vous disposez d'un disque de démarrage créé à l'aide d'un logiciel de sécurité, démarrez à partir de celui-ci. En fait, la plupart des utilisateurs modernes ne disposent pas d'un tel disque. Si ce n'est pas le cas, passez à la section suivante.

1. **Retirez tous les lecteurs USB, DVD, CD, disquettes (oui, certaines personnes en ont encore), et tout autre lecteur externe de votre ordinateur.**
2. **Insérez le disque de démarrage dans le lecteur de CD/DVD.**
3. **Éteignez votre ordinateur.**

4. **Attendez dix secondes et appuyez sur le bouton d'alimentation pour redémarrer votre ordinateur.**

5. **Si vous utilisez un ordinateur Windows et qu'il ne démarre pas à partir du CD, éteignez la machine, attendez dix secondes et redémarrez-la en appuyant sur la touche d'accès aux paramètres du BIOS (différents ordinateurs utilisent des touches différentes, mais la plupart utilisent une touche F, comme F1 ou F2) et le configurer pour démarrer depuis le CD – si un CD est présent – avant d'essayer de démarrer depuis le disque dur.**

6. **Quittez le BIOS et redémarrez.**

Si vous utilisez un PC Windows, démarrez l'ordinateur en mode sans échec. Il s'agit un mode spécial de Windows qui ne permet l'exécution que des programmes et services système essentiels au démarrage du système. Pour ce faire, procédez comme suit :

1. **Retirez tous les lecteurs USB, DVD, CD, disquettes (oui, certaines personnes en ont encore), et tout autre lecteur externe de votre ordinateur.**

2. **Éteignez votre ordinateur.**

3. **Attendez dix secondes et appuyez sur le bouton d'alimentation pour démarrer votre ordinateur.**

4. **Lorsque votre ordinateur démarre, appuyez sur la touche F8 à plusieurs reprises pour afficher le menu des options de démarrage.**

5. **Lorsque le menu des options de démarrage apparaît, sélectionnez le mode Sans échec.**

Si vous utilisez un Mac, démarrez-le avec le mode sans échec de celui-ci. MacOS ne fournit pas l'équivalent complet du mode sans échec de Windows. Les Mac démarrent toujours avec la mise en réseau activée. Suivez ces étapes :

1. **Retirez tous les lecteurs USB, DVD, CD, disquettes (oui, certaines personnes en ont encore), et tout autre lecteur externe de votre ordinateur.**

2. **Éteignez votre ordinateur.**

3. **Attendez dix secondes et appuyez sur le bouton d'alimentation pour démarrer votre ordinateur.**

4. **Lorsque votre ordinateur démarre, maintenez enfoncée la touche Maj.**

Le conseil de démarrage en mode sans échec ne s'applique qu'aux Mac utilisant des systèmes d'exploitation relativement récents (10 ou plus).

Sauvegarde

J'espère que vous pouvez ignorer cette section si vous avez déjà suivi les conseils du chapitre consacré aux sauvegardes. Mais, si vous n'avez pas sauvegardé vos données récemment, faites-le maintenant.

Bien sûr, la sauvegarde d'un appareil compromis ne va pas nécessairement sauver toutes vos données (certaines peuvent déjà être corrompues ou manquantes). Si vous n'avez pas encore de sauvegarde, c'est tout de même le moment ou jamais – idéalement en copiant vos fichiers sur une clé USB externe que vous ne connecterez à aucun autre dispositif avant qu'elle ne soit correctement analysée par un logiciel de sécurité.

Supprimez les éléments inutiles (facultatif)

À ce stade, vous pouvez supprimer tous les fichiers dont vous n'avez pas besoin, y compris les fichiers temporaires qui sont devenus permanents d'une manière ou d'une autre (une liste de tels fichiers apparaît dans le chapitre sur les sauvegardes).

Pourquoi opérer cette suppression maintenant ?

Eh bien, vous devriez faire de l'entretien périodique, et, si vous nettoyez votre ordinateur maintenant, c'est un bon moment. Moins il y a de choses à scanner et à analyser pour un logiciel de sécurité, et plus il s'exécutera rapidement. De plus, certains malware se cachent dans des fichiers temporaires, de sorte que la suppression de ces fichiers peut également éliminer directement certains de ces malware.

Pour les utilisateurs d'ordinateurs Windows, une façon simple de supprimer des fichiers temporaires est d'utiliser l'utilitaire de nettoyage de disque intégré :

1. **Dans la zone de recherche de la barre des tâches de Windows 10, tapez nettoyage de disque.**

2. **Sélectionnez Nettoyage de disque dans la liste des résultats.**

3. **Sélectionnez le lecteur que vous voulez nettoyer, puis cliquez sur OK.**

4. **Sélectionnez les types de fichiers à supprimer, puis cliquez sur OK.**

Exécutez le logiciel de sécurité

J'espère que vous avez déjà installé un logiciel de sécurité. Si c'est le cas, exécutez une analyse complète du système. Une mise en garde importante : un logiciel de sécurité s'exécutant sur un périphérique compromis peut lui-même être compromis ou impuissant face à une menace sérieuse (après tout, la brèche de sécurité s'est produite alors que ce logiciel de sécurité était en cours d'exécution), donc, qu'une telle analyse signale ou non un problème, il peut être judicieux d'exécuter le logiciel de sécurité depuis un CD amorçable ou un autre support en lecture seule voire, dans certains cas, à partir d'un autre ordinateur de votre réseau domestique.

Tous les logiciels de sécurité ne détectent pas toutes les variantes des malware. Les professionnels de la sécurité qui procèdent au « nettoyage » d'un dispositif exécutent souvent des logiciels de sécurité provenant de plusieurs éditeurs.

Si vous utilisez un Mac et que votre mode sans échec inclut un accès Internet, exécutez les routines de mise à jour du logiciel de sécurité avant d'exécuter l'analyse complète.

Les malware, ou les attaquants, peuvent ajouter de nouveaux fichiers à un système, en supprimer ou encore en modifier. Ils peuvent également ouvrir des ports de communication. Les logiciels de sécurité devraient être en mesure de répondre à tous ces scénarios. Faites attention aux rapports émis par le logiciel de sécurité après son exécution. Gardez une trace exacte de ce qu'il a enlevé ou réparé. Cette information peut être importante si, par exemple, certains programmes ne fonctionnent pas après le nettoyage. Vous devrez peut-être en effet réinstaller les programmes dans lesquels des fichiers ont été supprimés, ou dont des fichiers modifiés par des malware ont été supprimés. Les bases de données de la messagerie peuvent avoir besoin d'être restaurées si des malware ont été trouvés dans des messages, et si le logiciel de sécurité n'a pas été en mesure d'en effectuer complètement le nettoyage.

Les informations contenues dans les rapports des logiciels de sécurité pourront également être utiles à un professionnel de la cybersécurité ou de l'informatique si vous en embauchez un plus tard. De plus, les informations sont également susceptibles de vous fournir des indices sur l'endroit où l'attaque a commencé et ce qui a permis qu'elle se déclenche, vous aidant ainsi à vous guider pour éviter qu'elle ne se reproduise.

Les logiciels de sécurité détectent souvent, et signalent, divers éléments qui ne sont pas des attaques, mais qui peuvent être indésirables en raison de leur impact sur la vie privée ou de la possibilité de solliciter un utilisateur avec des publicités. Vous pouvez, par exemple, voir des alertes indiquant que le logiciel de sécurité a détecté des cookies de suivi ou des *publiciels* (*adware*). Aucun des deux ne représente un problème grave, mais vous pouvez vouloir supprimer les adware si les publicités vous gênent. Dans de nombreux cas, il est possible de payer pour mettre à jour le logiciel affichant les annonces vers une version sans publicités. En ce qui concerne la récupération du système après une attaque, ces éléments, même indésirables, ne posent pas de problème.

Parfois, le logiciel de sécurité vous informe que vous avez besoin d'exécuter un outil complémentaire afin de nettoyer complètement un système. Symantec, par exemple, propose son Norton Power Eraser (voir la Figure 12.1). Si votre logiciel de sécurité vous informe que vous avez besoin d'un tel scanner, vous devriez accepter la proposition, mais assurez-vous de charger ce scanner à partir de la source légitime, officielle et originale. De plus, ne téléchargez ou n'exécutez jamais une application de ce type si ce n'est pas votre logiciel de sécurité normal qui vous le conseille. De nombreuses fenêtres pop-up malveillantes vous incitent à le faire, mais vous risquez surtout d'installer des malware si vous téléchargez le soi-disant « logiciel de sécurité » correspondant.

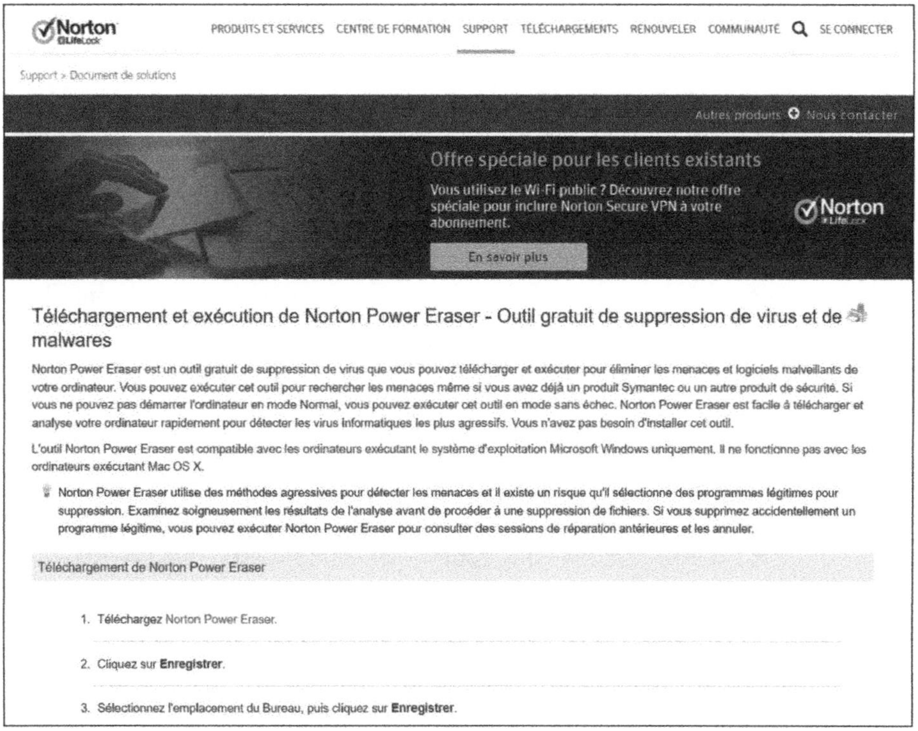

Figure 12.1

Norton Power Eraser est un outil gratuit qui élimine les menaces et logiciels malveillants, y compris les plus agressifs.

Réinstaller des logiciels endommagés

Certains experts recommandent de désinstaller et de réinstaller tout logiciel dont vous savez qu'il a été affecté par l'attaque, même si le logiciel de sécurité l'a réparé.

Redémarrez le système et exécutez une analyse de sécurité avec mise à jour

Pour les ordinateurs sous Windows, après avoir nettoyé le système, redémarrez-le en mode sans échec en utilisant la procédure décrite ci-dessus (mais en sélectionnant Mode sans échec avec prise en charge réseau plutôt que seulement Mode sans échec), exécutez le logiciel de sécurité, téléchargez toutes les mises à jour. Seulement ensuite, exécutez à nouveau le scan avec le logiciel de sécurité.

S'il n'y a pas de mise à jour, vous n'avez pas besoin de réexécuter le logiciel de sécurité.

Si vous utilisez un Mac, le mode sans échec inclut déjà la prise en charge du réseau. Il n'y a donc aucune raison de répéter l'analyse.

Installez toutes les mises à jour et correctifs adéquats. Si l'un de vos logiciels n'a pas été mis à jour vers sa dernière version en date et peut contenir des vulnérabilités, corrigez-le pendant le nettoyage.

Si vous avez le temps de le faire, exécutez à nouveau l'analyse complète du logiciel de sécurité après avoir installé toutes les mises à jour. Il y a plusieurs raisons à cela, dont le fait que vous voulez qu'il vérifie votre système en utilisant ses propres informations les plus récentes sur les malware et autres menaces, de même que le fait que vous voulez que son moteur d'analyse heuristique ait une base de référence sur ce à quoi ressemble le système avec ses dernières mises à jour.

Effacez tous les points de restauration système potentiellement problématiques

La restauration du système est un outil utile, mais elle peut aussi être dangereuse. Si un système crée un point de restauration lorsqu'un malware s'exécute sur un périphérique, par exemple, une restauration à ce stade est susceptible aussi de redonner vie au malware ! Après avoir nettoyé un système, assurez-vous donc d'effacer tous les points de restauration système qui ont pu être créés alors que votre système était compromis. Si vous n'êtes pas sûr qu'un point de restauration puisse être problématique, effacez-le. Pour la plupart des utilisateurs, cela signifie qu'il peut être bon d'effacer tous les points de restauration système.

Pour cela :

1. **Cliquez sur le menu Démarrer, puis choisissez Paramètres.**
2. **Cliquez sur Système, puis Informations système, et enfin à nouveau sur Informations système (dans la colonne de droite de la fenêtre).**
3. **Dans le Panneau de configuration, cliquez sur Protection du système.**

4. **Sous l'onglet Protection du système de la boîte de dialogue Propriétés système, choisissez le disque à traiter puis cliquez sur le bouton Configurer.**

5. **Dans la boîte de dialogue Protection système, il ne vous reste plus qu'à cliquer sur Supprimer, en espérant que vous avez pris la bonne décision !**

Restaurez des paramètres modifiés

Certains attaquants et malware peuvent modifier divers paramètres de votre appareil. La page d'accueil que vous voyez lorsque vous ouvrez votre navigateur Web est un élément classique que les malware modifient couramment. Il est important de rétablir cette page pour qu'elle redevienne sécurisée. En effet, la page d'accueil définie par un malware peut conduire à un site qui réinstalle ce malware ou exécute une autre tâche malfaisante.

Les sections suivantes vous guident tout au long de ce processus pour ce qui concerne les principaux navigateurs.

Dans le cas de l'utilisation des versions pour smartphone ou pour tablette des navigateurs décrits dans les sections suivantes, le processus sera légèrement différent, mais reste facilement adaptable.

Dans Chrome

Pour réinitialiser le navigateur Chrome :

1. **Cliquez sur l'icône du menu, les trois points dans le coin supérieur droit.**

2. **Cliquez sur Paramètres.**

3. **Ouvrez la section Au démarrage, et configurez-la à votre convenance.**

Dans Firefox

Pour réinitialiser le navigateur Firefox :

1. **Cliquez sur l'icône de menu, les trois lignes dans le coin supérieur droit.**

2. **Cliquez sur Options.**

❸ **Cliquez sur Accueil.**

❹ **Configurez à votre convenance les valeurs dans la section Nouvelles fenêtres et nouveaux onglets.**

Dans Safari

Pour réinitialiser le navigateur Safari :

❶ **Cliquez sur le menu Safari.**

❷ **Cliquez sur Préférences.**

❸ **Cliquez sur l'onglet Général.**

❹ **Faites défiler jusqu'au champ Page d'accueil et configurez-le à votre convenance.**

Dans Edge

Pour réinitialiser le navigateur Edge :

❶ **Cliquez sur l'icône du menu, les trois points dans le coin supérieur droit.**

❷ **Cliquez sur Paramètres.**

❸ **Faites défiler jusqu'au champ Définir votre page d'accueil, choisissez l'option Une page spécifique, saisissez l'URL voulue et validez.**

Reconstruisez le système

Il est parfois plus facile, au lieu de suivre les processus mentionnés ci-dessus, de reconstruire simplement le système à partir de zéro. En fait, en raison du risque que les logiciels de sécurité ne détectent pas certains problèmes, ou que l'utilisateur commette des erreurs lors du nettoyage de l'appareil, de nombreux experts recommandent de reconstruire un système entièrement après une attaque, chaque fois que c'est possible.

Même si vous prévoyez de reconstruire votre système après une intrusion sérieuse, il est toujours sage de faire exécuter une analyse par le logiciel de sécurité avant de se lancer dans une telle opération, car il existe quelques rares formes de malware qui peuvent persister même après une restauration (telles qu'une reprogrammation du BIOS, certains virus du secteur de démarrage, *etc.*). De même, il est utile de scanner tous les périphériques qui se trouvent sur le même réseau que l'appareil compromis, et ce immédiatement ou un peu plus tard, afin de s'assurer que rien de mauvais ne puisse être propagé vers le système nouvellement restauré.

Un guide de reconstruction des systèmes à partir de zéro est proposé dans le Chapitre 14.

Gérer le cas d'informations volées

Si votre ordinateur, votre téléphone ou votre tablette a été attaqué, il est possible que des informations sensibles qui s'y trouvaient aient été volées et puissent être utilisées à mauvais escient par un criminel.

Vous devriez modifier tous vos mots de passe stockés sur l'appareil, par exemple, et vérifier tous les comptes accessibles depuis cet appareil sans vous connecter (grâce à votre réglage précédent de l'option « Se souvenir de moi » après une connexion réussie) afin de vous assurer que tout se passe bien. Évidemment, si vos mots de passe ont été stockés dans un format fortement crypté, la nécessité de les modifier est moins urgente que s'ils étaient stockés en texte clair ou avec un chiffrage faible, mais, idéalement, à moins d'être totalement certain que le cryptage tiendra le coup sur le long terme, vous devriez tout de même les modifier.

Si vous soupçonnez qu'on a volé des informations qui pourraient servir à usurper votre identité, il serait peut-être sage de prévenir votre banque et de déposer une plainte. Gardez une copie du procès-verbal de dépôt de plainte avec vous. Si vous êtes arrêté par un policier qui vous informe qu'un mandat a été émis contre vous à un endroit où vous n'avez jamais mis les pieds, par exemple, vous aurez un document officiel expliquant que des informations personnelles qui pourraient servir à voler votre identité vous ont été dérobées. Cela ne vous empêchera peut-être pas d'avoir des problèmes, mais un dépôt de plainte pourra certainement jouer en votre faveur et aider à faire progresser une enquête.

Si vous croyez que des informations relatives à votre carte bancaire ont été volées, appelez le numéro de téléphone indiqué au verso de votre carte, expliquez la situation au service concerné et demandez l'émission d'une nouvelle carte avec un nouveau numéro. Prévenez immédiatement votre banque pour bloquer toutes les opérations qui pourraient être effectuées à la suite de ce vol[10]. Vérifiez bien sûr aussi votre compte pour détecter toute transaction suspecte.

Tenez un journal de tous les appels que vous avez passés, quand vous les avez passés, avec qui vous avez parlé et ce qui s'est passé pendant l'appel.

Plus les informations volées sont sensibles, plus il est important d'agir, et plus il est important aussi de le faire rapidement.

Voici quelques façons de réfléchir au degré de sensibilité des informations :

» **Non privées, mais pouvant aider les criminels pour un vol d'identité :**

- Noms, adresses et numéros de téléphone personnels.

  Ce type d'information est à la disposition de tous ceux qui le souhaitent, même sans vous pirater (il y a quelques années de cela, ces renseignements étaient publiés dans des annuaires distribués à tous les foyers qui disposaient d'une ligne téléphonique). Cela dit, de telles informations peuvent être utilisées en combinaison avec d'autres pour commettre toutes sortes d'actes criminels, surtout si d'autres personnes peu méfiantes commettent des erreurs (par exemple, en permettant à quelqu'un possédant ces informations de faire établir une carte de bibliothèque sans jamais produire de documents d'identification).

- Autres informations publiques : Le prénom de vos enfants, l'école qu'ils fréquentent, votre profil professionnel sur un réseau social, *etc.* Bien que ces renseignements soient publiquement accessibles, un criminel les mettant en corrélation avec d'autres données dérobées dans votre ordinateur pourrait vous créer des problèmes.

» **Informations notoirement sensibles :** Adresses électroniques, numéros de téléphone portable, numéro de carte de crédit sans code CVC, numéro de carte bancaire nécessitant un code PIN, avec ou sans code CVC, numéro de carte de trans-

10 Voyez également à ce sujet la page `https://www.service-public.fr/particuliers/vosdroits/F2428`.

port, numéro de carte d'étudiant, numéro de passeport, anniversaires complets incluant l'année, *etc.* Ces éléments créent des risques de sécurité lorsqu'ils sont compromis – par exemple, une adresse de courriel volée peut entraîner des attaques d'hameçonnage sophistiquées qui exploitent d'autres renseignements recueillis sur votre ordinateur, des tentatives de piratage du compte, des spams, *etc.* De plus, de tels renseignements volés peuvent être utilisés par un criminel dans le cadre d'un vol d'identité ou d'une fraude financière, avec le cas échéant la nécessité de combiner plusieurs éléments d'information pour créer un risque sérieux.

» **Informations encore plus sensibles :** Numéros de Sécurité sociale (ou leurs équivalents étrangers), mots de passe de comptes en ligne, numéros de comptes bancaires (lorsqu'ils sont compromis par un criminel potentiel plutôt que lorsqu'ils sont affichés sur un chèque remis à une institution financière), codes PIN, numéros de cartes bancaire avec le code CVC, réponses aux questions secrètes que vous avez utilisées pour sécuriser vos comptes, et ainsi de suite. Ces types d'informations peuvent souvent faire l'objet de vol pour eux-mêmes.

Faut-il payer la rançon ?

Si vous disposez de sauvegardes appropriées, vous pouvez supprimer les ransomware de la même manière que vous supprimez les autres malware. Si des données sont perdues au cours du processus, vous pouvez les restaurer à partir de vos sauvegardes.

Si vous êtes victime d'un ransomware et que vous n'avez pas de sauvegardes adéquates, cependant, vous risquez d'avoir à prendre une décision difficile. Évidemment, il n'est pas généralement dans votre intérêt de payer une rançon à un criminel pour récupérer vos données, mais, dans certains cas, si ces données sont importantes pour vous, c'est peut-être la voie que vous devez suivre. Dans de nombreuses situations, les criminels ne vous rendront même pas vos données suite au paiement de la rançon – autrement dit, vous pouvez non seulement gaspiller votre argent, mais encore en plus subir une perte permanente de vos données. Vous devrez donc décider si vous voulez prendre ce risque. (Espérons que ce paragraphe incitera fortement les lecteurs à faire des sauvegardes proactives, comme l'explique le chapitre qui leur est consacré).

Avant de payer une rançon, consultez un expert en sécurité de l'information. Certains ransomware peuvent être supprimés, et leurs effets annulés, par divers outils de sécurité. Cependant, à moins que votre logiciel de sécurité ne vous indique qu'il est capable d'annuler le chiffrage réalisé par le ransomware, n'essayez pas de supprimer celui-ci de votre propre chef une fois qu'il a crypté vos données. Certains ransomware avancés effacent les données de façon permanente s'ils détectent des tentatives de décryptage de celles-ci. N'oubliez pas non plus que certains de ces malware ne chiffrent pas les données, mais les suppriment à la place de l'appareil de la victime et ne les recommuniquent que si la rançon est payée. Un tel ransomware peut être désactivé par un logiciel de sécurité, mais celui-ci ne pourra généralement pas restaurer les données volées par ce ransomware.

La meilleure défense pour les utilisateurs individuels contre l'impact des ransomware est de sauvegarder, encore sauvegarder, et de garder ces sauvegardes déconnectées de tout le reste !

Tirez-en des leçons pour le futur

Il est important de tirer des leçons de ses insuffisances. Si vous pouvez déterminer ce qui a mal tourné, et comment un hacker a réussi à pénétrer dans vos systèmes (directement ou à l'aide d'un malware), vous pouvez mettre en place de manière pratique des politiques et des procédures afin de prévenir de telles compromissions à l'avenir. Un professionnel de la cybersécurité peut être en mesure de vous aider à le faire.

Récupérer vos données compromises par un tiers

Presque tous les internautes ont un jour reçu un avis d'une entreprise ou d'une organisation (ou des deux) indiquant que des données personnelles étaient potentiellement compromises. La façon dont vous réagissez face à un tel scénario dépend de nombreux facteurs, mais les sections suivantes vous donnent les éléments essentiels de ce que vous devez savoir.

Raisons pour lesquelles un tel avis a été envoyé

De multiples types d'atteintes à la protection des données peuvent amener des organisations à envoyer de telles notifications. Cependant, elles ne représentent pas toutes le même niveau de risque pour vous. Ce type de notification peut être envoyé lorsqu'une entreprise sait que :

» Une base de données non chiffrée contenant des renseignements personnels a été indéniablement volée.

» Une base de données cryptée contenant des informations personnelles a été indéniablement volée.

» Une activité non autorisée a été détectée sur un dispositif informatique contenant des informations vous concernant.

» Une activité non autorisée a été détectée sur un dispositif informatique, mais pas celui qui contient vos informations (mais sur un dispositif connecté au même réseau, de manière physique ou logique).

» Un vol de numéros de cartes bancaire a été découvert, comme cela peut se réaliser par duplication avec un appareil de skimming, ou *via* le piratage d'un terminal de paiement.

» Des ordinateurs, des disques durs ou d'autres supports de stockage, ou encore des documents sur papier ont été jetés en déchetterie de façon inappropriée.

» Des informations ont été, ou peut-être été, mal diffusées, comme des renseignements de nature délicate envoyés aux mauvaises destinations, des courriels non cryptés envoyés aux parties autorisées, *etc.*

Dans tous ces cas, des mesures peuvent être justifiées. Mais si une entreprise vous avise qu'une base de données non cryptée de mots de passe, dont le vôtre, a été volée, la nécessité d'agir est plus urgente que si elle détecte une activité non autorisée sur un système connecté au même réseau qu'une autre machine contenant uniquement une version cryptée de votre mot de passe.

Escroqueries

Les criminels voient quand une brèche fait l'objet d'une attention importante, et ils utilisent souvent cette faille pour s'en servir à leurs propres fins. Une technique courante consiste pour les escrocs à envoyer de faux courriels en se faisant passer pour la partie lésée. Ces courriels contiennent des instructions pour la mise en place d'une surveillance financière, ou la présentation d'une demande de compensation monétaire pour les désagréments et les inconvénients subis en raison de l'infraction. Bien sûr, les liens dans ces messages pointent vers des sites de phishing, des sites qui installent des malware et d'autres destinations vers lesquelles vous ne voulez bien entendu pas aller.

Les criminels eux aussi agissent rapidement. En février 2015, par exemple, le réseau américain de BBB (Better Business Bureau) a commencé à signaler des plaintes à propos de courriels usurpant l'identité d'Anthem, Inc. moins d'un jour après que cette compagnie d'assurance maladie a annoncé qu'elle avait subi une violation.

Mots de passe

L'un des types de violations le plus souvent signalées dans les grands médias est le vol de bases de données de mots de passe.

Les systèmes modernes d'authentification par mot de passe sont conçus pour assurer une certaine protection en cas de violation. Les mots de passe sont généralement stockés dans un format *haché*, ce qui signifie qu'ils sont enregistrés avec un cryptage à sens unique. Lorsque vous entrez votre mot de passe lors d'une tentative de connexion, ce que vous tapez est haché (mathématiquement parlant, bien sûr), puis comparé à la valeur de hachage correspondante stockée dans la base de données des mots de passe. De ce fait, votre mot de passe réel n'est stocké nulle part, et n'est donc pas présent dans la base de données des mots de passe. Par conséquent, si un hacker vole cette base de données, il n'obtient pas immédiatement votre mot de passe.

Du moins, c'est ainsi que les choses sont censées se passer.

En réalité, cependant, tous les systèmes d'authentification ne sont pas parfaitement implémentés. Des bases de données contenant des hachages de mots de passe présentent parfois de multiples faiblesses exploitables, dont certaines peuvent aider les criminels à déchiffrer ces mots de passe, même lorsqu'ils sont hachés.

Par exemple, si un criminel regarde la base de données et constate que le mot de passe haché est le même pour plusieurs personnes, il est probable qu'il s'agisse d'un mot de passe courant, qui peut souvent être piraté rapidement. Il existe des moyens de défense contre de telles attaques, mais de nombreux systèmes d'authentification ne les utilisent pas.

Par conséquent, si une entreprise vous avise qu'elle a été violée et qu'une version chiffrée de votre mot de passe a été volée, vous devriez probablement réinitialiser celui-ci. Vous n'avez pas besoin de paniquer, cependant. Dans la plupart des cas, votre mot de passe était probablement protégé par le hachage (à moins que vous n'ayez choisi un mot de passe courant et faible, ce que, bien sûr, vous n'auriez pas dû faire). Si, pour une raison quelconque, vous avez réutilisé le mot de passe compromis sur d'autres sites, et que vous ne voulez pas que des personnes non autorisées se connectent à votre compte, vous devriez également réinitialiser cet autre mot de passe et ne pas le réutiliser ailleurs cette fois !

Informations sur la carte de paiement

Si les renseignements relatifs à votre carte bancaire ont pu être compromis, prenez les mesures suivantes :

» **Tirez parti des services de surveillance du crédit.** Les entreprises qui ont été piratées peuvent accorder aux personnes susceptibles d'être touchées par les infractions en question un an ou deux de surveillance gratuite du crédit. Bien qu'il ne faille jamais compter sur cela pour fournir des services complets contre le vol d'identité, une telle proposition présente des avantages. Étant donné qu'il ne vous en coûte que quelques minutes pour ouvrir un compte, vous devriez probablement le faire.

» **Alertez tout de suite votre agence bancaire.** Celle-ci sera à même de prendre des mesures de protection immédiates, ainsi que, normalement, rembourser des dépenses dont il est prouvé qu'elles sont frauduleuses.

» **Surveillez vos dossiers bancaires.** Si vous voyez de nouveaux comptes que vous n'avez pas ouverts, contactez immédiatement la partie concernée. Rappelez-vous que plus tôt vous signalez une fraude, et moins vous êtes susceptible d'en souffrir.

» **Configurez des alertes textuelles.** Si l'émetteur de votre carte offre la possibilité de configurer des alertes textuelles, utilisez cette fonction. De cette façon, vous serez avisé lorsque des dépenses sont effectuées, et vous pourrez agir rapidement en conséquence.

» **Vérifiez vos relevés mensuels.** Assurez-vous de continuer à recevoir vos relevés comme auparavant, et qu'ils ne sont pas redirigés vers quelqu'un d'autre.

» **Passez aux relevés électroniques.** Configurez votre compte pour recevoir des relevés mensuels électroniques plutôt que des relevés physiques, et assurez-vous que vous recevrez un courriel et/ou un SMS lorsque chaque relevé est émis. Bien entendu, assurez-vous de bien protéger le compte de messagerie et le smartphone vers lequel ces messages sont envoyés.

Documents officiels

Si votre passeport, votre permis de conduire ou tout autre document d'identité officiel a été compromis, vous devriez commencer par déposer une plainte auprès du commissariat ou de la gendarmerie dont vous dépendez. Contactez ensuite la préfecture ou la sous-préfecture de votre domicile pour expliquer le problème et demander la marche à suivre dans ce cas. Notez tout ce qui vous est dit, et par qui.

Vérifiez en ligne sur les sites Web officiels les démarches à suivre pour obtenir un nouveau document, et/ou faire annuler l'ancien. Vous disposez en tant que particulier pour cela du site du ministère de l'Intérieur (`www.interieur.gouv.fr`) et du site de l'Administration publique (`www.service-public.fr`).

Documents émis par l'école ou l'employeur

Si les renseignements d'identification émis par votre école ou votre employeur sont compromis, avisez immédiatement l'émetteur. Non seulement ces informations pourraient servir à des attaques d'ingénierie sociale, mais aussi à obtenir des renseignements vous concernant de nature sensible.

Comptes de réseaux sociaux

Si l'un de vos comptes de réseaux sociaux est compromis, contactez immédiatement l'éditeur correspondant. Les principales plates-formes ont des mécanismes de traitement pour les comptes volés, car elles ont eu à faire face à ce type de problème à de nombreuses reprises. N'oubliez pas au passage qu'on pourrait vous demander de prouver votre identité dans le cadre du processus de récupération du compte, par exemple par le biais d'un scan de votre carte d'identité et d'un selfie.

Partie 6

Sauvegarde et restauration

Dans cette partie

Découvrir les différents types de sauvegardes et comment les utiliser.

Découvrir comment préparer un appareil avant d'effectuer une restauration à partir d'une sauvegarde.

Découvrir comment restaurer à partir d'une sauvegarde.

Chapitre 13

Sauvegarder des données

DANS CE CHAPITRE

Découvrir l'importance des sauvegardes.

Explorer différents types de sauvegardes.

Découvrir différentes façons de faire des sauvegardes.

Bien que la sauvegarde de vos données semble être un concept simple – et c'est le cas – la mise en œuvre d'une routine de sauvegarde efficace et efficiente est en fait un peu plus compliquée.

Pour sauvegarder correctement, non seulement vous devez connaître vos options de sauvegarde, mais vous devez également réfléchir à de nombreux autres détails, tels que le rangement de vos sauvegardes, le chiffrage, les mots de passe ou encore les disques de démarrage. Dans ce chapitre, vous découvrirez tous ces détails et plus encore sur les sauvegardes.

Sauvegarder est un must

Dans le contexte de la cybersécurité, *sauvegarder* consiste à créer une ou plusieurs copies supplémentaires des données (qui peuvent consister en données proprement dites, programmes ou tout autre fichier informatique) au cas où l'original serait endommagé, perdu ou détruit.

La sauvegarde est l'une des défenses les plus importantes contre la perte de données et, en fin de compte, elle est susceptible de vous sauver d'une situation potentiellement compromise, car presque tout le monde, sinon tout le monde, voudra, à un moment donné, accéder aux données auxquelles il ou elle n'a plus accès.

En fait, de tels scénarios se produisent régulièrement. Parfois, ils sont le résultat d'une erreur humaine, comme une personne qui efface un fichier par inadvertance, ou qui égare un ordinateur ou un périphérique de stockage. Parfois, ils sont le résultat d'une défaillance technique, comme la panne définitive d'un disque dur ou la chute d'un appareil électronique dans l'eau. Et parfois, ils sont le résultat d'un acte hostile, comme une infection par un ransomware.

Malheureusement, beaucoup de gens croient qu'ils sauvegardent toutes leurs données pour finir par découvrir quand quelque chose tourne mal qu'en fait ils n'ont pas les sauvegardes appropriées.

Ne laissez pas cela vous arriver. Assurez-vous de sauvegarder régulièrement – assez souvent pour ne pas paniquer si vous deviez effectuer une restauration à partir d'une sauvegarde. En général, si vous n'êtes pas certain d'effectuer *suffisamment* de sauvegardes, c'est que vous ne le faites effectivement pas suffisamment.

Ne pensez pas que les sauvegardes sont là pour vous si jamais vous perdez *un jour* des données. Pensez qu'elles sont là pour vous lorsque vous *allez* perdre des données. À un moment donné, presque toutes les personnes qui utilisent régulièrement des appareils électroniques perdent des données !

Examiner les différents types de sauvegardes

Les sauvegardes peuvent être classées en différentes catégories. Une façon importante de distinguer les différents types les uns des autres consiste à se baser sur ce qui est sauvegardé. Les sections suivantes examinent les différents types de sauvegardes selon cette approche.

Sauvegardes complètes des systèmes

Une *sauvegarde complète du système* est, comme son nom l'indique, une sauvegarde d'un système entier, y compris le système d'exploitation, les programmes/applications, les paramètres et les données. Le terme s'applique à l'appareil sauvegardé qu'il s'agisse aussi bien d'un smartphone que d'un serveur massif dans un centre de données.

Techniquement parlant, une sauvegarde complète du système comprend une sauvegarde de tous les disques attachés à ce système, et pas seulement de ceux qui y sont montés – si certains disques ne sont rattachés au système que de temps en temps et ne sont pas nécessaires à l'utilisation principale de celui-ci, il serait erroné d'exclure le contenu de ces disques des sauvegardes complètes, y compris s'ils sont attachés à d'autres systèmes, ou encore sont sauvegardés avec d'autres systèmes. Pour la plupart des utilisateurs individuels, cependant, une sauvegarde complète du système signifie exactement ce que dit l'expression : sauvegarder *tout*.

Une sauvegarde complète du système est parfois appelée *image système* parce qu'elle contient pour l'essentiel une image du système tel qu'il existait à un moment donné. En d'autres termes : si un périphérique dont votre sauvegarde contient une image tombe en panne, vous devriez pouvoir utiliser l'*image système* pour recréer le système entier dans l'état où il se trouvait à l'instant *t*, c'est-à-dire au moment de la sauvegarde. Après quoi, il devrait fonctionner exactement comme il le faisait à cet instant *t*.

Les sauvegardes complètes du système sont la forme de sauvegarde la plus rapide pour restaurer un système entier, mais elles prennent plus de temps à créer que les autres méthodes. De plus, elles nécessitent généralement plus d'espace de stockage.

Une mise en garde importante : parce qu'une sauvegarde système comprend des paramètres, des pilotes matériels, *etc.*, la restauration à partir d'une image système ne fonctionne pas toujours bien si vous voulez effectuer la restauration sur un autre périphérique. Si vous avez créé une image système sur un ordinateur portable qui utilise Windows 7 comme système d'exploitation, par exemple, et que vous avez ensuite acquis un ordinateur plus récent destiné à exécuter Windows 10, donc avec du matériel différent, votre image système risque fort de ne pas fonctionner correctement sur l'appareil le plus récent. L'inverse est encore plus probable : si vous gardez un vieil ordinateur dans votre armoire « juste au cas où », et que cette situation juste au cas où devient réalité, vos tentatives pour restaurer l'image d'une machine plus récente sur l'ancienne peuvent échouer totalement ou partiellement.

Les images système sont aussi parfois appelées des *fantômes* (soit *ghost* en anglais), en particulier chez les techniciens. Le nom provient de l'un des logiciels « historiques » de clonage de disque pour PC.

Image système originale

Un cas particulier d'image système est l'image système originale, également connue sous le nom d'*image d'usine*.

De nombreux appareils modernes, qu'il s'agisse d'ordinateurs portables, de tablettes ou de smartphones, contiennent une image d'usine qui peut être restaurée. Cela signifie que lorsque vous faites l'acquisition de l'appareil, il est livré avec une image (un double) de la configuration originale– y compris le système d'exploitation, tous les logiciels originaux et tous les paramètres par défaut – placée dans une partition cachée ou un autre mécanisme de stockage normalement inaccessible aux utilisateurs.

À tout moment, vous pouvez effectuer une *restauration d'usine* et configurer votre appareil pour qu'il soit identique à ce qu'il était à l'état neuf. Lorsque vous le faites, l'appareil est restauré à partir de l'image cachée.

Deux mises en garde importantes :

- **Certains dispositifs écrasent l'image de restauration d'usine avec de nouvelles images dans le cas de certaines mises à jour du système d'exploitation.**
- **Si vous effectuez une restauration d'usine sur un ordinateur, toutes les mises à jour de sécurité installées depuis que l'image d'usine a été créée à l'origine ne seront pas installées sur l'appareil ainsi restauré. Assurez-vous de mettre à jour votre système dès que possible après la restauration, et ce avant d'aller en ligne pour quelque raison que ce soit !**

Images système ultérieures

Certains systèmes créent également des images périodiques que vous pouvez restaurer sans avoir à revenir aux réglages d'usine d'origine. Windows 10, par exemple, intègre de telles fonctionnalités.

Ne restaurez jamais à partir d'une image à moins que vous ne sachiez que tout problème qui a pu vous obliger à restaurer l'image l'a fait *après* la création de celle-ci.

Support d'installation d'origine

Le support d'installation d'origine est destiné aux programmes que vous acquérez et installez après avoir acheté votre appareil.

Si le logiciel est fourni sur un DVD ou un CD, sauvegarder ce support vous permet de réinstaller le logiciel en cas de problème.

Gardez à l'esprit, cependant, que si des mises à jour du logiciel ont été émises et installées ultérieurement, vous devrez à nouveau télécharger et réinstaller ces mises à jour. Cela peut se faire automatiquement lors de la réinstallation, ou bien nécessiter une procédure manuelle.

Logiciels téléchargés

Si vous avez acquis des programmes depuis que vous avez acheté votre appareil, il est probable qu'une partie ou la totalité d'entre eux vous ont été délivrés par un certain processus de téléchargement numérique.

Lorsque le logiciel est proposé en téléchargement, vous pouvez stocker une copie du fichier d'installation que vous avez téléchargé sur un ou plusieurs types de supports différents, tels qu'une clé USB, un CD ou un DVD. Vous pouvez également enregistrer la copie sur un disque dur, mais assurez-vous alors de sauvegarder ce disque s'il fait partie de l'infrastructure de votre système.

De plus, certains diffuseurs en ligne qui vendent des logiciels téléchargeables conservent pour vous des copies de vos achats dans un *casier virtuel* afin que vous puissiez les télécharger à une date ultérieure. De telles « sauvegardes » sont certes utiles, mais assurez-vous de savoir combien de temps ces copies seront conservées dans votre casier virtuel. Certaines personnes ont eu de sérieux problèmes en découvrant que le logiciel qu'elles avaient payé n'était plus disponible au moment où elles en avaient besoin !

Pour les fichiers musicaux et vidéo, la période de conservation du fournisseur est souvent illimitée, ou du moins aussi longtemps qu'ils sont commercialisés. En ce qui concerne les logiciels, à mesure que de nouvelles versions sont publiées et que les anciennes versions deviennent *obsolètes* (ce qui signifie que l'éditeur cesse toute maintenance sur une version ancienne), la période de conservation peut être beaucoup plus courte.

Sauvegardes complètes des données

Une alternative à la sauvegarde de l'ensemble du système consiste à effectuer une sauvegarde complète des données du système, mais pas des logiciels et du système d'exploitation. (Les paramètres de configuration du système d'exploitation et des divers programmes installés sont souvent stockés dans des dossiers de données et inclus dans ces sauvegardes.) Effectuer une sauvegarde complète des données permet à l'utilisateur de restaurer celles-ci en une seule fois en cas de problème. Selon l'outil utilisé pour effectuer la sauvegarde, l'utilisateur peut également restaurer un sous-ensemble des données – par exemple, en choisissant de ne restaurer qu'un seul fichier particulier qu'il a supprimé accidentellement.

La restauration à partir d'une sauvegarde complète des données ne rétablit pas les applications. Si un système doit être entièrement reconstruit, la restauration à partir de sauvegardes complètes de données nécessite probablement une remise préalable aux paramètres d'usine (ou à une image ultérieure de l'ordinateur) et la réinstallation de tous les logiciels. C'est certainement plus fastidieux que d'opérer à partir d'une image système. Dans le même temps, c'est aussi plus facilement portable d'un système à un autre. La récupération peut généralement se faire sans problème sur de nombreux dispositifs qui soient considérablement différents du périphérique d'origine. Réduisez ensuite la probabilité pour que votre système ainsi restauré subisse une faille de sécurité en mettant immédiatement à jour le ou les logiciels réinstallés avec les derniers correctifs disponibles.

Sauvegardes incrémentielles

Les *sauvegardes incrémentielles* (ou *sauvegardes incrémentales*, mais c'est la même chose) sont des sauvegardes effectuées après une sauvegarde complète et qui contiennent uniquement des copies de la partie des données (ou, dans le cas d'une sauvegarde système, la partie du système entier) qui a changé depuis l'exécution de la sauvegarde précédente (qu'elle soit complète ou elle-même incrémentale).

Les sauvegardes incrémentielles s'exécutent normalement beaucoup plus rapidement que les sauvegardes complètes car, sur la plupart des systèmes, la grande majorité des fichiers de données ne change pas de façon fréquente. Pour la même raison, elles utilisent également moins d'espace de stockage que les sauvegardes complètes.

Pour restaurer les données, cependant, l'opération doit être effectuée à partir de la dernière sauvegarde complète *plus* toutes les sauvegardes incrémentielles effectuées depuis cette dernière sauvegarde complète.

Si vous décidez d'utiliser des sauvegardes incrémentielles, pensez à limiter le nombre de sauvegardes que vous créez après une sauvegarde complète. Par exemple, si vous n'avez effectué qu'une seule sauvegarde complète le premier jour du mois civil, puis des sauvegardes incrémentielles quotidiennes jusqu'au début du mois suivant, et si un problème survient le dernier jour du mois, vous devrez peut-être restaurer jusqu'à 30 sauvegardes afin de récupérer tous vos fichiers.

De nombreuses personnes (et de nombreuses entreprises également) choisissent d'effectuer des sauvegardes complètes du système un des jours de la fin de semaine, puis des sauvegardes incrémentielles les autres jours de la semaine, ce qui permet généralement d'obtenir un juste milieu entre les gains d'efficacité au cours du processus de sauvegarde et un processus de restauration potentiellement fastidieux.

Sauvegardes différentielles

Les *sauvegardes différentielles* contiennent tous les fichiers qui ont changé depuis la dernière sauvegarde complète. (Elles sont similaires à la première sauvegarde d'une série de sauvegardes incrémentielles exécutées après une sauvegarde complète.) Une série de sauvegardes différentielles nécessite donc plus de temps à s'exécuter et utilise davantage d'espace de stockage que les sauvegardes incrémentielles, mais moins que le même nombre de sauvegardes complètes. La restauration à partir de sauvegardes différentielles peut être plus rapide et plus simple qu'à partir de sauvegardes incrémentielles, car cette opération n'a besoin d'être effectuée qu'à partir de deux sources : la dernière sauvegarde complète et la dernière sauvegarde différentielle.

Si vous décidez d'utiliser des sauvegardes différentielles, pensez au nombre de sauvegardes que vous devriez effectuer avant la prochaine sauvegarde complète.

Si la sauvegarde différentielle commence à prendre de l'ampleur, elle ne se traduira pas par des gains sensibles de performances, et toute restauration prendra beaucoup plus de temps que si elle était uniquement effectuée à partir d'une sauvegarde complète.

Beaucoup de gens (et beaucoup d'entreprises aussi) choisissent de faire des sauvegardes complètes du système un des jours de la fin de semaine, puis de faire des sauvegardes différentielles pendant les autres jours de la semaine.

Sauvegardes mixtes

Les sauvegardes incrémentielles et différentielles sont effectuées en conjonction avec les sauvegardes complètes, comme l'illustre le Tableau 13.1.

Ne mélangez pas procédures incrémentielles et différentielles au sein d'un même schéma de sauvegarde, car cela peut créer de la complexité, entraîner de la confusion et se traduire finalement par des erreurs coûteuses.

Tableau 13.1 Comparaison entre sauvegardes complètes, incrémentielles et différentielles.

	Sauvegarde complète	Sauvegarde incrémentielle	Sauvegarde différentielle
Sauvegarde #1	Toutes les données	--	--
Sauvegarde #2	Toutes les données	Modifications de la Sauvegarde #1	Modifications de la Sauvegarde #1
Sauvegarde #3	Toutes les données	Modifications de la Sauvegarde #2	Modifications de la Sauvegarde #1

Sauvegardes en continu

Les *sauvegardes en continu* font référence aux sauvegardes qui s'exécutent, comme leur nom l'indique, de manière continue. Chaque fois qu'une modification est apportée aux données (ou à un système et aux données), une sauvegarde de cette modification est effectuée.

Les sauvegardes en continu sont excellentes en cas de panne du disque dur du système principal – la sauvegarde est disponible et à jour – mais elles ne servent pas à grand-chose en cas d'infection par un malware ou de destruction de données, puisque le malware se propage généralement jusqu'à la sauvegarde dès qu'il infecte le système principal.

Les systèmes de sauvegarde complexes sont l'exception. Ils enregistrent chaque action de sauvegarde et ont la possibilité de les inverser. Ces sauvegardes peuvent annuler des parties problématiques jusqu'au point où elles se sont produites.

Le processus de sauvegarde en continu est parfois appelé *synchronisation* (ou encore *synsinc*). Vous pouvez le voir décrit comme tel par exemple dans divers logiciels.

Sauvegardes partielles

Les *sauvegardes partielles* sont des sauvegardes d'une partie des données. Contrairement aux sauvegardes complètes, elles n'enregistrent pas tous les éléments de données d'un système. Si un système devait être entièrement hébergé, par exemple, vous n'auriez aucun moyen de récupérer complètement toutes ses données à partir de sauvegardes partielles de ce système effectuées plus tôt.

Les sauvegardes partielles peuvent être implémentées dans un modèle de type incrémentiel complet. Dans ce cas, la première sauvegarde d'une série comprend tous les éléments faisant partie du jeu inclus dans la sauvegarde partielle, et les sauvegardes suivantes de la série n'incluent que les éléments de ce jeu qui ont changé.

Des sauvegardes partielles peuvent également être implémentées comme étant des sauvegardes complètes – dans ce cas, tous les éléments du jeu inclus dans la sauvegarde partielle sont sauvegardés à chaque fois, qu'ils aient été modifiés ou non depuis la dernière fois.

Les sauvegardes partielles ne sont pas destinées à servir de sauvegardes complètes en cas d'attaque de malware ou autre. Elles sont toutefois utiles dans d'autres situations, par exemple lorsqu'un ensemble particulier de fichiers doit être stocké séparément en raison des besoins d'une personne ou d'un groupe particulier, ou encore du fait de la sensibilité du matériel. Par exemple, alors que le service informatique peut effectuer des sauvegardes complètes et incrémentielles de tous les fichiers d'un disque réseau partagé, le comptable, qui a besoin de son côté d'un accès permanent à un ensemble spécifique de feuilles de calcul stockées sur ce disque – et qui serait incapable de travailler si ces fichiers deviennent inaccessibles – peut configurer sa propre sauvegarde concernant uniquement ces fichiers. Il peut alors utiliser sa propre sauvegarde en cas de problème lorsqu'il est en déplacement, ou bien s'il travaille chez lui la fin de semaine, sans avoir à déranger inutilement un dimanche le support technique de son entreprise.

Sauvegardes de dossiers

Les *sauvegardes de dossiers* sont similaires aux sauvegardes partielles dans des situations où le jeu d'éléments à sauvegarder est un dossier particulier. Alors que les outils spécialisés peuvent faciliter les sauvegardes de dossiers, et au grand dam de nombreux professionnels de la cybersécurité et des services informatiques, de nombreux utilisateurs se contentent de faire manuellement une copie des dossiers du disque dur (ou SSD) sur des lecteurs USB à la fin de chaque journée de travail et considèrent ces sauvegardes comme une protection suffisante en cas de problèmes.

Théoriquement, bien sûr, de telles sauvegardes fonctionnent et peuvent être utilisées pour récupérer de nombreux problèmes. Cependant, la réalité montre que cette façon de procéder n'aboutit presque jamais à des sauvegardes appropriées : les gens oublient certains jours de sauvegarder, ou ne sauvegardent pas parce qu'ils sont pressés, négligent de sauvegarder certains éléments qu'ils auraient dû copier, stockent leurs sauvegardes sur des dispositifs non sécurisés, les rangent dans des endroits non sécurisés, ou encore perdent leurs clés USB – bref, vous voyez l'idée !

Si vous voulez être sûr de disposer de sauvegardes appropriées lorsque vous en avez besoin – et, à un moment donné, vous en aurez probablement besoin – ne vous fiez pas à ce genre de procédé !

Ne sauvegardez jamais un dossier sur le même lecteur que le dossier d'origine. Si le lecteur tombe en panne, vous perdrez à la fois la source principale des données et la copie de sauvegarde.

Sauvegardes de disques durs

Une *sauvegarde de disque dur* est similaire à une sauvegarde de dossier, mais dans le cas où c'est un lecteur entier qui est sauvegardé au lieu d'un seul dossier. De telles sauvegardes offrent une certaine protection, mais celle-ci est rarement suffisante contre les risques de perte de données.

Ne stockez jamais une sauvegarde de disque sur le même lecteur que celui qui est sauvegardé. Si ce lecteur tombe en panne, vous perdrez à la fois la source principale des données et la copie de sauvegarde !

Sauvegardes de disques virtuels

C'est un cas particulier de sauvegarde de disque dur, dans lequel une personne ou une organisation utilise un disque virtuel crypté. Par exemple, un utilisateur peut stocker ses fichiers dans un lecteur BitLocker sous Windows. BitLocker est un utilitaire intégré à de nombreuses versions de Windows qui permet de créer un disque virtuel qui se comporte ensuite comme un disque « normal » lorsqu'il est utilisé, mais qui apparaît comme un fichier crypté géant lorsqu'il ne l'est pas. Pour accéder au lecteur, l'utilisateur doit le déverrouiller, normalement en entrant un mot de passe.

La sauvegarde de ces disques est souvent réalisée en incluant simplement le fichier crypté dans la sauvegarde complète, incrémentielle, par dossier ou par disque. En tant que tel, tout le contenu du disque crypté est copié sans indication de son nom (autre que celui du fichier lui-même) et reste inaccessible à quiconque ne sait pas comment monter et déverrouiller le disque virtuel. De nombreux outils spécialisés offrent des sauvegardes de disque en plus de formes de sauvegarde plus structurées.

Certains logiciels font référence à la création d'une image d'un disque entier sous l'appellation de *clonage*.

Bien qu'un tel schéma protège le contenu du disque chiffré, puisqu'il est conservé en l'état dans la sauvegarde, notez les mises en garde suivantes :

» **Même si une petite modification a été apportée à un seul fichier dans le lecteur virtuel, c'est l'ensemble du fichier crypté qui sera modifié.** Ainsi, un changement de 1 ko pourrait facilement conduire à la sauvegarde incrémentielle d'un fichier pesant au total 1 To.

» **La sauvegarde est inutile pour la restauration à moins que quelqu'un sache comment déverrouiller le disque crypté.** Bien que le chiffrement puisse être un bon mécanisme de défense contre l'espionnage de fichiers sensibles dans la sauvegarde, il signifie également que la sauvegarde n'est pas, à elle seule, entièrement utilisable pour la restauration. Il n'est pas difficile d'imaginer les problèmes qui en découlent – par exemple, si quelqu'un qui tente d'utiliser une sauvegarde plusieurs années après sa création a oublié le code d'accès, ou si la personne qui a créé une sauvegarde n'est pas disponible au moment où il faut la restaurer, *etc.*

» **Comme pour toutes les données cryptées, il y a un risque qu'à mesure que les ordinateurs deviennent plus puissants – et, surtout, que l'informatique quantique prenne son essor – les techniques actuelles de chiffrement n'offrent peut-être pas une protection suffisante contre les attaques par force brute.** Bien que les systèmes de production évolueront, sans aucun doute, vers de meilleures capacités de chiffrement au fil du temps (comme ils l'ont déjà été depuis le chiffrement à 56 bits des années 1990), les sauvegardes qui auront été effectuées avec une ancienne technologie de chiffrement et de gestion des clés pourront devenir vulnérables au déchiffrement par des personnes ou entités non autorisées. Par conséquent, ce chiffrement peut ne pas protéger à jamais les données sensibles contenues dans vos sauvegardes. Vous devez stocker celles-ci dans un endroit sûr ou les détruire lorsqu'elles ne sont plus nécessaires.

Exclusions

Certains fichiers et dossiers n'ont pas besoin d'être sauvegardés à moins que vous ne vouliez créer une image d'un disque (auquel cas cette image doit ressembler exactement au disque).

Les fichiers de pagination du système d'exploitation, ainsi que les autres fichiers temporaires qui ne servent à rien si un système est restauré, par exemple, ne doivent pas être sauvegardés.

Voici quelques exemples de fichiers et dossiers que vous pouvez exclure des sauvegardes sur une machine sous Windows 10. Si vous utilisez un logiciel de sauvegarde, il contient probablement déjà une liste intégrée d'exclusions par défaut qui peut ressembler à cette liste :

» **La corbeille,** qui sauvegarde temporairement les fichiers effacés au cas où un utilisateur changerait d'avis sur leur suppression.

» **Les caches de navigateur,** qui sont des fichiers Internet temporaires des navigateurs Web, tels que Microsoft Edge, Firefox, Chrome, Vivaldi, Opera ou encore Internet Explorer.

» **Les dossiers temporaires,** qui sont souvent appelés `Temp` ou bien `temp` et qui résident dans `c:\`, dans le répertoire utilisateur, ou dans le répertoire de données du logiciel.

» **Les fichiers temporaires,** généralement nommés `*.tmp` ou `*.temp`.

» **Les fichiers d'échange du système d'exploitation,** tels que `pagefile.sys`.

» **Le fichier de mise en veille prolongée (ou hibernation) du système d'exploitation,** tel que `hyberfil.sys`.

» **Les sauvegardes (à moins que vous ne souhaitiez sauvegarder vos sauvegardes…),** telles que l'historique des fichiers Windows.

» **Les fichiers du système d'exploitation sauvegardés lors d'une mise à jour du système d'exploitation,** comme on les trouve habituellement dans `C:\Windows.old`.

» **Les fichiers de cache de Microsoft Outlook (*.ost),** mais les fichiers locaux de données Outlook (*.pst) devraient être inclus dans les sauvegardes (en fait, dans de nombreux cas, ce sont les fichiers les plus critiques dans une sauvegarde).

» **Les fichiers journaux de performance,** que l'on trouve dans des répertoires appelés PerfLogs.

» **Les fichiers indésirables, ou inutiles,** notamment ceux que les utilisateurs créent en tant que fichiers temporaires personnels pour contenir des informations, comme un fichier texte dans lequel la personne tape un numéro de téléphone que quelqu'un lui a dicté, mais qui a depuis été ajouté dans son répertoire de smartphone.

Sauvegardes in-app

Certaines applications ont des fonctions de sauvegarde intégrées qui vous protègent contre la perte de votre travail en cas de panne d'ordinateur, de coupure de courant ou de défaut de batterie.

L'un de ces programmes est Microsoft Word, qui offre aux utilisateurs la possibilité de configurer la fréquence à laquelle les fichiers doivent être enregistrés pour la récupération automatique. Pour la plupart des gens, cette fonction est très utile. L'auteur de ce livre a même profité de cette fonctionnalité tout en écrivant ce livre !

Bien que le mécanisme de configuration de la récupération automatique ait un peu varié au fil du temps, dans la plupart des versions modernes, le processus se présente ainsi : vous choisissez Fichier, Options, puis vous cochez la ligne Enregistrer les informations de récupération automatique, et vous configurez l'intervalle selon vos goûts (toutes les 5 minutes, c'est bien).

Les sauvegardes in-app ne prennent généralement que quelques secondes à configurer, s'exécutent normalement sans votre participation active, et peuvent vous éviter bien des ennuis. Dans presque tous les cas, vous devez activer la fonctionnalité si elle existe.

Explorer les outils de sauvegarde

Vous pouvez utiliser plusieurs types d'outils pour créer, gérer et restaurer des sauvegardes. Ces outils peuvent automatiser divers types de sauvegardes, par exemple, ou gérer un processus de sauvegarde de synchronisation permanent. Les outils de sauvegarde sont disponibles dans une large plage de prix, en fonction de leur robustesse et de leur évolutivité.

Logiciel de sauvegarde

Un *logiciel de sauvegarde* est un programme conçu spécifiquement pour exécuter et gérer les sauvegardes, ainsi que les restaurations à partir de ces sauvegardes. Vous pouvez trouver divers fournisseurs de tels logiciels, avec des caractéristiques qui varient entre les produits et entre les plates-formes qu'ils supportent (par exemple, les caractéristiques peuvent varier entre les versions Windows et Mac du même logiciel de sauvegarde). Certaines offres sont destinées aux particuliers, d'autres aux grandes entreprises et d'autres encore à pratiquement tous les niveaux intermédiaires.

Vous pouvez utiliser un tel logiciel pour effectuer des sauvegardes manuellement ou automatiquement, c'est-à-dire que vous pouvez le configurer pour sauvegarder des systèmes, des données, des lecteurs ou des dossiers particuliers à des moments spécifiques, en utilisant différents modèles de sauvegarde, tels que complète, incrémentielle, *etc.*

Les sauvegardes ne peuvent s'exécuter que si une machine est sous tension. Donc, assurez-vous que l'appareil à sauvegarder est allumé au moment voulu ! (Certains logiciels de sauvegarde peuvent être configurés pour reprendre leur travail la prochaine fois que l'appareil est allumé ou inoccupé.)

La configuration d'un logiciel de sauvegarde peut demander un certain temps, mais une fois que vous l'avez fait, cela peut souvent rendre le processus de création de sauvegardes appropriées beaucoup plus facile que toute autre méthode.

Dans l'idéal, vous devriez configurer vos systèmes pour qu'ils exécutent automatiquement les sauvegardes à des moments précis, afin de vous assurer que vous n'allez pas négliger de le faire lorsque vous êtes pris par d'autres activités.

Ne confondez pas les options manuelles et automatiques d'un logiciel de sauvegarde avec une tâche de copie manuelle ou automatique.

Si vous venez de travailler sur un projet important, ou si vous avez passé de nombreuses heures à créer un nouveau document sur votre ordinateur, vous voudrez peut-être lancer une sauvegarde manuelle supplémentaire pour protéger votre travail et le temps que vous y avez consacré.

Méfiez-vous des faux logiciels de sauvegarde ! Des personnes peu scrupuleuses proposent des logiciels de sauvegarde gratuits qui contiennent en fait des malware plus ou moins dangereux, allant des publicités ennuyeuses aux voleurs de données. Assurez-vous que vous obtenez votre logiciel de sauvegarde (ainsi que tout autre logiciel que vous utilisez) depuis une source fiable.

Logiciel de sauvegarde spécifique au lecteur

Certains disques durs externes et disques SSD sont livrés avec un logiciel de sauvegarde intégré. De tels logiciels sont souvent extrêmement intuitifs et faciles à utiliser, et les utilisateurs peuvent considérer qu'il s'agit du moyen le plus pratique de configurer leurs routines de sauvegarde.

Trois mises en garde, cependant :

» N'oubliez pas de ne pas laisser le disque connecté au système contenant les données principales.

» Si vous utilisez des versions spécifiques de logiciels de sauvegarde, vous devrez peut-être acheter tous vos disques de sauvegarde auprès du même constructeur afin de ne pas compliquer les procédures de sauvegarde et de restauration.

» Les logiciels spécifiques aux lecteurs de telle ou telle marque sont moins susceptibles que des logiciels de sauvegarde généraux de prendre en charge les nouvelles technologies qui pourraient provenir d'autres constructeurs.

Sauvegarder sous Windows

Windows est équipé d'un logiciel de sauvegarde de base intégré. Il est doté de plusieurs fonctions et, pour de nombreuses personnes, peut suffire à leurs besoins. Utiliser ce qu'offre Windows est certainement mieux que ne pas sauvegarder du tout.

Vous pouvez configurer les sauvegardes de Windows à deux endroits :

» Dans l'application Paramètres, dans la section Mise à jour et sécurité.

» *Via* le panneau de configuration traditionnel, qui peut être lancé à partir du menu Démarrer ou en saisissant son nom dans la barre de recherche. Choisissez alors Système et sécurité, puis Sauvegarder et restaurer. Vous pouvez également

choisir, dans l'application Paramètres, Mise à jour et sécurité, Sauvegarde, et enfin Accéder à l'outil de sauvegarde et de restauration de Windows 7.

De plus, un utilitaire permet de sauvegarder automatiquement les fichiers lorsque vous les modifiez. Vous pouvez accéder à ses options de configuration *via* l'option Historique des fichiers de l'application Paramètres ou dans le Panneau de configuration. Si vous disposez de beaucoup d'espace disque et que vous travaillez beaucoup, assurez-vous que vos fichiers sont sauvegardés assez souvent.

Pour plus d'informations sur la restauration de fichiers à partir de l'Historique des fichiers de Windows, consultez le Chapitre 15.

Sauvegarde de smartphone ou de tablette

De nombreux appareils sont équipés de la capacité de synchroniser automatiquement vos données avec le cloud – un processus qui vous permet de restaurer les données sur un nouvel appareil si le vôtre est perdu ou volé. Même les périphériques qui n'intègrent pas cette fonctionnalité peuvent exécuter des logiciels qui disposent efficacement de ces fonctionnalités pour une arborescence de dossiers ou un lecteur spécifique.

L'utilisation de la fonction de synchronisation offre une grande protection, mais cela signifie également que vos données se trouvent dans le *cloud*, le « nuage Internet » – ce qui veut dire simplement qu'elles se trouvent sur l'ordinateur de quelqu'un d'autre – et qu'elles sont potentiellement accessibles à la fois au fournisseur de services dans le cloud (dans le cas de la plupart des smartphones, ce fournisseur serait Apple ou Google, voire Samsung), ainsi qu'à tout organisme gouvernemental dans le cadre d'une enquête, à des personnes mal intentionnées, ou à des hackers qui y ont accès d'une manière ou d'une autre.

Même si vous n'avez commis aucun délit, le gouvernement peut quand même exiger d'avoir accès à vos données dans le cadre de procédures relatives à des crimes commis par d'autres personnes. Cependant, même un service gouvernemental peut subir des attaques et des fuites de données, et vous avez donc de bonnes raisons de ne pas lui faire totalement confiance pour protéger adéquatement les renseignements qui vous concernent contre les risques de vol.

Avant de décider d'utiliser ou non ce type de synchronisation, réfléchissez aux avantages et aux inconvénients.

Sauvegardes manuelles de fichiers ou de dossiers par copie

Les *sauvegardes manuelles* sont exactement ce que leur nom indique : des sauvegardes effectuées manuellement, souvent par des personnes qui copient des fichiers, des dossiers ou les deux depuis leur disque dur principal (ou le disque SSD) vers un dossier en réseau ou une clé USB.

Les sauvegardes manuelles ont leur raison d'être, mais n'utiliser qu'elles n'est généralement pas une bonne stratégie à suivre. Inévitablement, les gens n'effectuent pas ces sauvegardes aussi souvent qu'ils le devraient, ils ne les stockent pas correctement et, souvent, ils ne sauvegardent pas tous les éléments dont ils devraient conserver des copies.

Sauvegardes automatisées de fichiers ou de dossiers par copie

Les *sauvegardes automatisées* sont essentiellement des sauvegardes manuelles dopées aux stéroïdes, autrement dit des sauvegardes manuelles qui sont exécutées de manière automatique par un ordinateur au lieu d'être réalisées manuellement par des personnes. Bien que l'automatisation de ce processus réduise le risque d'oublier d'effectuer une sauvegarde, la copie de fichiers et de dossiers est toujours risquée car, si certaines informations sensibles ne sont pas, pour une raison quelconque, stockées dans le bon dossier, elles peuvent ne pas être sauvegardées.

Une exception possible est le cas des lecteurs virtuels. Si quelqu'un automatise le processus de copie du fichier chiffré, qui contient le lecteur entier sur lequel il stocke toutes ses données, de telles sauvegardes peuvent être suffisantes. Pour la plupart des utilisateurs individuels, cependant, la mise en place d'une telle routine de copie automatisée n'est pas une solution pratique. L'utilisation d'un logiciel de sauvegarde est une option beaucoup plus simple et bien meilleure.

Sauvegardes par des tiers des données hébergées chez des tiers

Si vous stockez des données dans le cloud, ou si vous utilisez un service tiers pour héberger vos systèmes ou vos données, la partie qui possède les systèmes physiques et/ou virtuels sur lesquels vos données résident peut ou non les sauvegarder – le plus souvent à votre insu ou sans votre accord.

Si vous stockez des données sur Google Drive, par exemple, vous n'avez absolument aucun contrôle sur le nombre de copies que Google fait de vos données. De même, si vous utilisez un service tiers tel que Facebook, toutes les données que vous téléchargez sur les serveurs du géant des réseaux sociaux – quels que soient par ailleurs les paramètres de confidentialité que vous avez définis pour les téléchargements (ou même si vous les avez supprimés) – peuvent être copiées par Facebook sur autant de sauvegardes que la société le souhaite, dans autant de lieux différents que la société le souhaite. C'est d'ailleurs pourquoi, même si vous pensez avoir supprimé certaines de ces données, voire fermé votre compte, il en reste toujours des exemplaires qui ont été sauvegardés dans des sites « miroir ».

Dans certains cas, les sauvegardes tierces ressemblent à des sauvegardes sur disque. Alors que le fournisseur a sauvegardé vos données, seul vous – la partie qui « possède » les données – pouvez réellement les lire sous une forme non chiffrée à partir de la sauvegarde. Dans d'autres cas, cependant, les données sauvegardées sont visibles par toute personne ayant accès à la sauvegarde.

Cela dit, la plupart des grands services tiers disposent d'une infrastructure et de systèmes de sauvegarde redondants et robustes, ce qui signifie que les chances pour que les données stockées chez eux restent accessibles aux utilisateurs sont extrêmement élevées par rapport à la sécurité toute relative du domicile de la plupart des gens.

Savoir où sauvegarder

Pour que les sauvegardes aient une valeur, elles doivent être correctement stockées afin d'être rapidement et facilement accessibles en cas de besoin. En outre, un stockage inapproprié des sauvegardes peut gravement compromettre la sécurité des informations qu'elles contiennent. Vous avez probablement entendu parler d'histoires de sauvegardes sur bande non cryptées, avec des tas d'informations sensibles, qui ont été perdues ou volées.

Cela dit, il n'existe pas d'approche unique pour le choix d'un stockage approprié. Vous pouvez sauvegarder vers différentes destinations, ce qui se traduit par des emplacements de stockage variés.

Stockage local

Le stockage d'une *copie locale* de votre sauvegarde – c'est-à-dire quelque part près d'un ordinateur personnel ou facilement accessible au propriétaire d'un smartphone, d'une tablette ou d'un ordinateur portable – est une bonne idée. Si vous supprimez accidentellement un fichier, vous pouvez le restaurer rapidement à partir de la sauvegarde.

Cela dit, vous ne devriez jamais garder toutes vos sauvegardes en local. Si vous stockez vos sauvegardes dans votre maison, par exemple, et que votre domicile est gravement endommagé lors d'une catastrophe naturelle, vous pourriez perdre simultanément votre centre principal de conservation des données (par exemple, votre ordinateur personnel) et vos sauvegardes.

Les sauvegardes devraient toujours être stockées dans un endroit sûr et non sur une quelconque étagère. Un coffre-fort ignifuge et imperméable à l'eau, vissé au sol ou fixé au mur, sont deux bonnes options.

N'oubliez pas non plus que les disques durs et autres supports magnétiques sont moins susceptibles de survivre à certaines catastrophes que les lecteurs SSD, les clés USB et autres périphériques contenant des puces de mémoire.

Stockage hors site

Du fait même que l'un des buts de la sauvegarde est d'avoir la capacité de préserver les données (et les systèmes) même si votre copie principale est détruite, vous devriez avoir au moins une sauvegarde hors site, c'est-à-dire dans un endroit différent de celui où se trouvent vos données de travail.

Les opinions divergent quant à la distance à laquelle la sauvegarde devrait être conservée par rapport à l'enregistrement principal. Pour l'essentiel, la règle générale est de conserver les sauvegardes dans un lieu suffisamment éloigné pour qu'une catastrophe naturelle qui affecterait gravement le site principal ne touche pas aussi le site secondaire.

Certaines personnes stockent une copie de sauvegarde de leurs données dans un sac à la fois ignifuge et étanche placé dans un coffre-fort. Les coffres-forts bancaires survivent généralement aux catastrophes naturelles, de sorte que, même si la banque est relativement proche du site principal, la sauvegarde a peu de chances d'être endommagée même si elle ne peut pas être récupérée pendant plusieurs jours.

Cloud

La sauvegarde sur un « cloud Internet » offre les avantages du stockage hors site. Si vous perdez tous vos équipements et systèmes à la suite d'une catastrophe naturelle, par exemple, une copie de vos données restera (presque) toujours présente dans le nuage. De plus, d'un point de vue pratique, il y a fort à parier que les équipes techniques d'un important fournisseur de stockage en ligne savent beaucoup mieux que la plupart des gens comment assurer la sécurité des données et disposent pour cela d'outils qu'une personne moyenne ne peut pas se permettre d'acheter ou même d'acquérir une licence.

En même temps, les sauvegardes basées sur un cloud ont leurs inconvénients.

Avec cette méthode, en effet, vous vous fiez à un tiers pour protéger vos données. Bien que ce tiers ait plus de connaissances et de meilleurs outils à sa disposition, sa principale préoccupation n'est pas la vôtre. Si une faille se produit, par exemple, et que des clients importants sont touchés, ses priorités peuvent consister à répondre à leurs préoccupations avant de s'occuper des vôtres. En outre, les principaux sites sont souvent des cibles importantes pour les hackers, car ils savent évidemment que ces sites contiennent des trésors de données, beaucoup plus vastes que ce qu'ils pourraient être en mesure de dérober sur votre ordinateur personnel. Bien entendu, comme cela a déjà été mentionné, vos données seraient susceptibles d'être communiquées à des enquêteurs disposant d'un mandat judiciaire, même si votre nom n'apparaît que par ricochet dans une affaire criminelle.

Cela dit, pour la plupart des gens, la sauvegarde dans un cloud a du sens, les avantages l'emportant sur les inconvénients, surtout si vous cryptez vos sauvegardes, rendant ainsi leur contenu inaccessible au fournisseur de ce service.

Quand il s'agit d'ordinateurs, le terme *cloud* signifie vraiment « les ordinateurs de quelqu'un d'autre ». Chaque fois que vous stockez des données sensibles, y compris celles qui sont présentes dans des sauvegardes, dans le nuage, vous les stockez vraiment sur un ordinateur physique (enfin, disons des hordes de disques) appartenant à quelqu'un d'autre. Le fournisseur de cloud offre la plupart du temps une meilleure sécurité que vous ne pouvez vous l'offrir, mais ne vous attendez pas à ce que votre utilisation du cloud élimine d'une manière ou d'une autre les risques de cybersécurité.

Stockage en réseau

La sauvegarde sur un lecteur réseau offre un mélange de plusieurs des solutions précédentes pour stocker les sauvegardes.

Comme une sauvegarde locale, une sauvegarde réseau est normalement facilement disponible, mais peut-être à une vitesse légèrement inférieure.

Tout comme une sauvegarde hors site, si le serveur réseau sur lequel la sauvegarde est située se trouve dans une localisation différente, cette sauvegarde est protégée contre les problèmes qui pourraient survenir sur le site principal. Contrairement à la sauvegarde hors site, cependant, et à moins de savoir avec certitude que les fichiers sont effectivement stockés hors site, ils peuvent en réalité se trouver au même endroit que les données d'origine.

Tout comme la sauvegarde sur un cloud, une sauvegarde réseau peut être restaurée sur d'autres périphériques de votre système. Contrairement au cloud, elle peut n'être accessible qu'aux appareils du même réseau privé (ce qui peut être un problème ou, dans certaines situations, une bonne chose du point de vue de la sécurité).

De plus, le stockage en réseau est souvent implémenté avec des disques redondants et des sauvegardes automatiques, offrant une meilleure protection de vos données que de nombreuses autres options de stockage.

Si vous utilisez le stockage réseau pour les sauvegardes, assurez-vous que le mécanisme que vous utilisez pour exécuter celles-ci (par exemple, le logiciel de sauvegarde) possède les autorisations réseau appropriées pour écrire sur le stockage de destination. Dans de nombreux cas, vous devrez peut-être configurer un nom d'utilisateur et un mot de passe.

Variez les lieux

Il n'y a aucune raison de ne sauvegarder qu'à un seul endroit. Du point de vue de la restauration rapide des données, plus il y a d'endroits où vos données sont sauvegardées en toute sécurité, mieux c'est. En fait, des sites différents fournissent différents types de protection optimisés pour différentes situations.

Conserver une copie en local pour pouvoir restaurer rapidement un fichier que vous supprimez accidentellement, ainsi que disposer d'une sauvegarde dans le cloud en cas de catastrophe naturelle, par exemple, est une démarche logique pour de nombreuses personnes.

Gardez à l'esprit, cependant, que si vous stockez des sauvegardes dans plusieurs lieux, vous devez vous assurer que tous ces emplacements sont sécurisés. En cas de doute, méfiez-vous et n'ajoutez pas une sauvegarde de plus simplement sous le prétexte que « plus il y a de sauvegardes, mieux c'est ».

Comme divers lieux de sauvegarde présentent chacun des forces et des faiblesses différentes, utiliser plusieurs emplacements peut vous protéger mieux contre davantage de risques que se contenter d'un seul site.

Savoir où ne pas stocker les sauvegardes

Ne stockez jamais, jamais, de sauvegardes en les laissant attachées à votre ordinateur ou à votre réseau, sauf si vous avez d'autres copies que vous êtes prêt à restaurer en cas d'attaque de malware. Les ransomware susceptibles d'infecter votre ordinateur et de rendre les fichiers qui s'y trouvent inaccessibles peuvent provoquer les mêmes dégâts pour une sauvegarde directement accessible.

Après une sauvegarde, ne laissez jamais les disques durs ou les disques SSD utilisés pour celle-ci connectés aux systèmes ou aux réseaux qu'ils viennent précisément de sauvegarder. Tout malware qui infecterait le système principal pourrait également se propager aux sauvegardes. Déconnecter votre sauvegarde du matériel peut faire toute la différence entre récupérer rapidement ses données après une attaque de ransomware, et avoir à payer une rançon coûteuse à un criminel.

Si vous sauvegardez sur un support de type inscriptible une seule fois et lisible de multiples fois, soit essentiellement des CD-R et des DVD-R, laisser ce disque dans son lecteur après avoir terminé l'enregistrement de la sauvegarde (et vérifié que le disque est bien en lecture seule) ne pose pas de problème.

Chiffrer des sauvegardes

Les sauvegardes peuvent facilement devenir un maillon faible dans la chaîne de sécurité de la protection des données. Les personnes qui agissent consciencieusement pour protéger leurs renseignements personnels, et les organisations qui prennent soin de faire de même avec leurs informations confidentielles et exclusives, n'adoptent souvent pas le même niveau de protection pour ces mêmes données lorsque celles-ci se trouvent dans des sauvegardes plutôt que dans leur emplacement principal.

Combien de fois entendons-nous des reportages, par exemple, sur des données sensibles mises en danger parce qu'elles étaient présentes sous une forme non chiffrée sur des sauvegardes sur bande qui ont été perdues ou volées ?

En général, si vous n'êtes pas sûr de devoir chiffrer votre sauvegarde, c'est que vous devriez probablement le faire.

Assurez-vous de chiffrer vos sauvegardes si elles contiennent des informations sensibles, ce qui est le cas la plupart du temps. Après tout, si des données sont suffisamment importantes pour être sauvegardées, il y a fort à parier qu'au moins une partie est particulièrement sensible et devrait être chiffrée.

Assurez-vous simplement de bien protéger le mot de passe nécessaire pour déverrouiller les sauvegardes. Rappelez-vous qu'il peut s'écouler un certain temps avant que vous n'ayez réellement besoin d'utiliser vos sauvegardes, et donc ne vous fiez pas à votre mémoire, à moins de vous entraîner à utiliser ce même mot de passe régulièrement pour tester celles-ci.

D'un point de vue pratique, de nombreux administrateurs système professionnels qui traitent de multiples sauvegardes chaque jour n'en ont jamais vu une qui n'avait pas besoin d'être chiffrée.

Calculer la fréquence à laquelle vous devriez sauvegarder vos données

Il n'existe pas de règle universelle simple quant à la fréquence à laquelle vous devriez sauvegarder votre système et vos données. En général, vous voulez vous assurer de ne jamais perdre une quantité de travail susceptible de vous causer un sérieux pincement au cœur.

L'exécution d'une sauvegarde complète chaque jour nécessite le plus d'espace de stockage et prend également le plus de temps à exécuter. Cependant, cela signifie également plus de copies totales des données qui sont disponibles –si une sauvegarde se détériore en même temps que le stockage principal, moins de données risquent donc d'être perdues – et, en même temps, moins de sauvegardes sont nécessaires pour effectuer une restauration du système ou des données.

Effectuer une sauvegarde complète tous les jours peut être réalisable pour de nombreuses personnes, en particulier celles qui peuvent exécuter cette opération après les heures de travail ou pendant qu'elles dorment la nuit. Une telle stratégie offre la meilleure protection. Avec l'effondrement des prix des disques au cours de ces dernières années, le coût d'une telle pratique, qui était autrefois prohibitif pour la plupart des particuliers, est maintenant abordable pour la plupart des gens.

Certaines personnes et organisations choisissent d'effectuer une sauvegarde hebdomadaire complète et de coupler cette sauvegarde avec des sauvegardes incrémentielles ou différentielles quotidiennes. La première stratégie représente la procédure de sauvegarde la plus rapide. La seconde offre la routine de restauration la plus rapide, et réduit le nombre de sauvegardes nécessaires pour effectuer une restauration à un maximum de deux au lieu de sept.

Envisagez de plus d'utiliser des sauvegardes manuelles ou un système de sauvegarde automatisé « in-app » si vous travaillez sur des documents importants pendant la journée. L'utilisation des sauvegardes automatisées de Word, par exemple, peut vous protéger contre la perte de plusieurs heures de travail en cas de panne de votre ordinateur ou de coupure de courant. De même, la copie de documents vers un deuxième emplacement peut éviter de perdre un travail important si votre disque dur ou votre disque SSD tombe en panne.

Pour les applications qui n'ont pas de capacités de sauvegarde automatique, certaines personnes ont suggéré d'utiliser périodiquement l'option Envoyer vers de Windows ou du Mac pour s'envoyer par courriel des copies des fichiers sur lesquels elles travaillent. Bien qu'il ne s'agisse manifestement pas d'une réelle stratégie de sauvegarde, cela offre un moyen supplémentaire de créer une copie temporaire de son travail pendant la journée. De plus, comme le courriel existe par définition hors site, ceci garantit que, si l'ordinateur d'une personne venait à rendre l'âme subitement, il n'y aurait pas une journée entière de travail de perdue.

En général, si vous n'êtes pas sûr de sauvegarder suffisamment souvent, c'est probablement le cas.

Éliminer d'anciennes sauvegardes

Les personnes et les organisations stockent souvent des sauvegardes pendant de longues périodes de temps – parfois en préservant les documents pendant si longtemps que le cryptage utilisé pour protéger les données sensibles sur les supports de sauvegarde n'est plus suffisant face aux évolutions technologiques.

Par conséquent, il est impératif de détruire vos sauvegardes au bout d'un certain délai, ou de les recréer de temps à autre.

Les formats matériels et logiciels changent avec le temps. Si vous avez sauvegardé sur bandes magnétiques dans les années 1980, sur Bernoulli Box au début des années 1990 ou sur lecteurs Zip à la fin des années 1990, vous risquez d'avoir des difficultés pour réaliser des restaurations de nos jours, car vous aurez peut-être beaucoup de mal à trouver le matériel nécessaire, les pilotes compatibles ainsi que les logiciels requis pour lire ces sauvegardes sur un ordinateur moderne.

De même, si vous avez sauvegardé des données avec divers programmes DOS ou des exécutables Windows 16 bits de l'époque, il se peut que vous ne puissiez pas restaurer à partir ces sauvegardes sur la plupart des machines d'aujourd'hui qui ne sont tout simplement plus en mesure d'exécuter ces programmes. Évidemment, si vous avez créé une image système complète d'une machine il y a 20 ans, celle-ci est tellement obsolète qu'il est très peu probable que vous arriviez à la restaurer (vous pourriez peut-être y parvenir en utilisant des machines virtuelles – mais cela dépasse largement le niveau de compétence technique de la plupart des utilisateurs).

Même certaines anciennes versions de fichiers de données peuvent ne pas fonctionner facilement. Les documents Word du milieu des années 1990, par exemple, qui peuvent éventuellement être infectés par diverses formes de malware, ne s'ouvrent pas dans les versions plus récentes de Word à moins qu'un utilisateur n'autorise un tel accès, ce qui peut être difficile ou impossible à faire dans certains environnements professionnels. Les formats de fichiers utilisés spécifiquement par des logiciels qui ont depuis longtemps disparu du marché peuvent être encore plus difficiles à ouvrir.

En tant que telles, d'anciennes sauvegardes peuvent de toute façon ne pas avoir beaucoup de valeur pour vous. Ainsi, une fois qu'une sauvegarde n'a plus d'intérêt ou que sa protection des données risque d'être compromise, il faut s'en débarrasser.

Comment devez-vous vous débarrasser des sauvegardes sur bande, des disques, *etc.* ? Est-ce qu'il suffit de les jeter à la poubelle ?

Non. Ne faites pas cela. Cela risquerait en effet de compromettre totalement la sécurité des données stockées dans les sauvegardes. Utilisez plutôt l'une des méthodes suivantes :

» **Écrasement : Divers logiciels écrivent plusieurs fois sur chaque secteur des supports de stockage (le nombre réel de réécritures dépend du niveau de sécurité** spécifié par l'utilisateur), ce qui rend difficile, voire impossible, la récupération ultérieure des données sur les supports ainsi mis hors service.

» **Démagnétisation :** Des dispositifs spéciaux, contenant des aimants puissants, peuvent être utilisés pour rendre physiquement inaccessibles les données sur des supports magnétiques (tels que les disques durs et les disquettes) en exposant les supports à un fort champ magnétique.

» **Incinération :** Il suffit souvent de brûler un support de stockage dans un incinérateur à haute température pour le détruire. N'essayez pas de le faire vous-même. Trouvez un professionnel expérimenté. Le processus d'incinération varie en fonction du type de support concerné.

» **Déchiquetage :** Il consiste à découper le support en petits morceaux. Idéalement, les supports devraient même être totalement réduits en poussière. Dans tous les cas, le déchiquetage à l'aide d'un appareil classique, qui découpe le support en bandes, n'est généralement pas considéré comme forme d'élimination sûre si ce support n'a pas été auparavant écrasé ou démagnétisé.

Je ne saurais trop insister sur l'importance de stocker et d'éliminer correctement les sauvegardes. De graves fuites de données ont résulté de la perte de supports de sauvegarde après un certain laps de temps.

Tester les sauvegardes

Beaucoup de gens ont pensé qu'ils avaient des sauvegardes appropriées pour découvrir, au moment où ils avaient besoin de restaurer leurs données, que ces sauvegardes étaient endommagées. Par conséquent, il est essentiel de tester les sauvegardes.

Bien que, en théorie, vous devriez tester chaque sauvegarde que vous réalisez, et vérifier si chaque élément de la sauvegarde peut être restauré, un tel schéma est peu pratique pour la plupart des gens. Cependant, testez la première sauvegarde que vous faites avec n'importe quel logiciel, vérifiez les fichiers de récupération automatique la première fois que vous utilisez Word, et ainsi de suite.

Certains logiciels permettent de vérifier les sauvegardes qu'ils effectuent. C'est-à-dire qu'après avoir effectué une sauvegarde, ils vérifient que les données d'origine et les données sauvegardées se correspondent exactement. Exécuter une telle vérification après avoir effectué une sauvegarde ajoute un temps significatif au processus, mais cela vaut la peine de le faire si vous en avez la possibilité, car cela permet de s'assurer que rien n'a été mal enregistré ou n'a été corrompu pendant l'opération.

Effectuer des sauvegardes de cryptomonnaies

Du fait que les cryptomonnaies (voir le Chapitre 1) sont gérées dans une sorte de registre comptable, et non placées dans une banque classique, leur sauvegarde implique celle des clés privées utilisées pour contrôler les adresses dans ce registre, et non celle de la cryptomonnaie elle-même. Généralement, ces clés ne sont pas gérées de manière électronique. Elles sont imprimées sur papier et conservées dans un coffre à la banque ou dans un coffre-fort à l'épreuve du feu.

Pour ceux qui utilisent des portefeuilles matériels pour stocker les clés de leur cryptomonnaie, la sauvegarde se présente souvent sous forme d'une « phrase de récupération » (ou *recovery seed*), qui est une liste de mots permettant au dispositif de recréer les clés nécessaires pour les adresses voulues. Il est généralement admis que cette liste de mots doit être écrite sur papier et stockée dans un coffre bancaire et/ou un coffre-fort sécurisé – et non stockée électroniquement.

Sauvegarder des mots de passe

Chaque fois que vous sauvegardez des listes de mots de passe, assurez-vous de le faire de manière sécurisée. Pour les mots de passe importants qui ne changent pas souvent et qui ne sont pas susceptibles d'être utilisés de façon urgente, envisagez de ne pas les enregistrer du tout sous forme numérique. Notez-les plutôt sur une feuille de papier et placez ce papier dans un coffre-fort bancaire.

Créer un disque de démarrage

Si vous avez besoin de recréer votre système, vous aurez besoin de pouvoir démarrer l'ordinateur. Donc, dans le cadre du processus de sauvegarde, vous devez créer un disque de démarrage. Pour la plupart des smartphones et tablettes, le problème ne devrait pas se poser car la réinitialisation de l'appareil avec les paramètres d'usine le rendra amorçable.

Une telle simplicité n'est cependant pas toujours le cas avec les ordinateurs. Lorsque vous effectuez votre première sauvegarde, vous devriez idéalement créer un disque amorçable (ou disque de réparation système) dont vous savez qu'il est sûr (en d'autres termes, qu'il n'y a aucun malware, *etc.*). La plupart des logiciels de sauvegarde sont capables de vous guider tout au long de ce processus, et certains fabricants d'ordinateurs font de même lors du démarrage initial du système. Divers logiciels de sécurité sont également distribués sur des CD ou DVD amorçables.

Chapitre 14

Réinitialiser votre appareil

DANS CE CHAPITRE

Découvrir les deux grands types de réinitialisations d'appareils.

•

Déterminer quand vous devez utiliser chaque type pour réinitialiser votre appareil.

•

Effectuer la réinitialisation de votre appareil.

Le Chapitre 13 traite des sauvegardes et des raisons pour lesquelles il s'agit d'un élément essentiel de tout plan de cybersécurité. Il y a près de 100 % de chances pour que, à un moment donné, vous perdiez l'accès à un fichier dont vous avez encore besoin, et la restauration à partir d'une sauvegarde sera votre « bouée de sauvetage ».

Dans ce chapitre, je discute de la réinitialisation de votre ordinateur, ou encore de votre smartphone/tablette, et je vous dis ce que vous devez savoir pour effectuer cette délicate opération afin qu'il soit (presque) comme neuf.

Explorer deux types de réinitialisation

Parfois, la façon la plus simple de restaurer – et de vous assurer qu'aucun des problèmes qui vous ont forcé à le faire ne subsiste – est de repartir de zéro en réinitialisant les paramètres d'usine de votre appareil, en réinstallant vos applications et en copiant vos fichiers de données depuis une sauvegarde.

Certaines formes de malware peuvent survivre à une réinitialisation d'usine. Donc, si votre appareil a été infecté, assurez-vous de résoudre ce problème même si vous prévoyez de le réinitialiser. Ou consultez un expert.

De plus, il y aura probablement des moments où votre appareil tombera en panne, c'est-à-dire qu'il ne réagira plus et cessera de fonctionner normalement. De telles occasions peuvent être effrayantes pour de nombreux utilisateurs non techniques, qui supposent qu'ils risquent de perdre leurs données. Effectuer le bon type de réinitialisation dans de telles circonstances, cependant, est assez simple et préservera presque toujours les fichiers de l'utilisateur (bien que les fichiers de travail en cours puissent être préservés tels qu'ils ont été enregistrés la dernière fois).

Les réinitialisations se présentent selon deux méthodes principales : la douce et la dure. Il est essentiel de connaître leurs différences avant d'opter pour l'une ou pour l'autre.

Réinitialisations douces

Une *réinitialisation douce*, ou *soft reset*, équivaut à éteindre physiquement un appareil puis à le rallumer. Cela n'efface pas les programmes, les données ou les malware.

Une utilisation courante du soft reset consiste à redémarrer un appareil s'il tombe en panne et cesse de répondre. Cette méthode peut également être utile suite à l'affichage d'un « écran bleu de la mort » (voir la Figure 14.1).

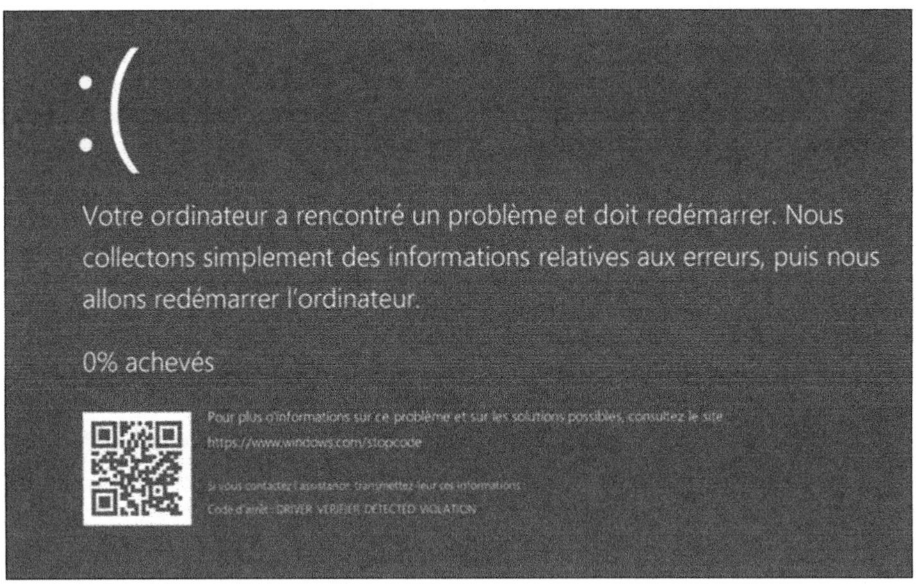

Figure 14.1 Une variante du fameux écran bleu de la mort de Windows. Si vous voyez cet écran, vous devez relancer votre ordinateur en opérant un soft reset.

Appareils anciens

La plupart des systèmes informatiques modernes peuvent effectuer une réinitialisation douce, mais certains appareils plus anciens n'en sont pas capables. Dans le cas d'ordinateurs portables, cependant, la batterie est souvent amovible, de sorte que le retrait de celle-ci et la coupure de toute l'alimentation de l'appareil permettent d'obtenir le même résultat.

Ordinateurs sous Windows

La plupart des ordinateurs sous Windows peuvent être relancés en douceur en maintenant le bouton d'alimentation enfoncé pendant une dizaine de secondes pour arrêter l'appareil. Maintenez le bouton enfoncé suffisamment longtemps pour couper l'alimentation de l'ordinateur à partir de la batterie et de tout adaptateur secteur/réseau (même si la batterie est connectée et complètement chargée) et donc éteindre l'appareil.

Une fois l'ordinateur éteint, attendez à nouveau dix secondes, et appuyez une fois sur le bouton marche/arrêt pour redémarrer l'appareil.

Ordinateurs Mac

Divers modèles d'ordinateurs Mac peuvent être réinitialisés par différents moyens :

» Maintenez le bouton d'alimentation enfoncé pendant environ cinq secondes, et le Mac devrait s'éteindre complètement. Relâchez le bouton d'alimentation, attendez quelques secondes, puis appuyez de nouveau dessus, et le Mac devrait redémarrer. Sur certains Mac, le fait d'appuyer sur le bouton d'alimentation et de le maintenir enfoncé peut afficher un menu, auquel cas vous devrez appuyer sur R pour redémarrer directement, plutôt que d'éteindre puis redémarrer l'appareil.

» Appuyez sur la combinaison Ctrl + Commande et maintenez-la enfoncée en même temps que le bouton d'alimentation.

» Appuyez sur le bouton Touch ID et maintenez-le enfoncé jusqu'à ce que le Mac redémarre.

Appareils Android

La façon de réinitialiser un appareil Android varie d'un fabricant à l'autre. L'une des méthodes suivantes est susceptible de fonctionner :

» Appuyez et maintenez enfoncé le bouton d'alimentation jusqu'à ce qu'un menu Éteindre/Redémarrer s'affiche, puis appuyez sur Redémarrer. (Ou appuyez sur Éteindre, attendez quelques secondes, puis appuyez à nouveau sur le bouton d'alimentation pour remettre le téléphone sous tension.)

» Appuyez sur le bouton d'alimentation et maintenez-le enfoncé. Si aucun menu n'apparaît, maintenez-le fermement enfoncé pendant pratiquement 2 minutes. À un moment donné, le téléphone devrait s'éteindre – si c'est le cas, attendez 10 secondes et rallumez-le.

» Si vous avez une batterie amovible, retirez-la, attendez 10 secondes, remettez-la en place et allumez le téléphone.

iPhone

La façon de réinitialiser un iPhone varie en fonction du modèle. En général, l'une des méthodes suivantes fonctionne :

» Appuyez et relâchez le bouton Volume haut, puis appuyez et relâchez le bouton Volume bas, puis appuyez sur bouton latéral (le bouton d'alimentation) et maintenez-le enfoncé jusqu'à ce que le logo Apple apparaisse à l'écran. Attendez que l'appareil redémarre.

» Appuyez sur le bouton d'alimentation et maintenez-le enfoncé. Tout en le maintenant enfoncé, appuyez sur le bouton Volume bas et maintenez-le enfoncé. Lorsqu'une invite et un curseur apparaissent à l'écran, faites glisser le curseur vers la droite et éteignez l'appareil. Attendez dix secondes et appuyez sur le bouton d'alimentation pour le remettre sous tension.

» Appuyez et maintenez enfoncé le bouton d'alimentation et, en même temps, appuyez et maintenez enfoncé le bouton de réduction du volume. Maintenez les deux boutons enfoncés pendant que l'iPhone s'éteint et se rallume. Relâchez les deux boutons lorsque le logo Apple apparaît à l'écran et attendez que l'appareil redémarre.

Avec certaines versions de l'iPhone X, suivre cette option pour effectuer une réinitialisation logicielle pourrait finir par appeler les services d'urgence. Maintenir ces boutons particuliers pendant plus de cinq secondes est en effet susceptible d'être préprogrammé pour émettre un signal SOS depuis l'appareil.

Réinitialisations matérielles

Les *réinitialisations matérielles* rétablissent une image d'usine ou quelque chose de similaire (pour plus d'informations sur l'image d'usine, voir le Chapitre 13).

Si vous souhaitez restaurer l'image d'usine d'origine – pour réinitialiser efficacement votre appareil tel qu'il était lorsqu'il était neuf – vous devez suivre les instructions fournies avec votre appareil particulier.

Les réinitialisations matérielles sont pratiquement toujours irréversibles. Une fois que vous exécutez une telle réinitialisation et qu'un appareil retrouve ses réglages d'usine, vous ne pouvez généralement pas annuler cette procédure. Tout ce que vous avez déjà installé sur l'appareil, et toutes les données que vous y avez stockées, ont probablement disparu pour toujours (certains outils avancés peuvent, dans certaines circonstances, être en mesure de récupérer une partie de ces contenus, mais ces tentatives sont souvent incomplètes et même, dans la plupart des cas, tout à fait impossibles). Par conséquent, n'effectuez pas de réinitialisation matérielle tant que vous n'êtes pas certain d'avoir des sauvegardes de tout ce dont vous avez besoin sur l'appareil concerné.

Gardez également à l'esprit les points suivants :

» Dans certains cas, une réinitialisation matérielle ne remettra pas votre appareil dans son état était neuf, car, lors des mises à jour du système d'exploitation, l'image de récupération du système a également été mise à jour. La réinitialisation d'usine d'un tel dispositif le configurera tel qu'il se serait présenté (ou d'une manière tout à fait similaire) lorsqu'il était neuf si vous l'aviez acheté avec le nouveau système d'exploitation.

» Après avoir effectué une réinitialisation matérielle, il se peut qu'un ou plusieurs correctifs et d'autres mises à jour de sécurité que vous avez installés sur l'appareil aient disparu, ce qui signifie que votre appareil est davantage susceptible d'être vulnérable à divers compromis. De ce fait, immédiatement après la restauration, vous devriez exécuter le processus de mise à jour du système d'exploitation (et cela de manière répétitive – c'est-à-dire jusqu'à ce qu'il ne trouve plus de mises à jour utiles), et procéder de même pour tout logiciel de sécurité (également de manière répétitive jusqu'à ce qu'il n'y ait plus de mises à jour à opérer). Ce n'est qu'une fois ces étapes terminées que vous devriez commencer à (ré)installer d'autres logiciels ou à effectuer d'autres activités en ligne.

Réinitialisez un appareil sous Windows moderne

Votre dispositif Windows moderne offre probablement une ou plusieurs façons de le réinitialiser. Les sections qui suivent décrivent trois grandes façons de procéder.

Méthode 1

1. **Dans le menu Démarrer, cliquez sur Paramètres, selon la version de votre système d'exploitation.**

2. **Dans Paramètres Windows, cliquez sur Mise à jour et sécurité.**

   L'écran Windows Update apparaît.

3. **Cliquez sur Récupération dans le menu à gauche de la fenêtre.**

4. **Cliquez sur le bouton Commencer, dans la section Réinitialiser ce PC en haut de la fenêtre.**

   À ce stade, il se peut qu'on vous demande d'installer le DVD d'installation de Windows 10 d'origine. Si vous recevez ce message, faites-le. Si vous ne le recevez pas – ce qui est d'ailleurs le cas de la plupart des utilisateurs – continuez simplement.

   Windows vous offre alors deux choix. Les deux suppriment les programmes et les applications et réinitialisent les paramètres à leurs valeurs par défaut :

   - **Conserver mes fichiers :** Si vous sélectionnez cette option, vos fichiers de données restent intacts (tant qu'ils sont stockés dans des dossiers de données).

   - **Supprimer tout :** En sélectionnant cette option, vous supprimez tous vos fichiers de données ainsi que les applications et les programmes (c'est l'option de réinitialisation d'usine).

5 Sélectionnez l'une ou l'autre des options ci-dessus.

Si vous effectuez une réinitialisation complète parce que votre système a été infecté par un malware ou parce que vos fichiers de données ont pu être corrompus, sélectionnez Supprimer tout et restaurez vos fichiers de données à partir d'une sauvegarde propre.

Si vous choisissez de supprimer vos fichiers avec tout le reste, Windows vous offre deux choix :

- **Supprimer simplement vos fichiers :** Si vous sélectionnez cette option, vos fichiers seront effacés, mais aucun nettoyage du lecteur ne sera effectué. Cela signifie qu'une personne qui accède au disque peut être en mesure de récupérer les données qui se trouvaient dans vos fichiers – en totalité ou en partie – même après la suppression des fichiers avec le reste. Cette option est relativement rapide.
- **Supprimer les fichiers et nettoyer le lecteur :** En sélectionnant cette option, non seulement vous supprimez tous vos fichiers de données, mais vous effacez également le lecteur – c'est-à-dire que vous écrivez des séries de 1 et de 0 dans vos fichiers – afin de réduire considérablement la probabilité que n'importe qui puisse récupérer plus tard les données des fichiers supprimés. Le nettoyage d'un lecteur prend beaucoup de temps. Si vous sélectionnez cette option, la restauration pourra être beaucoup plus longue que si vous sélectionnez la première option.

Si vous réinitialisez l'ordinateur pour pouvoir utiliser un système propre après récupération suite à une infection par un malware, il n'y a aucune raison de nettoyer le lecteur. Par contre, effectuez cette opération avant de donner l'ordinateur à quelqu'un d'autre. (En fait, certains diront que vous devriez nettoyer la totalité du disque avec une technologie encore meilleure que celle fournie par Windows, telle que décrite ici).

À ce stade, vous pouvez recevoir un message d'avertissement. Si votre ordinateur avait à l'origine un système d'exploitation différent et a été mis à niveau vers Windows 10, la réinitialisation du système supprimera les fichiers de récupération créés pendant cette mise à niveau et qui vous permettent en théorie de revenir au système d'exploitation précédent – ce qui signifie que si vous réinitialisez le système, vous aurez un ordinateur Windows 10 difficile à faire rétrograder vers un autre système d'exploitation. Dans la plupart des cas, cet avertissement n'est pas un problème important – Windows 10 est un système mature, et peu de gens peuvent avoir envie de revenir à Windows 8 (et la fin en janvier 2020 du support de Windows 7 par Microsoft règle définitivement cette question).

6. **Lorsque vous êtes prêt à continuer, cliquez sur le bouton Réinitialiser.**

   Vous pouvez probablement aller prendre un café. Une réinitialisation prend un certain temps, surtout si vous avez choisi de nettoyer votre lecteur.

7. **Au bout d'un certain temps, vous allez probablement recevoir un message vous demandant si vous souhaitez continuer vers Windows 10 ou effectuer un dépannage. Cliquez sur Continuer.**

Méthode 2

Si vous êtes bloqué devant votre ordinateur, ce qui signifie qu'il affiche un écran de connexion, mais que vous ne pouvez pas vous connecter – par exemple, si un hacker a changé votre mot de passe – vous pouvez toujours réinitialiser la machine à l'état d'usine :

1. **Démarrez votre PC.**

2. **Lorsque l'écran de connexion apparaît, cliquez sur l'icône d'alimentation, dans le coin inférieur droit.**

   Plusieurs choix s'offrent à vous. Ne cliquez pas encore dessus.

3. **Sans cliquer sur aucun choix, maintenez d'abord la touche Maj enfoncée, puis cliquez sur Redémarrer.**

   Un menu spécial apparaît.

4. **Cliquez sur Dépannage.**

5. **Sélectionnez Réinitialiser ce PC.**

6. **Sélectionnez Supprimer tout.**

Lisez les avertissements et comprenez les conséquences d'une réinitialisation matérielle avant de l'exécuter. Cette réinitialisation est probablement irréversible.

Méthode 3

Cette méthode peut varier légèrement d'un constructeur d'ordinateurs à l'autre.

Pour réinitialiser votre appareil :

1. **Allumez votre ordinateur et démarrez sous Windows 10.**

   Si plusieurs systèmes d'exploitation sont installés sur votre ordinateur, sélectionnez l'installation de Windows 10 que vous souhaitez réinitialiser. Si vous n'avez qu'un seul système d'exploitation – comme c'est le cas pour la plupart des gens – vous n'aurez rien à sélectionner car le démarrage se fera automatiquement.

2. **Pendant la mise en route de l'ordinateur, appuyez sur la touche F8 et maintenez-la enfoncée pour accéder au menu de démarrage.**

3. **Dans le menu des options de démarrage avancées qui apparaît, cliquez sur Réparer votre ordinateur et appuyez sur Entrée.**

4. **Si vous êtes invité à choisir une disposition de clavier, faites-le, puis cliquez sur Suivant.**

5. **Sélectionnez votre nom d'utilisateur, tapez votre mot de passe et cliquez sur OK.**

6. **Dans le menu suivant, cliquez sur le lien Récupération de l'image système et suivez les invites à l'écran pour effectuer une réinitialisation d'usine.**

Si vos menus apparaissent différemment après avoir appuyé sur F8 à la dernière étape, recherchez une option dans le genre Réinitialisation d'usine.

Réinitialisez un appareil Android moderne

Les appareils Android modernes sont équipés d'une fonction de réinitialisation d'usine, bien que l'emplacement exact de cette fonctionnalité varie en fonction du fabricant de l'appareil et de la version du système d'exploitation.

Je vais vous montrer plusieurs exemples de *hard reset* sur plusieurs appareils populaires. D'autres dispositifs offrent bien entendu des options similaires.

Smartphones Samsung Galaxy sous Android 9

Sur les smartphones Samsung Galaxy fonctionnant sous Android version 9 (ou Android Pie, la dernière version d'Android en 2019), vous pouvez accéder à l'option de réinitialisation en suivant ces instructions :

1. **Lancez l'application Paramètres.**
2. **Dans le menu principal Paramètres, cliquez sur Gestion globale.**
3. **Cliquez sur Réinitialisation.**
4. **Cliquez sur Réinitialiser toutes les données.**
5. **Suivez les instructions qui sont présentées en lisant bien les avertissements correspondants.**

Tablettes Samsung sous Android 9

Les tablettes Samsung ont des structures de menu similaires à celles de la série des smartphones Galaxy, mais avec une présentation légèrement différente.

1. **Lancez l'application Paramètres.**
2. **Dans le menu principal Paramètres, cliquez sur Gestion globale.**
3. **Dans le menu, cliquez sur Réinitialisation.**
4. **Cliquez sur Réinitialiser toutes les données.**
5. **Suivez les instructions qui sont présentées en lisant bien les avertissements correspondants.**

Smartphones Huawei sous Android 8

Les téléphones Huawei, qui sont notamment populaires dans toute l'Asie, peuvent être réinitialisés en suivant les étapes ci-dessous (ou des étapes similaires, en cas de différences de version du système d'exploitation) :

1. **Lancez l'application Paramètres.**
2. **Dans le menu des paramètres, choisissez Sauvegarde et réinitialisation.**

3. **Cliquez ensuite sur Restaurer les valeurs d'usine.**

4. **Suivez les instructions qui sont présentées en lisant bien les avertissements correspondants.**

Réinitialisez un Mac

Avant de réinitialiser un Mac, vous devez suivre les étapes ci-après :

1. **Déconnectez-vous d'iTunes.**

2. **Désautorisez toutes les applications qui sont verrouillées sur votre Mac.**

   Déconnectez-vous d'elles afin de pouvoir vous reconnecter à partir de l'appareil une fois celui-ci restauré, car ces systèmes pourraient le considérer comme s'il s'agissait d'un autre appareil.

3. **Déconnectez-vous de Messages.**

4. **Déconnectez-vous d'iCloud.**

   Vous pouvez le faire dans les préférences système de l'application. Vous devrez entrer votre mot de passe.

Bien qu'une réinitialisation d'usine fonctionne sans les étapes précédentes, l'exécution de celles-ci peut prévenir divers problèmes lors de la restauration.

Une fois que vous êtes déconnecté d'iTunes, Messages et iCloud :

1. **Allumez votre Mac en maintenant enfoncées les touches Command et R pendant le redémarrage.**

   Il se peut qu'un écran vous demande dans quelle langue vous voulez continuer. Si c'est le cas, choisissez votre langue habituelle.

2. **Une fois le Mac démarré en mode Récupération, ouvrez l'Utilitaire du disque.**

3. **Dans l'écran Utilitaire du disque, sélectionnez le volume principal de votre appareil et cliquez sur Démonter, puis sur Effacer.**

4. Si nécessaire, effacez également tous les autres disques de l'ordinateur.

5. Quittez l'Utilitaire du disque.

6. Cliquez sur Réinstaller macOS et suivez les étapes permettant de réinstaller le système d'exploitation sur le disque principal de votre Mac (voir la Figure 14.2).

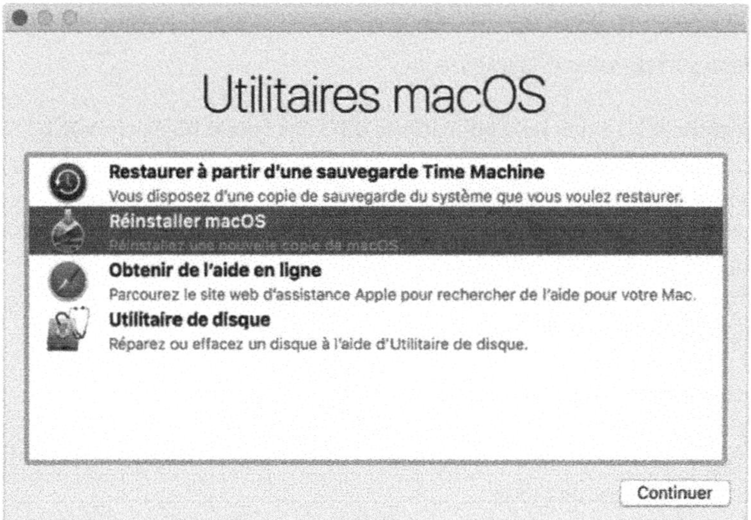

Figure 14.2
Le menu du Mac permettant de réinstaller macOS.

Réinitialisez un iPhone

Pour réinitialiser un iPhone récent :

1. **Exécutez l'application Paramètres et choisissez Général, puis Réinitialiser et enfin Effacer contenu et réglages.**

2. **Si on vous demande votre identifiant et votre mot de passe Apple pour confirmer l'effacement, entrez-les.**

3. **Lorsque vous voyez un avertissement et un bouton rouge qui dit Effacer l'iPhone (ou l'iPad), touchez-le.**

Reconstruire votre appareil après une réinitialisation d'usine

Après avoir réinitialisé totalement un appareil, vous devez :

- » Installer toutes les mises à jour de sécurité.
- » Réinstaller tous les programmes et applications que vous utilisez sur votre appareil – avec toutes les mises à jour pertinentes.
- » Restaurer vos données à partir d'une sauvegarde.

Voyez le Chapitre 15 pour plus de détails sur ces sujets.

Chapitre 15

Restaurer à partir des sauvegardes

DANS CE CHAPITRE

Restauration à partir de différents types de sauvegardes.

•

Travailler avec des archives.

•

Restaurer des cryptomonnaies.

La sauvegarde est un élément essentiel de tout plan de cybersécurité. Après avoir réinitialisé un périphérique à ses paramètres d'usine dans le cadre du processus décrit au Chapitre 14, vous pouvez restaurer vos données et programmes pour que votre appareil fonctionne normalement.

Du fait que la plupart des gens n'ont pas besoin de restaurer régulièrement à partir de sauvegardes, et parce que la restauration est généralement effectuée après que quelque chose de « mauvais » s'est produit et qui a forcé cette restauration à devenir nécessaire, de nombreuses personnes commencent par expérimenter d'abord ce processus à partir de sauvegardes lorsqu'elles sont assez stressées. Ainsi, les gens sont sujets à commettre des erreurs pendant la restauration, ce qui peut entraîner la perte définitive des données. Heureusement, ce chapitre vous montre comment vous y prendre.

Vous aurez besoin de restaurer...

Il y a près de 100 % de chances qu'à un moment donné, vous perdiez l'accès à un fichier dont vous avez encore besoin, et la restauration à partir d'une sauvegarde vous sauvera la vie ce jour-là. Mais la restauration n'est pas nécessairement simple. Vous devez tenir compte de divers facteurs avant d'effectuer une telle restauration. Une planification et une exécution appropriées peuvent faire la différence entre la récupération de données perdues et la perte d'encore plus de données.

La restauration à partir de sauvegardes n'est pas aussi simple que la plupart des personnes le pensent. Prenez le temps de lire ce chapitre avant d'effectuer une restauration.

Attendez ! Ne restaurez pas encore !

Vous avez remarqué que certaines données auxquelles vous souhaitez accéder sont manquantes. Vous avez remarqué qu'un fichier est corrompu. Vous avez remarqué que certains programmes ne fonctionnent pas correctement. Donc, vous devriez restaurer à partir d'une sauvegarde, n'est-ce pas ? Stop ! Attendez !

Restaurer sans connaître l'origine du problème peut être dangereux. Par exemple, si vous avez une infection par un malware sur votre ordinateur, restaurer pendant que ce logiciel malveillant est toujours présent ne supprimera pas la menace et, selon la nature du malware et de la sauvegarde, cela peut également entraîner la corruption des fichiers de cette dernière. Si le malware corrompt la source de données principale, vous risquez de perdre les données sans avoir de solution pour les restaurer !

Par exemple, des personnes qui, à la suite d'une infection par un ransomware, ont essayé de restaurer leurs données à partir de sauvegardes effectuées sur des disques durs externes ont en fait perdu ces données. En effet, au moment où le disque externe a été connecté à l'ordinateur infecté, le logiciel de rançon s'est étendu à la sauvegarde et l'a chiffrée également !

Des malware peuvent également se propager à un stockage basé sur le cloud. Le simple fait d'avoir une sauvegarde dans un cloud, aussi répandu soit-il, n'est pas une raison pour lancer une restauration avant de savoir ce qui s'est passé.

Même dans le cas de sauvegardes en lecture seule, que les malware ne peuvent donc pas infecter, tenter de restaurer avant de neutraliser la menace posée par l'infection peut faire perdre du temps et potentiellement donner au malware l'accès à davantage de données à voler.

Avant de restaurer à partir de toute sauvegarde, assurez-vous de diagnostiquer la source du problème à l'origine de cette démarche. Si vous supprimez accidentellement un fichier, par exemple, et que vous savez que le problème est uniquement dû à votre propre erreur humaine, n'hésitez pas à le restaurer. Mais si vous n'êtes pas sûr de ce qui s'est passé, appliquez les techniques décrites aux Chapitres 11 et 12 pour déterminer ce que vous devez faire pour rendre votre ordinateur sûr et sécurisé avant d'effectuer quelque restauration que ce soit à partir de la sauvegarde.

Restaurer à partir de sauvegardes complètes du système

Une *sauvegarde système complète* est une sauvegarde d'un système entier, y compris le système d'exploitation, les programmes et les applications, les paramètres et les données. Le terme s'applique que l'appareil sauvegardé soit aussi bien un smartphone qu'un gros serveur dans un centre de données.

Dans ce cas, le processus de restauration recrée un système qui est effectivement identique à celui qui a été recopié lors de la sauvegarde (ce n'est pas tout à fait exact dans le sens absolu – l'horloge du système affichera une heure différente de celle du système original, par exemple – mais c'est vrai pour les besoins de l'apprentissage de la restauration du système).

Restauration sur l'appareil qui a été sauvegardé initialement

La restauration du système à partir d'une image fonctionne mieux lorsque cette opération est réalisée sur le même appareil que celui à partir duquel la sauvegarde initiale a été effectuée. Si votre système a été infecté par un malware, par exemple, et que vous restaurez sur le même appareil à partir d'une image créée avant l'infection, le système devrait bien fonctionner. (Bien sûr, vous perdrez tout votre travail ainsi que les mises à jour effectuées depuis la création de la sauvegarde système, et donc il reste à espérer que vous avez depuis lors effectué de nouvelles sauvegardes en utilisant l'une des méthodes décrites dans le Chapitre 13.)

Les restaurations complètes du système sont souvent irréversibles. Soyez absolument sûr de vouloir en lancer une avant de le faire.

La restauration à partir d'une sauvegarde système complète est probablement le moyen le plus rapide de récupérer un système entier, mais ce processus peut prendre beaucoup plus de temps que la restauration de quelques fichiers corrompus. Elle est également beaucoup plus susceptible d'entraîner l'effacement accidentel de paramètres ou de données créés depuis la dernière sauvegarde. Par conséquent, n'utilisez une restauration complète du système que lorsque vous en avez réellement besoin.

Si vous supprimez accidentellement un ensemble de fichiers ou même de dossiers, n'effectuez pas une restauration complète du système. Restaurez simplement ces fichiers et/ou dossiers à partir d'une sauvegarde en utilisant l'une des techniques décrites plus loin dans ce chapitre.

Restauration sur un appareil différent de celui qui a été sauvegardé initialement

La restauration du système à partir d'une image ne fonctionne souvent pas sur un appareil dont les composants matériels sont totalement différents de ceux de la machine sur laquelle cette image a été créée. En général, plus un système est différent de celui d'origine, et plus vous pouvez rencontrer de problèmes.

Certains de ces problèmes peuvent s'autocorriger. Si vous restaurez un système avec des pilotes pour une carte vidéo sur un système qui contient une autre carte vidéo, par exemple, ce système doit déterminer que les pilotes installés ne sont pas les bons, et donc ne pas les utiliser. Au lieu de cela, il va normalement prendre par défaut les pilotes intégrés du système d'exploitation et vous permettre d'installer ceux qui correspondent à la carte (dans certains cas, il va même les télécharger automatiquement ou bien vous demander de le faire).

En revanche, certains problèmes peuvent ne pas se corriger automatiquement. Par exemple, si l'ordinateur qui a été sauvegardé utilise un clavier et une souris USB standard, mais que l'appareil sur lequel vous effectuez la restauration possède un clavier propriétaire qui se connecte différemment, il se peut que cela ne fonctionne pas du tout après la restauration. Vous devrez peut-être connecter un clavier USB qui vous permettra de télécharger et d'installer les pilotes voulus pour votre clavier propriétaire. De telles situations deviennent de plus en plus rares en raison de la normalisation et des améliorations apportées aux systèmes d'exploitation modernes, mais cela arrive.

Certains problèmes peuvent ne pas pouvoir être corrigés. Si vous essayez de restaurer l'image système d'un Mac sur un ordinateur conçu pour exécuter Windows, par exemple, cela ne marchera pas du tout.

Certains logiciels de sauvegarde vous permettent de configurer une restauration permettant d'installer des pilotes distincts ou de rechercher des pilotes correspondant au matériel sur lequel la restauration est effectuée afin de remplacer ceux qui ne conviennent pas. Si vous disposez d'une telle fonctionnalité et que vous rencontrez des difficultés pour effectuer une restauration, cela peut être utile de l'essayer.

Une sauvegarde complète du système peut inclure ou non une sauvegarde de la totalité du contenu de tous les lecteurs connectés à ce système, et pas seulement de ceux qui y sont montés (théoriquement, tous ces disques devraient être inclus dans l'image système, mais ce terme *image système* est en fait souvent utilisé pour désigner une image des disques durs internes et des SSD.)

Si un appareil pour lequel vous disposez d'une image système rencontre un problème, vous devriez pouvoir utiliser cette image pour recréer le système entier, tel qu'il se présentait au moment où la sauvegarde a été réalisée. Lorsque vous utilisez le système ainsi reconstruit, il devrait fonctionner exactement comme l'original.

Images du système d'origine

Si vous souhaitez récupérer l'image d'usine d'origine d'un système avant de restaurer vos données et programmes, reportez-vous au Chapitre 14, qui est consacré à la réinitialisation d'usine.

Après avoir effectué une telle réinitialisation de l'appareil concerné, il se peut qu'un ou plusieurs (éventuellement tous) correctifs et autres mises à jour de sécurité que vous avez installés sur l'appareil aient disparu. À ce stade, votre appareil est donc probablement vulnérable à divers risques. Immédiatement après la restauration, vous devriez donc exécuter le processus de mise à jour du système d'exploitation (de façon répétitive, c'est-à-dire jusqu'à ce que plus aucune mise à jour nécessaire ne soit trouvée), et faire la même chose pour tout logiciel de sécurité (de façon tout aussi répétitive).

Ce n'est qu'une fois ces étapes terminées que vous pouvez commencer à installer d'autres logiciels, à restaurer vos données ou à effectuer toute autre activité en ligne.

Images système ultérieures

Avant de procéder à une restauration à partir d'une image système quelconque, vous devez vous assurer que le problème qui s'est produit et qui a nécessité cette restauration ne subsistera pas, ou ne sera pas réactivé pendant l'opération. Si votre ordinateur a été infecté par un ransomware, par exemple, et que vous supprimez ce malware à l'aide d'un logiciel de sécurité, mais que vous devez restaurer les fichiers qu'il a cryptés à partir d'une sauvegarde, vous ne voulez évidemment pas finir par restaurer le ransomware en même temps que vos données !

Si vous savez avec certitude qu'une image a été créée avant l'arrivée du problème, allez-y et utilisez-la. En cas de doute, si possible, restaurez sur un dispositif supplémentaire que vous scannerez avec un logiciel de sécurité avant d'effectuer la restauration principale proprement dite. Si vous ne disposez pas d'un appareil supplémentaire vers lequel vous pourriez restaurer, et que vous ne savez pas si la sauvegarde est ou non infectée, il reste comme solution d'engager un professionnel pour y jeter un coup d'œil.

Installation d'un logiciel de sécurité

Après la restauration à partir d'une image système (qu'il s'agisse de paramètres d'usine ou d'une image ultérieure), la première chose à faire est de vérifier si un logiciel de sécurité est installé. Si ce n'est pas le cas, faites-le. Et, dans tous les cas aussi, assurez-vous d'exécuter les mises à jour automatiques jusqu'à ce que le logiciel les ait toutes chargées.

Installez un logiciel de sécurité avant d'essayer de faire quoi que ce soit en ligne ou de lire des courriels. Si vous n'avez pas de logiciel de sécurité en place avant d'effectuer de telles tâches, leur exécution pourrait entraîner une violation de la sécurité de votre appareil.

Si votre logiciel de sécurité est disponible sur CD ou DVD, installez-le à l'aide de ce disque. Si vous avez créé une clé USB ou un autre support contenant le logiciel de sécurité, vous pouvez l'installer à partir de là. Si ce n'est pas le cas, copiez le logiciel de sécurité sur le disque dur à partir de la source dont vous disposez et exécutez-le.

Supports d'installation d'origine des logiciels

Concernant les programmes dont vous avez fait l'acquisition et que vous avez installé après avoir acheté votre appareil, vous pouvez les réinstaller après avoir restauré l'image système d'origine, ou même une image créée ultérieurement, mais avant l'installation du ou des logiciels concernés.

Si vous réinstallez un logiciel à partir d'un CD ou d'un DVD original, les mises à jour qui ont été publiées depuis la création de ce CD ou de ce DVD ne seront bien entendu pas installées par défaut. Assurez-vous de configurer votre programme pour qu'il exécute une mise à jour automatique, ou à défaut de télécharger et installer manuellement ces mises à jour. Dans certains cas, les routines d'installation des logiciels peuvent également vous demander si vous voulez qu'elles effectuent automatiquement une vérification des mises à jour dès que cette installation est terminée. En général, répondre par l'affirmative est une idée sage.

Logiciels téléchargés

La façon dont vous réinstallez les programmes que vous avez précédemment achetés et installés à un moment donné après l'achat de votre appareil dépend de l'endroit où ils se trouvent :

» **Si vous avez une copie du logiciel sur une clé USB, vous pouvez le réinstaller à partir de ce lecteur en connectant celui-ci à votre appareil, en copiant les fichiers sur votre disque dur et en procédant à l'installation.**

S'il est possible que la clé USB soit infectée par un malware – par exemple, si vous effectuez une restauration suite à une infection par un malware, et que vous avez inséré la clé USB dans votre ordinateur infecté à un certain moment – assurez-vous de l'analyser avec un logiciel de sécurité avant toute exécution ou copie. Faites-le à partir d'un appareil sur lequel un logiciel de sécurité est déjà en cours d'exécution, ce qui empêchera l'infection de se propager lors de la connexion entre le lecteur et la machine utilisée pour l'analyse du support.

» Si vous avez copié le logiciel sur un DVD ou un CD, vous pouvez l'installer à partir de ce disque. Assurez-vous d'installer toutes les mises à jour nécessaires.

» Si le logiciel acheté peut être téléchargé à nouveau à partir d'une sorte de casier virtuel, faites-le. Dans certains cas, le logiciel qui est ainsi retéléchargé aura été automatiquement mis à niveau vers la dernière version en date. Sinon, il s'agira de la même version que celle que vous aviez achetée à l'origine, et donc assurez-vous de bien installer les mises à jour.

» Si le logiciel est téléchargeable à partir de sa source originale (logiciel du domaine public, logiciel d'essai que vous activez avec un code, et ainsi de suite), n'hésitez pas à le retélécharger. Dans certains cas – par exemple, si les nouvelles versions nécessitent le paiement de frais de mise à niveau – vous devrez peut-être repartir de la version que vous aviez acquise auparavant. Dans tous les cas, assurez-vous d'installer toutes les mises à jour de la version que vous avez téléchargée.

Restauration à partir de sauvegardes complètes des données

Dans de nombreux cas, il est judicieux de restaurer toutes les données sur un appareil :

» **Après une restauration à partir d'une image d'usine :** Après avoir restauré à partir d'une image d'usine, et réinstallé tous les logiciels nécessaires, votre appareil ne contiendra toujours aucune (ou presque aucune) de vos données. Vous devez donc restaurer celles-ci en totalité.

» **Après certaines attaques de malware :** Certains malware modifient et/ou corrompent des fichiers. Pour vous assurer que tous vos fichiers sont dans leur état normal, même après une infection, restaurez toutes vos données à partir d'une sauvegarde. Bien sûr, cela suppose que vous disposez d'une sauvegarde suffisamment récente pour pouvoir le faire sans perdre de travail.

» **Après une panne de disque dur :** Si un disque dur tombe en panne, en totalité ou en partie, vous allez vouloir déplacer vos fichiers sur un autre disque. Si vous disposez d'un lecteur séparé pour les données d'un côté, et pour le système d'exploitation et les programmes d'un autre – comme le font beaucoup de gens – effectuer une restauration complète des données est le moyen le plus facile de procéder.

» **Lors de la transition vers un nouvel appareil similaire :** La restauration à partir d'une sauvegarde est un moyen facile de s'assurer que vous avez recopié tous vos fichiers de données sur le nouvel appareil. Comme certains programmes stockent les paramètres dans des dossiers de données utilisateur, copier les fichiers directement ou effectuer une restauration sélective à partir d'une sauvegarde est généralement une meilleure solution. Mais comme les gens omettent parfois par inadvertance des fichiers lors de l'utilisation d'une telle technique, il vaut mieux parfois utiliser des restaurations complètes.

» **Après des suppressions accidentelles :** Il arrive parfois que des personnes suppriment accidentellement une grande partie de leurs fichiers de données. Une façon simple de tout restaurer et de ne pas se soucier de savoir si tout est « à nouveau comme il se doit » est d'effectuer une restauration complète de toutes les données.

Contrairement à ce qui se passe pour une sauvegarde complète du système, une sauvegarde complète des données ne restaure pas les applications. Si un système doit être entièrement reconstruit, la restauration à partir de sauvegardes complètes de données nécessite probablement un retour préalable aux paramètres d'usine (ou à une image ultérieure de l'ordinateur) et la réinstallation de tous les logiciels.

Le processus de restauration en plusieurs étapes à partir d'une image d'usine, puis de réinstallation des applications et de restauration des données peut sembler plus fastidieux que la simple restauration à partir d'une image système plus récente, mais il s'avère aussi généralement beaucoup plus portable. Cette récupération peut généralement être effectuée sur des dispositifs qui varient pas mal par rapport au matériel d'origine, en utilisant des images de ces dispositifs (ou sur un nouvel appareil), puis en réinstallant les programmes et en restaurant les données.

Restaurer à partir de sauvegardes incrémentielles

Les *sauvegardes incrémentielles* sont des sauvegardes effectuées après une sauvegarde complète, et qui contiennent uniquement des copies de ce qui a changé depuis l'exécution de la sauvegarde précédente (complète ou incrémentielle).

Certains logiciels de sauvegarde simplistes utilisent des sauvegardes incrémentielles et différentielles en interne, mais cachent leur fonctionnement interne aux utilisateurs. Tout ce que font les utilisateurs est de sélectionner les fichiers, ou les types de fichiers, à restaurer et, le cas échéant, les versions de ces fichiers. Ensuite, le système fonctionne comme par magie en masquant la fusion des données provenant de plusieurs sauvegardes dans la restauration résultante.

Sauvegardes incrémentielles des données

Pour la plupart des utilisateurs personnels, la notion de *sauvegarde incrémentielle* fait référence à de telles sauvegardes concernant uniquement des données. Pour restaurer des données qui ont été sauvegardées à l'aide d'un schéma de ce type, plusieurs étapes sont donc nécessaires :

1. **Une restauration doit être effectuée à partir de la dernière sauvegarde complète des données.**

2. **Une fois cette phase terminée, la restauration doit se poursuivre à partir de chaque sauvegarde incrémentielle effectuée depuis cette dernière sauvegarde complète.**

Ne pas inclure les sauvegardes incrémentielles nécessaires lors de l'Étape 2 peut entraîner la corruption des données, l'absence de certaines données, la présence de données qui ne devraient pas être là, ou encore l'incohérence des données.

La plupart des logiciels de sauvegarde modernes vous avertissent (ou vous préviennent) si vous essayez de sauter des sauvegardes incrémentielles pendant la restauration. De tels logiciels, cependant, ne vous indiquent pas toujours si vous manquez la ou les sauvegardes finales dans une série.

Sauvegardes incrémentielles de systèmes

Les *sauvegardes incrémentales du système* sont essentiellement des mises à jour des images du système (ou des images partielles du système dans le cas de sauvegardes partielles), qui actualisent ces images à partir des données ainsi sauvegardées. Une sauvegarde incrémentielle du système contient uniquement des copies de la partie du système qui a été modifiée depuis l'exécution de la sauvegarde précédente (complète ou incrémentielle).

Pour restaurer à partir d'une sauvegarde incrémentielle d'un système :

1. **Une restauration doit être effectuée à partir de la dernière sauvegarde complète du système.**

2. **Une fois cette phase terminée, la restauration doit se poursuivre à partir de chaque sauvegarde incrémentielle réalisée depuis la création de cette image système.**

Ne pas inclure les sauvegardes incrémentielles nécessaires lors de l'Étape 2 peut entraîner la corruption de programmes, de données, de composants de système d'exploitation ainsi que des problèmes d'incompatibilité entre logiciels. La plupart des logiciels de sauvegarde modernes vous avertissent (ou vous préviennent) si vous essayez de sauter des étapes pendant une restauration à partir d'une sauvegarde incrémentielle. Cependant, souvent, ils ne vous indiquent pas si vous manquez la ou les sauvegardes finales dans une série.

Sauvegardes différentielles

Les *sauvegardes différentielles* contiennent tous les fichiers qui ont changé depuis la dernière sauvegarde complète. (Elles sont similaires à la première d'une série de sauvegardes incrémentielles exécutées après une sauvegarde complète.)

Bien que la création d'une série de sauvegardes différentielles prenne généralement plus de temps que celle d'une série de sauvegardes incrémentielles, la restauration à partir de sauvegardes différentielles est généralement beaucoup plus simple et rapide.

Pour restaurer à partir d'une sauvegarde différentielle :

1. **Effectuez une restauration à partir de la dernière sauvegarde complète du système.**

2. **Une fois cette phase terminée, effectuez une restauration à partir de la sauvegarde différentielle la plus récente.**

Assurez-vous de restaurer à partir de la *dernière* sauvegarde différentielle et non à partir d'une autre.

De nombreux logiciels ne vous avertiront pas si vous essayez de réaliser une restauration à partir d'une sauvegarde différentielle autre que la dernière. Faites une double vérification pour vous assurer que vous utilisez bien la dernière version !

Le Tableau 15.1 présente les processus de restauration comparatifs des sauvegardes complètes, incrémentielles et différentielles.

Tableau 15.1 Procédures de restauration.

	Sauvegarde complète	Sauvegarde incrémentielle	Sauvegarde différentielle
Après la Sauvegarde #1	Restaurer à partir de la Sauvegarde #1	Restaurer à partir de la Sauvegarde #1 (complète)	Restaurer à partir de la Sauvegarde #1 (complète)
Après la Sauvegarde #2	Restaurer à partir de la Sauvegarde #2	Restaurer à partir des Sauvegardes #1 et #2	Restaurer à partir des Sauvegardes #1 et #2
Après la Sauvegarde #3	Restaurer à partir de la Sauvegarde #3	Restaurer à partir des Sauvegardes #1, #2 et #3	Restaurer à partir des Sauvegardes #1 et #3
Après la Sauvegarde #4	Restaurer à partir de la Sauvegarde #4	Restaurer à partir des Sauvegardes #1, #2, #3 et #4	Restaurer à partir des Sauvegardes #1 et #4

Sauvegardes continues

Certaines *sauvegardes continues* sont idéales pour la restauration du système. Comme pour une image système, elles vous permettent de restaurer un système tel qu'il était à un certain moment dans le temps. Inversement, d'autres sont inadaptées à cet effet, parce qu'elles ne permettent de restaurer que la version la plus récente du système, qui souffre souvent de la nécessité d'être d'abord reconstruite.

En fait, l'utilisation normale des sauvegardes continues consiste à faire face aux pannes d'équipements, comme un disque dur qui s'éteint soudainement, et non à reconstruire les systèmes après un incident de sécurité.

De plus, comme les sauvegardes continues propagent constamment le contenu de l'appareil concerné vers la sauvegarde, tout malware qui se trouve sur le système principal peut être copié sur la sauvegarde.

Sauvegardes partielles

Les *sauvegardes partielles* sont des sauvegardes d'une partie des données. Elles ne sont pas non plus destinées à servir de sauvegardes complètes en cas d'attaque de malware ou autre. Elles sont cependant utiles dans d'autres situations, et vous devriez savoir comment les restaurer.

Si vous avez un ensemble spécifique de fichiers extrêmement sensibles, qui doivent être sauvegardés et stockés séparément du reste de votre système, vous pouvez le faire en utilisant une sauvegarde partielle. Si quelque chose se produit et que vous avez besoin de reconstruire un système ou de restaurer les données sensibles, vous aurez besoin de cette sauvegarde partielle séparée à partir de laquelle effectuer la restauration.

Les clés privées numériques qui donnent accès à une cryptomonnaie, au chiffrement et au déchiffrement des courriels, et ainsi de suite, par exemple, sont souvent stockées sur ces sauvegardes en même temps que des images de documents extrêmement sensibles.

Souvent, des sauvegardes partielles de données sensibles sont effectuées sur des clés USB qui sont ensuite enfermées dans des coffres-forts ou des coffres bancaires. Une restauration à partir de cette sauvegarde exigerait, dans de tels cas, de récupérer la clé USB physique, ce qui pourrait entraîner un retard dans le processus. Si la nécessité de restaurer se révèle à 18 heures le vendredi, par exemple, et que le lecteur USB se trouve dans un coffre-fort qui n'est pas disponible avant

9 heures le lundi matin, le matériel voulu peut rester inaccessible pendant près de trois jours !

Assurez-vous de stocker vos sauvegardes partielles de manière à pouvoir accéder aux données qu'elles contiennent lorsque vous en avez besoin.

Un autre scénario courant pour les sauvegardes partielles spécialisées consiste à les effectuer en réseau – en particulier au sein d'une petite entreprise –, et l'utilisateur doit alors s'assurer qu'il dispose rapidement d'une sauvegarde de certains documents en cas de problèmes techniques, même en déplacement. De telles sauvegardes ne devraient jamais être effectuées sans une autorisation appropriée. Si cette permission a été obtenue, et qu'une sauvegarde a été créée, un utilisateur en déplacement et qui rencontre un problème technique nécessitant la restauration de données peut effectuer celle-ci en copiant les fichiers de la clé USB (après avoir, vraisemblablement, décrypté les fichiers à l'aide d'un mot de passe fort ou d'une forme d'authentification multifactorielle).

Sauvegardes de dossiers

Les *sauvegardes de dossiers* sont similaires aux sauvegardes partielles du fait que l'ensemble des éléments sauvegardés est un dossier particulier. Si vous avez effectué une sauvegarde de dossier à l'aide d'un outil spécialisé, vous pouvez la restaurer en utilisant les techniques décrites dans la section précédente.

Le processus de restauration est différent si, toutefois, vous avez créé votre sauvegarde en copiant simplement un dossier ou un ensemble de dossiers sur un disque externe (disque dur, SSD, lecteur USB ou lecteur réseau).

En théorie, vous n'avez qu'à recopier la sauvegarde du ou des dossiers à l'emplacement d'origine de lui-ci ou de ceux-ci. Cependant, cela risque d'écraser le contenu original, de sorte que tous les changements effectués depuis la sauvegarde seront alors perdus.

Sauvegardes de disques

Une *sauvegarde de disque* est similaire à une sauvegarde de dossier, si ce n'est qu'un lecteur entier est sauvegardé cette fois au lieu d'un dossier.

Si vous avez sauvegardé un lecteur avec un logiciel de sauvegarde, vous pouvez le restaurer *via* ce même logiciel.

Si vous avez sauvegardé un lecteur en copiant son contenu ailleurs sur une autre unité de disque, vous devrez procéder en effectuant une recopie manuelle. Une telle méthode peut cependant ne pas fonctionner parfaitement. En effet, les fichiers cachés et les fichiers système ne peuvent pas être restaurés de cette manière, ce qui fait qu'un disque qui était amorçable ne pourra plus le rester après restauration.

Sauvegardes de disques virtuels

Si vous avez sauvegardé un lecteur virtuel crypté, tel qu'un lecteur BitLocker que vous montez sur votre ordinateur, vous pouvez restaurer le lecteur entier en une seule fois, ou restaurer des fichiers et dossiers individuels.

Restauration de l'intégralité du lecteur virtuel

Pour restaurer la totalité du lecteur virtuel en une seule fois, assurez-vous que la copie existante du lecteur n'est pas montée. La façon la plus simple de le faire est de démarrer votre ordinateur et de ne monter aucun lecteur BitLocker.

Si votre ordinateur est déjà démarré et que le lecteur est monté, il suffit de le démonter :

1. **Choisissez Démarrage, puis Ce PC.**

2. **Localisez le lecteur BitLocker monté.**

   Ce lecteur apparaît avec l'icône d'un cadenas indiquant qu'il est crypté.

3. **Cliquez avec le bouton droit de la souris sur le lecteur et sélectionnez Éjecter.**
   Une fois le lecteur démonté, il disparaît de la liste des lecteurs de Ce PC.

Une fois le lecteur démonté, copiez la sauvegarde du lecteur à l'emplacement du disque principal et remplacez le fichier contenant le lecteur.

Vous pouvez alors déverrouiller et monter le lecteur.

Restauration des fichiers et/ou des dossiers à partir d'un disque virtuel

Pour restaurer des fichiers ou dossiers individuels à partir d'un disque virtuel, montez la sauvegarde en tant que disque virtuel distinct, et copiez les fichiers et dossiers depuis cette sauvegarde vers le disque principal, comme si vous procédiez à une copie de fichiers entre deux disques.

Dans l'idéal, vous devriez effectuer une sauvegarde de la sauvegarde du disque virtuel avant de le monter, copier des fichiers et/ou dossiers à partir de celui-ci, et le monter par la suite en lecture seule.

Démontez toujours le lecteur de sauvegarde après avoir copié les fichiers sur le disque principal. Le laisser monté – ce qui signifie que deux copies d'une bonne partie de votre système de fichiers sont utilisées en même temps – peut conduire à des erreurs humaines.

Traiter le cas des suppressions

L'un des problèmes posés par une restauration qui n'écrase pas entièrement vos données *via* une nouvelle copie est que cette restauration peut ne pas permettre de récupérer les éléments supprimés.

Par exemple, si après avoir effectué une sauvegarde complète, vous supprimez un fichier, vous en créez dix nouveaux, vous modifiez deux fichiers de données, et enfin vous effectuez une sauvegarde incrémentielle, celle-ci peut ou non enregistrer la suppression. Si vous restaurez à partir de la sauvegarde complète, puis de la sauvegarde incrémentielle, cette dernière devrait supprimer le fichier, ajouter les dix nouveaux fichiers et modifier les deux fichiers selon leur version la plus récente. Dans certains cas, cependant, l'élément que vous avez supprimé précédemment peut demeurer, car certains outils de sauvegarde ne prennent pas en compte correctement les suppressions.

Même si ce problème survient, il n'est généralement pas critique. Vous voulez simplement en être conscient. Bien sûr, si vous avez supprimé des fichiers sensibles par le passé, vous devez vérifier si une restauration les a recopiés sur votre ordinateur. (Si vous avez l'intention de détruire définitivement et totalement un fichier ou un ensemble de fichiers, vous devez également le faire sur toutes vos sauvegardes.)

Exclure des fichiers et des dossiers

Certains fichiers et dossiers ne devraient pas être rétablis lors d'une restauration. En vérité, ils n'auraient pas même dû être sauvegardés dès le départ, à moins que vous n'ayez créé une image d'un disque, mais bien souvent, les gens les sauvegardent quand même.

Voici quelques exemples de fichiers et dossiers de ce type qui peuvent être exclus des restaurations typiques effectuées sur une machine sous Windows 10. Si vous utilisez un logiciel de sauvegarde, celui-ci a probablement exclu ces fichiers lors de la création de la sauvegarde. Si vous copiez des fichiers manuellement, il se peut que vous les ayez sauvegardés par mégarde :

» contenu de la corbeille ;

» caches de navigateur (fichiers Internet temporaires de navigateurs Web, tels que Microsoft Edge ou Internet Explorer, Firefox, Chrome, Vivaldi, ou encore Opera) ;

» dossiers temporaires (souvent appelés Temp ou temp, et se trouvant dans C:\, dans le répertoire utilisateur, ou dans le répertoire de données d'un logiciel) ;

» fichiers temporaires (généralement des fichiers nommés *.tmp ou *.temp) ;

» fichiers d'échange du système d'exploitation (pagefile.sys) ;

» image du mode Veille prolongée du système (hyberfil.sys) ;

» sauvegardes (à moins que vous ne souhaitiez sauvegarder vos sauvegardes) telles que l'historique des fichiers Windows ;

» fichiers du système d'exploitation sauvegardés lors d'une mise à niveau du système (dans ce cas, il sont généralement copiés dans C:\Windows.old) ;

» fichiers de cache Microsoft Outlook (*.ost). Notez que les données locales d'Outlook [*.pst] doivent être sauvegardées (en fait, dans de nombreux cas, ce sont même les fichiers les plus critiques dans une sauvegarde) ;

» journaux de performances dans des répertoires appelés PerfLogs ;

» fichiers inutiles que les utilisateurs créent en tant que fichiers temporaires personnels pour contenir des informations (par exemple, un fichier texte dans lequel l'utilisateur tape un numéro de téléphone que quelqu'un lui a dicté, mais que l'utilisateur a depuis entré dans le répertoire de son smartphone).

Sauvegardes in-app

Certaines applications ont des fonctions de sauvegarde intégrées qui vous protègent contre la perte de votre travail en cas de panne d'ordinateur, de panne de courant, d'épuisement de la batterie et d'autres mésaventures.

Certaines de ces applications vous demanderont automatiquement de restaurer des documents qui auraient autrement été perdus à la suite d'un crash système ou autre. Lorsque vous démarrez Microsoft Word après un arrêt anormal de l'application, par exemple, il fournit une liste de documents qui peuvent être récupérés automatiquement – offrant parfois même plusieurs versions du même document.

Comprendre les archives

Le terme *archive* a de multiples significations dans le monde des technologies de l'information. Dans les sections suivantes, je décris celles qui sont pertinentes pour le propos de ce livre.

Plusieurs fichiers stockés dans un seul fichier

Parfois, plusieurs fichiers peuvent être stockés dans un unique fichier. Ce concept a été abordé avec la notion de lecteurs virtuels plus tôt dans ce chapitre ainsi qu'au Chapitre 13. Cependant, le stockage de plusieurs fichiers dans un seul ne nécessite pas la création de lecteurs virtuels.

Vous avez peut-être vu des fichiers avec l'extension `.zip`, par exemple. Les fichiers ZIP, comme on les appelle, sont en fait des conteneurs dans lesquels sont placés un ou plusieurs fichiers compressés. Ce mode de stockage permet un transfert de fichiers beaucoup plus facile (un seul fichier ZIP joint à un courriel est beaucoup plus facile à gérer que 50 petits fichiers individuels par exemple). Il réduit également la quantité d'espace disque (parfois de manière significative) et la bande passante Internet nécessaires pour stocker et déplacer tous ces fichiers.

Si vous avez besoin de restaurer des fichiers à partir d'une archive ZIP, vous pouvez soit extraire tout le contenu de cette archive vers votre source principale, soit ouvrir l'archive et copier des fichiers individuels vers votre emplacement principal, exactement comme vous le feriez avec des éléments se trouvant dans un autre dossier.

Les fichiers d'archives sont disponibles dans de nombreux formats différents. Certains apparaissent automatiquement sous forme de dossiers dans les systèmes de fichiers Windows et Mac, et leur contenu sous forme de fichiers et de dossiers dans ces dossiers. D'autres nécessitent un logiciel spécial pour être visualisés et extraits.

Anciennes données

Parfois, d'anciennes données sont supprimées du système principal et stockées ailleurs. Ce stockage d'anciennes données peut améliorer les performances. Par exemple, si une recherche parmi les courriels signifie une recherche sur 25 ans de messages, cette recherche prendra beaucoup plus de temps que si elle est limitée aux trois dernières années seulement. Si pratiquement tous les résultats utiles sont toujours trouvés au cours de ces trois dernières années, les anciens courriels peuvent être déplacés vers une archive séparée à laquelle vous pouvez accéder, et dans laquelle effectuer une recherche séparément si nécessaire.

Si vous utilisez l'archivage, tenez-en compte lors de la restauration des données. Vous voulez vous assurer que les archives sont réellement restaurées dans des archives, et que vous ne remplacez pas accidentellement le contenu de vos données principales.

Anciennes versions de fichiers, dossiers ou sauvegardes

Le terme *archives* est aussi parfois utilisé pour désigner les anciennes versions de fichiers, de dossiers et de sauvegardes, même si ces fichiers sont stockés dans la mémoire de données principale. Une personne qui possède dix versions d'un contrat, par exemple, qui ont été exécutées à des moments différents, peut conserver toutes les versions Word de ces documents dans un dossier Archive.

L'archivage de ce type peut être effectué pour une ou plusieurs raisons parmi bien d'autres. L'une des raisons courantes est d'éviter d'utiliser accidentellement une ancienne version d'un document au lieu de la version actuelle.

Si vous archivez, tenez compte de cela lors de la restauration des données. Restaurez toutes les archives à leur emplacement approprié. Il se peut de ce fait que plusieurs copies du même fichier soient restaurées. Ne supposez pas qu'il s'agit d'une erreur.

Restaurer à l'aide des outils de sauvegarde

La restauration à l'aide d'un logiciel de sauvegarde est similaire au processus de sauvegarde à l'aide du même logiciel.

Pour restaurer à l'aide du logiciel qui a servi à créer les sauvegardes, exécutez-le (dans certains cas, vous devrez peut-être l'installer d'abord sur la machine de destination, plutôt que de l'exécuter à partir d'un CD ou d'autre support,) et sélectionnez l'option Restaurer ou son équivalent.

Assurez-vous de sélectionner la bonne version de la sauvegarde à partir de laquelle vous souhaitez effectuer la restauration.

Méfiez-vous des messages de restauration bidon ! Certaines formes de malware affichent de faux messages prétendant que votre disque dur a subi une certaine sorte de dysfonctionnement, et que vous devez exécuter une procédure de restauration pour réparer les données. N'exécutez des restaurations qu'à partir de logiciels que vous avez obtenus depuis une source fiable et dans lesquels vous savez que vous pouvez avoir confiance !

De nombreux logiciels de sauvegarde modernes cachent aux utilisateurs l'approche utilisée pour effectuer cette sauvegarde – complète, différentielle, incrémentielle, *etc.* – et leur permettent plutôt de choisir la version des fichiers à restaurer.

Si vous effectuez une restauration à l'aide du logiciel spécialisé de sauvegarde et de restauration fourni avec un disque dur ou un SSD externe que vous utilisez pour sauvegarder votre périphérique, connectez le disque, exécutez le logiciel (sauf s'il se lance automatiquement) et suivez ses messages pour restaurer.

Un tel logiciel est généralement simple à utiliser : la restauration fonctionne la plupart du temps comme une version simplifiée de celle qui a servi à effectuer la sauvegarde (voir la section précédente).

Débranchez le disque externe du système après avoir effectué la restauration !

Restauration à partir d'une sauvegarde Windows

Pour restaurer à partir d'une sauvegarde Windows vers les emplacements d'origine à partir desquels les données avaient été sauvegardées, procédez comme suit :

1. **Choisissez Démarrer, Paramètres, Mise à jour et sécurité et enfin Sauvegarde.**
2. **Choisissez Plus d'options, puis cliquez tout en bas de la page qui s'affiche sur Restaurer les fichiers à partir d'une sauvegarde en cours.**
3. **Dans la fenêtre qui affiche le Système de fichiers, parcourez les différentes versions de vos dossiers et fichiers, ou tapez le nom du fichier que vous recherchez.**
4. **Sélectionnez ce que vous voulez restaurer.**

5. **Cliquez sur le bouton Restaurer à l'emplacement initial (c'est le gros bouton vert, en bas de la fenêtre).**

Restauration jusqu'à un point de restauration système

Microsoft Windows vous permet de restaurer votre système tel qu'il était à un moment précis où le système a été imagé par le système d'exploitation :

1. **Choisissez Démarrer, Paramètres, Mise à jour et sécurité et enfin Sauvegarde.**
2. **Choisissez ensuite Accéder à l'outil de sauvegarde et de restauration de Windows 7.**
3. **Dans la fenêtre du Panneau de configuration, cliquez sur Restaurer les fichiers pour restaurer vos fichiers, ou sur Restaurer les fichiers de tous les utilisateurs pour restaurer tous les fichiers des utilisateurs (en supposant que vous avez les permissions pour le faire).**

Restauration à partir d'une sauvegarde de smartphone/tablette

De nombreux appareils portables ont la possibilité de synchroniser automatiquement vos données sur le cloud, ce qui vous permet de restaurer celles-ci sur un nouvel appareil en cas de perte ou de vol de votre ancien appareil.

Même les appareils qui ne disposent pas d'une telle fonctionnalité intégrée peuvent presque toujours exécuter des logiciels qui fournissent efficacement le même genre de service pour une arborescence de dossiers ou un lecteur spécifiques.

Lorsque vous démarrez un appareil Android pour la première fois après une réinitialisation d'usine, vous pouvez être invité si vous le souhaitez à restaurer vos données. Si c'est le cas, sachez que la procédure de restauration est assez simple. Répondez oui.

Bien que les routines exactes puissent varier entre les appareils et les fabricants, les autres formes de restauration suivent généralement une certaine variante du processus suivant :

Pour restaurer les contacts à partir d'une carte SD :

1. **Ouvrez l'application Contacts.**

   S'il y a une fonction d'importation, sélectionnez-la et passez à l'Étape 4.

2. **Sélectionnez Paramètres dans le menu principal (ou touchez l'icône Paramètres).**

   Si vous n'affichez pas tous les contacts, vous devrez peut-être cliquer sur le menu Affichage, ou quelque chose d'équivalent, et sélectionner Tous les contacts.

3. **Sélectionnez Importer/Exporter Contacts (si cette option n'est pas visible, sélectionnez Gérer les contacts, puis Importer Contacts dans l'écran suivant).**

4. **Sélectionnez Importer depuis la carte SD.**

5. **Vérifiez le nom du fichier qui contient la sauvegarde de la liste des contacts, puis cliquez sur OK.**

   Les contacts sont souvent sauvegardés (ou exportés) dans des fichiers VCF.

Pour restaurer des médias (images, vidéos et fichiers audio) à partir d'une carte SD :

1. **Ouvrez la carte SD à l'aide du Gestionnaire de fichiers.**

2. **Activer les cases à cocher à côté du ou des fichiers que vous voulez restaurer.**

3. **Pour copier des fichiers dans la mémoire du téléphone, allez dans le menu et sélectionnez Copier, puis Stockage interne ou son équivalent.**

4. **Sélectionnez le dossier dans lequel vous voulez copier les fichiers, ou créer ce dossier et déplacez-vous vers lui.**

5. **Sélectionnez l'option qui indique quelque chose comme Copier ici.**

Restauration à partir de copies manuelles de fichiers ou de dossiers

Pour restaurer à partir d'une copie manuelle d'un fichier ou d'un dossier, recopiez simplement ce fichier ou ce dossier de la sauvegarde vers la mémoire de données principale (le système d'exploitation devrait vous prévenir si vous vous apprêtez à écraser un fichier ou un dossier existant).

Lorsque vous avez fini, déconnectez de l'appareil de destination le support sur lequel se trouve la sauvegarde.

Sauvegardes hébergées chez des tiers

Si vous avez utilisé les capacités de sauvegarde d'un fournisseur tiers chez lequel vous stockez des données dans le cloud, ou dont vous utilisez des services basés sur le cloud, vous pouvez restaurer les données dont vous avez besoin *via* une interface fournie par ce fournisseur tiers.

Si vous n'avez en fait pas effectué de sauvegardes proprement dites sur le cloud de ce fournisseur, vous pourriez tout de même pouvoir restaurer des données. Contactez votre prestataire. Lui-même peut avoir sauvegardé vos données sans vous en aviser.

Vous ne devriez jamais compter sur votre fournisseur de services sur le cloud pour effectuer des sauvegardes sans que vous ne les ayez réalisées vous-même. Cependant, si vous êtes dans le pétrin, contactez le service. Après tout, vous n'avez rien à perdre en le faisant ! Vous pourriez alors (ou non) être agréablement surpris d'apprendre qu'il existe effectivement des sauvegardes à partir desquelles vous pouvez opérer une restauration.

Replacer le contenu des sauvegardes à leur emplacement approprié

Après avoir effectué une restauration à partir d'une sauvegarde physique, vous devez ranger celle-ci à son emplacement approprié pour plusieurs raisons :

» Vous ne voulez pas qu'elle soit égarée si jamais vous en avez encore besoin.

» Vous ne voulez pas qu'on vous la vole.

» Vous voulez vous assurer que vous ne compromettez pas les stratégies et procédures de stockage destinées à conserver les sauvegardes dans des emplacements différents de ceux des systèmes qu'elles concourent à protéger.

Stockage en réseau

Idéalement, lors de la restauration à partir d'une sauvegarde en réseau, vous devriez monter le lecteur réseau en lecture seule pour éviter d'éventuelles corruptions de la sauvegarde. De plus, assurez-vous de vous déconnecter du stockage réseau une fois la restauration terminée.

Assurez-vous que le mécanisme que vous utilisez pour exécuter la restauration (par exemple, un logiciel de sauvegarde) dispose des autorisations réseau appropriées pour écrire sur l'emplacement de stockage principal des données.

Restauration à partir d'une combinaison de plusieurs emplacements

Il n'y a aucune raison de tout sauvegarder sur un seul site. Toutefois, la restauration utilise généralement des sauvegardes qui se trouvent sur un seul emplacement à la fois.

Si vous devez restaurer à partir de sauvegardes qui sont physiquement situées sur plus d'un emplacement, faites extrêmement attention de ne pas recopier les mauvaises versions de fichiers, car certains d'entre eux fichiers peuvent se trouver dans plusieurs sauvegardes.

Restaurer ailleurs que dans les emplacements originaux

Lorsqu'il s'agit de restaurer des données, certaines personnes choisissent de le faire à des emplacements autres que ceux d'origine, de tester les données ainsi restaurées, puis de les copier ou de les déplacer vers les emplacements d'origine. Une telle stratégie réduit la probabilité d'écraser les bons fichiers avec de mauvaises données. Vous pouvez pourrir encore plus votre journée si vous perdez certaines de vos données et que vous découvrez que votre sauvegarde de ces données est corrompue. Si vous effectuez une restauration à partir de cette sauvegarde et que, du coup, vous corrompez également vos données originales, c'est cette fois toute la semaine qui risque bien de virer à la catastrophe !

Ne jamais laisser vos sauvegardes connectées

Après la restauration, ne laissez jamais les disques durs ou SSD de sauvegarde connectés aux systèmes ou réseaux qu'ils sauvegardent. Toute infection future par un malware qui attaquerait le système principal pourrait également se propager aux sauvegardes. Déconnecter votre disque du matériel qu'il sauvegarde peut faire toute la différence entre récupérer rapidement à la suite d'une attaque ransomware, et avoir à payer une rançon coûteuse à un criminel.

Si vous effectuez une sauvegarde sur un support de type CD-R ou DVD-R, il est théoriquement sûr de laisser celui-ci dans son lecteur après avoir terminé l'opération, mais vous ne devriez pas le faire de manière systématique. Vous voulez que la sauvegarde soit facilement disponible à partir d'un emplacement approprié au cas où vous en auriez besoin à l'avenir, certes, mais elle sera mieux conservée dans sa boîte que dans le lecteur de DVD !

Restaurer à partir de sauvegardes chiffrées

Une restauration à partir d'une sauvegarde chiffrée est essentiellement la même chose qu'une restauration à partir d'une sauvegarde non cryptée, sauf que vous devez déverrouiller cette sauvegarde avant d'effectuer la restauration.

Les sauvegardes qui sont protégées par un mot de passe ont évidemment besoin que celui-ci soit saisi pour être accessibles. Les sauvegardes protégées par des certificats, ou d'autres formes plus avancées de cryptage, peuvent exiger qu'un utilisateur possède un élément physique ou un certificat numérique afin de les restaurer.

Dans la plupart des cas, les utilisateurs personnels soucieux de la sécurité de leurs données protègent leurs sauvegardes avec des mots de passe. Si vous le faites (et vous devriez le faire), n'oubliez évidemment pas ce mot de passe !

Tester les sauvegardes

Beaucoup de gens ont pensé qu'ils avaient des sauvegardes parfaitement exploitables, pour finalement découvrir au moment où ils avaient besoin de restaurer leurs données que ces sauvegardes étaient corrompues. Par conséquent, il est essentiel de *tester les sauvegardes.*

Bien qu'en théorie, vous devriez tester chaque sauvegarde que vous faites, et vérifier si chaque élément de ces sauvegardes peut être restauré, un tel schéma est peu pratique pour la plupart des gens. Mais faites le test pour la première sauvegarde que vous réalisez avec n'importe quel logiciel, vérifiez les fichiers de récupération automatique la première fois que vous utilisez Word, et ainsi de suite.

Certains logiciels de sauvegarde permettent de vérifier les sauvegardes – c'est-à-dire qu'ils vérifient que les données d'origine et les données qui viennent d'être sauvegardées sont identiques. L'exécution d'une telle vérification ajoute un temps significatif au processus de sauvegarde. Cependant, cette vérification en vaut la peine si vous pouvez le faire, parce que cela permet de s'assurer que rien n'a été mal enregistré ou corrompu de quelque manière que ce soit pendant le processus de sauvegarde.

Restaurer de la cryptomonnaie

Restaurer de la cryptomonnaie après qu'elle a été effacée d'un ordinateur ou d'un autre dispositif sur lequel elle était enregistrée est un processus totalement différent de ceux qui ont été décrits dans ce chapitre.

Techniquement parlant, la cryptomonnaie est gérée *via* une sorte de grand livre, et non pas stockée quelque part. De ce fait, il ne s'agit pas de restaurer une cryptomonnaie « réelle », mais plutôt les clés privées qui sont nécessaires pour contrôler les adresses dans le grand livre où cette cryptomonnaie est enregistrée. (Je déteste le terme de *portefeuille numérique* dans le cas de la cryptomonnaie, car nous stockons des *clés numériques*, et non la cryptomonnaie à proprement parler, dans ce fameux « portefeuille numérique ». Le nom *porte-clés numérique* aurait été beaucoup plus précis et moins déroutant.)

Espérons qu'en cas de perte de l'appareil sur lequel est référencée votre cryptomonnaie, vous aurez imprimé vos clés numériques sur une feuille de papier qui sera conservée dans un coffre-fort ou dans un coffre bancaire. Récupérez le papier, et vous aurez vos clés. Ne laissez pas traîner ce papier, mais remettez-le dès que possible dans un endroit sûr. (Si vous avez placé votre papier dans un coffre-fort bancaire, vous pouvez envisager, si c'est possible, d'effectuer la restauration dans l'agence de la banque afin de ne jamais sortir le papier de la salle où se trouve le coffre.)

Si vous stockez de la cryptomonnaie dans un bureau de change, vous pouvez y restaurer vos informations d'identification par n'importe quel moyen autorisé par celui-ci. Idéalement, si vous sauvegardez correctement vos mots de passe dans un emplacement sécurisé, vous pouvez simplement les récupérer et les utiliser.

Pour ceux qui utilisent des portefeuilles matériels pour enregistrer les clés associées à leur cryptomonnaie, la sauvegarde de tels portefeuilles est souvent une *graine* (*seed*) de récupération, qui est une liste de mots permettant au dispositif de recréer les clés nécessaires pour les adresses voulues. Il est généralement admis que cette liste de mots devrait être écrite sur papier et stockée dans un coffre bancaire et/ou un coffre-fort sécurisé, et non enregistrée électroniquement.

Utiliser un disque de démarrage

Si vous avez besoin de relancer votre ordinateur à partir d'un disque de démarrage que vous avez créé (comme cela pourrait être nécessaire au cours d'un processus de réinitialisation et de restauration du système), allumez l'appareil, rendez-vous dans les paramètres du BIOS et définissez l'ordre de démarrage pour rendre prioritaire le disque voulu. Ensuite, redémarrez le système.

Partie 7

Regarder vers le futur

Dans cette partie

Faire carrière dans la cybersécurité.

Découvrir les technologies émergentes.

Chapitre 16

Faire carrière dans le domaine de la cybersécurité

DANS CE CHAPITRE

Découvrir divers rôles liés à la cybersécurité.

Perspectives de carrière dans le domaine de la cybersécurité.

Comprendre les certifications en cybersécurité.

Trouver par où commencer.

Avec la pénurie mondiale de professionnels compétents en cybersécurité, il n'y a jamais eu de meilleur moment pour poursuivre une carrière dans ce domaine, d'autant plus que la pénurie semble s'aggraver avec le temps.

En raison de l'offre insuffisante de professionnels de la cybersécurité pour répondre à la demande de personnes possédant les compétences requises, les grilles de rémunération des professionnels de la cybersécurité sont parmi les meilleures au sein des travailleurs du secteur technologique.

Dans ce chapitre, vous allez découvrir certains des rôles professionnels dans le domaine de la cybersécurité, les cheminements de carrière possibles et les certifications.

Rôles professionnels dans la cybersécurité

Les professionnels de la cybersécurité ont un large éventail de responsabilités qui varient beaucoup en fonction de leur rôle exact. Mais la plupart d'entre eux, sinon tous, s'efforcent en fin de compte de contribuer à protéger les données et les systèmes contre les compromissions, ou, dans le cas de certaines missions gouvernementales, à provoquer des brèches dans des systèmes et à compromettre les données des adversaires.

Il n'existe aucun plan de carrière unique qui s'appellerait « cybersécurité ». La profession comporte de nombreuses nuances ainsi que des parcours différents qui permettent aux gens de progresser dans leur carrière.

Ingénieur sécurité

Les *ingénieurs sécurité* sont de différents types, mais la grande majorité d'entre eux sont des techniciens qui construisent, assurent la maintenance et déboguent des systèmes de sécurité de l'information dans le cadre de projets organisationnels (qu'ils soient d'entreprise, gouvernementaux ou dans des organisations sans but lucratif). Les ingénieurs sécurité qui travaillent chez des fournisseurs peuvent aussi aider à s'assurer que les logiciels déployés chez les clients le sont de façon effectivement sécurisée.

Responsable sécurité

Les *responsables sécurité* sont généralement des cadres intermédiaires au sein de grandes entreprises qui ont la responsabilité d'un domaine spécifique de la sécurité de l'information. Un responsable sécurité peut, par exemple, être en charge de toute la formation au sein d'une entreprise en matière de sécurité, et un autre peut être chargé de superviser tous ses pare-feu interfacés avec Internet. Les personnes occupant des postes de responsabilité sécurité exécutent généralement moins d'activités pratiques et techniquement détaillées que les personnes qu'elles dirigent.

Directeur de la sécurité

Les *directeurs de la sécurité* sont les personnes qui supervisent la sécurité de l'information dans une organisation. Dans les petites entreprises, ce directeur est habituellement *de facto* le responsable de la sécurité des systèmes d'information (RSSI). Les grandes entreprises peuvent avoir plusieurs directeurs qui sont responsables de divers sous-ensembles du programme de sécurité de l'information de la société. Ces personnes, à leur tour, relèvent habituellement du RSSI.

Responsable de la sécurité des systèmes d'information (RSSI)

Le *RSSI* est la personne qui est responsable de la sécurité de l'information pour l'ensemble d'une organisation. Vous pouvez penser au rôle du RSSI comme à celui du chef d'état-major chargé de la défense militaire de la sécurité de l'information de l'organisation.

Le RSSI occupe un poste de cadre supérieur. Servir en tant que RSSI exige habituellement des connaissances et une expérience importantes en gestion, en plus d'une compréhension des questions liées à la sécurité de l'information.

Analyste sécurité

Les *analystes sécurité* s'efforcent de prévenir les atteintes à la sécurité de l'information. Ils examinent non seulement les systèmes existants, mais aussi les menaces émergentes, les nouvelles vulnérabilités, *etc.*, afin de s'assurer que l'organisation demeure sécurisée.

Architecte sécurité

Les *architectes sécurité* conçoivent et supervisent le déploiement des contre-mesures de sécurité de l'information de l'organisation. Ils doivent souvent comprendre, concevoir et tester des infrastructures de sécurité complexes, et sont régulièrement membres de l'équipe qui participe à des projets à l'extérieur du service de sécurité proprement dit – par exemple, en aidant à concevoir les éléments de sécurité nécessaires pour une application personnalisée qu'une organisation conçoit et construit, ou en aidant à guider les personnes en charge du réseau lorsque celles-ci conçoivent divers éléments des infrastructures réseau de l'entreprise.

Administrateur sécurité

Les *administrateurs sécurité* gèrent les tâches pratiques pour installation, la configuration, l'exploitation, la gestion et le dépannage des systèmes de sécurité de l'information pour le compte d'une organisation. Ces gens sont ceux auxquels les professionnels non techniciens se réfèrent souvent lorsqu'ils disent « J'ai un problème et j'ai besoin d'appeler le gars ou la fille de la sécurité ».

Auditeur sécurité

Les *auditeurs sécurité* effectuent, comme leur nom l'indique, des audits de sécurité, c'est-à-dire qu'ils vérifient que les politiques, procédures, technologies, et ainsi de suite, de sécurité fonctionnent comme prévu et protègent efficacement et de manière adéquate les données, systèmes et réseaux de l'entreprise.

Cryptographe

Les *cryptographes* sont des experts en matière de cryptage, et ils travaillent avec les techniques de chiffrage, telles qu'elles sont utilisées pour protéger les données sensibles.

Certains cryptographes travaillent à développer des systèmes de chiffrage pour protéger les données sensibles, tandis que d'autres, appelés *cryptanalystes*, font le contraire : ils analysent les informations chiffrées et les systèmes de chiffrage afin de casser ces systèmes et de décoder l'information.

Comparativement à d'autres emplois liés à la sécurité de l'information, les cryptographes travaillent essentiellement pour des organismes gouvernementaux, l'armée et le milieu universitaire. Aux États-Unis, par exemple, de nombreux emplois gouvernementaux dans le domaine de la cryptographie exigent la citoyenneté américaine et une habilitation de sécurité active. Ces mêmes règles s'appliquent évidemment dans de nombreux pays.

Analyste en évaluation de la vulnérabilité

Les *analystes en évaluation de la vulnérabilité* examinent les systèmes informatiques, les bases de données, les réseaux et d'autres parties de l'infrastructure de l'information à la recherche de vulnérabilités potentielles. Les personnes qui occupent de tels postes doivent avoir l'autorisation explicite de le faire. Contrairement aux testeurs d'intrusion, décrits dans la section suivante, les analystes en évaluation de la vulnérabilité n'agissent généralement pas comme des personnes de l'extérieur qui tenteraient de percer les systèmes, mais comme des initiés qui ont accès aux systèmes et ont la capacité de les examiner en détail dès le départ.

Hacker éthique

Les *hackers éthiques* tentent d'attaquer, de pénétrer et de compromettre les systèmes et les réseaux au nom des propriétaires des technologies – et avec leur permission explicite – afin de découvrir les failles de sécurité que les propriétaires peuvent ensuite corriger. Ces hackers informatiques éthiques sont parfois appelés « testeurs d'intrusion » ou « pen-testeurs ». Nombre de grandes entreprises emploient leurs propres hackers éthiques, mais une part importante des personnes qui occupent de tels postes travaillent pour des sociétés de conseil offrant leurs services à des tiers.

Chercheur en sécurité

Les *chercheurs en sécurité* sont des gens tournés vers l'avenir et qui s'efforcent de découvrir les vulnérabilités des systèmes existants, ainsi que les ramifications potentielles des nouvelles technologies et autres produits en matière de sécurité. Ils élaborent parfois de nouveaux modèles et de nouvelles approches en matière de sécurité à partir de leurs recherches.

Un chercheur en sécurité qui pirate une organisation sans l'autorisation explicite de celle-ci n'est pas ni un chercheur ni un hacker éthique, mais simplement une personne qui enfreint la loi !

Hacker offensif

Les *hackers offensifs* tentent de s'introduire dans les systèmes de l'adversaire pour les paralyser ou voler des informations.

Il est bien entendu illégal pour une entreprise de passer de l'autre côté de la barrière et d'attaquer quiconque – y compris d'ailleurs les hackers qui tentent activement de pénétrer au sein de l'organisation. En tant que tels, tous les emplois de piratage offensif « légaux » dans un pays tel que les États-Unis, par exemple, sont des postes gouvernementaux, en particulier dans les agences de renseignement. De ce fait, ces pratiques nécessitent également des habilitations de sécurité.

Ingénieur en sécurité logicielle

Les *ingénieurs en sécurité logicielle* intègrent les éléments de sécurité dans les logiciels tels qu'ils sont conçus et développés. Ils testent également le logiciel pour s'assurer qu'il ne présente aucune vulnérabilité. Dans certains cas, ces ingénieurs peuvent être les codeurs du logiciel lui-même.

Auditeur de sécurité du code source des logiciels

Les *auditeurs de sécurité du code source des logiciels* examinent le code source des programmes à la recherche d'erreurs de programmation, de vulnérabilités, de violations des politiques et des normes de l'entreprise, de problèmes réglementaires, de violations du droit d'auteur (et, dans certains cas, de violations de brevets) et d'autres problématiques qui doivent être, ou devraient être, résolues.

Responsable de la sécurité des logiciels

Les *responsables du développement sécurisé* supervisent la sécurité d'un logiciel tout au long de son cycle de vie – de la collecte initiale des besoins de l'entreprise jusqu'à la mise au rebut du logiciel.

Consultant en sécurité

Il existe de nombreux types de *consultants en sécurité*. Certains, comme l'auteur de cet ouvrage, conseillent les dirigeants d'entreprises sur la stratégie de sécurité, servent de témoins experts ou aident les entreprises de sécurité à croître et à réussir. D'autres sont testeurs d'intrusion. D'autres encore peuvent concevoir ou exploiter des composantes de l'infrastructure de sécurité, en se concentrant sur des technologies spécifiques. Quand il s'agit de conseil en sécurité, vous pouvez trouver des postes dans presque tous les domaines de la sécurité de l'information.

Spécialiste de la sécurité

Ce titre de *spécialiste de la sécurité* peut-être utilisé pour désigner des personnes qui occupent différents types de fonctions. Cependant, tous ces rôles ont tendance à exiger au moins plusieurs années d'expérience professionnelle dans le domaine de la sécurité de l'information.

Membre de l'équipe d'intervention en cas d'incident

L'*équipe d'intervention en cas d'incident* se compose, comme son nom l'indique, des premiers intervenants qui s'occupent des incidents de sécurité. Les membres de cette équipe s'efforcent de contenir et d'éliminer les attaques, tout en minimisant les dégâts qu'elles provoquent. Ils effectuent aussi souvent une partie de l'analyse de ce qui s'est passé – y compris parfois en déterminant que rien n'exige une activité corrective. Vous pouvez considérer ces intervenants en cas d'incident comme l'équivalent de pompiers de la cybersécurité – ils peuvent être confrontés à des attaques dangereuses, mais ils sont parfois appelés à intervenir pour vérifier qu'il n'y a pas d'incendie.

Analyste enquêteur

Les *analystes enquêteurs* sont en fait des détectives numériques qui, après un certain événement informatique, examinent les données, les ordinateurs, les dispositifs informatiques et les réseaux pour recueillir, analyser et conserver correctement les preuves, en déduire ce qui s'est exactement passé, comment cela a été possible et qui est le coupable. Vous pouvez considérer ces analystes comme l'équivalent des inspecteurs des forces de l'ordre et des compagnies d'assurance qui analysent les éléments recueillis après un incendie pour déterminer ce qui s'est passé et qui pourrait en être responsable.

Expert en réglementation de la cybersécurité

Les *experts en réglementation de la cybersécurité* connaissent bien les divers règlements liés à la cybersécurité et aident à s'assurer que les organisations se conforment à ces règlements. Il s'agit souvent, mais pas toujours, d'avocats qui ont une expérience préalable dans divers domaines liés à la conformité.

Expert en réglementation sur la protection de la vie privée

Les *experts en réglementation sur la protection de la vie privée* connaissent bien les diverses règlementations relatives à la protection de la vie privée, et aident à s'assurer que les organismes se conforment à ces règlementations. Il s'agit souvent, mais pas toujours, d'avocats qui ont une expérience préalable dans divers domaines liés à la conformité.

Explorer quelques déroulements de carrière

Les personnes qui œuvrent dans le domaine de la sécurité de l'information peuvent avoir différents déroulements de carrière. Certains impliquent de devenir des « technogourous » spécialisés dans des sous-sections spécifiques de la sécurité, tandis que d'autres nécessitent une connaissance approfondie de la discipline et une interface avec de nombreux domaines différents au sein d'une entreprise. D'autres encore se concentrent sur les questions de gestion.

Les gens devraient tenir compte de leurs objectifs sur le long terme lorsqu'ils planifient leur carrière. Par exemple, si vous cherchez à devenir RSSI, vous voudrez peut-être occuper divers postes pratiques, obtenir une maîtrise en administration des affaires, avoir des promotions et des certifications dans les domaines de la gestion de la sécurité de l'information, alors que si vous voulez devenir architecte en chef, vous ferez probablement mieux de vous concentrer sur les promotions dans divers rôles liés à l'analyse et à la conception en sécurité, à l'exécution de tests d'intrusion et obtenir des diplômes techniques.

Les sections suivantes donnent quelques exemples de déroulements de carrière possibles.

Déroulement de carrière : architecte sécurité senior

Aux États-Unis, les architectes sécurité gagnent généralement plus de 100 000 $ par an – et, dans certains cas, beaucoup plus – ce qui rend ce type de poste très intéressant. Bien que le déroulement de carrière de chaque personne soit unique, un cadre typique pour devenir architecte sécurité senior pourrait consister à suivre un cheminement semblable à celui-ci :

1. **Prendre l'une des voies suivantes :**

- Obtenir un baccalauréat en informatique.
- Obtenir un diplôme dans n'importe quel domaine et passer un examen de certification de base en cybersécurité (par exemple, en suivant une formation Security+ en ligne).
- Obtenir un emploi technique non diplômé, puis démontrer une maîtrise des technologies utiles mises en œuvre dans le cadre de l'emploi.

2. **Travailler en tant qu'administrateur réseau ou administrateur système, et acquérir une expérience pratique de la sécurité.**
3. **Obtenir un titre de compétence un peu plus ciblé (par exemple, CEH – *Certified Ethical Hacker*).**
4. **Travailler en tant qu'administrateur sécurité – de préférence en administrant une gamme de systèmes de sécurité différents sur une période de plusieurs années.**
5. **Obtenir une ou plusieurs certifications générales de sécurité (par exemple, CISSP – pour *Certified Information Systems Security Professional*).**
6. **Devenir architecte sécurité et acquérir de l'expérience dans un tel rôle.**
7. **Obtenir une certification avancée en architecture de sécurité (par exemple, CISSP-ISSAP – pour *Information Systems Security Architecture Professional*).**
8. **Devenir un architecte sécurité senior.**

Ne vous attendez pas à devenir un architecte de niveau senior du jour au lendemain : il faut souvent une décennie ou plus d'expérience dans ce domaine pour atteindre un tel poste.

Déroulement de carrière : RSSI

Aux États-Unis, les responsables de la sécurité de l'information gagnent généralement 150 000 $ ou plus (voire beaucoup plus dans certaines industries), mais ces emplois peuvent être très stressants – puisqu'ils portent la responsabilité de la sécurité de l'information de l'entreprise – ce qui implique souvent d'avoir à faire face aux urgences. Bien que le déroulement de carrière de chaque personne soit unique, un cadre typique pour devenir RSSI pourrait consister à suivre un cheminement semblable à celui-ci :

1. **Être titulaire d'un baccalauréat en informatique ou en technologie de l'information.**

2. **Prendre l'une des voies suivantes :**

   - Travailler comme analyste système, ingénieur système, programmeur ou dans un autre poste technique pratique de même type.

   - Travailler en tant qu'ingénieur réseau.

3. **Migrer vers la sécurité et travailler en tant qu'ingénieur sécurité, analyste sécurité ou consultant en sécurité – en assumant différents rôles au sein d'une organisation ou comme consultant auprès d'organisations, se confrontant ainsi à des domaines variés de la sécurité de l'information.**

4. **Obtenir des certifications générales en sécurité de l'information (par exemple, CISSP).**

5. **Migrer vers la gestion de la sécurité en devenant le responsable d'une équipe en charge des opérations de sécurité. L'idéal est, au fil du temps, de pouvoir gérer plusieurs équipes, chacune s'occupant de différents domaines de la sécurité de l'information.**

6. **Réussir l'une des étapes suivantes (au moins) :**

   - Obtenir un master lié à la cybersécurité (idéalement dans le domaine de la gestion de la sécurité de l'information).

   - Être titulaire d'un master en informatique (axé idéalement sur la cybersécurité).

   - Obtenir un master en management des systèmes d'information (idéalement, avec un focus sur la sécurité de l'information).

   - Obtenir un master en administration des affaires.

7. **Après cela :**

   - Devenir RSSI dans un service (*de facto* ou *de jure*).

- Devenir le RSSI d'une petite entreprise ou d'un organisme sans but lucratif.

8. **Obtenir un titre de compétence avancé axé sur la gestion de la sécurité de l'information (par exemple, CISSP-ISSMP –pour *Information Security System Management Professional*).**

9. **Devenir le RSSI d'une grande entreprise.**

Le chemin pour devenir RSSI est long. Il peut facilement prendre une décennie, voire plusieurs décennies, selon la taille de l'organisation dans laquelle le RSSI travaille.

Démarrer dans la sécurité de l'information

De nombreuses personnes qui travaillent dans le domaine de la sécurité de l'information ont commencé leur carrière dans d'autres secteurs des technologies de l'information. Dans certains cas, les gens ont d'abord été exposés au monde étonnant de la cybersécurité alors qu'ils occupaient des postes techniques. Dans d'autres situations, les gens ont accepté des emplois techniques non directement liés à la sécurité de l'information, mais dans l'intention de développer diverses compétences et d'utiliser ces postes comme tremplins vers le monde de la sécurité.

Les emplois dans les domaines de l'analyse des risques, de l'ingénierie et du développement de systèmes ainsi que des réseaux sont souvent de bons points d'entrée. Un administrateur de messagerie, par exemple, est susceptible d'en apprendre beaucoup sur les problématiques liées à la sécurité de la messagerie, et peut-être aussi sur celles de l'architecture dans la conception de réseaux sécurisés, et même la sécurisation des serveurs en général. Les personnes qui développent des systèmes basés sur le Web sont susceptibles d'en apprendre davantage sur les questions de sécurité sur Internet, ainsi que sur la conception de logiciels sécurisés. Et les administrateurs système et réseau vont en apprendre davantage sur la sécurité des éléments qu'ils sont responsables de garder en vie et en bonne santé.

Voici quelques-uns des emplois techniques qui peuvent vous aider à vous préparer à assumer des rôles liés à la cybersécurité :

» programmeur ;

» ingénieur logiciel ;

» développeur Web ;

» ingénieur support des systèmes d'information (spécialiste du support technique sur le terrain) ;

» administrateur système ;

» administrateur de messagerie ;

» administrateur réseau ;

» administrateur de base de données ;

» administrateur de site Web.

Certains postes non techniques peuvent aussi aider à préparer les gens à une carrière dans d'autres rôles de la sécurité de l'information. En voici quelques exemples :

» chargé d'audit ;

» analyste enquêteur ;

» avocat spécialisé dans les domaines du droit liés à la cybersécurité ;

» avocat spécialisé dans la réglementation ;

» avocat spécialisé dans les domaines du droit liés à la protection de la vie privée ;

» analyste en gestion des risques.

Cybersécurité, formation et certification

La cybersécurité est un domaine encore jeune et relativement peu enseigné dans nombre de pays. Cependant, face au manque criant de spécialistes par rapport aux besoins et à la valorisation financière des emplois dans le domaine de la cybersécurité, la situation devrait rapidement évoluer.

Qu'il s'agisse de vous former dans un des métiers décrits plus haut, ou dans le sens inverse de rechercher la perle rare pour votre entreprise, le mieux à faire est d'effectuer des recherches sur Internet.

Servez-vous notamment pour cela des termes, expressions et abréviations développés dans ce chapitre. Par exemple, des critères tels que « formation cybersécurité », « certification CISSP », et ainsi de suite, devraient vous ouvrir des champs d'information intéressants.

Pour une recherche en formations diplômantes, consultez en particulier le site :

```
https://diplomeo.com/formations-cybersecurite
```

Vos recherches vous conduiront forcément vers des instituts privés, offrant y compris des formations réalisées totalement en ligne. Les cursus y sont donc payants, et les tarifs peuvent être assez élevés. Vous devez donc compléter vos recherches pour en savoir plus quant à la qualité des formations, la réputation de ces sites, la valeur des certifications délivrées, et ainsi de suite. Ainsi, la certification Certified Information Systems Security Professional (CISSP) est internationalement reconnue, et si son obtention passe par une formation assez rapide (disons, environ une semaine), les tarifs pratiqués pour celle-ci s'élèvent le plus souvent à plusieurs milliers d'euros.

La certification CISSP, délivrée par une organisation très réputée appelée (ISC)^2, est à la fois neutre à l'égard des fournisseurs et plus évolutive que de nombreuses autres certifications. Même s'il est possible de la passer sans expérience préalable, elle reste tout de même destinée aux personnes qui ont déjà plusieurs années d'expérience dans le domaine de la sécurité de l'information, et à qui elle procure un important avantage en termes de compétences reconnues. (ISC)^2 exige que les détenteurs de titres de compétences CISSP acceptent de se conformer à un code de déontologie spécifique, et qu'ils suivent des formations continues afin de conserver leur certification, celle-ci devant être renouvelée tous les trois ans.

Notez également que la certification CISSP n'a pas pour but de tester des compétences techniques pratiques – et elle ne le fait pas. Les personnes qui cherchent à démontrer leur maîtrise de technologies ou de domaines technologiques spécifiques – par exemple, les tests d'intrusion, l'administration de la sécurité, l'audit, *etc.* – peuvent envisager d'obtenir une certification générale plus technique, ou encore plus spécifique.

La certification CISM (Certified Information Security Manager) de l'ISACA (Information Systems Audit and Control Association) est également reconnue. Elle un peu plus axée sur les politiques, les procédures et les technologies de gestion et de contrôle des systèmes de sécurité de l'information. Pour obtenir une certification CISM, un candidat doit avoir plusieurs années d'expérience professionnelle dans le domaine de la sécurité de l'information. Malgré les différences entre CISSP et CISM – le premier approfondissant les sujets techniques et le second les sujets liés à la gestion – les deux offres se recoupent de manière significative et sont très respectées.

Vérifiabilité

Les émetteurs de toutes les principales attestations de sécurité de l'information fournissent aux employeurs la possibilité de vérifier qu'une personne détient toutes les attestations demandées. Une telle procédure peut nécessiter la connaissance du numéro d'identification de la certification de l'utilisateur, donnée qui n'est généralement pas publiée.

Si vous obtenez une attestation de certification, assurez-vous de tenir à jour vos propres informations dans la base de données de l'émetteur. Vous ne voulez pas perdre votre certification parce que vous n'avez pas reçu un rappel concernant la nécessité de vous conformer à une formation continue, ou bien encore de payer des frais d'actualisation.

Éthique

De nombreuses certifications de sécurité obligent leurs détenteurs à adhérer à un code d'éthique qui exige non seulement qu'ils se conforment à toutes les lois et tous les règlements en vigueur, mais aussi qu'ils agissent de façon appropriée, même si les limites de la loi doivent être dépassées dans certaines circonstances.

Assurez-vous de bien comprendre ces exigences. La perte d'une accréditation en raison d'un comportement contraire à l'éthique peut évidemment éroder gravement la confiance que d'autres personnes vous accordent et avoir toutes sortes de conséquences négatives sur votre carrière dans le domaine de la sécurité de l'information.

Faut-il un casier judiciaire vierge ?

Bien qu'un casier judiciaire n'empêche pas nécessairement une personne d'obtenir de nombreux emplois liés à la cybersécurité, cela peut constituer un obstacle insurmontable lorsqu'il s'agit d'obtenir certains postes. Tout ce qui empêche une personne d'obtenir une habilitation de sécurité, par exemple, pourrait se révéler rédhibitoire pour occuper certaines fonctions.

Dans certains cas, la nature, le moment et l'âge auxquels une personne a commis des crimes passés peuvent peser lourd dans la décision de l'employeur. Certains organismes dans le domaine de la cybersécurité peuvent être tout à fait disposés à embaucher un ancien hacker du temps où il était adolescent, par exemple, mais ils peuvent être réticents à embaucher une personne qui a été reconnue coupable d'un crime violent en tant qu'adulte. De même, une personne qui a purgé une peine d'emprisonnement pour un crime informatique qu'elle a commis il y a 20 ans, mais dont le casier judiciaire est vierge depuis, peut être perçue très différemment par un employeur potentiel qu'une personne qui vient d'être libérée après avoir purgé une peine pour un crime semblable.

Autres professions axées sur la cybersécurité

Outre le fait de travailler directement dans le domaine de la cybersécurité, il existe de nombreuses possibilités d'emploi dans des domaines qui sont en connexion directe avec des professionnels de la cybersécurité, et qui bénéficient de l'intérêt croissant accordé à ces problématiques dans le monde.

Des avocats peuvent décider, par exemple, de se spécialiser dans les questions juridiques relatives à la cybersécurité ou à la conformité des entreprises aux règlements en matière de protection de la vie privée. Des consultants peuvent également développer une expertise en matière d'enquêtes sur les cybercrimes.

En fin de compte, la cybersécurité a créé, crée et continuera de créer dans un avenir prévisible de nombreuses opportunités professionnelles lucratives dans de multiples domaines. Il n'est pas nécessaire d'être un technicien de génie pour bénéficier de l'essor de cette discipline.

Si la cybersécurité vous fascine, n'hésitez pas à explorer les possibilités qu'elle peut vous offrir.

Chapitre 17

Nouvelles technologies, nouvelles menaces !

DANS CE CHAPITRE

Comprendre les technologies émergentes et leur impact potentiel sur la cybersécurité.

•

Expérimenter la réalité virtuelle et la réalité augmentée.

Le monde a subi une transformation radicale au cours des dernières décennies, avec l'apport des avantages de la puissance du calcul numérique dans presque tous les aspects de la vie humaine. En l'espace d'une seule génération, la société occidentale est passée des caméras de cinéma avec des films à usage unique, des photocopieurs, des téléviseurs en circuit fermé et des récepteurs de musique à ondes radioélectriques à des appareils connectés dotés des caractéristiques de tous ces systèmes et de bien d'autres, le tout dans un seul appareil. Simultanément, de nouveaux modèles de pointe ont émergé dans les technologies de l'informatique, créant un potentiel énorme pour une intégration encore plus grande de toutes ces technologies dans la vie quotidienne. Des offres qui auraient été considérées comme de la science-fiction irréaliste il y a quelques années à peine sont devenues si normales et omniprésentes aujourd'hui que les enfants ne croient pas toujours les adultes quand ces derniers leur expliquent à quel point le monde a changé ces dernières années (« Dis papa, ils regardaient quoi les enfants comme séries télé du temps de Charlemagne ? »).

Avec l'avènement de ces nouvelles technologies et la transformation numérique de l'expérience humaine, cependant, viennent aussi de grands risques de sécurité de l'information. Dans ce chapitre, vous découvrirez certaines technologies qui changent rapidement le monde et leur impact sur la cybersécurité. Cette liste de technologies émergentes est loin d'être exhaustive. Les technologies évoluent constamment et créent donc en permanence de nouveaux défis en matière de sécurité de l'information.

L'Internet des objets

Il n'y a pas si longtemps, les seuls appareils connectés à Internet étaient des ordinateurs classiques – ordinateurs de bureau, ordinateurs portables et serveurs. Aujourd'hui, cependant, le monde est différent.

Qu'il s'agisse de téléphones « intelligents », les smartphones, de caméras de sécurité, de cafetières ou d'appareils de fitness, tous les types d'appareils électroniques sont maintenant informatisés, et bon nombre de ces ordinateurs sont constamment et perpétuellement connectés à Internet. L'Internet des objets (IoT), comme on appelle communément l'écosystème des appareils connectés, a connu une croissance exponentielle au cours des dernières années.

Et, ironiquement, alors que les consommateurs voient de nombreux appareils connectés de ce type qui sont commercialisés dans les magasins et en ligne, la grande majorité des appareils IoT sont en réalité des composants de systèmes commerciaux et industriels. En fait, certains experts estiment même que jusqu'à 99 % des dispositifs informatiques non traditionnels connectés se trouvent dans des environnements commerciaux et industriels. La fiabilité des services publics, des usines et autres installations de fabrication, des hôpitaux et de la plupart des autres éléments de l'épine dorsale de l'existence économique et sociale d'aujourd'hui dépend fortement de la stabilité et de la sécurité de ces technologies.

Bien sûr, tous les périphériques informatiques – qu'il s'agisse d'ordinateurs classiques ou d'autres types de périphériques intelligents – peuvent souffrir de vulnérabilités et sont potentiellement piratables et exploitables à des fins malfaisantes. Les caméras connectées à Internet, par exemple, qui sont conçues pour permettre aux gens de surveiller leur maison ou leur lieu de travail à distance, peuvent potentiellement permettre à des hackers de visualiser les mêmes flux vidéo. De plus, ces dispositifs peuvent être détournés pour en attaquer d'autres. Ainsi, en octobre 2016, l'attaque Mirai Botnet a permis d'exploiter simultanément de nombreux périphériques IoT infectés et de mettre hors ligne le populaire service Dyn DNS. Rappelons que DNS est le système qui convertit les noms humains des ordinateurs en adresses numériques de protocole Internet (adresses IP) compréhensibles par les machines. À la suite de cette attaque, de nombreux sites Web et services de haut niveau, y compris Twitter, Netflix, GitHub et Reddit, ont subi des pannes de fait, car les gens ne pouvaient pas accéder à ces sites puisque leurs noms ne pouvaient pas être traduits en leurs propres adresses Internet.

De même, l'IoT crée un énorme potentiel de sabotage grave. Considérez les effets possibles du piratage d'un système industriel impliqué dans la fabrication de certains équipements médicaux. Des gens pourraient-ils mourir si des bogues ou des portes dérobées étaient insérés dans le code qui s'exécute dans l'ordinateur intégré à l'équipement, et qui est ensuite exploité une fois que l'appareil est en service ?

Les hackers peuvent saper des systèmes contrôlés par des appareils connectés – même lorsque ces systèmes ne sont pas connectés à l'Internet public (voir l'encadré sur Stuxnet).

Pourriez-vous voir des hackers exiger des rançons en échange de la non-divulgation de vidéos des caméras de sécurité de particuliers ?

Pourriez-vous voir des hackers réclamer des rançons en échange de ne pas faire en sorte que les réfrigérateurs s'éteignent et de fait altère leur nourriture – ou même trouver des criminels qui éteignent les réfrigérateurs lorsque les gens partent au travail et les rallument avant que les victimes ne rentrent chez elles, ce qui aurait pour effet de gâcher la nourriture dans le but d'empoisonner les personnes ciblées ?

Stuxnet

En 2009 ou 2010, un malware connu aujourd'hui sous le nom de Stuxnet a paralysé une installation iranienne qui aurait pu servir à enrichir de l'uranium en vue de son utilisation potentielle dans la fabrication d'armes nucléaires. On pense généralement que cette cyberattaque sophistiquée aurait été lancée par une équipe conjointe de cyberguerriers des États-Unis et d'Israël.

Stuxnet a ciblé les systèmes de contrôle industriel Siemens que les Iraniens utilisaient pour faire fonctionner et gérer les centrifugeuses de raffinage de l'uranium. Le malware a forcé les systèmes de contrôle à envoyer des instructions incorrectes aux centrifugeuses, tout en signalant que tout fonctionnait correctement. On pense que cette cyberattaque a tout à la fois et de manière inappropriée augmenté et diminué la vitesse des centrifugeuses. Ces changements de vitesse ont causé des contraintes inattendues sur les tuyaux d'aluminium des centrifugeuses, qui se sont dilatés et qui ont fini par entrer en contact avec d'autres parties de la machine et endommager gravement celle-ci.

Il ne fait aucun doute que le succès opérationnel de Stuxnet motivera d'autres cyberguerriers à lancer des attaques similaires à l'avenir.

Au fur et à mesure que les voitures dites intelligentes (ce qui comprend pratiquement tous les véhicules fabriqués au cours de la dernière décennie voire plus) deviennent plus courantes, des hackers pourraient-ils potentiellement les pirater et provoquer des accidents ? Ou faire chanter les gens pour qu'ils paient des rançons pour que leur voiture ne s'écrase pas ? Avant de répondre à cette question, sachez que des chercheurs en sécurité ont démontré à plusieurs reprises comment des hackers pouvaient prendre le contrôle de certains véhicules et déconnecter par exemple le système de freinage.

Qu'en sera-t-il lorsque les voitures et les camions sans chauffeur seront la norme ? Les enjeux ne feront que croître au fur et à mesure que la technologie progressera.

L'IoT ouvre un monde de possibilités. Il accroît aussi considérablement la surface d'attaque que les criminels peuvent exploiter et augmente les enjeux si le niveau de cybersécurité n'est pas suffisant.

Utiliser les cryptomonnaies et la blockchain

Une *cryptomonnaie* est un actif numérique (parfois considéré comme étant une monnaie numérique) conçu pour fonctionner comme un moyen d'échange, et qui utilise divers aspects de la cryptographie pour contrôler la création des unités, vérifier l'exactitude des transactions et sécuriser les transactions financières.

Les cryptomonnaies modernes permettent à des parties qui ne se font pas confiance d'interagir et de réaliser des affaires sans avoir besoin d'un tiers de confiance. Les cryptomonnaies utilisent une technologie dite de *blockchain* (chaîne de blocs), c'est-à-dire que leurs transactions sont recodées dans un bloc distribué dont l'intégrité est protégée par l'utilisation de techniques cryptographiques multiples qui sont supposées garantir que seules les transactions correctes seront respectées par ceux qui consultent une copie du bloc.

Comme les cryptomonnaies circulent *via* des listes de transactions dans des blocs, il n'y a techniquement parlant pas de portefeuilles de cryptomonnaies. La monnaie est virtuelle et n'est stockée nulle part, même électroniquement. Au lieu de cela, les propriétaires de cryptomonnaies sont les parties qui contrôlent les adresses enregistrées dans la blockchain et qui les concernent, ainsi que leurs transactions.

Par exemple, si *Adresse 1* possède 10 unités d'une cryptomonnaie, et si *Adresse 2* possède de son côté 5 unités de cette même cryptomonnaie, puis qu'une transaction est enregistrée montrant que *Adresse 1* a envoyé 1 unité de cryptomonnaie à *Adresse 2*, alors *Adresse 1* est déclarée posséder 9 unités de cryptomonnaie, et *Adresse 2* 6 unités.

Pour s'assurer que seuls les propriétaires légitimes de cryptomonnaies peuvent envoyer de l'argent à partir de leur adresse, les systèmes de cryptomonnaies utilisent généralement une implémentation sophistiquée de PKI (*Public Key Infrastructure*, soit infrastructure à clés publiques), où chaque adresse dispose de sa propre paire de clés publique-privée, le propriétaire étant le seul à posséder la clé privée. L'envoi de cryptomonnaies depuis une adresse nécessite la signature de la transaction sortante avec sa clé privée associée.

Du fait que toute personne ayant connaissance de la clé privée associée à une adresse particulière dans un bloc pourrait voler n'importe quelle quantité de cryptomonnaie enregistrée comme appartenant à cette adresse, et comme les cryptomonnaies sont à la fois « liquides » et difficiles à retracer jusqu'à leurs propriétaires humains – ou organisationnels – réels, les criminels tentent souvent de voler les cryptomonnaies *via* un piratage. Si un escroc obtient la clé privée d'une adresse de cryptomonnaie à partir de l'ordinateur de quelqu'un, il peut rapidement et facilement transférer cette cryptomonnaie depuis sa victime jusqu'à une autre adresse contrôlée par le criminel. En fait, si l'escroc arrive à obtenir la clé privée de quelqu'un de quelque façon que ce soit, il peut voler la cryptomonnaie sans rien pirater du tout. Tout ce qu'il ou elle a à faire est d'émettre une transaction en envoyant l'argent vers une autre adresse et de signer cette transaction avec la clé privée.

Puisque les cryptomonnaies ne sont pas gérées de manière centralisée, même si un tel vol est détecté, le propriétaire légitime a peu d'espoir de récupérer son argent. Dans la plupart des cas, l'annulation d'une transaction nécessiterait un consensus pratiquement irréalisable d'une majorité d'opérateurs au sein de l'écosystème de la cryptomonnaie, et il est extrêmement improbable que cela se produise à moins que suffisamment de vols ne se produisent et que cela risque de compromettre l'intégrité de la monnaie tout entière. Même dans de tels cas, un embranchement vers une nouvelle cryptomonnaie peut être nécessaire pour parvenir à un tel renversement, et de nombreux opérateurs continueront probablement à rejeter l'annulation de transactions comme représentant une menace encore plus grande pour l'intégrité de la cryptomonnaie que ne l'est un vol même majeur.

En plus de fournir aux hackers un moyen « facile » de voler de l'argent, les cryptomonnaies ont également simplifié d'autres formes de cybercrimes. La plupart des rançons exigées par les ransomware, par exemple, doivent être payées en cryptomonnaie. En fait, la cryptomonnaie est l'élément vital des logiciels de rançon. Contrairement aux paiements effectués par virement bancaire ou par carte de crédit, les paiements par cryptomonnaie intelligemment effectués sont d'une part extrêmement difficiles à retracer jusqu'aux personnes réelles, et d'autre part sont effectivement irréversibles une fois qu'une transaction est réglée.

De même, les criminels ont la capacité de *miner* la cryptomonnaie – c'est-à-dire d'effectuer divers calculs complexes nécessaires au règlement des transactions et à la création de nouvelles unités de la cryptomonnaie – en volant la puissance de traitement aux ordinateurs des autres. Les malware de *cryptominage*, par exemple, réquisitionnent subrepticement des cycles CPU des ordinateurs infectés pour effectuer de tels calculs et, lorsque de nouvelles unités de cryptomonnaie sont générées, ils transfèrent le contrôle sur ces unités aux criminels qui les utilisent. Le minage de cryptomonnaie est un moyen simple pour les criminels de monétiser leur piratage. Les ordinateurs piratés peuvent ainsi être utilisés pour « imprimer de l'argent » sans la participation des victimes, comme c'est généralement le cas pour de nombreuses autres formes de monétisation, tels que les ransomware.

Les criminels ont également bénéficié de l'augmentation spectaculaire de la valeur de certaines cryptomonnaies. Par exemple, ceux qui ont accepté des Bitcoins comme paiement suite à des attaques de ransomware il y a plusieurs années, et qui n'ont pas entièrement encaissé leur cryptomonnaie ont bénéficié de « retours sur investissement » incroyables – parfois en multipliant par centaines, voire par milliers, la valeur en dollars de leurs avoirs. Certains de ces criminels ont probablement encaissé une partie de leurs cryptomonnaies pendant la frénésie du marché au cours de l'année 2017, et ils sont peut-être en train de profiter de petites fortunes qu'ils investissent maintenant dans la création de nouvelles technologies cybercriminelles.

La technologie de blockchain qui sert de moteur sous-jacent aux cryptomonnaies a également des applications potentielles dans les contre-mesures de cybersécurité. Une base de données distribuée peut s'avérer être un meilleur moyen de stocker des informations sur les serveurs de sauvegarde et les capacités redondantes que les structures existantes, car la nature distribuée augmente considérablement le nombre de points de défaillance nécessaires pour arriver à faire tomber le système entier. De même, les défenses distribuées contre les attaques DDoS (*distributed denial-of-service*) peuvent s'avérer à la fois plus efficaces et moins coûteuses que le modèle actuel d'utilisation d'infrastructures massives uniques pour combattre ces attaques.

La blockchain offre également un moyen de créer des enregistrements transparents de transactions ou d'activités – des transactions qui sont consultables par tout le monde, mais non modifiables par tout le monde, seules des parties autorisées étant capables de créer de nouvelles transactions appropriées[11].

Optimisation de l'intelligence artificielle

L'*intelligence artificielle*, techniquement parlant, fait référence à la capacité d'un système électronique de percevoir son environnement et de prendre des mesures qui maximisent ses chances d'atteindre ses objectifs, même sans connaître au préalable les particularités de l'environnement et la situation dans laquelle ce système se trouve.

Si cette définition semble compliquée, c'est parce qu'elle l'est. La définition de l'intelligence artificielle d'un point de vue pratique semble être une cible mouvante. Des concepts et des systèmes qui étaient considérés comme des formes d'intelligence artificielle il y a dix ou vingt ans – par exemple les technologies de reconnaissance faciale – sont souvent traités de nos jours comme des systèmes informatiques classiques. Aujourd'hui, la plupart des gens utilisent l'expression « intelligence artificielle » pour désigner les systèmes informatiques qui « apprennent » – c'est-à-dire qui imitent la façon dont les humains apprennent des expériences passées pour prendre des mesures spécifiques lorsqu'ils rencontrent une nouvelle expérience. Au lieu d'être préprogrammés pour agir en fonction

11 Pour plus d'informations sur la blockchain et ses champs d'application, voir par exemple le site de Blockchain France, à l'adresse `https://blockchainfrance.net/`, section « Qu'est-ce que la blockchain ? ».

d'un ensemble de règles spécifiques, les systèmes artificiellement « intelligents » examinent des jeux de données pour créer leurs propres ensembles de règles généralisées et prendre des décisions en conséquence. Ces systèmes optimisent ensuite leurs propres règles au fur et à mesure qu'ils rencontrent davantage de données et mesurent les effets produits par l'application de ces règles à ces nouvelles données.

L'intelligence artificielle est susceptible de transformer l'expérience humaine au moins autant que la révolution industrielle. La révolution industrielle, bien sûr, a remplacé les muscles humains par des machines, ces dernières s'avérant plus rapides, plus précises, moins sujettes à la fatigue ou à la maladie, et moins coûteuses que les premiers. L'intelligence artificielle est le remplacement du cerveau humain par de la « pensée » d'ordinateur (disons par des algorithmes) – et elle s'avérera finalement beaucoup plus rapide, plus précise et moins sujette aux maladies ou à la somnolence que tout esprit biologique.

L'ère de l'intelligence artificielle a plusieurs impacts majeurs sur la cybersécurité :

- un besoin accru de cybersécurité ;
- l'utilisation de l'intelligence artificielle comme outil de sécurité ;
- l'utilisation de l'intelligence artificielle comme outil de piratage.

Besoin accru de cybersécurité

Dans le même temps que les systèmes d'intelligence artificielle deviennent de plus en plus courants, le besoin d'une cybersécurité forte se fait de plus en plus sentir. Les systèmes informatiques peuvent prendre des décisions de plus en plus importantes sans la participation des humains, ce qui signifie que les conséquences négatives de ne pas les sécuriser adéquatement pourraient considérablement s'aggraver. Imaginez qu'un hôpital déploie un système artificiel d'analyse d'imagerie médicale et de rapports de diagnostic. Si un tel système, ou ses données, était piraté, des rapports erronés pourraient être produits, avec des conséquences potentiellement catastrophiques. Malheureusement, un tel problème n'est plus théorique (voir l'encadré suivant).

Bien sûr, de telles recherches ne représentent que la partie émergée de l'iceberg. Les systèmes d'IA industriels peuvent être manipulés pour modifier les produits d'une manière qui accroisse les dangers, de même que les technologies artificiellement intelligentes conçues pour optimiser les itinéraires et améliorer la sécurité routière pourraient être alimentées par des données qui, au contraire, augmentent les risques ou créent des retards inutiles.

De plus, comme les malfaiteurs peuvent miner l'intégrité de systèmes artificiellement intelligents sans les pirater, mais simplement en introduisant de petits changements difficiles à détecter dans de grands jeux de données, et comme les décisions prises par de tels systèmes ne sont pas fondées sur des règles prédéfinies, connues des humains qui les créent, la protection de tous leurs éléments devient essentielle. Une fois que les problèmes sont là, les humains et les machines ne seront probablement pas en mesure de les trouver ou même de savoir que quelque chose ne va pas.

En fin de compte, pour que les projets d'intelligence artificielle soient couronnés de succès, ils doivent inclure une cybersécurité d'une résistance à toute épreuve.

L'IA peut déjà falsifier des images d'IRM, et produire des résultats d'IRM incorrects

En 2019, des chercheurs israéliens ont découvert que des technologies d'intelligence artificielle pouvaient modifier avec succès les images médicales de manière à tromper les radiologues et les systèmes d'IA conçus pour diagnostiquer des maladies à partir de scanners, notamment en signalant des cancers alors qu'ils n'existent pas, ou l'inverse.

Même après que les chercheurs avaient informé les radiologues concernés qu'une IA était utilisée pour manipuler les images scannées, ces spécialistes n'étaient toujours pas en mesure de fournir des prédictions correctes, en diagnostiquant un cancer dans 60 % des scintigraphies normales auxquelles des tumeurs avaient été artificiellement ajoutées, et en ne trouvant pas de cancer dans 87 % des scintigraphies dont l'IA avait retiré numériquement les tumeurs.

Utilisation comme outil de cybersécurité

L'un des plus grands défis auxquels sont aujourd'hui confrontés les professionnels de la cybersécurité est qu'il est pratiquement impossible de consacrer suffisamment de temps pour analyser et agir sur toutes les alertes produites par les technologies de cybersécurité. L'une des premières utilisations majeures de l'intelligence artificielle dans le domaine de la cybersécurité est celle d'en faire un agent qui aide à prioriser les alertes. Cet agent apprend d'abord comment les systèmes sont généralement utilisés, et quels types d'activités sont anormaux, ainsi que les alertes antérieures qui indiquent des problèmes graves plutôt que des activités bénignes ou des problèmes mineurs. Les itérations futures de tels systèmes artificiellement intelligents impliqueront probablement que l'IA elle-même agisse effectivement sur les alertes plutôt que de les transmettre aux humains.

Utilisation comme outil de piratage

L'intelligence artificielle n'est pas seulement un outil défensif : elle peut aussi être une arme puissante dans les mains des attaquants. Pour des raisons évidentes, je ne donne pas de détails dans ce livre sur la façon d'utiliser l'IA pour lancer des attaques avancées, mais j'en propose quelques exemples généraux.

Les systèmes d'IA peuvent, par exemple, être utilisés pour scanner et analyser d'autres systèmes afin de trouver des erreurs de programmation et de configuration. Ils peuvent également servir à analyser des organigrammes, des réseaux sociaux, des sites Web d'entreprise, des communiqués de presse, *etc.*, afin de concevoir – et peut-être même de mettre en œuvre – des attaques d'ingénierie sociale hautement efficaces.

L'IA peut également être utilisée pour tromper les systèmes d'authentification. Par exemple, un système recevant un enregistrement d'une personne qui dit beaucoup de choses différentes pourrait, après avoir été entraîné, être capable de leurrer un système d'authentification basé sur la voix en imitant l'être humain concerné – même si le système d'authentification demande à l'IA de prononcer des mots pour lesquels celle-ci n'a aucun enregistrement correspondant dans le discours humain.

En fin de compte, lorsqu'il s'agit d'utiliser l'IA comme outil de cybersécurité, il s'agit probablement d'une bataille entre espions et contre espions, entre cyberattaquants et cyberdéfenseurs, bref entre voleurs et gendarmes, chacun essayant de construire des IA toujours meilleures afin de mieux s'entretuer.

Expérimenter la réalité virtuelle

La *réalité virtuelle* fait référence à une expérience qui se déroule dans une réalité générée par ordinateur plutôt que dans le monde réel.

La technologie actuelle de réalité virtuelle exige généralement que les utilisateurs portent un casque qui affiche des images et qui bloque leur vision du monde réel (dans certains cas, au lieu de porter un casque, un utilisateur entre dans une pièce spéciale équipée d'un ou de plusieurs projecteurs, ce qui produit un effet similaire). Ces images, combinées à des sons et, dans certains cas, à des mouvements physiques et à d'autres expériences sensibles pour l'être humain, font vivre à l'utilisateur l'environnement virtuel comme s'il y était réellement physiquement présent. Une personne utilisant un équipement de réalité virtuelle peut généralement se déplacer, regarder et interagir avec le monde virtuel qui lui est proposé.

La réalité virtuelle incorpore généralement au moins des composantes visuelles et sonores, mais elle peut aussi émettre des vibrations et d'autres expériences sensorielles. Même sans de telles informations supplémentaires, une personne peut éprouver des sensations parce que le cerveau humain interprète souvent ce qu'il voit et entend dans un environnement virtuel comme s'il s'agissait de quelque chose de réel. Par exemple, un utilisateur qui se retrouve dans un grand huit dans un environnement virtuel peut sentir son estomac se soulever lorsque le grand huit fait une forte chute, même si, en réalité, il ne bouge pas.

Les environnements virtuels immersifs peuvent être semblables ou complètement différents de ce qu'une personne vivrait dans le monde réel. La réalité virtuelle propose notamment des applications touristiques (par exemple, se promener dans un musée d'art sans y être réellement), de divertissement (jeux à la première personne) ou encore à but éducatif (comme une dissection virtuelle).

Les systèmes de réalité virtuelle sont évidemment informatisés et, par conséquent, présentent bon nombre des mêmes problèmes de sécurité que les autres systèmes informatiques. Mais la réalité virtuelle soulève aussi de nombreuses préoccupations nouvelles en matière de sécurité et de protection de la vie privée :

» Quelqu'un peut-il pirater les écosystèmes de réalité virtuelle et lancer des attaques visuelles capables de déclencher des crises ou des maux de tête (on sait que des stroboscopes clignotants dans divers dessins animés et autres affichages peuvent provoquer des crises, et que, plus largement, des images subliminales sont capables d'influer sur le jugement des personnes) ?

» D'autres personnes peuvent-elles prendre des décisions concernant vos capacités physiques en fonction de vos performances dans les applications de réalité virtuelle ? Les gouvernements peuvent-ils, par exemple, refuser un jour de délivrer des permis de conduire aux personnes qui ont de mauvais résultats dans des simulateurs de conduite en réalité virtuelle ? Les compagnies d'assurance automobile peuvent-elles recueillir subrepticement des données sur les habitudes de conduite des gens dans le monde de la réalité virtuelle et s'en servir pour augmenter sélectivement leurs tarifs ?

» Des hackers peuvent-ils vandaliser numériquement un environnement virtuel – en substituant un contenu obscène à la présentation d'œuvres d'art, par exemple, dans un musée offrant des visites virtuelles ?

» Des hackers peuvent-ils se faire passer pour une personne ayant autorité, comme un enseignant dans une classe virtuelle, en créant un avatar qui ressemble à celui qui est utilisé par cette personne, et ainsi amener d'autres utilisateurs à prendre des décisions qui leur sont nuisibles (par exemple, en demandant aux élèves les réponses à leurs tests, que les escrocs volent ensuite et font passer pour leurs résultats à eux auprès du véritable enseignant) ?

» De même, des hackers peuvent-ils usurper l'identité d'un collègue ou d'un membre de sa famille et ainsi obtenir des informations sensibles et s'en servir au détriment des personnes ?

» Les pirates informatiques peuvent-ils modifier les mondes virtuels de manière à leur faire gagner de l'argent dans le monde réel – par exemple, en ajoutant des péages pour accéder à divers endroits ?

» Des hackers peuvent-ils voler la monnaie virtuelle utilisée dans divers mondes virtuels ?

» Des hackers peuvent-ils usurper le contrôle de l'expérience d'un utilisateur pour voir ce qu'il vit ou même pour le modifier ?

En théorie, s'agissant des nouveaux risques créés par la réalité virtuelle, je pourrais certainement en dresser une liste qui prendrait un livre entier – et le temps dira certainement quels risques apparaissent effectivement comme des problèmes du monde réel.

Transformer les expériences avec la réalité augmentée

La *réalité augmentée* fait référence à une technologie dans laquelle des images générées par ordinateur, des sons, des odeurs, des mouvements et/ou d'autres matériaux sensoriels sont superposés à l'expérience du monde réel d'un utilisateur, transformant cette expérience en un composite d'éléments à la fois réels et artificiels. Les technologies de la réalité augmentée peuvent aussi bien ajouter des éléments à l'expérience d'un utilisateur – par exemple, montrer le nom d'une personne au-dessus de sa tête lorsque cette personne s'approche de l'utilisateur – que supprimer ou masquer des éléments, tels que convertir des drapeaux nazis en rectangles noirs avec les mots « Vaincre la haine » écrits dessus.

Google Glass a été un exemple d'une première tentative de réalité augmentée axée sur le consommateur, mais qui est apparue un peu trop tôt pour être commercialisée, ayant suscité d'importantes craintes auprès du public et des autorités. *Pokémon Go*, d'autre part, était un exemple de jeu utilisant la réalité augmentée et qui a été un succès massif.

Google Glass

Google Glass est une technologie « intelligente », composée d'un dispositif d'affichage et d'une caméra intégrés dans une paire de lunettes. Un utilisateur portant une paire de lunettes Google Glass voit des informations superposées à son champ de vision. Il peut communiquer avec les lunettes par des commandes vocales.

La première version de Google Glass par Google en avril 2013 a suscité une controverse quant aux répercussions possibles sur la vie privée des personnes qui portent et utilisent de tels dispositifs. La version grand public a été abandonnée en 2015, Google se concentrant maintenant sur des partenariats avec d'importantes entreprises (le modèle Glass Enterprise Edition 2 a été lancé en mai 2019).

Pokémon Go

Pokémon Go est un jeu de réalité augmentée pour appareils mobiles qui a vu le jour en juillet 2016 grâce à une collaboration entre Niantic, Nintendo et The Pokémon Company. Le jeu, gratuit à télécharger mais offrant des éléments payants, a rencontré un succès immédiat et avait été téléchargé plus d'un demi-milliard de fois à la fin de 2016. Il utilise le GPS d'un appareil mobile pour localiser, capturer, combattre et entraîner des créatures virtuelles, appelées Pokémon, qui apparaissent sur l'écran de l'appareil dans le contexte de la position du joueur dans le monde réel, et qui sont superposées à l'image que verrait ce joueur en dirigeant sa caméra dans une certaine direction.

Début 2019, le jeu aurait été téléchargé plus d'un milliard de fois et aurait généré plus de 3 milliards de dollars de revenus mondiaux.

La réalité augmentée est susceptible de devenir un élément majeur de la vie moderne au cours de la prochaine décennie. Elle présentera bon nombre des risques que comporte la réalité virtuelle, ainsi que les risques associés à la fusion de mondes réels et virtuels, comme la configuration de systèmes associant ces deux visages de Janus de façon inappropriée.

Comme pour toutes les technologies émergentes, l'avenir nous dira ce qu'il en est. Mais, si vous décidez d'investir dans les technologies de la réalité virtuelle ou de la réalité augmentée, assurez-vous de bien comprendre toutes les questions de sécurité qu'elles posent.

Partie 8

Les dix commandements

Dans cette partie

Découvrir comment améliorer votre cybersécurité sans vous ruiner.

Apprendre des erreurs des autres.

Apprendre à utiliser le Wi-Fi public en toute sécurité.

Chapitre 18

Dix manières d'améliorer votre cybersécurité sans dépenser une fortune

DANS CE CHAPITRE

Comprendre que vous êtes une cible.

•

Se protéger à l'aide d'un logiciel de sécurité.

•

Chiffrer, sauvegarder, et plus encore.

Toutes les améliorations en matière de sécurité ne nécessitent pas une dépense importante d'argent. Dans ce chapitre, vous découvrirez dix façons d'améliorer rapidement votre cybersécurité sans vous ruiner.

Comprendre que vous êtes une cible

Les gens qui croient que les hackers veulent pirater leurs ordinateurs et leurs téléphones, et que les criminels veulent voler leurs données, agissent différemment de ceux qui ne comprennent pas la véritable nature de la menace. Intérioriser la réalité d'aujourd'hui vous aidera à introduire en vous un scepticisme sain, ainsi qu'à influencer votre attitude et vos actes de bien d'autres façons – dont vous ne vous rendez peut-être même pas compte consciemment qu'elles modifient votre comportement.

Par exemple, lorsque vous pensez être la cible de cyberattaquants, vous êtes moins susceptible de croire aveuglément que les courriels que vous recevez de votre banque ont été envoyés par votre *vraie* banque et, par conséquent, vous êtes aussi moins susceptible d'être victime d'arnaques par hameçonnage que les personnes qui n'ont pas conscience d'être des cibles potentielles. Les gens qui croient que les criminels cherchent à obtenir leur mot de passe et leur code PIN sont également plus susceptibles de mieux protéger ces données sensibles que celles qui croient que des escrocs « n'ont aucune raison de vouloir » leurs données.

Utiliser un logiciel de sécurité

Tous les appareils informatiques (ordinateurs portables, téléphones, tablettes, *etc.*) qui contiennent des informations sensibles ou qui seront connectés en réseau avec d'autres périphériques nécessitent un logiciel de sécurité. Plusieurs applications populaires et peu coûteuses contiennent un antivirus, un pare-feu, un antispam et d'autres technologies utiles.

Les appareils portables devraient être dotés de fonctions d'effacement à distance et de logiciels optimisés pour les systèmes mobiles. N'oubliez pas d'activer ces fonctionnalités dès que vous recevez l'appareil. De nombreux smartphones sont livrés avec un logiciel de sécurité préinstallé – assurez-vous de l'activer et de l'utiliser (pour plus de détails sur la sécurisation des appareils mobiles, voyez le Chapitre 5).

Chiffrer les informations sensibles

Stockez toutes les données sensibles dans un format chiffré (ou crypté, les deux termes ayant le même sens). Si vous avez des doutes quant à savoir si quelque chose est suffisamment sensible pour justifier une telle opération, alors c'est probablement le cas. Faites preuve de prudence et chiffrez.

Le chiffrement est intégré à de nombreuses versions de Windows, et de multiples outils de chiffrement gratuits sont également disponibles. Il est étonnant de constater à quel point des données sensibles ayant été compromises auraient pu rester en sécurité si les personnes, les entreprises ou les organisations à qui elles ont été volées avaient utilisé des outils de chiffrement gratuits.

De plus, ne transmettez jamais de renseignements de nature délicate à moins qu'ils ne soient chiffrés. N'entrez jamais d'informations sensibles sur un site Web si le site n'utilise pas le cryptage SSL/TLS, comme en témoigne le chargement de la page avec le protocole HTTPS, et non HTTP, une différence facilement visible en regardant le champ de l'URL dans le navigateur Web.

Le chiffrement implique des algorithmes mathématiques complexes, mais vous n'avez pas besoin de connaître tous les détails pour l'utiliser et en tirer profit.

Un point que vous devez cependant savoir est que deux grandes familles d'algorithmes de chiffrement sont utilisées aujourd'hui :

» **Symétrique :** Vous utilisez la même clé secrète pour crypter et décrypter.

» **Asymétrique :** Vous utilisez une clé secrète pour crypter et une autre pour décrypter.

La plupart des outils de chiffrement simples utilisent un algorithme symétrique, et tout ce dont vous avez besoin de vous souvenir est un mot de passe pour déchiffrer vos données. Cependant, tout au long de votre carrière professionnelle, vous pouvez rencontrer différents systèmes asymétriques qui vous obligent à établir à la fois une clé publique et une clé privée. La clé publique est partagée avec le monde entier et la clé privée est gardée secrète. Le cryptage asymétrique facilite l'envoi des données :

» Si vous voulez envoyer de l'information à Jean pour que lui seul puisse la lire, cryptez les données avec la clé publique de Jean, puisque Jean est la seule partie qui possède la clé privée correspondante.

» Si vous voulez envoyer de l'information à Jean et que vous voulez qu'il sache que c'est vous qui l'avez transmise, cryptez les données avec votre propre clé privée. Jean les décryptera avec votre clé publique et il saura que l'envoi provient de vous, car vous seul avez la clé privée qui va avec votre clé publique.

» Si vous voulez envoyer l'information à Jean dans un format que seul Jean peut lire tout en sachant que vous êtes bien l'expéditeur, cryptez avec votre clé privée et les clés publiques de Jean.

En réalité, comme l'asymétrie est gourmande en termes de calcul par le processeur, elle est rarement utilisée pour chiffrer des conversations entières, mais plutôt pour chiffrer des *clés de session* spéciales, c'est-à-dire pour transmettre les clés dont d'autres parties ont besoin pour un chiffrage symétrique. Une discussion plus poussée sur le chiffrement asymétrique dépasse le cadre du présent ouvrage.

Sauvegarder souvent

Sauvegardez assez souvent pour que, si quelque chose tourne mal, vous ne paniquiez pas parce que votre dernière sauvegarde remonte déjà à plusieurs jours.

Voici la règle générale : si vous n'êtes pas sûr de sauvegarder assez souvent, c'est que vous ne le faites probablement pas. Aussi pratique que cela puisse paraître, ne gardez pas vos sauvegardes connectées à votre ordinateur ou même à votre réseau informatique (voir le Chapitre 13). Dans ce cas, en effet, vous courez un risque sérieux, en cas d'infection de votre réseau par un logiciel de rançon ou un autre malware, de voir ces sauvegardes également corrompues, ce qui minerait les raisons pour lesquelles elles ont été réalisées !

Dans l'idéal, il faudrait avoir deux sauvegardes, l'une stockée sur site et l'autre hors site. Avec le stockage sur site, vous pouvez restaurer rapidement. Le stockage hors site permet de s'assurer que des sauvegardes sont disponibles même lorsqu'un site devient inaccessible, ou qu'un autre élément a détruit tout le matériel informatique et les données numériques d'un site particulier.

Une dernière chose : assurez-vous de tester régulièrement que vos sauvegardes fonctionnent réellement. Une sauvegarde ne vaut rien si elle est endommagée ou inexploitable pour une raison quelconque.

Ne partagez pas vos mots de passe et autres identifiants de connexion

Chaque personne accédant à un système important doit avoir ses propres identifiants de connexion. Ne partagez pas vos mots de passe pour les services bancaires en ligne, le courriel, les réseaux sociaux, *etc.*, avec vos enfants ou qui que ce soit d'autre – faites en sorte que chacune et chacun dispose de ses propres identifiants.

La mise en œuvre d'un tel schéma non seulement améliore la capacité de retracer la source des problèmes s'ils surviennent, mais, ce qui est peut-être plus important dans le cas des familles, crée un sens des responsabilités beaucoup plus grand et encourage les personnes à mieux protéger leurs mots de passe.

Utiliser une authentification appropriée

La « sagesse » classique dit qu'il faut utiliser des mots de passe complexes pour tous les systèmes. Mais n'en faites pas trop. Si l'utilisation d'un trop grand nombre de mots de passe complexes vous amène à en réutiliser certains sur plusieurs systèmes sensibles ou à les écrire dans des endroits peu sûrs, envisagez d'autres stratégies pour construire vos mots de passe, telles que la combinaison de mots, de chiffres et de noms propres, comme `flan4tennis6Steinberg`. Voyez le Chapitre 7 pour plus de détails.

Pour les systèmes extrêmement sensibles, si des formes d'authentification plus fortes, telles que l'authentification multifactorielle, sont disponibles, ne vous posez pas de questions : utilisez-les.

Pour les systèmes sur lesquels les mots de passe n'ont pas vraiment d'importance, pensez à utiliser des combinaisons faibles, faciles à mémoriser. Ne gaspillez pas votre matière grise là où elle n'a pas besoin d'être mobilisée.

Sinon, utilisez un gestionnaire de mots de passe – mais pas pour ceux qui sont les plus sensibles, car vous ne voulez pas mettre tous vos œufs dans le même panier.

Utiliser les réseaux sociaux judicieusement

Le partage excessif de messages sur les réseaux sociaux a causé et continue de provoquer de nombreux problèmes, tels que la fuite d'informations sensibles, la violation des règles de conformité et l'aide aux criminels pour qu'ils commettent des cyberattaques et des attaques physiques.

Assurez-vous que votre téléphone ne corrige pas automatiquement les éléments sensibles lors de l'affichage ou de l'envoi de posts, et ne coupez et collez pas accidentellement des éléments sensibles dans une fenêtre de réseau social.

Scinder l'accès Internet

Presque tous les routeurs Wi-Fi modernes vous permettent d'utiliser deux ou plusieurs réseaux – servez-vous de cette fonction. Si vous travaillez à la maison, par exemple, pensez à connecter votre ordinateur portable à Internet *via* un réseau Wi-Fi différent de celui que vos enfants utilisent pour naviguer sur le Web et jouer à des jeux vidéo. Comme indiqué au Chapitre 4, recherchez la fonction Invité ou son équivalent dans les pages de configuration de votre routeur – c'est là que vous trouverez généralement la possibilité de configurer un second réseau.

Utiliser un Wi-Fi public en toute sécurité

Bien que le Wi-Fi public soit d'une grande commodité et que nombre de gens l'utilisent régulièrement, il crée également de sérieux risques de cybersécurité. En raison des avantages qu'offre ce type de connexion, cependant, les praticiens de la cybersécurité qui prêchent l'abstention face à l'utilisation des réseaux Wi-Fi publics ont à peu près autant de chances de réussir que s'ils demandaient aux gens d'abandonner les ordinateurs peu sûrs et de retourner à l'utilisation des anciennes machines à écrire.

Quoi qu'il en soit, il est important que vous appreniez à utiliser les réseaux Wi-Fi publics en toute sécurité et que vous compreniez les multiples techniques permettant d'améliorer vos chances de vous défendre contre des escrocs et des criminels (voyez à ce sujet le Chapitre 6).

Embaucher un pro

Si vous démarrez ou dirigez une petite entreprise, notamment, obtenir des conseils d'experts peut s'avérer un investissement judicieux. Un professionnel de la sécurité de l'information peut vous aider à concevoir et à mettre en œuvre votre approche des problèmes de cybersécurité. Le coût minimal d'un peu d'aide professionnelle peut largement s'amortir en termes de temps, d'argent et de risque d'aggravation des risques, ce qui permet en fin de compte de réaliser des économies.

Les personnes qui vous attaqueront – cybercriminels et autres hackers de même acabit – possèdent et utilisent une expertise technique. Si vous engagez un avocat lorsque vous êtes accusé par la justice, si vous allez voir un médecin lorsque vous sentez qu'un virus se propage, ou si vous embauchez un comptable à la suite d'un contrôle fiscal, alors embauchez un professionnel de la cybersécurité.

Chapitre 19

Dix leçons tirées des principales atteintes à la cybersécurité

DANS CE CHAPITRE

Le cas Marriott révélé en 2018.

Comprendre l'attaque sur Target.

Acquérir des connaissances à partir d'autres violations.

Apprendre de l'expérience des autres peut sauver les gens de douleurs et de souffrances inutiles. Dans ce chapitre, j'aborde cinq infractions qui enseignent dix leçons. J'ai choisi ces cinq cas (américains exclusivement) parce qu'ils ont eu un impact direct sur moi ou sur un membre de ma famille et, possiblement aussi, sur des quantités d'autres personnes.

Marriott

En novembre 2018, Marriott International a révélé que des hackers avaient piraté des systèmes appartenant à la chaîne hôtelière Starwood jusqu'en 2014 et étaient restés dans les systèmes jusqu'en septembre 2018 – environ deux ans après que Marriott avait acquis Starwood.

Au moment de la divulgation, Marriott a estimé que la faille pourrait avoir touché jusqu'à 500 millions de clients et que les données compromises allaient du nom et des coordonnées de certains clients à des renseignements beaucoup plus détaillés (y compris les numéros de passeport, les données sur les voyages, les identificateurs de voyageurs réguliers, *etc.*). Marriott a également estimé que les numéros de carte de crédit de 100 millions de personnes – ainsi que leurs dates d'expiration, mais sans les codes de vérification CVC – avaient été compromis. En revanche, ces informations se trouvaient dans une base de données cryptée, et Marriott n'avait trouvé aucune indication claire sur le fait que les hackers qui avaient obtenu les données étaient capables de les décrypter.

L'enquête menée suggère que l'attaque contre Marriott a été menée par un groupe chinois, affilié au gouvernement chinois, et a été lancée dans le but de recueillir des données sur les citoyens américains. Si une telle supposition est correcte, l'atteinte à la vie privée dans l'affaire Marriott constituerait probablement la plus importante attaque connue à ce jour qui soit menée par une organisation financée par un État en matière de données personnelles et civiles.

En juillet 2019, le bureau de régulation public ICO (Information Commissioner's Office) du Royaume-Uni a annoncé qu'il avait l'intention d'imposer une amende équivalente à 123 millions de dollars (111 millions d'euros) à Marriott à titre de sanction pour ne pas avoir protégé adéquatement les données des consommateurs, comme le prévoit le Règlement général sur la protection des données (RGPD) de l'Union européenne (voir à ce sujet le Chapitre 9). Selon une demande formulée par Marriott auprès de la SEC américaine (Securities and Exchange Commission), l'entreprise a l'intention de faire appel une fois que l'amende aura été officiellement déposée, ce qui n'était pas le cas au moment de la rédaction de ce livre.

Bien qu'on puisse tirer de nombreuses leçons du cas de Marriott, deux d'entre elles se distinguent :

» **Quand quelqu'un acquiert une entreprise et son infrastructure d'information, un audit approfondi de la cybersécurité doit être réalisé.** Les vulnérabilités ou les hackers actifs au sein de l'entreprise qui a été achetée peuvent devenir un casse-tête pour le nouveau propriétaire, et des organismes publics de réglementation peuvent même chercher à tenir l'acheteur pour responsable de la faillite de l'entreprise qu'il acquiert.

  Comme l'a dit la commissaire à l'information du Royaume-Uni, Elizabeth Denham : « La RGPD indique clairement que les organisations doivent être responsables des données personnelles qu'elles détiennent. Il peut s'agir notamment de faire preuve d'une diligence raisonnable lors de l'acquisition d'une entreprise et de mettre en place des mesures de responsabilisation appropriées pour évaluer non seulement quelles données personnelles ont été acquises, mais aussi comment elles sont protégées. »

Ne comptez pas sur les sociétés qui sont achetées pour divulguer des problèmes de cybersécurité ; elles ne sont peut-être pas au courant de problèmes potentiellement graves.

» **Du point de vue du renseignement, certains gouvernements étrangers s'intéressent de près aux données sur les civils.** Ces gouvernements peuvent chercher à trouver et à utiliser des informations pour faire chanter des gens afin de les inciter à espionner pour leur compte, à rechercher des personnes qui subissent des pressions financières et qui pourraient être disposées à accepter de l'argent en échange de services illégaux, et ainsi de suite.

Target

En décembre 2013, la grande chaîne de magasins de détail Target a révélé que des hackers avaient piraté ses systèmes et compromis environ 40 millions de numéros de cartes de paiement (une combinaison de numéros de cartes de crédit et de débit). Au cours des semaines suivantes, Target a révisé ce chiffre. Dans l'ensemble, l'atteinte pourrait avoir touché jusqu'à 110 millions de clients de Target, et les informations auxquelles les hackers ont eu accès pouvait inclure non seulement des renseignements sur les cartes de paiement, mais aussi d'autres informations personnelles identifiables (comme les noms, adresses, numéros de téléphone et adresses électroniques).

Les hackers sont entrés dans les bases de données de Target en exploitant une vulnérabilité d'un système utilisé par une tierce partie qui avait un contrat avec Target et qui avait accès aux systèmes des points de vente au détail de l'entreprise.

À la suite de ce vol, le directeur général et le responsable de l'information de la société ont tous deux démissionné, et l'entreprise a estimé les dommages pour l'entreprise à environ 162 millions de dollars.

Deux leçons se dégagent de cette affaire :

» **La direction sera tenue responsable lorsque des entreprises subissent des cyberattaques.** Les carrières personnelles peuvent être compromises.

» **Une personne ou une organisation n'est pas plus cybersécurisée que la partie la plus vulnérable ayant accès à ses systèmes.** C'est le principe du maillon faible dans une chaîne solide : un tiers insuffisamment sécurisé ayant accès aux systèmes de quelqu'un d'autre peut facilement torpiller des millions d'investissements dans la cybersécurité. Les utilisateurs individuels devraient aussi tenir compte de la morale de l'histoire de Target lorsqu'ils permettent à des personnes de l'extérieur d'utiliser leur ordinateur ou leur réseau domestique. Vous pouvez être prudent pour ce qui concerne votre cyberhygiène personnelle, mais si vous permettez à quelqu'un qui ne fait pas preuve de la même prudence de rejoindre votre réseau, les malware présents sur son appareil peuvent se propager également à vos propres machines.

Sony Pictures

En novembre 2014, un hacker a divulgué des données confidentielles volées dans un studio de tournage de Sony Pictures, notamment des copies de films Sony encore inédits, des courriels internes, des renseignements sur la rémunération des employés et diverses autres informations personnelles sur ceux-ci et leurs familles. Le hacker a également effacé de nombreux ordinateurs faisant partie de l'infrastructure informatique de Sony.

La fuite et l'effacement se sont produits après que des hackers ont volé des données de Sony pendant un an, ce qui pourrait représenter jusqu'à 100 téraoctets de matériau. Les dirigeants de Sony ont aussi apparemment rejeté comme étant des spams diverses demandes que les hackers avaient communiquées par courriel. Le plan, les procédures et les contre-mesures de cybersécurité de Sony n'ont pas détecté le grand volume de données transférées, ou ont pris des mesures nettement insuffisantes quant à leur détection.

Après cette brèche, une partie clamant être les hackers a menacé de mener des attaques terroristes physiques contre les cinémas montrant un prochain film de Sony, *The Interview*, une comédie sur un complot visant à assassiner le dirigeant nord-coréen Kim Jong-un. La crédibilité et les capacités des agresseurs étant clairement établies par la faille elle-même, les exploitants de salles de cinéma ont pris la menace au sérieux, et de nombreuses grandes chaînes de cinéma américaines ont déclaré qu'elles ne diffuseraient pas *The Interview*. De ce fait, Sony a annulé la première officielle et la sortie en salle du film, proposant plutôt celui-ci uniquement en version numérique téléchargeable, suivie d'une diffusion en salle limitée.

Alors que certains experts de la cybersécurité étaient au moins sceptiques au début quant à savoir qui étaient les hackers, le gouvernement des États-Unis a déclaré que l'attaque et les menaces qui avaient suivi venaient de la Corée du Nord et, en septembre 2018, a porté des accusations officielles contre un citoyen nord-coréen qui, selon lui, était impliqué dans le piratage tout en travaillant pour l'équivalent nord-coréen de la CIA (Central Intelligence Agency) américaine.

Voici deux leçons qui se dégagent de cette affaire :

» **Selon la technologie que Sony avait effectivement mise en place, cette brèche montre soit la nécessité d'implémenter des outils et des procédures visant à la prévention des pertes de données, soit que les mesures prises pour la cybersécurité peuvent être terriblement inefficaces si elles ne sont pas utilisées correctement.**

» **Les États peuvent utiliser les cyberattaques comme une arme contre les entreprises et les individus qu'ils considèrent comme nuisibles à leurs buts, intérêts et aspirations.**

Bureau de gestion du personnel (USA)

En juin 2015, l'Office of Personnel Management (OPM) des États-Unis, qui gère les processus de recrutement et les dossiers du personnel du gouvernement fédéral américain, a annoncé qu'il avait été victime d'une atteinte à la protection des données. Bien que le bureau ait d'abord estimé que peu de dossiers avaient été compromis, l'estimation finale du nombre de documents volés s'élevait à plus de 20 millions.

Les dossiers volés comprenaient des renseignements personnels identifiables, y compris les numéros de Sécurité sociale, les adresses des domiciles, les dates et lieux de naissance, et ainsi de suite, des employés actuels et anciens du gouvernement, ainsi que des personnes qui avaient fait l'objet de vérifications de leurs antécédents, mais qui n'ont jamais occupé d'emploi public. Bien que le gouvernement ait d'abord cru que le contenu des questionnaires sensibles SF-86 – qui contiennent toutes sortes de renseignements utilisés dans les vérifications d'antécédents pour les habilitations d'accès à des informations classifiées – n'avait pas été compromis, il a finalement révélé que ces données pouvaient avoir été consultées et volées, ce qui signifie que les attaquants risquent d'avoir obtenu un trésor d'informations privées sur des personnes ayant toutes sortes d'habilitations de sécurité.

La faille dans le service OPM serait en fait une combinaison de plusieurs brèches – une ayant probablement commencé vers 2012 et détectée en mars 2014, et une autre débutant en mai 2014 et n'ayant été détectée qu'en avril 2015.

De nombreuses leçons peuvent être tirées d'un tel incident, mais deux d'entre elles se distinguent :

» **Les organisations gouvernementales ne sont pas à l'abri de violations graves** – et même après avoir été piratées une fois, elles peuvent demeurer vulnérables à de nouvelles attaques. De plus, comme leurs homologues civils, elles peuvent ne pas détecter les atteintes à la vie privée avant un certain temps et même sous-estimer initialement l'impact d'une atteinte particulière ou d'une série d'atteintes.

» **Les brèches dans la sécurité d'une organisation peuvent avoir un impact sur les personnes dont les liens avec l'organisation ont pris fin depuis longtemps** – certaines personnes peuvent même ne pas se rappeler pourquoi cette organisation avait des données d'elles. Le piratage du OPM américain a touché des individus qui n'avaient pas travaillé pour le gouvernement depuis de nombreuses années, ou qui avaient demandé une habilitation de sécurité il y a bien longtemps, mais qui, au final, n'ont jamais travaillé pour le gouvernement américain.

Anthem

En février 2015, Anthem, le deuxième opérateur d'assurance maladie en importance aux États-Unis, a révélé qu'il avait été victime d'une cyberattaque qui avait compromis les renseignements personnels de près de 80 millions de clients actuels et anciens. Les données volées comprenaient les noms, les adresses, les numéros de Sécurité sociale, les dates de naissance et les antécédents professionnels. On ne pensait pas que les données médicales avaient été volées, mais les renseignements dérobés étaient suffisants pour créer de sérieux risques de vol d'identité pour de nombreuses personnes.

La brèche – probablement la plus importante de l'histoire des acteurs du domaine de la santé aux États-Unis – aurait été ouverte en 2014, lorsqu'un employé d'une filiale de l'assureur a cliqué sur un lien dans un courriel d'hameçonnage.

Deux leçons ressortent de cette histoire :

» **L'industrie de la santé est de plus en plus ciblée.** Cela ressort également du nombre considérable d'attaques de ransomware dirigées contre des hôpitaux au cours des dernières années, comme nous l'avons vu au Chapitre 3.

» **Bien que les gens s'imaginent souvent que les attaques contre les grandes sociétés nécessitent des techniques sophistiquées dans le style James Bond, la réalité est que de nombreuses, sinon la plupart, des atteintes graves sont en fait commises au moyen de techniques simples et classiques.** L'hameçonnage fait toujours des merveilles pour les criminels. Les erreurs humaines font presque toujours partie intégrante d'une faille de sécurité grave.

Chapitre 20

Dix façons d'utiliser le Wi-Fi public en toute sécurité

DANS CE CHAPITRE

Utiliser le Wi-Fi public de manière appropriée.

•

Se protéger lors de l'utilisation d'un réseau Wi-Fi public.

Vous ne réalisez peut-être pas que vous pouvez faire certaines choses pour vous protéger lorsque vous utilisez un réseau Wi-Fi public. Dans ce chapitre, vous découvrirez dix façons de protéger vos appareils lorsque vous accédez au Wi-Fi en public.

Utilisez votre téléphone cellulaire comme point d'accès mobile

Si vous avez un forfait illimité (ou presque) de données cellulaires, vous pouvez éviter les risques du Wi-Fi public en transformant votre smartphone en un point d'accès mobile et en connectant votre ordinateur portable, ou tout autre appareil qui n'offre pas d'accès réseau, à votre téléphone portable, plutôt qu'au Wi-Fi public.

Désactivez le Wi-Fi lorsque vous ne l'utilisez pas

Désactiver le Wi-Fi empêchera votre appareil de se connecter (sans vous en avertir) à un réseau portant le même nom que celui avec lequel vous vous étiez connecté précédemment. Les criminels peuvent mettre en place des points d'accès Wi-Fi avec des noms similaires à ceux de réseaux Wi-Fi publics populaires, dans le but de leurrer les gens pour qu'ils se connectent à des réseaux empoisonnés qui redirigeront leurs victimes vers de faux sites, ou enverront des malware vers les appareils connectés. De plus, la désactivation du Wi-Fi permet d'économiser l'énergie de la batterie.

N'effectuez pas de tâches sensibles sur le Wi-Fi public

N'effectuez pas d'opérations bancaires en ligne, n'achetez pas et ne vendez pas en ligne, n'accédez pas à des données médicales, et ainsi de suite, lorsque vous utilisez une connexion Wi-Fi publique.

Ne réinitialisez pas des mots de passe lorsque vous utilisez le Wi-Fi public

Vous devriez éviter de réinitialiser des mots de passe sur un réseau Wi-Fi public. En fait, vous devriez vous abstenir de réinitialiser des mots de passe lorsque vous êtes dans un endroit public en général, que vous utilisiez ou non le Wi-Fi public.

Utilisez un service VPN

Si vous ne pouvez pas utiliser une connexion cellulaire et que vous devez passer par une connexion Wi-Fi publique pour une tâche sensible malgré les recommandations de ne pas le faire, envisagez au moins de faire appel à un service VPN, qui ajoute de multiples avantages de sécurité. De nombreux services VPN populaires sont disponibles de nos jours.

L'utilisation d'un service VPN représente toutefois un compromis. Vous remarquerez peut-être que vos communications sont légèrement plus lentes ou souffrent d'une latence plus grande avec un VPN.

Utilisez Tor

Si vous ne voulez pas que votre historique de navigation soit suivi par qui que ce soit, pensez à utiliser Tor (voir le Chapitre 4). Celui-ci fait « rebondir » vos communications sur de nombreux serveurs et rend le suivi extrêmement difficile. Il existe même des navigateurs Tor pour smartphones. Comme un VPN, Tor peut ralentir vos communications.

Utilisez le chiffrement

Utilisez HTTPS et non HTTP pour toutes les pages Web qui l'offrent, et ce afin d'empêcher les autres utilisateurs du réseau de voir le contenu de vos communications.

Désactivez le partage

Si vous utilisez un ordinateur ou un appareil qui partage l'une de ses ressources, désactivez tous les partages avant de vous connecter à un Wi-Fi public. Si vous n'êtes pas certain que votre appareil partage des ressources, faites les vérifications nécessaires. Ne présumez pas que ce n'est pas le cas.

Installez un logiciel de sécurité sur tous les appareils connectés à des réseaux Wi-Fi publics

Pour les ordinateurs, les logiciels de sécurité doivent inclure, au minimum, un antivirus et un pare-feu personnel. Pour les smartphones et les tablettes, utilisez une application conçue spécialement pour sécuriser ces appareils. Et, bien sûr, assurez-vous que le logiciel de sécurité est à jour avant de vous connecter à un réseau Wi-Fi public.

Comprenez la différence entre le Wi-Fi public véritable et le Wi-Fi partagé

Tous les réseaux Wi-Fi publics ne présentent pas les mêmes risques. Il y a généralement beaucoup moins de risques d'être redirigé vers de faux sites ou de recevoir des malware sur votre appareil si vous utilisez le réseau Invité protégé par mot de passe chez un client, par exemple, que si vous utilisez le Wi-Fi gratuit non protégé offert par une médiathèque publique. Cela ne veut pas dire que vous devez faire entièrement confiance au réseau : d'autres invités présents sur le site représentent toujours des risques potentiels.

Index

D

E

F

G

H

I

J

K

L

M

N

O

P

Q

R

S

T

U

V

W

X